D. 5399.

D 3883.
M. ~~12~~

1555

HOMELIES
SVR LA PASSION
DE NOSTRE SEIGNEVR.

Par Messire IEAN PIERRE CAMVS, *Euesque & Seigneur de Belley.*

A ROVEN,
Chez FRANÇOIS VAVLTIER, sous la porte
du Palais, prés la Bastille.

M. DC. XXXXI.
AVEC APPROBATION.

PREFACE
A MESSIEVRS
LES CITOYENS DE
LA VILLE DE BELLEY.

MESSIEVRS,

Il m'est arriué tout au contraire de ce qui aduint au Prophete Ionas; il fuyoit de prescher en Niniue selon le commandement qu'il en auoit de Dieu, & la tempeste l'y pousse, & la baleine l'y vomit. Prié & pressé d'aller ce dernier Caresme annoncer la diuine parole en la grande Niniue de nostre France, l'orage de ces mouuements, qui nous menaçoient d'vne funeste

PREFACE.

& inciuile guerre, opposant la dangereuse difficulté des chemins à ma promesse, a rompu mon dessein.

Ainsi l'homme propose & Dieu dispose, qui par vne heureuse necessité m'a retenu prés de vous en ma residence, laquelle pour dire le vray, ie ne desemparois qu'auec resistance : Car, quoy faire, où ie n'ay que faire, & pourquoy m'absenter d'où i'ay affaire, n'estant pas enuoyé pour les oüailles de ce pays-là, mais pour celles de celuy-cy, commises à ma pasture & à ma garde? là si la moisson est grande, il y a pluralité d'ouuriers; icy la recolte est ample, & les moissonneurs si rares, que presque tout cesse quand ie suis absent.

Ie ne parle point des innombrables vtilitez qu'ameine quant & soy la presence du Prelat : mais n'est-il pas tres-iuste, que ce qu'il a de pain soit pluftost pour ses enfans que pour

PREFACE.

les estrangers? ce qu'il a de laict pour ses agneaux, ce qu'il a de semence & d'ameliorement pour son terrein, & ce qu'il a d'industrie pour la culture de la vigne que le Ciel luy a confiée?

Et certes, mes tres-cheres ames, il me semble que ce n'est point sans quelque speciale prouidence du Ciel, qu'à ce mien retour de Rome, où i'ay esté rendre raison au grand Hierarche de l'Eglise de sept années de ma vilication, vous eussiez non seulemét les predications de la Penitéce que ie vous ay faites cet Aduent, mais encores celles du Caresme, afin que i'eusse plus de loisir de vous distribuer, & la myrrhe premiere distiláte de mes mains, & la rosée decoulante de mon chef, que i'auois colligée sur les tombeaux de tant de Martyrs, dont cette fameuse ville est glorieuse & triomphante.

Le S. Espoux qui ne la depar-

PREFACE.

toit qu'en passant à son Amante, m'a voulu donner plus de loisir qu'vne passade, afin qu'elle penetrast plus auant en vos cœurs: Vos vœux & mes desirs ont esté exaucez en cette demeure parmy vous, causée par vn obstacle d'vne infortune fortunée, & d'vne disgrace publique, gracieuse en ce rencontre particulier.

Benist soit nostre Seigneur, qui m'a donc laissé pour ce coup veiller sur mon troupeau, faire la ronde & la sentinelle autour de cette Bergerie, tenir le gouuernail de ce vaisseau, & en receuoir les defauts, comme ayant à rendre compte des ames qui y sont encloses, afin que ie puisse dire auec le grand Apostre, qui soit absent du corps, mais present d'esprit, soit present de corps & d'esprit: Mon instance iournaliere a esté le soin de cette Eglise, au seruice de laquelle ie me trouue lié, pour y seruir de truche-

PREFACE.

ment & interprete des volontez diuines.

Le sainct Amour, duquel ie passionne vostre salut, qui fait partie du mien, me presse si tres-fort, que vous arracher de mes mammelles, c'est m'enleuer de mõ centre: Quand le doux air de Paris, ma patrie, chatoüille mon esprit de quelque flatteuse imagination, resonne soudain en mon interieur ce mot du grand Dieu, à Abraham, Sors de ton païs, & de ton parentage, & va en la terre que ie te monstreray; & celui-cy de Dauid, Oublie la maison de ton pere si tu veux que ie t'aime; & cet Oracle du Verbe, Personne n'est Prophete en son pays : & ces exemples me touchent de Iacob & Ioseph, quittans Chanaan pour Mesopotamie, & pour l'Egypte, Moyse, la cour pour le desert, desert où le sainct Esprit mena le Sauueur, desert où la

PREFACE.

parole du Ciel fut donnée à S. Iean, Patron de noſtre Cathedrale. Elie abandonnant Hieruſalem ſe retire en la ſolitude, où dormant à l'ombre d'vn Genevre, l'Ange l'aduiſe de fuir en la montagne d'Oreb, où il rencontra Dieu.

Laiſſant donc noſtre ville monde pour reſter en ces lieux moins peuplez en cette Quarantaine, repoſant ſous l'ombre deſirée de la Croix, i'ay creu que ie ne pouuois vous conduire plus aſſeurément au Ciel que par le mont des Amans, qui eſt celuy de Caluaire, où nous auons contemplé N. S. tout flambant de charité; c'eſt là où, auec la pallette de ma langue, i'ay pris comme vn autre néueu d'Epimenide le feu ſacré du ſainct amour pour en animer vos cœurs.

Et certainement ce deſſein a eſté ſuiuy d'vn tel ſuccez, qu'il faut n'auoir point d'yeux pour ne voir le

PREFACE.

grand progrez de pieté & de deuotion, que ce beau sujet a excité en vostre ville: Ce que ie dis pour la gloire de Dieu, & afin que vostre merite loüé s'accoise, allans de vertu en vertu, pour voir en fin le Dieu des Dieux en Syon, sa montagne saincte.

Ie n'eus pas plustost commencé de traitter cette matiere, sans contredit la plus belle de toutes celles que l'Euangile nous fournit, que soudain plusieurs deuotes ames, qui par la misericorde de Dieu commencerent à prendre des aisles de colombes pour voler à N. S. crucifié, me presserent de leur dresser quelques memoriaux, pour rafraischir leur souuenir de ce qu'elles auoient entendu de ma bouche en la chaire, & y auoir recours à leur besoin; ce que ie faisois sans nulle sorte presque de loisir, desrobant quelques heures du iour aux fonctions de ma charge, pour

PREFACE.

tracer par abregé vn sommaire des idées que i'auois encores fraisches du discours du matin.

C'est ce qui a fait naistre ce Liure, où certes vous trouuerez bien la matiere, nullement la forme que vous auez entenduë de moy, à cause de la precipitation qui a rendu, comme dit le Roy Psalmiste, ma langue comme la plume d'vn escriuain, qui va legerement & couramment, seruant en mesme temps de la main & de la bouche, de stil & de parole, semblable à la poule qui sert ses petits poussins, & de la plume & du bec.

Si vous estes animaux mundes, vous ruminerez & remâcherez bien ces fueilles que ie vous presente, & en representant de cœur, vous en tirerez vn suc tres-salutaire; ces caracteres renouuelleront en vos cœurs, par les yeux, ces bonnes affections, qui entrées par vos oreilles au son de ma

PREFACE.

voix, en seroient peut-estre eclypsées, pour la fragilité de la memoire.

Plaise à N. S. que vous me soyez aussi fauorables Lecteurs, que vous auez esté zelez Auditeurs, ne desniants à la plume ce que vous auez presté à la langue, ne conceuans moins de profit par vos yeux, que par vos oreilles ; que ce Liure serue de sujet ordinaire à vos meditations, pource l'ay-je expressément ainsi racourcy, le vous laissant à dilater.

Ie sçay que plusieurs ont escrit sur cette matiere infinie, & tousiours nouuelle à quicõque la traitte beaucoup plus excellemment ; mais ie ne sçay si plus vtilement pour vous autres, mes benistes ames, qui auez entendu ces discours, car ie vous puis dire auec S. Paul, Bien que vous ayez dix mille Pedagogues en nostre Seigneur, si n'auez-vous pas tant de Peres, & ie tasche de vous engen-

PREFACE.

drer par l'Euangile en Iesus-Christ; il m'est tesmoin comme ie vous desire voir tous dans les entrailles de sa misericorde; ie suis gros de vous, & vous veux seruir de sage-femme, pour vous faire produire l'esprit de salut : Ie vous porte en mes flancs, iusques à ce que IESVS soit formé en vous.

Vous estes mes freres, & si i'ose dire, mes enfans aisnez, & l'espoir du troupeau, comme parle cet ancien Poëte. Soyez donc, de grace, le formulaire de pieté, & l'exemplaire de deuotion, à tout le reste de ce Diocese, que vostre vertu s'annonce par tout.

Car comme le Soleil ou le feu, eschauffent premierement les corps qui leur sont plus proches, puis les esloignez; aussi faut-il que les villes de la residence des Euesques soient les premieres esclairées de leur lu-

PREFACE.

miere, & eschauffées de leur chaleur, qui de là se diffond en leur voisinage.

La lampe luisante & ardante que ie vous propose, pour vous illuminer & enflammer, c'est Iesvs crucifié, ie le vous ay presché ce Caresme de viue voix, ie le vous represente par escrit en ce Liure. Donc que ce Volume ne bouge de vostre bouche, & meditez en iceluy iour & nuict, afin que vous faciez & gardiez tout ce qui y est escrit : lors vous dresserez vos voyes, & entendrez le chemin de salut. Approchez-vous de cette pierre viue, quoy que reprouuée par les bastisseurs, mise neantmoins à la teste de l'angle ; & comme d'autres pierres viues, fondez & fabriquez dessus le bastiment de vostre spirituelle edification.

Prions les vns pour les autres, mes tres-chers freres, afin que nous soyons sauuez : & comme i'implore

PREFACE.

tous les iours sur vous en mes prieres, & sacrifices, les benedictions du Ciel; inuoquez aussi, ie vous en supplie, la misericorde de Dieu sur moy, qui suis,

MESSIEVRS,

Vostre tres-humble conseruiteur de Dieu, & indigne Euesque,

IEAN PIERRE.

TABLE DES HOMELIES.

HOMELIE I.

	Es vtilitez de la Paſſion.	1
ij.	Sortie du Cenacle.	14
iij.	Paſſage du Torrent.	24
iv.	Entrée au Iardin.	35
v.	Triſteſſe de noſtre Seigneur.	47
vj.	Appareil à la Priere.	60
vij.	Oraiſon au Iardin.	71
viij.	Sueur ſanglante.	87
ix.	Conſolation de l'Ange.	101
x.	Apoſtres dormans repris.	114
xj.	De Iudas.	126
xij.	Trahiſon du baiſer.	142
xiij.	Priſe de noſtre Seigneur.	155
xiv.	Nouuelle de la priſe de N. S. portée à la ſaincte Vierge.	168
xv.	Conduite de Ieſus Chriſt à Anne.	184
xvj.	Enuoy à Cayphe.	196
xvij.	Illuſions.	208
xviij.	Du reniement de S. Pierre.	218
xix.	Empriſonnement de N. S.	229

Table des Homelies.

xx.	Condamnation par le Pontife.	240
xxj.	Desespoir de Iudas.	251
xxij.	Renuoy à Pilate.	260
xxiij.	Enuoy à Herode.	273
xxiv.	De Barrabas.	284
xxv.	La flagellation.	294
xxvj.	Couronne d'espines.	305
xxvij.	Ecce Homo.	314
xxviiij.	Clameurs furieuses des Iuifs.	325
xxix.	Condamnation de N. S. à la mort.	337
xxx.	Port de la Croix.	349
xxxj.	Allée au Caluaire.	375
xxxij.	Le Crucifiement.	386
xxxiij.	Tiltre de la Croix.	396
xxxiv.	Vestemens diuisez.	409
xxxv.	Blasphemes des Iuifs.	424
xxxvj.	Les sept paroles de N. S. en Croix.	434
xxxvij.	Mort de N. S.	446
xxxviij.	Prodiges.	459
xxxix.	Sepulture de N. S. & compassion.	469
xl.	Le Triomphe de la Croix en la Resurrection du Sauueur.	500
xlj.	Du souuenir de la Passion de N. S.	513
xlij.	Des playes de N. S.	525

HOMELIES

HOMELIES SVR LA PASSION DE NOSTRE SEIGNEVR.

PAR MESSIRE IEAN PIERRE Camvs, *Euesque & Seigneur de Belley.*

Preschées en sa Cathedrale le Caresme de l'an 1616.

I. MERCREDY DE CARESME.

Des vtilitez de la Passion.

HOMELIE I.

Rædicamus Christum crucifixum, Iu- 1. Cor. 1. dæis quidem scandalum, Gentibus autem stultitiam, ipsis autem vocatis Dei virtutem & Dei sapientiam. Et c'est cette Vertu & Sagesse de Dieu, comprise en la passion de Iesvs, que ie me suis pro-

A

posé de vous prescher toute cette penitente Quarantaine, tres-chers citoyens de Beley, *moyennant la grace du Pere des lumieres, de qui tout bien derive, & tout don descend d'enhaut.*

Iacob. 1.

Ie vous vay deduire en cette Homelie preambulaire. 1. Les causes qui m'ont fait choisir ce sujet le plus beau de tous les sujets. 2. Les vtilitez que nous en pourrons tirer. 3. Combien il est excellent : & 4. Combien deuotieux. Ie commence.

I.

Exod. 25.

Moyse se treuuant bien empressé & empesché à la fabrique du Tabernacle, Dieu luy dit, *Inspice & fac secundum exemplar quod tibi in monte monstratum est.* Comme i'estois en pensée de choisir quelque matiere pour vous edifier en ce temps de Penitence, mes tres-chers freres, & comment ie pourrois rendre *vos cœurs temples du S. Esprit, & tabernacles du Dieu viuant,* autant d'inuentions qui estoient en l'esprit de Moyse, autant de beaux sujets se presentoient à mon entendement, presqu'en aussi grand nombre que les cendres espanduës aujourd'huy sur vos chefs par l'Eglise : mais vne secrette inspiration semble auoir dit à mon interieur, que ie grauasse sur vos cœurs le portrait qui m'estoit monstré sur le Caluaire de IESVS sanglant & crucifié.

1. Cor. 6.
2. Cor. 6.
Psal. 83.

1. Cor. 2.

Galat. 6.

Non, mes tres-aymez, *Ie ne veux plus rien sçauoir entre vous sinon* IESVS, *& iceluy crucifié, à Dieu ne plaise que ie me glorifie iamais sinō en sa Croix, par laquelle le monde m'est crucifié, & moy au monde.* Ie ne veux prescher que IESVS crucifié, *non en sublimité de langage, mais en ostention d'esprit & de vertu,* c'est à dire, auec vne simple deuotion.

Ie feray donc comme l'auette, qui paſſe toutes les fleurs pour compoſer ſon doux miel de l'amertume du thim. De là le Poëte, *Dumque thymo paſcentur apes,* & encores, *redolentque thymo fragrantia mella*: ainſi entre toutes les fleurs du parterre de l'Eſcriture, qui eſt vn *jardin clos*, i'ay choiſi le thim amer, ou le Tau du terebinthe de la Croix, où pend *la fleur des champs*, des amertumes de laquelle nous tirerons vne douce deuotion, comme *du miel de la pierre viue Ieſus, & de l'huile de ce caillou angulaire reprouué, mais fondamental.* <small>Cant. 4. Ber. ſer. 2. de Pentec.</small>

Ce ſera *cette verge d'Iſraël, verge de direction au Royaume du Ciel, deſchirée & eſcorchée,* que comme vn autre Iacob, ô mes oüailles, ie vous propoſeray, pour orner vos ames de *la robbe bigarrée & diuerſifiée* de Ioſeph, & de l'Eſpouſe, qui eſt le parement des ſainctes vertus. <small>Iſa. 11. Pſal. 44. Gen. 30. & 37. Pſal. 44.</small>

Prou de raiſons m'ont conuié à ce choix, mais entre autres trois principales m'y ont puiſſamment induit. La premiere eſt, que deſirant d'exciter en vous de ſainctes affections, i'ay penſé de frotter cette pierre, le doux IESVS à vos cœurs, que s'ils ſont de fer ils ſeront attirez comme par l'aymant, ou s'ils ſont d'acier, comme par le lunaire, ou du moins par leur choc pouſſeront des eſtincelles pour embraſer vos volontez, *à reaymer celuy qui le premier vous a tant aymez.* <small>1. Cor. 10. 1. Ioan. 4.</small>

On dit que les os de Lyon frottez l'vn auec l'autre jettent du feu, helas! nous ſommes des Lyons de ferocité par nos pechez, pource l'Eſpoux nous appellant du milieu des pecheurs, nous dit, *Venite de cubilibus leonum,* & noſtre Seigneur eſt vn Lyon manſuet & amoureux, *Leo de* <small>Pſal. 33.</small>

A ij

tribu Iuda, radix David, touchons nos os pourris, *Psal. 21.* inueterauerunt ossa mea, auec les siens, dinumerauerunt omnia ossa mea, & nous en tirerons des estincelles d'vn sainct Amour.

Resuscitons nos ames par la charité à la vie de la grace, comme jadis Elisée l'enfant de la Vefue touchant les os auec les siens. *4. Reg. 13.*

Et nous guerirons nostre flux de chair & de sang, comme l'hemorroisse par le toucher de la robbe de nostre sanglant Espoux.

La 2. cause de ce choix est, que voyant cette vie, *vne vallée de pleurs, vne fosse de miseres, vn lac sans eau de consolation, vn lieu d'affliction & de mort*: *Psal. 83.* Veu que, comme disoit Seneca, *Mors, exilium, luctus, dolor, non sunt supplicia, sed tributa nascendi.* I'ay creu que la consolation de tous ces maux estoit comprise en la consideration des extrêmes souffrances que nostre Seigneur a endurées pour nostre amour. Suiuant cette Chrestienne Philosophie du plus sçauant des Apostres: *Aspicientes* *Hebr. 12.* *in authorem fidei & consummatorem Iesum, qui proposito sibi gaudio sustinuit crucem,* & ce qui s'ensuit.

Ainsi Socrate nous conseilloit d'amoindrir nos douleurs par la conference auec des plus affligez que nous, *si in viridi hæc fiunt, in arida quid fiet?* dit *Luc. 23.* le sacré texte.

Quelles estoilles de menuës fascheries ne disparoistrôt au Soleil des ignominieuses douleurs, & douloureuses ignominies de nostre Redempteur? Pource disoit-il, *Venite ad me omnes qui laboratis, & onerati estis,* &c.

La 3. cause qui m'a entierement determiné à embrasser ce beau sujet, bien que je sois tres-indigne

de nostre Seigneur. 5

& incapable de le manier, est le grand profit qui nous en reuiendra si ie le medite bien, & si vous le ruminez comme il faut: car IESVS en Croix est vn pharmacien, ou plustost vne boutique bien garnie de tous les remedes necessaires à nos spirituelles maladies, l'vnique Panacée qui peut guerir nos langueurs.

C'est vne mine d'or de Charité, qui sort *des en-* *Luc. 1.* *trailles de sa misericorde,* laquelle ne peut estre espuisée: *Charitate perpetua dilexit nos.* Vne veine in- *Cant. 1.* tarissable de bonté, qui sort *des mammelles meilleures que le vin* de ce doux Espoux.

II.

Et pour penetrer plus auant és profits qui nous en reuiennent, ie dis qu'elle nous apprend, 1. à fuyr le vice, 2. à embrasser les vertus, 3. à nous vnir à Dieu, 4. que c'est le plus gros canal par où ses graces decoulent en nous, 5. qu'autour de sa meditation il y a de grandes indulgences à gaigner, & 6. de la suauité à la contempler: voyons cela d'ordre. *Et ascendamus in palmam, & ap-* *Cant. 7.* *prehendamus fructus eius.*

Elle nous apprend à fuyr le vice, & qui sera celuy qui ne renõcera à l'orgueil, voyãt son Espoux *humilié iusques à la mort ignominieuse de la Croix*, & tellement vilipendé qu'il est pendu entre deux larrons?

Qui ne quittera l'enuie voyant ce doux Agneau Ioseph, *qui dedidere velut ouem Ioseph*, vendu & pendu par l'enuie de ses freres?

Qui ne deposera l'ire voyãt la sale barbarie des bourreaux qui le maltraittent *non vos defendentes charissimi, sed dare locum iræ.*

Qui ne quittera toute auarice le voyant ainsi

A iij

pauure & nud cõme vn ver en l'arbre de la Croix?

Qui ne laissera la gourmandise le voyant abreuué de fiel & de vinaigre?

Qui ne renoncera aux plaisirs de la chair, comme Vrie, voyant le Capitaine Ioab *sous la tente du Ciel au Caluaire, Cœlo tectum quia non habet vrnam.* Qui cherchera ses aises le contemplant en mesaise?

Eamus & nos, & moriamur cum illo: du moins, mortificemus membra nostra quæ sunt super terram, spiritu ambulemus, & desideria carnis non perficiamus.

Suiuons le train de ses sainctes Vertus, admirons & imitons, selon nostre portée, sa patience emmy tant de trauerses, son humilité, sa mansuetude, sa charité, sa constance & toutes les vertus qui croissent à l'enuy au pied de ce palmier de la saincte Croix.

Prenons ce sang precieux distillãt de ses amoureuses playes pour nous seruir d'vn ciment qui attache nos cœurs auec celuy de IESVS indissolublement, *nous conformans à son image*, crucifions nostre chair *auec ses conuoitises*.

Lauons-nous de nos pechez en ce sang, & blanchissons nos estolles dans ce vin des vierges. Si cet ancien disoit que celuy auoit fait *des entraues pour les cœurs qui auoit inuenté les bienfaits*, comment les nostres ne seront-ils *garrotez* de la charité de IESVS pour ce signalé bien-fait de nostre redemption?

N'est-ce pas là le maistre canal duquel nous sommes arrosez? son sang n'est-ce pas *cette rosée du ciel, cette pluye du iuste*, demandée par le Prophete?

Venez mes amis, *venez mes tres-chers, enyurez-vous, venez & prenez sans argent du laict & du miel*

en marge:
6. Reg. 11.
Rom. 8.
Galat. 5.
Apoc. 7.
2. Cor. 5.
Isa. 45.
Cant. 3.
Ierem. 25.

de nostre Seigneur.

de cette terre benite, & promise, l'humanité du Sauueur.

Venez puiser auec joye des eaux de grace des fontai- Isa. 12.
nes du Sauueur, qui sont ses sacrées playes.

Icy est la *fontaine des iardins, le puits des viues eaux qui fluent auec impetuosité, non du Liban*, mais du Cant. 4. Caluaire

C'est cette source à sable d'or qui arrose tous les Genes. 2. cantons du Paradis terrestre de l'Eglise.

C'est en ce iardin de penitence, plein de roches solitaires, où retentissent en ce temps des Echos des predications que ie vous appelle, tendres amelettes, pour entendre la voix gratieusement mourante de vostre Espoux qui vous dit, *Veni in* Cant. 5. *hortum soror mea sponsa, messui myrrham cum aromatibus meis, comedi fauum cum melle meo, bibi vinum cum lacte. Caput meum plenum est rore, & cincinni stillant guttis noctium.*

Au demeurant, ie vous declare auec Albert le Grand, Theologien d'authorité tres-recommandable, que vous aurez plus de merite de mediter ou d'entendre tous les iours cette saincte Passion, que si vous eussiez tout vn an au pain & à l'eau, vous disciplinez iournellement iusqu'au sang, & recitiez quotidianement le Psautier tout du long, par vne raison euidente qui est, que ces choses prises comme œuures exterieures, n'ont point vn si grand ascendant pour purifier les cœurs, les meubler de vertus, & les embraser de Charité, comme la pensée attentifue de la Passion de nostre Seigneur. Comme pour guerir la grattelle, il ne Osee. 2. faut pas tãt se baigner comme rafraischir le sang, *scindite corda vestra, & non vestimenta vestra.*

A iiij

Ie vous apprens de plus, que le Pape Leon X, de glorieuse memoire, a concedé dix mille iours d'Indulgence, toutesfois & quantes qu'on meditera, ou entendra, ou lira la Passion de nostre Seigneur.

Cant. 7. Et voila pas de grands fruicts, boüillonnant *de purpura Regis iunctis canalibus?*

Mais il faut estre disposez, & en bon estat, car ie vous ay tant instruits, que l'Indulgence qui ne regarde que la peine, presuppose la grace de la coulpe : pource si vous voulez gaigner tous les

Psal. 94. iours de si grāds biens, confessez-vous, preparez-vous : *hodie si vocem eius audieritis, nolite obdurare corda vestra, &c.* Mais *parate vias Domino, &c. Ponite corda vestra in virtute eius,* & quelle est cette vertu, sinon comme dit nostre Thême, Iesvs crucifié?

Act. 6. Ne resistez point au sainct Esprit, ne bouschez point comme aspics, vos oreilles à la voix du sage Enchāteur,

Psal. 57. dites au contraire, *Paratum cor meum Deus.* Fendez & labourez la terre de vos cœurs, afin que la semence de la saincte parole y prenne racine, & y

Luc. 3. produise au centuple *des fruicts dignes de penitence.*

Ie vous aduoüe que cette Passion est vne myrrhe amere au goust & au sens, mais soüefue au flair & à l'esprit.

C'est vn cinnamome qui pese, mais anime ceux qui le portent en l'Arabie heureuse, par la suauité de son odeur.

Sus que chacun se resoluë de porter cette Croix ce Caresme; Prestres allons les premiers à trauers

Ios. 4. cette Mer rouge, ce Iourdain, *vt Sacerdos sic populus.* Non, portons-la tous ensemble courageu-

Psi. 4. sement, *Leue fit quod benè fertur onus* : Non, non,

c'eſt à moy de la dire, & de la porter ſur mes eſpaules, *forma factus gregis ex animo.* Sus, char-
gez-la moy, & vous encores.

Eia agito, mi grex, ceruici imponere noſtræ
Ipſe ſubibo humeris, nec me labor iſte grauabit
Vna ſalus ambobus erit.

Quoy? ſuis-je pas chargé de vous, & n'eſtes-vous
pas ma Croix, *& ma joye & ma couronne? Libenter*
impendar & ſuperimpendar pro vobis, tanquam ratio-
nem redditurus pro animabus veſtris peruigilans.

Ho! vous en voulez voſtre part, & bien, tres-
cher troupeau, aydez-moy comme le bon Simon
Cyreneen par vos prieres à la porter, & preſcher
cette Quarantaine, mais *ne receuez point en vain la*
grace de Dieu, & que le grain de ſa parole ne tombe point en vne terre ingratte: *filioli quos parturio*
donec formetur in vobis Chriſtus, cupio vos omnes eſſe
in viſceribus Ieſu Chriſti.

III.

Il ne tiendra qu'à nous que par cette myſtique
eſchelle de Iacob, *ſur laquelle Dieu eſt appuyé,* nous
ne paruenions à de grandes grandeurs: car, *hæc* Gen. 28.
eſt voluntas Dei ſanctificatio noſtra.

Et qui a fait tant de Saincts, ſi eminens en vertu
ſinon la meditation de la Paſſion de noſtre Seigneur? Qui donna les ſtigmates à ſainct Paul, &
depuis à ſainct François, & à la B. Catherine de
Sienne, ſinon cette attentiue & transformante
contemplation?

On dit que ſainct François deſireux de ſçauoir
de Dieu, ſur quel ſujet il prieroit & preſcheroit
plus ordinairement, il ouurit au hazard vn Miſſel,
& par trois fois conſecutiues il rencontra *Paſſio,*
apprenant par là, que nul ſujet eſtoit plus

agreable à Dieu, & plus profitable pour soy & pour l'autruy, que de penser, & parler tousiours de la Passion de nostre Seigneur.

Ce qui me fait souuenir d'vn traict du plus fameux Orateur d'entre les Grecs, lequel enquis quelle estoit la principale partie d'vn Rheteur, respondit, *l'Action*, & secondement, *l'Action*, & ainsi tousiours, donnant en cette partie toutes les autres. Il me semble que ie pourray dire auec autant de verité, que de toutes les escritures, la principale piece est la Passion de Iesus Christ, car *elle a tout consommé*: tout vise là, se rapporte là, c'est le centre de toutes les lignes des sacrez Cahiers. Et encores que de toutes les parties de l'Orateur Chrestien, la principale, & qui comprend le tout, est non l'action, qui n'est que *cymbalum tinniens*, mais la Passion de nostre Seigneur.

1. Cor. 13.

Helas! *prou annoncent Christ*, mais non tous crucifié, ce qui se void au peu de profit qui se tire des Sermons: la doctrine, la subtilité, l'eloquence, la profondité, les allegations, les richesses curieuses, tout cela sont de belles actions, mais la passion est encores plus profitable, tout va bien *quando abundant passiones Christi in nobis*.

Philip. 1.

Si i'auois toutes ces parties, i'y renoncerois fort volontiers, & de tant plus volontiers les renonceray-ie, que ie ne les ay point, pour me tenir à l'humble & simple deuotion de *mon Amour crucifié*.

C'est le mot du Martyr sainct Ignace, qui estoit si deuot à cette passion, qu'on luy trouua ce nom de IESVS graué sur le cœur.

A saincte Claire de Montfalco on trouua le

cœur buriné des enseignes de cette Passion sacrée: merueille qui se voit tous les iours: l'Espoux pouuoit bien luy dire, *pone me vt signaculū super cor.* Cant. 2.

Mettons-le nous autres, *super brachium*, par vne saincte deuotion, qui consiste plus à faire qu'à sentir, œuurans des actions conformes à ce suject, en ce temps de nostre Penitence. IV.

C'est icy le fondique de toute deuotion, & qui n'en tire d'icy, d'où en tirera-il? *qui non amat Iesum crucifixum, anathema, Maranatha.* 1. Cor. 16.

Sus, que cet ambre exalté tire la paille de nos pensées.

Que ce Soleil esleué au midy de son Amour, attire les vapeurs de nos defauts pour les resoudre en pluye de confusion, de confession & de larmes.

C'est icy le feu duquel nostre Seigneur est venu allumer le monde. Ie veux estre tout ce Caresme vn boutefeu, & en embraser tous vos cœurs *par vne parole ignée, par la langue de feu*, doüaire sacré de l'Eglise. Psal. 18. Actor. 1.

Mes freres, ie vous aduise que ie mets bas toute doctrine, pour m'attacher entierement à la deuotion, apportez icy des volontez disposées comme le Naphthe, *ou des rameaux de Camphre*, à receuoir les flammes du sainct Amour, & laissez-là vos entendemens, ma lampe n'est point assez suffisante pour les esclairer de hautes speculations, sinon que par accident ces feux amoureux les illuminent, *declaratio sermonum Dei illuminat, & intellectum dat paruulis*. Cant. 1. Psal. 118.

Os meum aperiam & attraham spiritum, pour apres vous en faire part, selon qu'il aura pleu à Dieu de parler à mon cœur : apportez icy des cœurs, *afin que mon cœur leur dise* ce que i'auray appris de celuy de IESVS : car à vray dire, ie desire vous parler de cœur, ayāt experimenté que le seul cœur parle au cœur : *loquimini ad cor Hierusalem*, la langue seulement aux oreilles, laissez donc là vos oreilles si vous voulez, mais apportez vos cœurs, sinon que vous me prestiez celle-là comme des conduits pour instiller dans ceux-cy le *baume aromatique, l'huile espanché* du sang de mon Sauueur.

Prions Dieu l'vn pour l'autre, mes tres-doux freres, vous pour moy, afin que ie ne sois pas comme le Soleil, eschauffant tout sans auoir de chaleur en soy ; moy pour vous, afin que vous ne soyez point de glace comme des Salamandres, ou Pyraustes, dans cette fournaise de la Passion.

Vous estes mes freres, que ie vay cherchant dans ces deserts, pour vous mener à nostre Pere celeste, le Dieu de Iacob.

Vous estes les espouses que ie vay cherchant, comme vn Eliezer, pour l'vnique Isaac IESVS Fils de l'Eternel Abraham.

Rebecca qui fut cette Espouse, fut trouuée par cet Ambassadeur, conduisant à l'abbreuuoir les troupeaux de son pere, & là elle receut de la part de son futur Espoux des pendants d'oreilles, & des bracelets d'or : l'espere de vostre misericorde, ô Seigneur, que menant aux fontaines d'Elim, iouxte les palmes de la Croix, ces vostres oüailles que vous m'auez commises, vous participerez à mes oreilles l'intelligence de vos volontez, & donnerez à mes bras la force de les executer ; en quoy consiste la pure substance de la

---

Psal. 26.

Eccl. 24.
Cant. 1.

Cant. 3.

Gen. 24.

Genes. 25.

de nostre Seigneur. 13

solide deuotion. *Audi tui meo dabis gaudium & lætitiam, & exultabunt ossa humiliata.* Doncques, *loquere Domine, quia audit seruus tuus. Ecce ego,* Pſal. 50. *mitte me. Redde mihi lætitiam salutaris tui, & spiritu principali confirma me, docebo iniços vias tuas, & impij ad te conuertentur.*

Ie vous conjure, mes tres-aymez, par tout ce qui peut doucement violenter des belles ames, par le cœur charitable de IESVS, l'Amour du Ciel & de la terre, de seconder ces miens desirs, & Dan. 4. bonnes volontez de vos prieres, & plus de vostre condescendance, *aux paroles de vie, d'intelligence &* Eccleſ. 15. *de salut.*

Cependant recueillez de ce discours preparatoire, 1. les causes qui m'ont fait choisir ce beau sujet, 2. les profits que nous en pouuons tirer, 3. combien il est excellent, & 4. qu'il est le comble de toute deuotion. *Allez en paix.*

PREMIER IEVDY.

Sortie du Cenacle.

HOMELIE II.

Matth. 26.
Marc. 14.
Luc. 22.
Ioan. 18.

Ymno dicto egressus est Iesus. Ces paroles nous enseignent que nostre Seigneur apres auoir laué les pieds à ses Apostres, institué le sainct Sacrement de son corps, & rendu graces, sortit de la maison, & de Hierusalem. Sur quoy nous vous enseignerons qu'en nos afflictions, pour en tirer profit, & nous conformer à la passion de nostre Espoux, nous deuons 1. lauer nos consciences par la Confession, 2. fortifier nos ames par la saincte Communion, 3. loüer Dieu és aduersitez, & 4. sortir de nos imperfections, portans la Croix en le suiuant.

I. Il est tout constant, mes tres-chers freres, que les tribulations sont les tributs & les apports de nos miserables pechez : si donc nous remedions à la cause, qui n'esperera d'en voir cesser les effects? Pource nostre Seigneur dit au Paralytique gue-

Ioan. 5.
Ioan. 6.

ry, *iam amplius noli peccare, ne deterius quid tibi contingat*, & à la femme adultere, *iam amplius noli peccare.*

Or la vraye Piscine probatique des paralysies de l'ame, c'est la Penitence & Confession, *sit pœnitenti medicina Confessio.*

C'est la source des Ionides, qui guerit de tous maux.

C'est la lexiue qui laue & leue toutes ordures, *laua à malitia cor tuum*, parce que *in maleuolam ani-* Sap. 1. *mam non introibit sapientia, neque in corpore subdito peccatis*.

Pour deffricher vne terre ce n'est assez de retrancher les branches des broussailles, il faut en desraciner les surcots, ainsi pour mondifier vne ame.

―― *eradenda cupidinis*
Prauæ sunt elementa, &
Mentes asperioribus, formandæ studiis.

Le Medecin expert porte ses remedes, non tant aux accidens qu'à la cause du mal.

Il n'est venin si interne, que n'euacuë le puissant vomitoire d'vne bonne Confession.

Naaman fut guery de sa lepre en se plongeant 4. Reg. 5. sept fois au Iourdain, qui signifie fleuue de iugement: le peché est vne lepre spirituelle, dont la cognoissance appartient au Prestre, comme iuge, au tribunal de la Confession, ainsi qu'en l'ancienne loy les Prestres discernoient *lepram à lepra*.

Et ces mesmes Prestres auant que s'approcher Exod. 38. des Sacrifices, se lauoient soigneusemét les mains & le visage au cuuier des miroirs, & nettoyoient les hosties dans la mer de fonte. Ainsi, mes freres, est-il besoin pour prescher, & entendre dignement le sanglant sacrifice de la Croix, que nous nous purgions les vns & les autres, à cette entrée de Caresme, *Ab omnibus inquinamentis nostris mundamini qui fertis vasa Domini*. Et principalement ceux qui se sont souïllez & contaminez parmy les ordures des desbauches mondaines, pendant ce malheureux Carneual, ennemy juré de toute deuotion, voire de toute Religion.

Lauons-nous donc de toutes ces incommoditez de la chair & du sang, puisque mesmes les Payens sans ablution faisoient difficulté de toucher leurs Penates.

Æneid. 2.   *Tu genitor cape sacra manu, patriosque Penates : Me, bello è tanto digressum, &c.*

En ce temps où nous retranchons par le jeusne le pain des hommes, il nous faut de tant plus frequemment nourrir *de celuy des Anges, de la manne*

Exod. 12.   *cachée*, la sacrée Communion, mais cet Agneau ne se mange qu'apres les laictues ameres de la penitence.

Apres s'estre décrassé dans le baing des larmes,

Psal. 50.   *hyssope blanchissant comme la neige.*

C'est ce que nous apprend N.S. lauant les pieds à ses Apostres, c'est à dire, purifiant leurs affections, auant que de leur participer son sacré Corps, *vraye viande, & son Sang vray breuuage.*

La Confession est la fourriere qui *prepare les voyes* & les logis à ce grand Seigneur, *qui redresse*

Luc. 3.   *qui est courbé, qui applanit les difficultez, qui humilie les monts sourcilleux, qui esleue les humbles vallées.*

C'est la pierre de touche de la bonne conscience, l'espreuue de sainct Paul, *Probet autem seipsum homo, &c.*

Or, mes freres, apprenez encores de ce lauement, si tost que vous serez tombez en maladie ou en affliction, d'auoir recours à cette purgation de l'ame : Achab, Ezechias, Manassé, le Prodigue, Dauid, & tant d'autres, nous sont des exemples

exemples comme la penitence fait cesser la verge de Dieu.

En tout, car elle nous fortifie, & fait recognoistre que *iustè pro peccatis nostris affligimur, quia peccauimus, iniustè egimus, iniquitatem fecimus.*

Les Athletes se fortifioient autrefois par les lauemens & les onctions; rien ne nous asseurera plus contre les efforts du diable & de l'affliction, que le lauoir de la penitence, qui est aussi vne sacrée onction de grace, *charisma sancti Spiritus.*

II.

Que si nous adjoustons en suitte la saincte Communion, ô que nous serons corroborez interieurement, *pour posseder nos ames en patience!* Luc. 21. ne sçauez-vous pas ce que chante Dauid, *Si ambulauero in medio vmbræ mortis, non timebo mala* Psal. 22. *quoniam tu mecum es, parasti in conspectu meo mensam aduersus omnes qui tribulant me: impinguasti in oleo caput meum, & calix meus inebrians quam præclarus est!*

C'est là cette tour de Dauid, *ædificata cum* Cant. 4. *propugnaculis, mille clypei pendent ex ea, omnis armatura fortium.*

Aussi est-ce le *Pain des forts*. Elie en la force de ce pain paruint-il pas iusques au mont Oreb? Communions, mes freres, à cette entrée 2. Reg. 19. de la Passion, afin que nous paruenions, *animis* Hebr. 12. *nostris non deficientes,* iusques au Caluaire auec nostre Seigneur.

C'est la manne des deserts de ce monde. Quoy? Saincte Catherine de Gennes a-elle pas vescu longuement substantée de la seule Eucharistie, emmy tant de douleurs & langueurs corporelles qu'elle souffroit? *mortua erat,*

B

sed vita sua abscondita cum Christo in Deo, illi viuere Christus erat.

C'est icy le rayon de miel qui rend les Sansons plus forts que des lyons. Sainct Chrysostome dit-il pas, *Recedamus ab hac mensa tanquam leones ignem spirantes?*

Iud. 14.

Oyez sainct Pierre, apres auoir participé à ce diuin Sacrement, *Etiamsi oporteat me mori tecum, Domine, animam meam pono pro te, eamus & nos & moriamur cum illo*, & tous les Apostres suiuirent-ils pas nostre Seigneur iusques au jardin?

Passerent-ils pas le Torrent de Cedron, comme jadis Israël le Iourdain apres l'Arche? *In Deo meo transgrediar murum, si consistant aduersum me castra, &c. Si Deus pro nobis quis contra nos?* Vrayement *castra Dei sunt hæc*, car l'Eucharistie est tousiours assistée & accompagnée d'vn million d'Anges, *Millia millium ministrabant ei*.

Gen. 24.

Dan. 3.

Si donc vous desirez faire prouision de force & de courage en vos maladies & afflictions, confessez-vous, & vous communiez si tost qu'elles vous arriueront, & vous verrez qu'il n'y a Epitheme, medicament cordial, ny eau de vie, qui esueille plus puissamment vos esprits, *Dominus fortitudo mea, & salus mea quem timebo, Dominus protector vitæ meæ à quo trepidabo, &c. Diligam te Domine fortitudo mea, & firmamentum meum, &c.*

Psal. 17.

Si vous voulez bien profiter en ces exhortations de la Passion, communiez-vous, car vous sçauez que le Sacrement & Sacrifice de l'Eucharistie est le memorial reel de la passion du

2. Cor. 11. Sauueur, & que toutes les fois que vous mangerez sa

Chair, & beurez son Sang, vous annoncerez sa mort iusques à ce qu'il vienne. O la belle entrée de Caresme, s'il vous plaisoit de le commencer par vne generale Communion, rendans par IESVS-CHRIST tous vos jeusnes, vos aumosnes, vos Oraisons, & autres bonnes œuures meritoires, les vnissant aux douleurs de sa saincte Passion.

Ce seroit le rayon de miel, qui comme à Ionathas ouuriroit vos yeux, gousté au bout de la verge de la Croix, *Domine illumina oculos nostros nequando obdormiant in morte.* 2. Reg. 14.

Les yeux des Disciples d'Emaus *furent-ils pas ouuerts, & leurs cœurs embrasez en la fraction de ce pain?* Luc. 22.

Que si vous adjoustez à cela vne bonne & feruente priere, comme nostre Seigneur, *Hymno dicto*, ie vous declare qu'il n'y a fer de tribulation, que comme Austruches spirituelles, vous ne deuoriez & digeriez: *Tout est possible au croyant, & rien de difficile à celuy qui veut & qui ayme.* **III.** Marc. 9.

Quelle benediction n'obtiendrons-nous du celeste Isaac, couuerts des peaux de ce celeste Cheureau, qui est *saliens in montibus, transiliens colles*, & vnis auec le Corps & le Sang du Sauueur, *Clamaui ad Dominum, & exaudiuit me, & ex omnibus tribulationibus eripuit me.* Gen. 27.

Hymno dicto, voyez comme N. S. chante vn Cantique de Triomphe auant son combat, comme les Lacedemoniens allans à la guerre au son des instrumens musicaux.

Voyez comme il se resiouït d'aller pour nostre rachapt se baptiser du Baptesme de son Sang. Luc. 12.

B ij

O! mes freres, que ne pouuons-nous en reciproquans ce doux Amour, dire quand il nous arriue quelque affliction, auec Dauid, *Bonum mihi, quia humiliasti me vt discam iustificationes tuas, in æternum non obliuiscar iustificationes tuas, quia in ipsis viuificasti me.* Ou auec S. Paul, *Gloriabor in infirmitatibus meis vt inhabitet in me virtus Christi.*

Psal. 118.
2. Cor. 12.

En nos pertes auec Iob, *Dominus dedit, Dominus abstulit, sit nomen Domini benedictum, si bona recepimus de manu Dei, mala quare non suscipiamus?*

Iob. 1. & 2.

Es aduersitez ou prosperitez il faut auoir l'esprit esgal enuers Dieu, *Benedicam Dominum in omni tempore*, & tenir ce timon droit en tempeste & en bonace.

Psal. 33.

Es ignominies que ne pouuons-nous comme les Apostres, *Ire gaudentes à conspectu concilij, quoniam digni habiti sumus pro nomine Iesu contumeliam pati.*

Es hazards dire auec ce courageux Apostre, *Siue viuamus, siue moriamur, Domini sumus*, ou auec vn grand deuot de nostre aage, *Viue Iesvs.*

Pressez des douleurs corporelles, que n'esleuons-nous nostre esprit à Dieu, comme Iob, frappé d'vlcere, & remply de playes: Et que ne resonnons-nous comme la statuë de Memnon, picquée des rays ardans du Soleil, *quando manus Domini tangit nos.*

Et que ne chantons-nous comme la Cigale, quand la rosée tombe? quand il pleut, cela feconde la terre, & la tribulation fertilise nos esprits, *Tribulationem & dolorem inueni, & nomen Domini inuocaui: tribulatio & angustia inuenerunt me, ideo lex tua meditatio mea est.*

Psal. 116.
Psal. 118.

La pluye embrase le Vesuue, & la tribulation **Gen. 8.**
embrase nos cœurs du diuin Amour. C'est le deluge qui esleue l'arche de nostre cœur.

S. François appelloit les douleurs, ses sœurs, &
les élancemens de son corps donnoient des aisles
à son Oraison : quand il estoit sans elles, il estoit
aride & sans douceur en sa priere.

On dit communément, *qui ne sçait prier aille sur
la mer* : c'est en cette mer rouge de la passion de
mon Maistre, *en cette mer de contrition & d'amer-* **Tract. 3.**
tume que ie vous appelle, mes cheres ames, fai-
tes donc prouision du biscuit de l'Oraison, afin
qu'au sortir du Sermon vous soyez des animaux
mundes & ruminans, & qu'on ne vous reproche
pas vn iour, *Ecce quomodo moritur iustus, & non est
qui recogitet corde.*

N. S. se prepare à sa passion par le lauement,
l'Eucharistie, la priere, preparez-vous à l'entendre, par la Confession, la Comunion, l'Oraison,
car il vous a doné exêple, afin que vous suiuiez ses pistes. **1. Pet. 2.**
Suiuons-les, mes tres-doux agneaux, car le voi- **IV.**
la qui auec ces preparatifs démare du port.

— *Fugiunt terræ portusque recedunt.*

Allons apres luy, *en l'odeur de ses parfums : Exea-* **Cant. 1.**
mus extra castra improperium eius portantes. **Hebr. 13.**

Sortons de nous-mesmes par vn sainct trans-
port, *& esleuez par dessus nous*, allons suiuans ce **Thr. 2.**
Roy, qui s'en va à ses Espousailles de sãg, *Egredi-*
mini filiæ Syon, & videte Regem Salomonem, &c.

Dieu cherit grandement ces sorties pour son
amour, pource, dit-il par Dauid, *Audi filia, & vi-*
de, &c. A Abraham, *Exi de patria, & de cognatione*
tua, &c. A l'Adolescent, *Vade, vende omnia quæ ha-*

B iij

bes, &c. Le Centurion en l'Euangile de ce iour, sort-il pas de chez soy pour venir à N. Seigneur?

Il nous inuite à fuir le monde, *qui in Iudæa sunt fugiant ad montes : fugite de Babylone miseri.*

Psal. 118. Sainct Pierre pour plorer ses pechez, voyez comme il sort dehors, *Egressus foras fleuit amare, exitus aquarum deduxerunt oculi eius, quia non custodierunt legem Dei.*

Voicy donc nostre Seigneur, qui pour faire penitence de nos pechez, *egreditur :* ô quel faiseur de sorties! le voila qui sort du sein du Pere,
Psal. 18. *à summo Cælo egressio eius.*

Luc. 15. Voila ce Prodigue enfant, qui pour l'amour de nous s'en va dissiper tout la substance de son Sang.

Mais pourquoy sort-il du Cenacle, où il auoit fait la saincte Cene auec ses Apostres, pour deux raisons, afin de ne troubler la maison de son hoste par sa prise, hoste qui luy auoit si courtoisement presté son logis : cela nous enseigne à nous tenir en deuoir, pour ne scandaliser au moins ceux auec qui nous habitons. Femme qui te perds, regarde à ne mettre point d'opprobre en ta maison, ou en tes enfans : enfant qui te desbauches, prends garde qu'vne fin infame n'apporte quelque tache honteuse à ta parenté : Soldats, apprenez d'icy à ne molester vos hostes, *mais*
Luc. 3. *d'estre contens de vostre solde.*

La 2. raison est, qu'il n'estoit pas decent que nostre Seigneur fust pris en lieu de repos, mais de mesaise, joint que son courage le porta, comme vaillant Champion, sur le pré, pour attendre ses ennemis.

Mais las! il sort de Hierusalem, qui cinq iours auparauant l'auoit receu auec tant de triomphe & d'applaudissement. *O quantum est in rebus inane*, maheureuse l'ame qui par ses pechez chasse son Sauueur.

Ne le chassons pas, mes bien-aymez, mais plustost pourchassons-le, & comme l'Amante esperduë, *ne le treuuans dans le lict de nostre cœur,* Cant. 3. *cherchons-le par monts & par vaux, iusques à ce que nous l'ayons treuué,* pour mourir auec luy sur le Caluaire.

—— *Moriamur & in media arma ruamus.*

Ramassez de ce discours, mes freres, 1. qu'en nos afflictions nous deuons lauer les pieds, c'est à dire les affections de nos ames, 2. nous fortifier par la Communion, 3. nous consoler en la priere, & 4. sortir de nos delices, pour aller au iardin de myrrhe de la saincte mortification. Soyez benis de nostre Seigneur.

B iiij

I. VENDREDY.

Passage du Torrent.

HOMELIE III.

Matt. 26.
Marc. 14.
Luc. 22.
Ioan. 18.

Gressus Iesus trans torrentem Cedron, secundum consuetudinem, tunc dixit discipulis suis, &c. Nous traicterons en ce discours 1. Le passage de ce torrent de Cedron. 2. De la bonne coustume de N. S. 3. Sa prediction sur la fuitte de ses Apostres. 4. La presomptueuse protestation de sainct Pierre.

I.
Luc. 24.

Pensez, mes freres tres-chers, combien de pensées deuoient *monter au cœur* de nostre doux IESVS en passant ce torrent, y mirant dans le cristal de son onde la figure des astres, cela luy faisoit-il point souuenir de ce poinct de nostre creance, *que pour nous il estoit descendu des Cieux, qu'il auoit quitté ce Throsne de sa grandeur, dont les estoiles ne sont que le marche-pied & le sousbassement, le Ciel estant son siege & son escabeau, pour iouyr de ses delices ameres en la conuersation des hommes.*

S'il consideroit son eau noire de l'ombre de la nuict, cela ne le faisoit-il point penser au deüil de sa mort, & que luy-mesme source d'eau *viue & claire*, estoit changée en noirceur de tristesse?

Ioan. 4.

Son murmure luy pouuoit representer le bruit des armes de ces soldats enragez, qui le deuoient venir prendre, ce doux gazoüillement qui quelquefois auoit causé son repos, luy donne maintenant les poinctes *des douleurs de la mort.*

O torrent, comme nulles digues peuuent arrester ton cours, ainsi nulle priere de celles que ie vay *espandre & prononcer* deuant mon Pere *Psal.* 141. Celeste, ne pourra arrester le torrent de sa Iustice qui desbondera sur moy, pouuoit-il dire.

O *torrens de voluptez* celestes, ô *eaux sur-celestes,* *Psal.* 35. & que vous estes maintenant changées en eaux 148. d'angoisses terrestres, & les sources limpides de *Genes.* 2. l'Eternel Eden, aux limonneux maretz de l'Egypte du monde !

O Disciples, pouuoit-il dire en son cœur, que ce torrent vous figure bien ! vous m'auez tousjours assisté en mes honneurs, & és commoditez de ma prosperité, mais és chaleurs de mon dernier desastre vous fuyrez, vous serez dissipez, vous me lairrez à sec.

O torrent d'Ezechiel, que tu es difficile à gayer ! *Ezech.* 47.

O torrent qui me represente la mer rouge de mon sang, que ie vay trauerser en ma Passion, pour y *suffocquer les Dragons,* qui sont *Psal.* 73. mes ennemis.

O torrent d'espines (ou comme sainct Hierosme tourne sur Ioel) *torrent de cordages,* ie vous *arrose-* *Ioel* 3. *ray* en repassant, de mes pleurs, estant lié & garrotté par des satellites.

Gratieux torrent, tu ne me verras plus baigner ton riuage, & enfler ton eau des sources de mes yeux, comme quand ie lamentois proche de ton eau murmurante *sur l'ingratte* *Luc.* 19. *Hierusalem.*

Ton eau comme vn miroir, me presente vn visage de mort, & ton gazoüillis pitoyable me semble chanter vn Epitaphe, la mort pour moy nage, & parle en toy.

Pſal. 115. O *qu'vn autre torrent d'angoiſſes traverſe mon ame d'vne eau preſque intollerable! ſes eaux ameres penetrent iuſques dedans mon cœur,* neantmoins comme le *Pſal. 41.* Cerf *deſire les eaux, ainſi deſiray-ie ce baptéſme de Pſal. 109.* ſang. *Ie beuray de l'eau de ce torrent de mort & 111. pour releuer ma teſte, & eſleuer en gloire la corne de mon humanité.*

Ton nom meſme de Cedron, qui veut dire *noirceur,* semble-il pas deſia porter le deüil d'vn *1. Pet. 25.* accident ſi funeſte, par lequel *le iuſte mourra pour les injuſtes,* & les creatures maſſacreront leur Createur. O couleur conforme à la triſteſſe de *Pſal. 54.* mon ame: ô *tenebres qui m'enuironnez,* vestez-vous point ainſi de brun la face du Ciel, afin que ſa condoleance me conſole?

Cant. 4. *Mes yeux ſont pareils à la Colombe ſur la riue des eaux, ie ſuis laué dans le laict* de mon innocence, neantmoins ie ſeray tantoſt immolé pour la purgation des humains.

Cant. 2. Pareil à mon Eſpouſe, *ie ſuis noir, & toutesfois beau comme les peaux* haſlées *des tabernacles de Cedar,* qui cachent au dedans de grandes richeſſes; car *omnis gloria mea ab intus in fimbriis aureis, circumdatus varietate.*

O doux Eſpoux, qu'il eſt bien vray que vos *Cant. 4.* *cheueux,* c'eſt à dire, vos penſemens, *ſont noirs comme vn Corbeau,* c'eſt à dire douloureux & lugubres.

Conſolons ce cher Maiſtre languiſſant en ces

perplexitez, mes tendres ames, & nous ne sçaurions le mieux consoler qu'en l'imitant, ce qui sera, si nous passons courageusement assistez de sa grace, les torrents des afflictions, que sa paternelle main desbonde quelquefois sur nous. *Car celuy qui les supporte aura la vie, & tirera son salut de Dieu, & en sera glorifié*, triant vrayement *le miel de la pierre dure, & vne joyeuse consolation de la multitude de ses desolations.* Prou. 12.
Psal. 93.

II. *Secundum consuetudinem.* Admirez comme N. S. mesprise la mort, puis que pour l'euiter, il ne se diuertiroit pas de la moindre de ses bonnes coustumes, qui estoit de se retirer le soir pour vacquer à l'oraison. Vray Caton, qui passa la nuict de sa mort à lire. Plut. en sa vie.

Vray Socrate, qui ayant aualé la mortelle ciguë, deuisoit de la Philosophie, voulant, disoit-il, apprendre en mourant. Laert. in eius vita.

Le vice & la vertu, mes freres, ne sont que coustume, mais l'vne mauuaise, l'autre bonne. Vn Poëte,

Respice non si quid vitiorum inseuerit olim
Natura aut consuetudo mala. ——

Et comme il faut à quelque prix que ce soit se desprendre de l'vne, aussi sous quelque pretexte que ce puisse estre, ne se faut-il iamais distraire d'vne bonne, comme par exemple de prier apres le repas. S. Paul l'Hermite ayant refectioné auec S. Anthoine, sentãt les douleurs de la mort s'approcher, ne voulut perdre sa coustume de prier pour se coucher, & fut treuué mort à genoux les mains ioinctes. Ainsi en veut faire nostre doux Sauueur.

Pratiquant ce mot d'vn ancien, *qu'il faut qu'vn braue Empereur meure debout.*

Le diable, mes amis, est vn ourdisseur d'inuentions, & vn trouueur d'excuses pour nous diuertir de nos vertueuses coustumes, ne croyans pas ses suggestions; principalement il se sert d'vn stratageme qui est la sotte honte du monde, que comme vne vaine poussiere, il jette aux yeux pour esbloüir & faire quitter la bonne œuure.

Il nous propose les yeux des regardans, comme le soldat ruzé qui porte tout le Soleil aux yeux de son ennemy.

Sotte & impertinente honte que N. S. menace de punir d'vne eternelle confusion, *qui erubuerit me coram hominibus, &c.*

Luc. 9.

O qu'auec cette enfantine & impertinente vergoigne, il broüille grandement le salutaire Sacrement de la Confession, dont le sceau inuiolable deuroit effacer toute crainte des cœurs bien instruits aux mysteres de la Religion.

Est-on auec les heretiques, on gausse auec eux de quelques ceremonies, que quelques maladuisez tiennent pour indifferentes; sonne-on les *Aue Maria*, ou on ne les dit point, ou on ne les dit point à genoux, ou on les dit le nez en son chappeau, qui vid iamais de telles inciuilitez? Changez, Messieurs de Belley, toutes ces mauuaises coustumes, vous n'estes point meslangez d'heretiques, par la grace du bon Dieu, professez vostre foy deuotement, ouuertement, pliez les genoux, & descouurez vos visages au son du pardon pour gaigner les Indulgences, qui sont

concedées à cette action, *vespere, mane, & meridie.*
Priez Dieu le matin à genoux au pied de vos
couches, afin qu'il prospere vos iournées, le soir
de mesmes, faites rendre compte à vos ames,
afin qu'il bien-heure vos nuicts d'vn paisible repos, & luy dites, *Memor fui tui super stratum meum,
in matutinis meditabor in te, quia fuisti adiutor meus.*
Voila des bonnes coustumes, confessez & communiez-vous souuent, & voyla des bonnes coustumes.

Quittez ces mauuaises habitudes de vous af-
sembler les soirs pour joüer à des jeux de hazard,
pour mesdire, pour cajoller, pour mal-faire: *quies-
cite agere peruersè, & discite bene facere, ecce nunc
tempus acceptabile, ecce nunc dies salutis.*

III. *Et dixit illis. Percutiam pastorem & dispergentur
oues, scandalum vos omnes patiemini in ista nocte propter me.* Ce torrent passé selon la coustume ordinaire de N. S. voyla qu'il leur prophetize le
scandale de leur fuitte : Car comme quand
le Loup a esgorgé le Pasteur, le troupeau est à sa
misericorde, ainsi leur dit-il, quãd ie seray perdu,
vous serez tous perdus, similitude tres-propre.

On dit des Abeilles que :

*Rege incolumi mens omnibus vna
Amisso rupere fidem.*

Cela est-il pas vray, en ces marches Apostoli-
ques qui se ramassent au chaud des prosperitez,
& s'escartent au froid des aduersitez.

Quelle terreur panique les troubla, quand
leur grand Pan, c'est à dire leur Tout, fut enleué à leur veuë ?

Il fut le *bõ Pasteur qui dõna son ame pour ses oüailles,*

Ioan. 10. non mercenaire *& fuyard.* O Apostres! vous faites les hardis beliers, & tantost vous paroistrez des timides & coüardes brebis.

3. Reg. 22. Ainsi iadis quand Achab Roy d'Israël fut tué en bataille contre le Roy de Syrie en Ramoth-Galaad, soudain toute l'armée fut en desroute.

Et nous voyons encores à present qu'és combats on attaque tousiours furieusement la Cornette blanche, pour estre la retraite ordinaire du Roy, icelle gaignée, le champ se perd, & la victoire est à l'ennemy: nostre Cornette blanche est celuy qui se dit *blanc & vermeil, & pareil au lys* *Cant. 4.* *des champs*, si tost qu'elle sera és mains des ennemis, tous les Apostres perdront le cœur, & seront desconfits.

Au corps humain, n'est-il pas vray que le chef blessé, tous les membres s'en deulent; n'est-il pas vray que de la teste deriue toute santé ou maladie? & pourquoy n'en sera-il ainsi au corps mystique de l'Eglise?

Priez donc Dieu sur tout, mes tres-aymez, qu'il vous enuoye de bons Pasteurs; car de là, apres la grace de Dieu, despend vostre salut ou vostre ruine.

Sacra suosque illis commodat Troia Penates.

Priez le grand Pere de famille qu'il enuoye *I. Cor. 3.* *des seruiteurs idoines en sa maison, & de dignes ou-* *Luc. 10.* *uriers en sa vigne bien-aymée*, qui est l'Eglise, *plan-* *Isa. 5.* *tée au coing des Oliuiers.*

Qu'ils soient doctes & preud'hommes, afin de vous instruire par leur sçauoir, & edifier par leur exemple, que leur bras soit conforme à leur bou- *Ephes. 2.* che, leur faire à leur dire, afin que *vous soyez sure-* *difiez sur ces pierres viues.*

de nostre Seigneur. 31

Qu'ils soient *des bonnes nourrices d'Ephraim,* car comme au porter de l'enfant se iuge le bon temperament de la nourrice, ainsi tel le peuple que le Pasteur. Et l'Apostre S. Paul ne se disoit-il pas *enfanter ses auditeurs, & leur donner du laict de ses mammelles de* doctrine *meilleures que le vin?* *Osee* 11.

Galat. 4.

Cant. 1.

Grande indignation de Dieu, mes enfans, quand il vous enuoye des mauuais Pasteurs: *Saluum me fac Domine, quoniam defecit sanctus, diminutæ sunt veritates à filiis hominum.*

Priez-le, mes freres, puis que sa diuine Prouidence a voulu, bien qu'indigne, que ie fusse le vostre, que par vostre seruice il me rende plus habile & meilleur pour vostre vtilité & seruice, & qu'en m'amendant il me face misericorde. Amen.

Voicy S. Pierre qui plein de la feruer de la saincte Communion, *eructat verbum præcipitationis*: mais comme *dies diei eructat verbum,* aussi, *nox nocti indicat scientiam*: sainct Pierre donne *loquelas atque sermones,* & nostre Seigneur luy replique la vraye Prophetie de son triple reniement.

IV.

Apprenons, mes freres, à ne nous vanter iamais de nous-mesmes, car toute nostre *suffisance est de Dieu, de qui tout bien deriue, tout don parfait decoulant d'enhant du pere des lumiere.* Pour ce nostre Seigneur disoit autrefois à S. Pierre & à ses compagnons peschans, *Sine me nil potestis facere,* c'est ce *Verbe, sine quo factum est nihil.*

2. *Cor.* 3.
Iac. 1.

Ioan. 1.

Ne presumons iamais de nos forces, puis qu'elles sont si debiles, ceux-là sont confondus, *qui confidunt in virtute sua, & in multitudine diuitiarum suarum gloriantur, hi in curribus, & in equis, nos autem in nomine Dei nostri inuocabimus: ipsi obligati sunt & ceciderunt, nos autem surreximus, & erecti sumus.*

C'est vne outrecuidance pareille à celle du premier Ange rebelle, que de penser estre quelque chose sans Dieu.

Oyez quelques sçauanteaux du siecle, qui donnent plus à leur estude, qu'à la grace du S. Esprit, *qui dixerunt, linguam nostram magnificabimus, labia nostra à nobis sunt, quis noster Dominus est?* Vanité des anciens Philosophes ; mais il est escrit, *ne sis sapiens apud temetipsum.*

Rom. 10.

C'est encores vne presomption que d'employer vn zele sans science, beau glaiue en des mains inexpertes.

C'est ce qui fait que tant de gens font & bastissent des deuotions à leur guise, feront des jeusnes immoderez, des mortifications exorbitantes, voulans se guinder au Ciel auec des aisles d'Icare, & tout cela, qui est le pis, contre l'aduis des Confesseurs, qui est vn sublimé d'orgueil, de tant plus subtil qu'il est moins perceptible, car c'est mespriser l'aduis de ses Peres, & des seruiteurs de Dieu, pour suiure ses caprices, & les desirs de son cœur & ses inuentions.

Psal. 80.

C'est quitter le grand chemin *de l'obeyssance qui vaut mieux que sacrifice,* pour suiure les sentiers esgarez de ses propres opinions, quiter la splendeur argentine de la Lune, pour suiure dans les tenebres du siecle l'Ardant volage & sinistre de la propre volonté, leuain aigre qui gaste toute la paste des bonnes œuures, *ecce in diebus ieiunij vestri inuenitur voluntas vestra,* lisons-nous aujourd'huy en l'Epistre de la saincte Messe.

Oyez

Oyez vne autre prefomption commune, chacun de cette aſſemblée dira qu'il mourroit pluſtoſt que de quitter ſa Religion, & toutefois ſi on reçoit quelque injure ou affront, voilà aux inuectiues, aux recriminations, aux batteries, aux procez: quoy? aymer ſes ennemis, qui eſt l'Euangile de ce iour, endurer les injures, ſouffrir les ignominies & les outrages, n'eſt-ce pas vn poinct tant chanté és ſaincts Cahiers, ſur leſquels eſt baſtie noſtre Religion? O gens qui mentez au ſainct Eſprit, & dont les mœurs deſmentent la creance, vous dites que vous voulez pour l'amour du nom de IESVS, endurer les feux, les roües, les glaiues, les perſecutions, & la mort, & vous ne voulez pas endurer pour ſon Amour le moindre tort! *Mendaces filij hominum in ſtateris, vt decipiant ipſi de vanitate in idipſum.*

Si vous voulez que ie croye vos Rodomontades au plus, faut que ie vous voye endurans au moins, autrement ie vous compareroit aux *enfans d'Ephraim qui bandent leurs arcs, & tournent le dos au iour de la bataille.* Pſal. 77.

Thraſons qui tonnent en la tente, & qui au camp ſe reſoluent en la pluye d'vne molle apprehenſion, *cor eorum vanum eſt.*

Vne pierrette renuerſa tout le grand Coloſſe de Nabucadnezar, & vne femmelette, vne vile chambriere bouleuerſa tantoſt les vaines proteſtations de noſtre ſainct Pierre, on pourra bien dire qu'vne goutte molle aura caué vne pierre dure. Dan. 2.

Mes amis, ne nous appuyons point *ſur le baſton de roſeau* de noſtre inanité, ne preſumons rien Iſa. 36.

C

de nous comme de nous, tenons-nous en l'humble confiance de Dieu, ne faisant point des odieuses comparaisons, comme ce sot Pharisien, sauuons-nous auec l'humble Publicain.

2. Cor. 3.

In Spec. Exempl.

Quelque Vierge d'vne Religion fort austere, acquit tant de presomption de sa vaine integrité, qu'elle vint à cette folie de dire qu'elle ne voudroit pas auoir fait la penitence de la Magdaleine, & subir le des-honneur de ses pechez; la voila aussi-tost donnée en proye à l'esprit de fornicatiõ qui luy fait sauter les murailles du Cloistre, se donner en proye à ces brutales concupiscences, elle meurt en fin & des-honorée & desesperée. Ce qui verifiera ce beau mot de sainct Gregoire, *que mieux vaut la cheute humble & penitente que la superbe integrité*. Il est tout asseuré que la seule conseruatrice des vertus c'est l'humilité.

Apprenez de tout cecy, mes bien-aimez ; 1. à trauerser auec nostre Seigneur le torrent des afflictions de cette vie; 2. à ne vous relascher jamais des vertueuses coustumes ; 3. à demander à Dieu des bons Pasteurs pour son Eglise saincte; 4. à ne presumer iamais rien de vous, mais à rapporter tout à Dieu, auquel seul *soit honneur, & gloire*. Ainsi soit-il.

I. DIMANCHE.

Entrée au Iardin.

HOMELIE IV.

Venit Iesus in montem Oliuarum in villamque dicitur Getsemani, vbi erat hortus, &c. Nous vous deduirons aujourd'huy, 1. Comme N. Seigneur vient au mont des Oliues, en vne metairie appellée Getsemani ; 2. Qu'il entre en vn Iardin où il souloit faire ses prieres ; 3. qu'entré il fit seoir vne partie de ses Disciples, les exhortant à prier ; 4. comment il prit amoureusement congé d'eux : d'où l'espere que nous tirerons d'vtiles enseignemens, moyennant la grace de Dieu. Entendez. *Matth. 26.*

I. Voicy nostre pauure Cerf persecuté de nos pechez, & alteré de son Amour, qui gaigne les montaignes, *montes excelsi seruis*, & qui se va baigner dans les viues sources de son sang, & de ses sueurs, & repaistre de ses pleurs, *fuerunt illi lachrymæ suæ panes*.

Le voicy ce petit fan, *sautant les monts, & bondissant és coustaux*, qui s'en va aux abois pour nous faire trouuer la vie dans sa mort, & nous guerir auec ses larmes medicinales. *Cant. 1.*

C'estoit sa coustume, comme il est commun en l'Euangile, d'aller *aux montaignes pour prier*, accompagné de ses Apostres, & puis *d'en descendre pour catechiser les tourbes*, car le vulgaire, dit sainct *Luc. 6.*

C ij

Ambroise, n'a pas les reins assez forts pour se hausser à la montaigne de la perfection.

C'est le propre de Dieu, d'operer *ses œuvres parfaites & admirables* sur les montaignes, il veut qu'Abraham face son sacrifice sur vne montaigne. Il paroist à Moyse sur Sina. Il le fait mourir sur Nebro, il rauit Elie sur Oreb. Il veut que son Temple soit sur Syon, sa Montaigne saincte.

Nostre Seigneur en l'Euangile de ce jour, qui est de sa tentation au desert, permet que le tentateur le porte, *in montem excelsum seorsum*. Il se transfigure sur Thabor, il veut mourir sur le Caluaire, monter au Ciel sur le mont des Oliuiers, qui est ce lieu mesme où il va maintenant, pour prier & espandre son precieux sang par vne ebulition extraordinaire.

Pline dit que de nuict on oit sur la montaigne d'Atlas de grands bruits, & que l'on y voit quantité de splendeurs, telle sera cette nuict, celle-cy réplie du clicquetis des armes, des murmures des soldats, & des splédeurs de leurs falots, ou si vous voulez, elle retentira aux accents piteux des prieres de nostre Seigneur Iesus Christ, & sera illustrée de la lumiere de l'Ange consolateur.

Sacrée Montaigne, tu portes vn nom de Misericorde, & toutefois nostre Espoux y doit ressentir les feux & les glaiues de la Iustice du grand Abraham son Pere Eternel, ô! i'entends de Iustice pour luy, & de misericorde pour nous, nous rendant *d'oliuiers sauuages, entez en ce franc & bon Oliuier* IESVS, dont le nom est vne huile suaue, qui est *vne oliue fructifiante en la maison de Dieu, vne belle*

oliue des champs. Sus mon ame, *Misericordias Do-* Eccl. 24.
mini in æternum cantemus, dictum de nostre B. Mere Terese. *Quia miserationes eius super omnia opera*
eius. Misericordiam & iudicium cantabo tibi Domine, Psal. 93.
puis que *la Iustice de rigueur y est conuertie en iu-*
gement misericordieux.

Remarquez encores *comme nostre celeste hybou*
ayme les lieux solitaires, & cherit les villages,
afin d'apprendre aux grands Pasteurs, qui sont les
Euesques, à ne mespriser pas leurs petits freres,
les villageois, à l'imitation *du Prince des Pasteurs* 1. Pet. 2.
Euesque de nos ames.

Voicy la Tourterelle de son humanité, comme abandonnée de son pair & soustien, la diuinité, qui s'en va gemissant és lieux deserts, vn si
desolé delaissement.

Ce hameau s'appelloit Getsemani, qui sonne
en nostre mode de parler *Gras-lieu*, il y va decou-
ler son sang, *vt repleatur adipe & pinguedine anima*
nostra, desia ses Apostres estoient *adipe frumenti*
satiati.

Nottez de plus, que c'est la graisse de nos pechez, ou les folies commises en ces iours gras,
qui exprimét ainsi le sang à nostre sainct Espoux,
iniquitas Sodomæ abundantia panis, les delices font
que, *omnis caro corrumpit viam suam, prodijt quasi*
ex adipe iniquitas, cœpit populus manducare & bibe-
re, & surrexit ludere.

Tirons de ce premier poinct, mes tres-doux
freres; 1. à chercher auec nostre Seigneur, la
montaigne de la Perfection; 2. à aymer la solitude & les pauures; 3. à nous desgraisser par la penitence, pour estancher sa sanglante sueur.

erat hortus in quem introiuit, & discipuli eius cum eo. Tous les Contemplatifs icy dessus, parallellent ce iardin de douleurs, auec celuy de douceurs, *& de voluptez*, où pecha nostre Protoplaste, afin que le lieu de la reparation correspondit à celuy de la coulpe. Belle consideration, mais vulgaire.

Genes. 2.

Passons à d'autres. Il est donc vray, mes freres, que le patir pour nous est vn iardin de delices à nostre Seigneur; ô quand reciproquerons-nous vn tel Amour! ce sera lors que nous prendrons plaisir à endurer quelque chose pour luy, belle la deuise de nostre B. Mere Terese, *Ou souffrir, ou mourir*. C'est nostre gloire & nostre profit de patir pour Christ, dit l'Apostre.

I. Cor. I.
Psal. I.

Vous voyez comme sa Passion commence par vn Iardin, vous la verrez finir de mesme dans le Iardin où il sera enseuely.

Vous verrez plus, qu'il apparoistra à Magdeleine en Iardinier, *qui habitas in hortis, fac me audire vocem tuam*, faisons de nos ames de beaux iardins ionchez des fleurs des vertus, si nous voulons estre visitez de cet Espoux, qui *fait sa residence parmy les lys, & dont le lict est florissant*.

Cant. 8.

Serrons nos sens, afin que nostre cœur soit *Hortus conclusus*, & cet Espoux y sera *fons signatus, fons hortorum*, qui l'arrosera de sa sueur sanglante. Belle fontaine du Paradis d'Eden.

Cant. 4.

O! quelles fleurs de desirs ne deuiendront fruicts de bonnes œuures, arrosées de ce diuin sang qui y decoule à gros randons.

Gen. 2.

Le sang & l'huyle sont deux liqueurs si grasses, visqueuses & onctueuses, qu'elles ne penetrent point la terre. J'ay peur que nos cœurs soient si terrestres, que ce *sang qui est vn huile espanché*, ne les puisse profonder. Cant. 1.

L'oliuier arrosé de son huile, seiche & meurt, du moins *commourons auec nostre Seigneur, si nous voulons corregner auec luy*, puis que nous sommes les rameaux de ce tronc qui nous arrose de l'onctueuse liqueur de son fruict. Rom. 8.

Que n'auons-nous les cœurs si bien disposez, que nous puissions dire, *veniat dilectus meus in hortum suum, & comedat fructus pomorum suorum*, car *omnia bona nostra operatur in nobis*. Cant. 5.

Nous voicy tantost à la sortie de l'Hyuer, mes freres, le beau Printemps qui par l'apoisinement du Soleil, commence à nous rire, esclorra bien tost mille fleurettes en vos iardins, que la rigueur du froid reserre dans le sein de la terre : pour Dieu, mes amis, en les cultiuant souuenez-vous de ce iardin d'absynthe de nostre doux Sauueur.

O ! que ce plaisir est & innocent & simple ! L'Hermite Pior, *grand iardinier*, y faisoit ses plus hautes éleuations d'esprit, ses plus feruentes Oraisons Iaculatoires, selon le recit de sainct Hierosme, les arrosoirs le faisoient rememorer du Sang de nostre Seigneur, les fleurs de ce *Nazareen florissant*, les boutons des rosiers de la *fleur qui est sortie de la racine de Iessé* : Le chant des oiseaux l'excitoit à loüer & benir Dieu, les couleurs des fleurs luy representoient diuerses vertus, ô qu'il faisoit de beaux parterres en son ame, & qu'il pouuoit bien dire auec l'Espouse : *Dilectus meus descendat in hortum suum, ad* Cant. 6.

areola aromatum, ut pascatur in hortis & lilia colligat.

Les Disciples entrent quant & leur maistre au iardin, ô que de gens suiuent IESVS emmy les roses de la deuotion sensible, le laissans dans les espines des seicheresses !

III. Entrez, il leur dit, *Sedete hic, & orate*. Admirez le grand soing que ce bon Maistre a de ses seruiteurs, non de leur bien seulement, mais mesmes de leur aise. Vous souuenez-vous, Auditeurs, quand il refectionna tant de miliers de gens, *Matt. 14.* auec si peu de pains qu'il multiplia miraculeusement, & de telle sorte, que les restes excederent le principal, comme il eut la sollicitude de commander que tout ce peuple s'assist sur du foing, pour manger plus commodement ? c'est luy *qui producit in montibus fœnum, & herbam seruituti hominum*. Cueillez de là, quand vous seruez les paures de Dieu, de leur donner l'accessoire quant & le principal; si vous leur donnez du potage, que ce soit dedans vos plats, non dans leurs paures escuelles de bois; si vous les voulez reschauffer, que ce soit chez vous, non leur baillant deux ou trois charbons à la porte, cela ne leur peut donner de la chaleur qu'au bout des doigts, non par tout leur paure corps, qui est transi, cherchez leur commodité.

O mes freres, qu'il fait bon seruir à Dieu, qui a cure de nous en tant de petites chosettes imaginables, *il est nostre toict contre la pluye, nostre ombrelle contre le chaud*. La colomne d'Israël est de *Isa. 25.* feu, pour l'esclairer és tenebres de nuée, pendant *Exod. 13.* le iour, pour leur seruir de Parasol és chaleurs immoderées de l'Egypte.

de nostre Seigneur. 41

Il couue son tabernacle, & le couure d'vn nua- *Exod.* 40.
ge, pour le conseruer.

Il se compare à la poulle qui resserre sous ses aisles ses *Matth.* 23.
petits poussins : Courage, *scuto circundat nos veritas*
eius, &c. Scapulis suis obumbrat nos, & sub pennis
eius sperabimus : qu'il fait bon *habitare in adiutorio*
Altissimi, & in protectione Dei Cœli commorari! Sub
vmbra alarum suarum sperabimus.

Ce n'est pas sans raison qu'il s'appelle *nourri-*
cier d'Ephraim, & qu'il dit que *Beniamin*, figure *Osea* 11.
de ses amis, *repose entre ses bras.*

Voyez comme la Nourrice emmaillotte, voire mesmes les ordures de son nourrisson, ses incommoditez ne peuuent r'allentir son amour;
tous miserables que nous soyons, ce bon Dieu
nous ayme : *Etiam cum inimici essemus reconcilia-*
uit nos in spem viuam.

Quel Amant fut iamais plus curieux de plaire
à son Amante, que IESVS est de nous aggréer,
de quelles *artificieuses inuentions* ne s'aduise-il *1. Par.* 16.
pour captiuer nostre bien-vueillance ? ô cœurs
farouches, indignes d'vn Amant si esperdu.

Mes freres, *quæramus Regnum Dei, & ecce om-*
nia adiicientur nobis, parce que *diligentibus Deum*
omnia cooperantur in bonum : qui doute que la charité ne face prosperer, voire & temporellement?
mirez-le en Dauid, en Israël, en Ezechias, en
cent autres.

Nostre Seigneur dit-il pas, *qu'vn seul cheueu de* *Luc.* 21.
ses amis ne se perdra point, car il ayme les os de ses fa- *Psal.* 33.
uoris, vn seul ne s'en brisera, ils seront diamant,
pour resister à la corruption des siecles.

Il guerit le Paralytique, & de peur que la ioye

de sa santé recouuerte ne luy fist oublier ses hardes, voila qu'il luy dit, *Tolle grabatum tuum:* si vous auez soing du pauure, Dieu aura soing de vostre mesnage.

Ioan. 5.

Dit-il pas de son Espouse, *Nolite euigilare dilectam donec ipsa velit.*

Cant. 7.

Le Pere du Prodigue, non seulement le reçoit à bras ouuerts, mais voyez comme il donne ordre à la cuisine, aux habits, à vne bague, à des souliers : mon frere, *iacta super Dominum curam tuam, & ipse te enutriet.*

Luc. 15.

Ouy, car il ne veut pas simplement nostre bien, mais mesmes nostre commodité, *mesure comble est faite en nostre sein,* dit le Texte sacré.

Luc. 6.

Iesus dit à ses Apostres, *Sedete & orate,* pour nous apprendre à nous accoiser pour faire Oraison, à nous mettre en repos, voire & à nostre aise, car autrement l'incommodité nous distrait fort.

Sedete, il leur permet le repos auant le trauail, leur ayant ja prophetisé leur scādale & leur fuitte, car tantost ils se leueront bien viste, quand en sursaut il leur dira, *Surgite, eamus, surgite post quam sederitis qui manducatis panem doloris.*

Ames deuotieuses, apprenez encores icy vn autre secret, qui est, d'obeyr à vos Peres spirituels, és conseils aisez, voire commodes, comme manger, dormir, s'accoiser, tout de mesmes qu'és incommodes, des ieusnes, des oraisons, des mortifications, car cette obeyssance passe le sacrifice des austeritez, ainsi qu'il fut dit à la B. Mere Terese, desireuse contre l'aduis de son Directeur, d'imiter les abstinēces de Catherine de Cordoüe.

Les Apoſtres eſtans aſſis ſelon le commandement de noſtre Seigneur, il eſt à preſumer comme va pieuſement meditant ſainct Bonauenture, que IESVS prit d'eux vn amiable congé; ce fut donc apres les auoir comme vn genereux Capitaine, animez & exhortez à la ſouffrance des perſecutions, comme il auoit fait tant d'autres fois auparauant, quand il leur diſoit, *qu'ils ſeroient bien-heureux quand le monde les contrarieroit, parce que leur loyer eſtoit grād au Ciel, qu'eux Diſciples ne deuoient eſtre mieux traittez de luy, que leur Maiſtre, qui auoit eſté appellé Beelzebut, Magicien, & Seducteur.*

O qu'il eſt bien vray qu'vn Capitaine Lyon anime des ſoldats Cerfs, & neantmoins combien peu dura le courage aux Apoſtres, militans ſous le drapeau *du Lyon de Iuda?*

Mais voyez comment il les arrange, il en laiſſe huict comme en corps de garde, & en prend trois auec ſoy, comme des ſentinelles: apprenez de là la belle Oeconomie & Hierarchie de l'Egliſe, qui paroiſt ſpecieuſe aux yeux de ſon Eſpoux, *vt caſtrorū acies benè ordinata*: Apprenez de là à vous tenir dans les ordres de cette Egliſe militante, & d'honorer vos Paſteurs chacun ſelon ſon rang.

Voila donc noſtre bon Iacob, qui prend auec amertume & larmes congé de ſes enfans, retournans en Egypte. *Geneſ.* 42

Voicy la mere de Tobie qui ſouffre auec beaucoup de pleurs, que ſon fils aille en Rages: iamais pere, iamais mere, n'ayma tant ſes enfans, que noſtre Seigneur ſes Diſciples; iugez de là quelle eſtoit la douleur de ſa ſeparation: *La mere,* dit-il par vn Prophete, *oubliera pluſtoſt ſon poupon, & la* *Iſa.* 49.
Tob. 5.

fille, l'ornement de son sein, que moy mon peuple.

Quels cris n'eslance vne Espouse bien-aymante & bien-aymée, quand elle void partir son mary pour s'aller precipiter en vn mortel combat? O Eglise, Espouse de sang, representée en ce College Apostolique, qu'elles furent tes angoisses, remirant ton Espoux, qui t'alloit *lauer en son sang, pour te rendre sans tache, & sans macule? Cui comparabo te virgo filia Syon, aut cui assimilabo te? facta est vt mare contritio tua.*

Eph. 5.

Thr. 3.

La mer agitée n'a point tant de muglemens, comme les Apostres de sanglots, non tant de vagues, qu'eux de larmes, non tant de saleure, qu'eux d'amertume.

Quoy! vne delaissée Ariadne mourut bien au depart d'vn infidele Thesée: vne Didon voyant partir Ænée, si nous en croyons les fabuleuses histoires des Grecs: & que ferez-vous, ô Disciples, perdans vostre Maistre?

Faites au moins comme en Cilicie, où les serfs se lancent dans le bucher de leur maistre mort, mourez auec luy dans le bucher du Caluaire flambant de son amour.

On lit que S. Laurent voyant aller le Pape Xiste à la mort, luy disoit, *Cui nos Pater deseris, cui nos desolatos relinquis? inuadent gregem tuum lupi rapaces, quid in me displicuit paternitati tuæ? nunquid degenerem me probasti, experire vtrum idoneum ministrum elegeris*: auquel ce sainct Pontife respondit, qu'il ne faisoit que le preceder, mais que tost apres il le suiuroit en ce triomphe. Pensez, mes cheres ames, que nostre benist Sauueur pouuoit de pareil air mitiger l'affliction de

de noſtre Seigneur. 45

ſes Apoſtres, leur diſant, *Præcedant vos in Galilæam*, & qu'ils l'imiteroient en ſon martyre, pour participer à ſa gloire.

Non, la ſeparation de l'ame du corps, & de la teſte des membres, par vne violente mort, n'eſt point plus dure que cette ſeparation de IESVS, d'auec ſes Diſciples, car il eſtoit l'ame de leur ame, & le chef dont ils eſtoient les membres, eux les pampres, luy la ſouche *de la vigne*. *Ioan. 15.*

Neantmoins nous pouuons pieuſement penſer que ce bon Maiſtre
— *Lenire dolorem*
Solando cupit, & dictis auertere curas.

Et comme les rays du Soleil ſont les plus ſuaues quand il ſe couche, ainſi noſtre *Orient d'enhaut* eſtant proche de s'appancher vers l'Occident de la mort, vſa de paroles tres-gracieuſes, *Eloquia sua dulciora ſuper mel & fauum*, luy qui porte le laict & le miel ſous *ſa langue*. *Cant. 3.*

Helas! oſerons-nous bien dire de quelle amiable façon il leur recommanda ſa beniſte Mere; les douleurs de laquelle luy eſtoient vn eſtrange creuecœur: mes freres, cette amertume eſt plus ſalutaire reſſentie, que retentie, ie la vous laiſſe à ruminer.

O cruel adieu! puiſque l'on quitte Dieu, ô peché miſerable! qui nous faiſant faire vn volteface du Createur à la creature, nous fais dire Adieu Dieu, Adieu Paradis, Adieu gloire, Adieu viſion glorieuſe, Adieu Anges, & bien-heureux, Adieu ſaincte Vierge, & tous les Saincts, Adieu beatitude, Adieu eternité. Maudit peché, periſſe le iour auquel tu fus iamais conceu, & auquel il a peu estre dit, *vn homme à peché*.

Tu seras cause, ô abominable engeance des Enfers, de cette espouuentable separation que fera le grand Iuge *des vifs & des morts*, au iour de son ire, *mettant les boucs à la gauche, & les agneaux à la droite*: Tremblez-vous point, quand ie vous parle de cette horrible diuision? *O Sauueur, sauuez-nous lors, de peur que nous ne perissions dans le deluge des eternelles flammes*: nous vous en prions maintenant par l'entremise de vostre saincte Mere, & de vos Apostres, *Quando erat ad te omnis sanctus in tempore opportuno : veruntamen in diluuio aquarum multarum, ad te non approximabunt.* Faites par vostre pitié que *nous soyons rauis auec vous dans les airs au Ciel*; non renuersez *dans les tenebres exterieures, où n'y a point d'ordre, mais toute horreur*, lieu *de gemissements, de grincement de dents, & de larmes ameres*.

- Matth. 25.
- Matth. 8.
- 1. Thes. 4.
- Matth. 22.

Apprenez de ce discours, 1. à suiure nostre Seigneur à la montaigne de la perfection, pour auoir sa misericorde, comme aussi à quitter la graisse de vos delices en ce temps de penitence, 2. à cultiuer spirituellement les jardins de vos cœurs; 3. à accoiser vos passions en priant, & remercier Dieu de tant de petites commoditez qu'il vous depart si liberalement; 4. à ne permettre iamais *que le peché, ny la mort, ny rien qui soit au monde, vous separe de la charité de* IESVS, lequel soit aymé vniquement. Amen.

- Rom. 8.

PREMIER LVNDY.

Tristesse de nostre Seigneur.

HOMELIE V.

ET *assumpsit Petrum & Iacobum,*   *Marc.* 14. *Ioannem secum, & cœpit pauere, &c.*   *Matt.* 26.
Nous ferons icy 4. considerations. La 1. du choix que nostre Seigneur fit de ces trois Apostres, la 2. de sa Tristesse, la 3. comment il leur communiqua, & 4. les aduertir de patienter, & veiller auec luy : d'où nous pourrons tirer de grands profits spirituels, si vous estes attentifs.

Voila grand cas, mes freres tres-aymez, qu'entre si peu d'Apostres qu'auoit nostre Seigneur, *tous gent esleuë, & sacerdoce Royal, tous choisis de sa main*, il en trie neantmoins ces trois pour l'assister de plus prés en cette derniere occurrence; apprenons de là combien est veritable ce mot, *Multi vocati, pauci vero electi.* Helas ! nous voicy beaucoup en cet Auditoire, mais las ! helas ! quand ce viendra au grand iour de la *vengeance du Dieu des armées*, combien peut-estre y en aura-il peu de *sauuez, si nous ne voulons quitter nos mauuaises voyes, & nous conuertir de nostre train de peruersion.*   I.
    1. *Petr.* 1.
    Ioan. 15.

Virez encores de là, ames deuotieuses, combien vous estes redeuables au doux IESVS, qui a *daigné vous visiter de son Orient d'enhaut, & vous*   *Luc.* 1.
    Psal. 20.

preuenir en tant de benedictions de douceur, que de vous oindre de son huile de ioye, & de charité, par deſſus les autres. Cela eſt bien doux à ruminer, eſt-il poſſible que le tendre cœur de noſtre Eſpoux allaſt penſant à vous en tant de menuës occurrences, par leſquelles, comme auec de gracieuſes amorces, il a choiſi vos cœurs? qu'auiez-vous fait pour meriter vn ſi grand bien; mais que n'auiez-vous fait pour vous en rendre indignes?

Rom. 9.

Merueille du choix de Dieu, auant l'eſtre & le naiſtre, *il choiſit Iacob, & rebutte Eſau*; qui oſera controoller ſes iugemens? & qui empeſchera le Potier de faire d'vne meſme argille des vaſes d'honneur & d'ignominie? *qui a eſté ſon Conſeiller?*

Rom. 11.

Nous voulons auoir vn choix libre en toutes choſes, és fleurs, és viandes, és habits, és conuerſations; & Dieu eſt-il pas vn acte pur & libre, pourquoy ne choiſira-il à ſon gré?

Cela nous enſeigne encores, que l'on peut auoir des amitiez particulieres, ſans aucun intereſt de la perfection. Sainct Iean, Marthe, & Magdaleine, ont eu des prerogatiues de faueur de noſtre Seigneur. Sainct Pierre a eu pour fille ſpirituelle ſaincte Petronille; & ſainct Marc pour ſon Diſciple plus aymé ſainct Paul, combien a-il eu d'amitiez ſingulieres? Sainct Iean a eu Electra pour deuote: Sainct Ambroiſe ſaincte Monique, & quoy tant d'autres.

Les animaux meſmes qui ont pluſieurs petits à la fois, en ont touſiours quelqu'vn parmy les autres en ſpeciale ſollicitude, ce qui ſe remarque

que en l'Aigle & au Chien.

Peres, il est bon que vous aymiez indifferemment vos enfans, mais il n'est pas mauuais que vous recognoissiez de quelques particulieres faueurs, ceux qui vous sont plus obeyssants: ie ne dy pas que vous aggrandissiez les vns au trop notable prejudice des autres, mais seulement en certains accessoires qui ne vitient point le principal de la charité, cela peut-estre apprendra aux autres à reuenir à leur deuoir.

Quoy? le Prodigue ne laissa pas de repartager auec son aisné, est-il pas loisible aux peres de famille de disposer de leur bien, selon leur bon plaisir? *Nunquid possunt de suo quod volunt facere,* *Matth. 20.* *an quia boni, aliis nequam?*

Mais pourquoy choisit nostre Seigneur ces trois Apostres allant prier? 1. parce qu'il luy pleut, ainsi comme ie vous viens d'apprendre: car *spiritus vbi vult spirat, & diuidit singulis prout vult*; 2. par ce qu'il nous vouloit enseigner que l'Oraison a trois degrez, la purgation, l'illumination, l'vnion; faisant par ce triot vne parfaite musique; 3. pour monstrer qu'elle doit estre accompagnée de foy, *Postula in fide,* & d'espoir, *Spera in Domino, & ipse dabit tibi petitiones cordis tui,* & de charité, *Quicquid petieritis in nomine Iesu accipietis*; 4. pour monstrer qu'il faut communiquer à peu ses secrets spirituels, *Secretum meum mihi,* & parler de la deuotion seulement deuant les capables, de peur de *donner le sainct aux chiens, & ietter les perles deuant les animaux*; 5. pour auoir des tesmoings de ses actions plus priuées, bien que faites és tenebres de la nuict, car Dieu est vn Dieu *Rom. 13.*

de lumiere qui hayt les œuures tenebreuses, comme celuy *qui fait mal hayt le iour*, ainsi l'ayme celuy qui fait bien.

Mais vne autre raison commune de ce triage, est, afin (disent les Contemplatifs) que ceux qui auoient esté si bien amorcez de la gloire de la Transfiguration sur le Thabor, fussent conuiez à vouloir sur la deffiguration du mont des Oliuiers, transporter leurs trois tabernacles.

Ainsi nostre Capitaine iudicieux sçait mettre aux hazard les plus genereux de ses champions, & sçait faire recognoistre le peril aux plus auantageux.

Et n'est-il pas raisonnable de donner la pointe à ce braue Pierre, qui s'est tant vanté, & à ces cupides de gloire, les enfans de Zebedée, qui affectoient la primauté, & la faisoient demander par leur mere?

Colligez de ce 1. poinct, mes freres, 1. à prier Dieu que vous soyez du nombre de ses esleus, *vt inter electos suos resuscitati respiremus* : 2. à le remercier des graces particulieres qu'il vous fait: 3. à faire de bonnes elections en vos amitiez : 4. à prier auec deuotion : 5. communiquer à peu vos secrets interieurs : 6. de ne faire aucune œuure qui craigne les yeux d'vn tesmoing : 7. à aymer autant, voire plus *Iesus Christ* deffiguré sur le Mont des Oliues, que transfiguré sur celuy de Thabor, *vt socij passionum simus & consolationis*.

Cœpit pauere, tædere, contristari, & mœstus esse. O la joye des cœurs desolez, ô Comprehenseur & Viateur tout ensemble, comment est-il possible qu'en vostre ame glorieuse la tristesse puisse

trouuer accez, doux IESVS, c'est icy que *post po-* *Hebr. 12.*
sito gaudio crucem subijsti, & que nouueau Moyse
vous auez quitté les delices de la Cour celeste,
pour estre affligé auec les hommes. Regarde,
mon ame, ce qu'il quitte pour toy, regarde ce
qu'il embrasse.

Les Doctes remarquent icy plusieurs causes
de cette tristesse, i'en trieray 4. que ie vous vay
proposer. La 1. est, que nostre Seigneur, comme
Dieu & homme tout ensemble, voyoit dans sa diuinité comme presens, tous les tourmens qu'alloit souffrir son humanité, comme s'il eust regardé dans la glace d'vn miroir, ainsi que dit le sçauant & pieux Docteur Ekius, & cette representation fut si viue, si presente, pressante, & per-
çante, que sans le soustien du Verbe, la chair
de nostre benist Redempteur, se fust escoulée
& sur-fonduë d'apprehension, selon ce mot de
Dauid, *Sicut aqua effusus sum, & dispersa sunt*
omnia ossa mea.

Est-il pas vray qu'vn Medecin malade aggraue sa maladie par la cognoissance qu'il en a, &
que sçachant les amers ingrediens des composi-
tions medecinales, elles luy sont d'autant plus
difficiles à prendre, qu'à vn qui en trouue la prise de tant plus aisée qu'il en ignore le meslange?
Ainsi disons-nous que la claire veuë des douleurs qu'alloit endurer nostre Seigneur, luy en
augmentoit l'apprehension.

Outre (2. cause) la complexion delicatissime
dont il estoit composé, ayant esté formé par la
voye du sainct Esprit, du plus pur sang du cœur
tendre de la sacrée Vierge : or imaginez-vous

D ij

combien les supplices sont plus poignants à vne peau mince & flouette, qu'à vne dure & rude, & cela augmentoit son apprehension.

La 3. cause fut l'extréme vnion qui estoit entre ce corps, le plus beau que la terre porta iamais, auec la plus belle & excellente ame qui fut oncques creée, ô belle espée dans vn beau fourreau, belle fleur d'vne belle tige, belle Espouse d'vn bel Espoux, bel hoste d'vn beau Palais, bel accouplage de la terre & du Ciel, belle vnion de deux pieces tant belles, belle pierre dans vne belle enchasseure!

Cette belle ame ne pecha iamais, & moins ce beau corps, vous meritiez de viure eternellement sans mourir, ô nouuel Adam *de cælo cælestis*, car puisque *stipendium peccati mors*, pourquoy ressentez-vous les funestes effects de ce dont vous n'auez pas la cause? Malheureux les pechez des hommes qui ont causé en mon Sauueur la tristesse d'vne telle separation.

O quelle conuulsion il deuoit ressentir, voyant si proche ce pas de la mort, *la plus terrible de toutes les choses terribles*, dit le Philosophe, qui a de plus prés sondé les secrets de la nature. Damocles ne peut iamais manger en vn banquet somptueux, ayant vn glaiue pendu sur sa teste: Et quelle tristesse doit auoir nostre Agneau, se voyant si prest d'estre immolé?

Mais la 4. & principale cause de cette extréme tristesse, c'est la cause mesme d'icelle, sçauoir nos miserables pechez, qui *comme des torrents d'iniquité le troublent*.

Quelque Poëte banny pour ses folies disoit,

Cumque sit exilium magis est mihi causa doloris, Ovid. 1.
Estque pati pœnam quam meruisse minus. Trist.

Ne detesterons-nous iamais assez, mes freres, cette cause qui est en nous, & dont les douleurs accablent d'angoisse le cœur pitoyable de nostre cher IESVS? ostons ces maudits pechez par la penitence, & *luy redonnons la ioye de son salutaire, &* Psal. 50. *soyons confirmez de son Esprit principal.*

O detestable peché, engeance viperine, production des Enfers, qui *contristes le sainct Esprit,* qui affliges le Fils, & courrouces le Pere, *quand ton infortuné Royaume sera-il destruit?*

Ce sera lors, mes amis, que nous chasserons ces nuages qui offusquent nostre beau Soleil, ce sera lors que *nous resiouyrons les Anges par nostre conuersion,* il nous en face la grace. Amen.

Mais pesons bien ces mots de nostre Texte Pauêre. Voyez comme nostre grand Prestre, *Pauet ad sanctuarium Dei,* où la verge de sa Passion doit estre mise sur la manne de sa Chair, *les douleurs & abois de la mort l'enuironnent, les lacqs du* Psal. 1. *mourir l'entournent & preoccupent.*

L'histoire nous fournit d'vn criminel blanchy en vne nuict, sur la dilation au lendemain de sa sentence de mort, voyez comme pallit nostre Espoux, *blanchissant,* voyant deuant soy son arrest irreuocable.

O comme tremble nostre nouuel Adam, sous le glaiue de feu de la Iustice eternelle ! Gen. 3.

Cœpit tædere. Oyez Iob, *Tædet animam meam vita mea, loquar aduersum me amaritudines,* & encores, *In amaritudinibus moratur oculus meus.* O que nous ennuyons ce doux Sauueur, quand nous

D iij

dilayons tant nostre penitence! *Ne tardes conuerti ad Dominum, quia benignus & misericors est, & multus ad ignoscendum; longanimis & patiens super malitia.*

Et contristari. Y a-il sorte de tristesse que n'endure nostre IESVS? voyez comme *l'esprit triste luy seiche les os*, comme s'allanguit cette belle fleur des champs, s'esuanoüyssent les roses de son teint, se perd l'esclat de ses yeux, se meurt la grace *diffuse* en son visage, la melancholie se desbonde sur son cœur, les *torrens de douleur le submergent.*

<small>Prou. 13.</small>

<small>Psal. 44.</small>

Que si pour ressusciter vn Lazare *infremuit spiritu*, que doit-il faire maintenant que par sa mort il doit faire reuiure à la grace toute la nature humaine?

<small>Ioan. 11.</small>

Et mœstus esse. Quoy? vous estes encores dolent! & en quel periode de langueur vous reduisez-vous? ô la ioye des cœurs, *nostre couronne & nostre gloire.* Que ferons-nous, mes bons amis, pour contr'eschanger ces desplaisirs, dont nous sommes la cause, sinon nous venger sainctement & seuerement contre cette cause, qui est nostre peché? Helas! *verè languores nostros ipse tulit, & dolores nostros ipse portauit: attritus est propter scelera nostra, vulneratus est propter iniquitas nostras.*

<small>V. és diuersitez l. 31. c. 61.</small>

<small>2. Cor. 7.</small>

O que la tristesse qui prouient du peché est bonne & salutaire, c'est celle que sainct Paul appelle *tristesse à penitēce, & selon Dieu.* C'est elle qui nous fait *semer en pleurs, & moissonner en ioye*; c'est d'elle qu'il est escrit, *qu'il vaut mieux entrer en la maisō de larmes, qu'en celle des ris*; c'est elle qui nous fait iustement preferer Heraclite à Democrite.

Ne difons pas auec cet impie, *peccaui, & quid mihi accidit trifte?* ne foyons pas de l'efcot de ces frippons, *qui lætantur in rebus peßimis*, ny de ces peruers qui doutent, *fi fcit Deus, aut fi eft fcientia in excelfo, an qui plantauit aurem, non audiet? aut qui finxit oculum non confiderat?*

Difons pluftoft auec les fages, *peccaui & in amaritudinibus moratur oculus meus, recogitabo omnes annos meos in amaritudine animæ meæ.*

Ho! quelques indeuots difent bien à leur ayfe, qu'ils feront leur penitence en Purgatoire, mais cet indigne langage fent defia la fumée d'enfer, *& eft vne exhalaifon puante du puits de l'abyfme.* *Apoc. 9.*

Helas! confiderez, que le Lazare refufcité, pour auoir efté quatre iours au fein d'Abraham, lieu en apparence de quelque refrigere, neantmoins pour auoir efté priué de la vifion de Dieu pendant ce temps, en reçeut vne telle amertume, que iamais on ne le vid rire le refte de fes iours; helas! comment donc pourriez-vous faire fi bon marché du Purgatoire, où outre cette peine du dam on fouffre la peine d'vn feu inimaginablement cuifant & penetrant? Ames plus tendres, la feule peur de cette peine, bien que temporanée, vous doit rendre le peché execrable.

Venons à noftre 3. poinct. *Et dixit illis: triftis eft anima mea vfque ad mortem.* Paroles effroyables, & qui nous deuroient fendre le cœur, & fondre les yeux, & nous tranfir d'eftonnement, de voir que nos pechez donnent vne mortelle preffure au cœur amiable de noftre cher Efpoux. **III.**

Va mefchant enfant, dit quelquefois vn Pere à fon fils desbauché, tes deportemens me vont faire mourir, & aduancer de beaucoup le courant de mes iours, le voyla soudain conuerty, le voila aux pleurs, à la reformation, à demander pardon à son Pere, hé! qui nous tient de faire le semblable à nostre Pere celeste, tant outré de nos pechez, qu'il en va mourir d'ennuy?

Iesvs est apparu tant de fois aux deuots, en forme d'agonisant, ou portant sa Croix, ou couronné d'espines, ou flagellé, comme à saincte Catherine de Sienne, sainct François, sainct Dominique, au B. Ignace de Loyola, se plaignant que nos pechez le recrucifioient de nouueau, comme iadis le desbord du monde auant le deluge, *toucha le cœur de Dieu d'vne interieure douleur*, dit le Texte sacré du Genese.

Cessons, mes freres, d'affliger ainsi nostre Pere, nostre amy, nostre Espoux, il vous redit par ma bouche, *tristis est anima mea vsque ad mortem*, ayons compassion de sa langueur, car c'est pour cela qu'il la manifeste à ses Apostres, comme cy-apres en croix, disant: *Sitio*, il descouurira la soif ardante qu'il a de nostre Saluation.

Dum spectant oculi læsos læduntur & ipsi,
Multaque corporibus transitione nocent.

Et comment sa Passion ne transpirera-elle en nous de la compassion? compatis à ton Espoux desolé, ô ame fidele, comme autrefois Laodamie à son Protesilas:

Quà possum squalore tuos imitata labores,
Dicar, & hæc belli tempora tristis agam.

O mon cœur, comment ces mots de ton Sauueur adoloré ne te creuent-ils? les peux-tu entendre sans mourir, ou du moins sans donner la mort à tes pechez, qui *attristent son ame iusques à la mort?*

Et dixit illis. O cieux! depuis quand consultez vous la terre? ie croyois que vos influences la gouuernassent, & vous attendrez les siennes! quelle consolation peut apporter la creature au Createur? Il nous apprend par là en nos afflictions & angoisses spirituelles, *de consulter les voyans* qui sont les peres spirituels.

O quelle douceur en la douleur de pouuoir descharger son soucy dans le sein d'vne ame compatissante! *qui a trouué l'amy fidele*, dit le Sage, *il a trouué vn thresor*, mais thresor incomparable, inestimable.

Pour cele mesme Salomon *estime le solitaire infortuné n'ayant qui le soulage, qui le reschauffe.* Ecclef. 4.

Mais voyez-vous nostre celeste Medecin, qui en ses propres maladies *ne se guerit luy mesme*, mais consulte les autres: comme s'il eust dit à ses Disciples, ie suis extremement triste & affligé, consolez-moy. Luc. 4.

Apprenons de là à consoler les paures affligez, & en eux nostre Seigneur, apprenons à nous entre-soulager les vns les autres, à supporter les imperfections d'autruy, afin qu'il endure les nostres: *Alter alterius onera portate, & sic adimplebitis legem Christi.* Galat. 6.

O abandonné IESVS! & vos Apostres ne vous disent mot, sinon que la douleur leur serre le cœur, & la bouche, & que leurs larmes *habent piæ pondera vocis*, ains vous auez soing de leur consolation, & leur dites, *Sustinete hîc & vigilate mecum*, paroles succulentes & pondereuses. IV.

Epictete comprit toute sa Philosophie en deux mots, *Sustine & abstine*, ie croy aussi que toute la Chrestienne Philosophie y est enclose, car *agere & pati fortia, Romanum, & Christianum est*.

Le Royal Prophete dit cela Royalement, *Expecta Dominum, viriliter age, confortetur cor tuum & sustine Dominum*, quand l'ennemy de la vie deuote vous saisira par tentation, remaschez bien ce verset, ô mon ame chere.

Beatus ille seruus quem cum venerit Dominus eius inuenerit vigilantem, & la lampe à la main comme les Vierges sages.

Matt. 25.

1. The. 5.

Dies Domini tanquam fur in nocte veniet, & non seulement le iugement general, mais le tien particulier, ô mon frere! Sois donc tousiours prest en pieds & en ceruelle, pour partir au premier son de trompette, il n'est pas temps de lacer ses armes quand il faut aller à l'assaut.

Et vigilate, mot à l'erte, *Non dabo somnum oculis meis donec inueniam locum Domini, fratres, sobrij estote & vigilate, &c.* Sainct Paul nous admoneste, *vt abnegantes impietatem & secularia desideria sobriè, & iustè, & piè viuamus in hoc saeculo, vt non grauentur corpora nostra crapula & somno*, parce que *corpus quod corrumpitur aggrauat animam*.

Euesques, sentinelles de l'Eglise, veillez sur vos trouppeaux, comme les Pasteurs faisoient à la naissance du Sauueur, *vous estes les rondes de Hierusalem, tousiours rodantes, tousiours veillantes, tousiours criantes*, criez sans cesser contre les vices, veillez tousiours, ou si vous dormez, que ce soit comme Lyons les yeux ouuerts, ou comme des chiens fideles qui s'esueillent & iappent au moindre bruit.

Isa. 62.

Isa. 58.

Les Cieux roulent sans cesse, & ont tousiours leurs astres ouuerts vers la terre, vous estes les lumieres *du monde, ne fatigemini deficientes,* voyez, visitez, surueillez. *Phil.* 2. *Hebr.* 12.

Vigilate & orate, en l'oraison il ne faut pas sommeiller, *ny faire l'œuure de Dieu negligemment:* car autrement, *l'homme ennemy y sursemera tant de zizanie de distractions*, que comme l'asne du Cordier de l'Embleme, il broutera tout ce que vous filerez, *& oratio vestra fiet in peccatum*, ou bien sera de nul effect. *Ierem.* 48. *Matth.* 23.

Il n'y a temps auquel le Diable soit plus aux aguets, que quand nous prions, pour nous enleuer le fruict de nos prieres, il ruine à mesure que nous edifions, & embarasse s'il peut auec ses filets d'araigne le mesnage de nostre mellification interieure.

Vigilate mecum, ô mes freres! & qui refusera de veiller auec nostre Seigneur? Vrie ne veut dormir son Capitaine Ioab ne dormant à l'armée, & nous prendrons nostre repos tandis que *l'Arche d'Israël habite sous les pauillons du Ciel, en la Montagne des Oliues.* 1. *Reg.* 11.

Mecum. Voyez comme *nobiscum est in tribulatione,* & soyons donc auec luy en ses souffrances.

Mecum: Domine qui non colligit tecum dispergit, qui non est pro te contra te est, appellons-le en toutes nos entreprises: *Mane nobiscum Domine.* Soyez-nous tousiours *Emmanuel. Nisi Dominus ædificauerit domum, &c.* tenons-nous vnis à nostre IESVS, & il nous sera IESVS.

Colligez de cette Catechese, mes bien-aymez, 1. à prier Dieu, qu'il nous choisisse pour siens, comme nous l'eslisons pour nostre *part eternelle* ; 2. à corriger en nous la cause de sa tristesse, qui sont nos pechez ; 3. à le resioüyr & consoler par cette nostre conuersion ; & 4. à patienter & veiller en ce monde auec luy, coulans nos iours à son sainct seruice. *Ipse nos in suo sancto seruitio conseruare & confortare dignetur. Amen.*

I. MARDY.

Appareil à la Priere.

HOMELIE VI.

Matt. 26.
Marc. 14.
Luc. 22.
Ioan. 18.

T *ipse auulsus est ab eis, & processit quantum est iactus lapidis, &c.* Le partage de ces mots, c'est nostre ordre. 1. *Il se retira d'eux*, 2. *il s'aduança de la portée d'vn iect de pierre*, 3. *& ayant flechy les genoux*, 4. *il se prosterna la face contre la terre.* Examinons cela.

I. Violente Metaphore, *auulsus est ab eis*, & qui exprime fort energiquement la dure abstraction que nostre Seigneur fit de soy à ses Apostres : elle est tirée de ces gros troncs, dont les vents impetueux enleuent les racines, les faisant piroüetter par la plaine. O mal-heureux peché ! tu es cet Aquilon & ce Borée impiteux, qui arraches ainsi rudement de la terre de nos ames ce bel arbre de vie, cette plante excellente de la grace que nostre

Seigneur y auoit entée de sa propre main.

Il estoit le tronc donc les Apostres estoient les pampres, pource comme la vigne plore le retranchement de son bois, il ne se faut pas estonner si tost comme par vehemence, que *auulsus est ab eis*. *Ioan. 15.*

O nouueau Promethée, qui auez apporté du Ciel le feu de l'Amour, se faut-il estonner si sur ce mont des Oliues, vostre cœur est arraché par le Vautour du regret?

Mais considerez d'autre part les Apostres, *tamquam ablactatos à lacte, auulsos ab vberibus*. Pareils à ces innocens que le Tyran Herodes arracha impitoyablement du sein des Meres, pour les victimer à son soupçon. *Isa. 28.* *Matth. 2.*

O Dieu que leur regret est bien plus grand que celuy des enfans que l'on sevre, se voyans priuez de ce maistre, *dont les mammelles sont meilleures que le vin*. *Cant. 1.*

O dure separation! pourquoy violant la loy, fais-tu *boüillir ces chéureaux dãs le laict de leur mere?* *Exod. 23.*

Iugez aussi mes freres, combien c'estoit vne douleur grande à nostre Seigneur, dont les mammelles *sont riches & fecondes en laict de Misericorde*, de se voir separé de ceux qui les sucçoient: ô faut-il que ce doux laict s'espanche contre la terre! *Ephes. 1.*

Siccine separas, amara mors? dure est la separation des amis, dure celle des mariez, mais qu'a cela de conferable auec l'affection tendre de nostre Seigneur vers ses Disciples, *ses domestiques, ses amis, ses enfans, ses oüailles, ses bien-aymez?* *Ephes. 2.*

Apprenez de ce destachement que fait nostre Seigneur d'auec eux, comment il n'a pas voulu reseruer la moindre mitigation à sa tristesse, ne voulant se seruir de cette ombre de consolation en ses dernieres agonies, & comment aussi vous deuez librement renoncer à tout amour propre, voire le persecuter iusques au bout, n'en delaissant aucune racine en vos ames.

Deut. 5. Tirez de cet enseignement, que la mortification est la porte de l'oraison ; car on ne reçoit le man qu'ayant quitté les oignons d'Egypte, & consommé sa farine.

On ne trauerse en Chanaam, que par les deserts des austeritez, les celestes delices, & les terrestres sont incompatibles, comme l'idole & l'Arche ; les vases vuides de terre sont remplis de l'huille d'enhaut, la desolation icy bas attire la consolation de là sus, *secundum multitudinem dolorum meorum in corde meo consolationes tuæ lætificauerunt animam meam.*

4. Reg. 4.

C'est cette obnegation interieure, tant recommandée par nostre Seigneur, *abneget semetipsum.* Il n'ayme que ceux qui renoncent à tout pour son Amour: *Audi filia & vide, &c. Nisi quis renunciauerit omnibus, &c. vade, vende omnia quæ habes, &c. qui non odit patrem suum & matrem suam, &c.*

II. *Et processit quantum est iactus lapidis*, ô nouueau Dauid, vous pouuez bien dire : *Ecce elongaui fugiens*, & encores, *longè fecisti notos meos à me, elongasti à me amicum & proximum.*

Apprenons de là à nous retirer du monde pour approcher de Dieu, le premier pas qui nous esloigne de la terre nous auoysine du Ciel, se faut-il pas reculer pour mieux sauter, & arrierer la chorde de l'arc pour d'arder la fleche plus ferme?

Colligez encores que pour faire vne bonne oraison, outre qu'il faut se mortifier, & s'arracher du cœur tant de terrestres affections qui retardent son progrez, r'allentissent sa ferueur par mille distractions, de chercher encores vn lieu retiré, ou pour le moins si ce lieu ne se peut treuuer, de faire en soy-mesme vne introuersion, vne retraicte mentale & spirituelle, rentrant dedans soy-mesme par vne téduë attétion.

C'est cet hermitage interieur, que parmy les empressemens du monde, saincte Catherine de Sienne fabriqua dans son cœur, où emmy les affaires, elle negotioit tranquillement auec son celeste Espoux les affaires de son salut, retraicte cordiale, qu'elle conseilloit sur toutes choses à ses enfans spirituels, cela s'appelle en l'Escriture, *reuenir à son cœur*, & c'est le retour de la Sulamite. *Isa. 45.*
Cant. 4.

Ainsi la Tortuë reserrée sous sa coque, ne craint aucun heurt, & l'Alcyon sçait fabriquer en sorte son nid sur les ondes, qu'il est en seureté emmy les perils, en tranquilité dans l'agitation, & à sec dans le vaste sein des maritimes humiditez.

Cette retraicte de nostre benit IESVS, nous enseigne encores l'humeur ordinaire, & bonne des deuots, qui est d'estre vn peu hagards, sauuages & farouches: car qui ne redouteroit le heurt emmy tant d'escueils, la pestilence en vn air infecté, & les risques sur la mer du monde? Aussi voyez comme en la ferueur de l'Eglise naissante les premiers Chrestiens, *habitabant in speluncis &*

cauernis terræ, angustiati, miseri, afflicti, quibus dignus non erat mundus.

C'est merueille de lire les estranges inuentions des anciens Anachorettes pour s'escarter du monde : l'vn demeurera sur vne haute colomne tout debout plusieurs années, sans autre toict que du Ciel : l'autre sera vingt ans, sans se laisser voir: l'autre plusieurs lustres sans parler: cet autre toute sa vie reclus sans iamais sortir: les tyrans n'ont point eu tant d'artifices pour faire souffrir des martyrs, que ces martyrs volontaires ont trouué d'industries pour matter leur cœur, & se sequestrer de la dangereuse conuersation des mondains.

Cant. 5.   *Quantum est iactus lapidis*, gentille mesure : & pourquoy, mes freres, ne meslerons-nous pas quelques douceurs parmy ces douleurs, puis que nostre Espoux mesle le *sang & l'eau, & le vin auec le laict* ?

Apoc. 3.   Pensez sur ce jet de pierre, que pour quelque peché que ce soit, cet Espoux amoureux, *qui est tousiours à nostre porte*, ne s'esloigne iamais tant, que nous ne le puissions r'auoir quand il nous plaira d'estendre le bras de nostre volonté.

Quel amour ! qui nous passionne encores tous miserables que nous sommes, & qui l'auons arraché & chassé violemment de nos cœurs. Sus prenons ces cœurs de pierre que nous auons, auec le bras d'vne bonne resolution de ne l'offencer, & lançons-les à ce doux Espoux, qui les nous demande en ces mots : *fili, præbe mihi cor tuum.*

Au moins si nous ne pouuons mieux, lançons luy les pierres de nos prieres (mots semblables en

de nostre Seigneur.

en lettres) & *de medio petrarum densus voces.*

Quantum est iactus lapidis. Voyez-vous cette pierre rejettée par les bastisseurs, qui sera renduë la capitale du coing; voyez cette pierre de Daniel qui se destache de la Montaigne, *fundamenta eius in montibus sanctis,* sans mains, & de sa pure franchise, pour aller par sa mort fracasser le bigarré Colosse du diable, du monde, & de l'enfer. *Matth. 21.* *Psal. 66.*

Et positis genibus. O flechissement ! qui confonds la superbe de ces marjolets, qui de peur de gaster leurs beaux habits, ne mettent à l'Eglise qu'vn genoüil en terre, dissemblables à la femme de Zebedée, qui en vne humble contenance faisoit vne demande hautaine, & ceux-cy disent des prieres humbles, *desquelles le cœur est esloigné,* en vne contenance altiere & rogue. III. *Matth. 15. Marc. 7.*

Pharisiens orgueilleux, vous n'aurez point de pardon, si vous ne vous rendez humbles Publicains, car Dieu, *respicit in orationem humilium, & oculos superborum humiliat.* *Ioan. 38.*

Prodigues desbauchez, agenoüillez-vous, & vous repentez de bon cœur, si vous voulez que le celeste Pere tombe sur vostre face larmoyant de joye, & regorgeant de misericorde. *Luc. 14.*

On apprend bien aux hauts Chameaux à s'agenoüiller pour subir les fardeaux, & ne ployerez-vous point, ô pecheurs, sous le poids de vos iniquitez, lesquelles, *sicut onus graue grauantur super vos.*

Iesvs s'agenoüille, lequel dit, *mihi flectetur omne genu,* au nom duquel *tout genoüil ploye sur le Ciel, sur terre,* luy auquel dit sainct Paul, *huius rei gratia flecto genua mea ad Dominum Iesum.*

On lit que sainct Barthelemy deux cens fois le iour se mettoit à genoux : Que l'Apostre sainct Iacques à force d'estre à genoux y auoit formé vn cal fort dur.

Sainct Anthoine passoit souuent deux iours & deux nuicts entieres tousiours à genoux, & sainct Paul l'Hermite y estoit tellement accoustumé, qu'il mourut à genoux, & fut ainsi trouué roide mort comme puant.

Remarquez de là comme l'Eglise a eu grande raison, de mesler tant de genuflexions en ses sainctes ceremonies, principalement emmy les redoutables mysteres de la sacrée Sinaxe.

O que cet exterieur excite l'interieur, & edifie les assistans : malheur aux *ennemis de la Croix de Christ, qui font gloire de leur confusion*, & qui s'en mocquent, comme jadis fit Michol des allegresses de Dauid. *Perissent-ils en la contradiction de Choré, & en l'erreur de Balaam, & en la reprobatiõ de Cham*, de se gausser de choses si sacrées. Aussi *leur Synagogue des malins* ne meritoit pas de si beaux atours, que celle qui est appellée *specieuse en ses aggraffes d'or, & en ses habits diuesifiez.*

Les Ceremonies, mes freres, sont comme les ornemens & parures qui releuent encores le lustre d'vne naturelle beauté, ce sont *les patins blancs de l'Espouse* au Cantique.

Ce sont les cheueux qui decorent vn visage agreable.

Mais cheueux de Sanson ausquels est cachée vne grande force pour esmouuoir les cœurs à pieté.

Ce sont les feüilles seules, sous lesquelles se

Phil. 3.

1. Reg. 18.

Iude 1.

Psal. 25.
Psal. 44.

Cant. 7.

Iud. 16.

conserue & meurit le fruict de la deuotion; si elles ne luy donnent l'essence, on ne peut nier qu'elles ne luy conferent de la decence.

Positis genibus, que cette contenance de nostre cher IESVS nous excite, ô Ecclesiastiques mes freres, à reciter nostre office auec vne grande reuerence & circonspection,

Dieu en courant ne veut estre adoré, dit nostre Caton Gaulois. O Dieu qu'il fait mauuais voir des Prestres dire sous ces Cloistres leur office en se promenant, comme par forme de passe-temps & d'exercice! miserable celuy qui opere negligemment l'œuure de Dieu. *Ierem. 84.*

Souuenez-vous de cette horrible vision de saincte Catherine de Gennes, qui vit plusieurs damnez pour auoir abusé de l'vsage de leur mariage, & plusieurs Ecclesiastiques pour auoir mal recité leur office, & payé illegitimement ce deuoir de leur mariage spirituel à leur celeste Espoux, il est si jaloux, que *le moindre clin d'œil le fait enuoler de nostre priere, vn cheueu de distraction l'offence.* *Cant. 4.*

IV. Non content de cette genuflection, le voilà qui *procidit in faciem suam super terram*, ô Ciel! qui t'imprimes en la terre, ô beau visage! *que les Anges brûlent de voir*, pourquoy vous grauez-vous ainsi sur la bouë? est-ce pour y voir le monde de vostre abjection, & y mesurer la grandeur de vostre aneantissement: t'humilieras-tu, ô homme, *poudre & cendre, ver de terre,* voyant vn si grand abaissement de ton Dieu, *obstupescite cœli super hoc.* *1. Pet. 1. Gen. 18. Psal. 21. Ierem.*

pour devenir Roy des cœurs, *dabo tibi gentes hæreditatem tuam, reges eos in virga, &c. Sed nunc reges erudimini, &c.*

Voicy Philippe, qui porté dans la poussiere ou stade olympicque, recognoist la grandeur de sa petitesse, en la petitesse de sa grandeur.

Apoc. 10. Voicy celuy que les Mages *procidentes adorauerunt*, celuy deuant qui les vieillards glorieux & couronnez en l'Apocalypse, *cadunt in facies suas*, deuant qui *procidunt Aethiopes & inimici terram lingunt*, qui luy-mesme leche la terre à l'arriuer de ses ennemis: ô grandeur vrayement *frappée & humiliée*.

Isa. 53. Voyez Iob non assis, mais le visage sur vn fumier.

Genes. 24. Quelle Rebeca ne descendra de cheual, voyant son Isaac ainsi par terre?

De ce prosternement, l'Eglise sainctement inspirée, a ordonné les prostrations en la susception des ordres sacrez.

Et le sainct ordre des Chartreux les obserue encores à l'esleuation de la saincte Hostie.

Que de raisons pourquoy nostre benit Sauueur baise ainsi la terre: 1. pour la recôcilier auec son Pere, luy donnant le baiser de paix: 2. pour arracher la malediction en la recreation du monde, qui luy fut donnée en la creation, quand Dieu dit à Adam, *maledicta terra in opere tuo*: 3. al-
Gen. 3. lant mourir il en prenoit possession, *quasi per globæ susceptionem*, y preparant son tombeau glorieux:
Isa. 11. 4. en baisant la terre il tesmoigne qu'il est venu pour reparer la faute commise par la suggestion
Gen. 2. du Serpent mange-terre.

O mes pechez que vostre *talēt de plomb* est lourd,

puis que sous vostre faix, le grand Atlas, qui *Zachar. 2.*
appendit tribus digitis molem terræ, s'appanche vers
la terre accablé de ce poids insupportable, *pecca-*
ta quæ non detulit, mox abluendo sustulit.

O mon IESVS, i'ay pensé pasmer d'estonnement, quand i'ay veu vos belles mains se conta-
miner en lauant aux pieds de Iudas, des or- *Ioan. 13.*
dures contractées aux allées & venuës de la vendition de vostre sang; à peine sainct Pierre, sinon par la menace d'vn anatheme, peut-il endurer cette humiliation, mais maintenant que
ie vous voy, non plus les mains à des pieds, mais
la belle face dans la terre que ie foule aux pieds,
ô mon Sauueur! ie n'ay point de paroles pour
exprimer ces abaissemens, à peine mon imagination y peut-elle descendre, il semble que
vous baisiez pour me charmer d'amour, les vestiges de mes pieds, sus, desormais que i'adore
vos traces, *deduc me in semitam mandatorum tuo-* *Psal. 118.*
rum, quia ipsam volui : cogitaui vias meas & conuer-
ti pedes meos in testimonia tua, dirige gressus meos in
semitis tuis.

Baisons la terre, mes freres, poussez par vn si
rare exemple, baisons la terre, & pensons à la
mort, & que nous sommes terre, & que bien
tost nous y retournerons : nouueaux Antées, ra-
uigorons-nous de cet attouchement.

Baisons la terre par penitence, pour attirer sur
nous la diuine pitié, *Ponet in puluere os suum, si* *Thre. 3.*
fortè sit spes. Ostons cette sotte honte qui nous
retarde d'imiter nostre Espoux, & de nous *humi-* *1. Petr. 5.*
lier sous la puissante main de Dieu.

Souuenez-vous de cette deuote Princesse de

Parme, qui toute fouueraine qu'elle eftoit, baifoit fi fouuent la terre de fa bouche, & fe mettoit encores deffous par l'humilité de fon efprit.

Ne regardons point aux ordures qui y font, mais à celles de nos cœurs, ne faifons point tant les delicats, tout ce qui nous nourrit vient de la terre, & nous ferons vn iour la pafture de fes vers.

Gardez-vous bien d'vne facrilege mocquerie, de monftrer au doigt, & controoller ceux ou celles qui pratiquent cette fainéte humiliation, c'eft IESVS que vous offencez en ces perfonnes deuotes, *Non bas spernitis, sed Iesum.*

Si vous voulez faire vne bonne Oraifon, apprenez en l'appareil de cette Homelie, 1. vous fevrant des affections du monde, 2. vous retirant en folitude locale ou mentale, 3. vous mettant à genoux, 4. vous profternant en terre. Ainfi vos requeftes feront entherinées.

II. MERCREDY.

Oraison au Iardin.

HOMELIE VII.

ABBA *Pater, si fieri potest transeat à me calix iste,* &c. 1. nous expliquerons les mots de cette Priere : 2. nous parlerons de leur repetition : 3. de la reueuë de nostre Seigneur vers ses chers Disciples : 4. de sa parfaite obeyssance, & resignation de volonté. Oyez.

Matt. 26.
Marc. 14.
Luc. 22.

Quand les vapeurs s'espaississent en l'air, & que *l'eau deuient condensée & tenebreuse en la nuë,* n'est-ce pas vn presage certain de tempeste, de tonnerre, & d'orage : & cette noire nuict, & cette noirceur du Cedron, & cette noire angoisse qui enuironne de douloureux nuages le cœur de nostre benist Espoux, que luy augurent-elles sinon vne gresle de coups, vne pluye de sang, & la rage d'vn mortel orage ?

I.

Psal. 17.

C'est trop resserrer cette agonie, *premit altum corde dolorem,* il la faut exhaler par vne saincte Priere.

Strangulat inclusus dolor, atque exæstuat intus,
Cogitur & vires multiplicare suas.

Si cette fournaise ne s'éuapore, elle fera fendre & fondre son cœur, *Fiet cor eius tanquam cera liquescent in media ventris sui.*

E iiij

Qui fait le tonnerre en la nuée, sinon l'entrechoc du chaud & du froid ? & qui pousse cette Oraison hors la bouche de nostre Seigneur, sinon la contradiction des volontez inferieure & superieure, dont l'vne craignoit la mort, l'autre la desiroit, la chair transissoit, l'esprit estoit determiné.

Mens immota manet, lachrymæ voluuntur inanes.

Psal. 92.
Psal. 76.

O quelle conuulsion, ô vray enfant du tonnerre, est-ce icy *la voix de vos eaux* angoisseuses, *la voix de vostre tonnerre en la roüe de* vostre douleur ?

Exod. 28.

Entendez les esclats, voyez les esclairs qui sortent de *l'Vrim & Thumin*, de ce grand Prestre, remply *de fulgurations & coruscations de doctrine & de verité.*

Ierem. 1.

Abba Pater. O doux IESVS! Hé! depuis quand comme vn Moyse, estes-vous deuenu begayant, & enfant comme Ieremie, disant, A, a, a : quelle vehemence de douleur, qui oste la parole à l'eternel Verbe, *Per quem omnia facta sunt, in quo omnia, à quo omnia.*

O nouueau Caton, balbutiez-vous ainsi auec nous autres Homoncions, enfans de la terre ? ouy, car tantost *equitabis id arundine longâ.*

Rom. 9.

O Verbe abbregé, ô Verbe humilié, est-ce pour témoigner vostre petitesse & vostre aneantissement ? en estes-vous à l'Alphabet ? ô le thresor de la science & sapience du Pere. Confondez-vous, *scauans enflez,* voyans cette charité & humilité tant edifiante.

Coloss. 2.
1. Cor. 8.

Ce mot *Abba*, sonne à peu prés comme celuy de *Papa*, que disent les petits enfans qui commecent à gazoüiler, pour nous apprendre, *que si nous*

de nostre Seigneur. 73

ne devons comme enfans, nous n'aurons point de part au Royaume de nostre celeste Pere. *Malitia paruuli esto- te, sicut modo geniti infantes, sine dolo lac concupiscite.* Matt. 18.

Abba Pater, ce tedoublement marque la ferueur de son affection, comme *Amen, amen, dico vobis.*

Pater, ô parole de douceur & de confiance! mais comment la misericorde d'vn tel Pere que l'Eternel, n'est-elle flechie par la priere si amou- reuse, & tendre d'vn tel Fils: n'est-ce pas icy, que *Iudicium superexaltat misericordiam*, & que *continet in ira sua misericordias suas*? O mon Pere, serez- vous tant rigoureux à vostre vnique Fils! *où est la* Gen. 22. *victime*, ô mon Pere, disoit l'innocent Isaac.

Que ce mot vous apprenne, mes chers freres, à dire vostre *Pater*, auec humilité, ferueur, dou- ceur, & confiance, car les rigueurs que ressent IESVS, nous ont impetré la hardiesse & la mi- sericorde, *Accedite cum fiducia ad thronum miseri- cordiæ Dei nostri. Nous n'auons plus l'esprit de crainte* Rom. 8. *& seruil*, dit sainct Paul, *mais bien celuy d'enfans adoptifs, auquel nous crions, Abba Pere.*

Que ce mot de *Pater*, ou *Abba*, ou *Papa*, nous face aussi ressouuenir que nous sommes Catho- liques, qui recognoissans le Pape pour Chef visi- ble de l'Eglise visible, pour Lieutenant de Dieu en terre, pour le Vicaire de *Iesus-Christ*, ayons vers luy vn amour tendre & filial, prions Dieu pour la manutention de son Siege, & pour l'exal- tation de la saincte Eglise Catholique, Apostoli- que, & Romaine. Vous principalement, tres- chers Citoyens de Belley, y estes obligez par tant de benedictions & Indulgences que ie vous viens de rapporter de sa part, les ayant obtenuës de sa main en ce voyage de Rome, que ie viens de faire: cela vous diray-je mes freres, que nous auons en Paul V. vn tressainct Pape, & tres-debonnaire Pontife, nous deuons supplier sa diuine Majesté de le conseruer longuement au bien de son Eglise.

Quand les errans vous appelleront Papistes, resiouyssez-vous grandement, comme du plus glorieux tiltre que l'on vous sçauroit donner, car il veut dire Catholiques, & Romains, c'est à dire, enfans qui ont vn pere visible & recogneu, & vne mere visible, la saincte Eglise Romaine.

Et plorez auec des larmes de sang l'auersion de ces pauures aueuglez, & priez auec des Oraisons ardantes, pour leur desirée conuersion, car c'est par larmes de cõpassiõ, non par armes de passion, que se r'ameinent ces esprits esgarez & farouches: Pauures gens, que vostre condition est deplorable! vous estes bien *pupilli absque patre*, de maniere que vous estes *sine patre*, c'est à dire S. P. lettres qui veulent dire *spurij* en Iurisprudence. Ie diray encores *sine matre*, car vous tenez vostre Eglise inuisible, c'est à dire incognoissable, Eglise que vous tenez pouuoir errer, & flotter *omni vento doctrinæ*, pource l'appellez-vous Reformée, recognoissant par là, qu'elle a autrefois adulteré, & qui plus est, qu'elle peut adulterer encores. Helas! vous pouuez-vous dire legitimes, estans naiz de cette coureuse Agar? pauures enfans trouuez sans pere, sans *Papa*, sans mere; car celuy *ne peut auoir Dieu pour Pere, qui ne recognoist l'Eglise visible, & non errante, pour mere:* Ou naiz d'vne mere qui vous a exposez, ne paroissant point, mais se cachant dans les ombres de son inuisibilité : Nouueaux Romules, esleuez par vne beste sauuage, *venuës du desert*, nais en fin d'vne mere infame, puisque le nom de Reformée tesmoigne sa mauuaise vie, & la perte de sa pudicité, que Dieu mesme ne sçauroit restituer, comme dit sainct Hierosme. *O Babel, mere des fornications, iusques à quand donneras-tu à boire le venin de tes mauuaises intelligences à ces pauures errans, dans la coupe dorée de cette Escriture sacrée, que tu prophanes* malheureusement ! *Reuenez pauures Sulamites, nos freres errans reuenez*, & comblez par vostre desiré retour à cette *Bergerie, qui ne recognoist qu'vn Pasteur, les Anges de ioye*, & les hommes de liesse, reuenez à ce Pere & à cette Mere, qui vous tendent les bras, *en ce temps acceptable, en ces iours de salut*. Priez, priez fermement, mes freres, pour leur conuersion, ie vous en conjure *per viscera misericordiæ Dei nostri*, afin que *illuminare dignetur his qui in tenebris, & in vmbra mortis sedent, ad dirigẽdos pedes corũ in viã pacis*: lors *laudabit Hierusalem Dominũ, &c. Qui posuit fines suos pacem, &c.*

Si fieri potest. Quoy ? Pere Eternel, faut-il des raisons quand ce Fils parle ? vostre langage est-il pas encores plus delié que celuy des Anges, qui pures intelligences n'ont pour discours que leurs pensers? Vous ne trouuez point d'expediēts pour sauuer tant de tourmens à IESVS, & en voicy vn million ! Pourquoy ne recreerez-vous le monde d'vne parole, puisque d'vne parole vous l'auez creé ? Est-il pas vray que la moindre de ses actions depuis l'instant de sa conception, merite le rachapt de mille mõdes, *de condigno, de condigno,*

Apoc. 17.

Cant. 6.

Ioan. 11.
Luc. 15.

Cor. 6.

comment on la vueille prendre ; si vous ne respirez du sang, celuy de sa Circoncision vous suffira-il point ? si des larmes, ô combien en ont versé ses beaux yeux ! Piscines d'Esobon, & torrents continuels depuis sa naissance : si des sueurs & des fatigues, voyez-le assis, las & harrassé, voyez ses peines innombrables : si des douleurs, s'en peut-il trouuer de comparables aux agonies & pressures que ressent maintenant son pauure cœur ? O iuste seuerité de l'Eternel Pere, ô extase de la charité du Fils, ô excez de l'amour du sainct Esprit, ces trois personnes, vn seul Dieu, n'ont trouué dans l'abysme de leurs inuentions aucun moyen plus efficace, pour nous tesmoigner *leur trop grande dilection* pour nous autres, que de reduire Iesvs aux extremes periodes, où nous le verrons cy apres.

Ioan. 3.

Transeat à me calix iste. Icy mille interpretations des Docteurs, que ie leur laisse toutes, pour m'arrester à deux, que le sainct Esprit dicta à saincte Catherine de Sienne, vn iour qu'elle estoit rauie en la Meditation de ces mots, *Transeat,* c'est à dire qu'il passe subitement, *en quoy il fut exaucé pour sa reuerence* ; car au lieu que la creation du monde dura six iours, la recreation n'en dura qu'vn, ce qui fut encores quelque soulagement qu'obtint la pauure humanité de nostre benist Sauueur, par cette priere.

Transeat à me, c'est à dire que le merite & la satisfaction de mes peines ne demeure pas en moy, *ad me non reuertatur,* qui comme Dieu & homme n'en ay que faire, mais de moy Chef passe en mes membres, *comme l'vnguent d'Aaron,* de

de nostre Seigneur. 77

moy source s'arrose le jardin de mon Eglise, que *Psal. 132.*
mon sang sorte de moy pour le salut de *tous les*
pecheurs du monde, & la satisfaction de tous leurs pe- 1. Ioan. 4.
chez, que ma mort les rauiue, que mes souffran-
ces vous payent, mes miseres vous appaisent,
que la vie soit ostée à mon corps mortel, pour la
communiquer à *mon corps mystique,* qui sont les
fidelles lesquels croiront en moy. Belles & sain- Coloss. 1.
ctes interpretations, mes freres.

Outre la commune & litterale, qui est, que
sans doute la Chair de nostre Seigneur, & sa sen-
sualité, ont redouté la mort, mais en fin son Esprit l'a emporté, *& son amour a esté plus fort que la*
peur de la mort, son zele plus puissant que l'Enfer. Cant. 2.

Quel amour, qui luy fait appeller tasse & coupe, mort de delice & de ioye, sa douloureuse Passion, *Transeat à me calix iste.* O calice enyurant, *&*
excellent, calice salutaire, admirable calice que vous *Psal. 22.*
estes fecond & facond! c'est celuy dont il faisoit
estat à ses ambitieux Apostres, *Potestis bibere ca-*
licem, quem ego sum bibiturus.

C'est cette coupe en la main du Seigneur, de vin pur,
meslé d'aigreur, *duquel boiront tous les pecheurs de la*
terre, qui voudront auoir l'expiation de leurs *Psal. 74.*
pechez.

O doux Amant, qui beuuez à nos bonnes
graces dans la coupe de vostre humanité, vostre
propre Sang, & nous en versez abondamment,
pour boire à nostre tour, voire pour nous conuier à vous faire raison, menacez de la priuation
de la gloire ceux qui n'en boiront, & la promet-
tez à ceux qui y gousteront, & qui ne voudra
desormais auoir cet honneur que de participer à

voftre coupe, & eftre ce Benjamin qui aye cette taffe de Ioseph dans le sac de son corps? *Belle taffe faite au tour & enuironnée de lys, taffe tas de froment, voire de graiffe de froment.* O vous qui communiez souuent, quel honneur ce vous est, de boire apres voftre Espoux ce Nectar de son humanité diuisée, ô vous qui communiez peu souuent, pourquoy fuyez-vous cet honneur qui vous suit?

Veruntamen non mea, sed tua voluntas fiat. C'est sa volonté humaine qui se soubmet à la diuine: bel ordre, quand la creature suit le vueil de son Createur. *O Dieu gardez-moy de moy*, dit vn Prouerbe, sur tout preseruez-moy de ma propre volonté, *non que ie ne viue plus moy, mais Christ en moy, que ma vie & ma volonté soit cachée & abysmée en la sienne.*

Domine eripe me ab homine malo, & à viro iniquo, qui est mon propre vouloir, *Inimici hominis domestici eius*, qui est nostre amour propre. Voyez en l'Euangile de ce iour icy la peruerse volonté des Scribes & Pharisiens, *Volumus à te signum videre.* Nostre Seigneur ne la fait pas, mais pour cela il les appelle *gentem prauam & peruersam*, car quelle plus grande peruersité, que de vouloir ployer la volonté du Createur, sous celle de la creature, par vn ordre prepostere & renuersé? ô que la fin de l'Euangile est admirable, *qui fecerit voluntatem Patris mei qui in Cœlis est, ille meus frater, & mater & soror est.*

Exurge Deus in præcepto quod mandasti & Synagoga populorum circundabit te. Et voila pas nostre Espoux qui nous en donne l'exemple, disant, *Pater non mea, sed tua voluntas fiat.*

L'Eglise dit, *Ab omni mala voluntate libera nos*

Gen. 44.
Cant. 7.

Coloss. 3.

Matth. 12.

Domine, & ie dirois aussi *propriâ*, car elle est ordinairement mauuaise, parce que *sensus hominis pronus est ad malum ab adolescentia sua, quia caro est.* Gen. 4.

—— *Video meliora proboque Detetiora sequor.* ——

disoit celuy-là, & sainct Paul, *Non quod volo bonum hoc facio.*

Renonçons donc à cette volonté propre, reste de la coulpe d'Adam, volonté refractaire & reuesche, & disons auec le grand Chantre, *vt iumentum factus sum apud te,* qui suit non son vueil, ains le vueil de celuy qui le conduit. *Tenuisti manum dextram meam, & in voluntate tua deduxisti me.*

Effroyez-vous icy, mes freres, voila cette excellente, cette energique, cette humble Oraison esconduite, Iesvs esconduit, le Fils esconduit; & t'estonneras-tu pecheur, si quelquefois Dieu te refuse, & n'incline point ses oreilles à ta voix? *Clamabis per diem, & non exaudiet, & nocte & non ad insipientiam tibi.* Psal. 87.

Vous soyez beny, ô mon Dieu! & de vos entherinemens, & de vos refus, *ie vous loüeray en tout temps,* Psal. 101. car vous faites le tout pour mō mieux, *souuēt nous ne sçauons ce que nous demandons, & Dieu maintesfois,* Matth. 20. dit S. Aug. *dénie propice, ce qu'il cōcederoit courroucé.* Hommes vains, hommes auares, qui demandez quelquefois indiscrettement des honneurs & des thresors, si Dieu vous exauçoit, peut-estre que cette indulgence seroit cause de vostre eternelle ruine; ames pieuses qui demandez des choses, en apparence, raisonnables, quand vous verrez vn iour la cause du desny dās le grād liu. de la diuine prouidence, ô que vous benirez sa bonté de ce refus!

Cependant espouuentez-vous de la grande cholere que Dieu le Pere a contre le peché, lequel pour punir il n'espargne pas *son propre Fils*, l'interposant entre luy & l'esclaue pecheur, ô abysme de misericordieuse Iustice, *vt seruum redimeres filium tradidisti*.

Rom. 8.

II.

Voila, mes bien-aymez, iusques où nous a conduits l'examen des paroles de cette saincte priere : or sus, que sa repetition face nostre 2. poinct. Gradation admirable, entendez-là, *Non sicut ego volo, sed sicut tu*, apres à la 2. reprise, *non mea, sed tua voluntas fiat*, à la 3. & finale tout simplement, *Fiat voluntas tua*. Voila comme peu à peu on vient de la volonté exterieure à l'interieure, & en fin à la supereminente, *vt sciamus quæ sit voluntas Dei bona, beneplacens & perfecta*.

Rom. 29.

O cheres paroles, lesquelles *decies, voire millies repetita placebunt*. La Cananée prie trois fois, & obtint : Sainct Paul trois fois pour le stimule, *ter Dominum rogaui, &c.* & a responce, *Opportunement, importunement*. Argue, prie, supplie, conjure, dit sainct Paul à Timothée. *O quantum valet deprecatio iusti assidua!*

2. Timot. 4.

La pauure Vefue a en fin, à force de prier, iustice du Iuge inique ; & que n'obtiendra nostre Oraison sans intermission du Pere de misericorde ?

Luc. 18.
1. Thess. 5.

Quand il seroit endurcy comme la pierre, la goute de nostre priere reiterée, en fin le caueroit.

Les Poëtes font certaines reiterations en leurs vers, qu'ils appellent refreins, qui ont vne grande grace. Le Psalmiste s'en sert souuent, notamment de celle-cy, *Quoniam in æternum misericordia eius*.

Psal. 135.

Les Anges là sus chantent, *Sanctus, Sanctus, Sanctus,*

Sanctus, Dominus Deus Sabaoth.

Se lasse-on iamais de reïterer de manger du pain?

Le retour reïteré du Soleil qui ne sçait faire autre mestier que de recommencer, a-il iamais ennuyé personne?

Laissez causer les Errans, mes freres, quand ils vous impropereront mal à propos, qu'en disant le Chappelet vous priez Dieu par conte, & ne faites que repeter vne mesme chanson, dites-leur bien tout doucement & simplement, qu'en cela vous imitez le benist Redempteur, qui a ainsi prié par conte, & recommencé vne mesme Oraison, bien qu'il fust assez sçauant & eloquent, pour diuersifier ses prieres, *& orauit tertiò*, voyez le conte, *eundem sermonem dicens*, voyez-vous là reïteration, dites-leur que vous imitez Dieu, qui a tout fait en *nombre, poids, & mesure*, & puisque *omnia seruiunt ei*, que vous auez eu cette cogitation de luy faire seruir les nombres. *Sap. 11.*

Souuenez-vous du grand sainct Augustin, qui repetoit tous les iours ces mots, *Nouerim te, nouerim me*, & s'il estoit aussi sçauant que pas vn de ces mocqueurs.

Et de S. François qui passoit tant de nuicts & iours à dire, *Quis es tu Domine Deus meus, quis sum ego puluis & vermiculus terræ?* Les boucquets n'en sont pas moins beaux, ny les guirlandes moins odorantes pour estre composées d'vne mesme sorte de fleurs.

O les belles fleurs, que celles du S. Rosaire, qui comprend en ses dizaines les principaux mysteres de nostre foy, fleurs qui ont fait mourir le

F

serpent de l'heresie Albigeoise, à force de saluër celle qui escrase la teste du serpent, & qui a tousiours surmonté les heresies. O Vierge, *benedicta tu in mulieribus, & benedictus fructus ventris tui, Iesus. Amē.*

III. *Et cum surrexisset ab oratione venit ad Discipulos suos.* O saincte charité, *que les eaux des angoisses ne peuuent esteindre*: vous estonnez-vous, Auditeurs, s'il a quitté le Ciel pour venir icy bas *prendre ses delices auec les enfans des hommes*, puis qu'il quitte *sa celeste conuersation*, pour les venir voir dormans.

Et possible, que ny les eslancemens de la mort, ny les douleurs extrémes, ny les extases d'vne feruente priere, n'ayent osté à *ce bon Pasteur* le souuenir de son troupeau qui sommeille.

S. Paul rauy au tiers Ciel, ne laisse *d'auoir vne solicitude continuelle de toutes les Eglises, & d'en faire instance quotidienne,* car celuy qui est en prelature, doit tousiours estre en solicitude.

S. Bernard sortant de Cleruaux, laissoit à la porte les contemplations de sa solitude, pour embrasser les tracas de la solicitude des affaires, pour faire la volonté de Dieu, laissant Rachel pour Lia, & Marie pour Marthe.

S. François consultant Dieu, s'il deuoit contempler ou agir, prier ou prescher, l'action luy fut commandée, aussi semble-il que cette vie soit son element, & l'aliment *de la vie du siecle futur*, la contemplation ; celle-là est conforme aux hommes, celle-cy tient de l'Ange.

S. Anthoine quitta-il pas le desert auec quantité d'autres Hermites, pour venir s'opposer à l'heresie d'Arrius? la necessité de l'Eglise leur faisoit quitter les cauernes & les Hermitages, par l'aduancement de la gloire de Dieu.

Genes. 3.

Cant. 7.

Prou. 8.

Coloss. 3.

Ioan. 10.

2. Cor. III.

Rom. 12.

Sainéte Claire qui ta-elle pas le Monastere pour venir deffendre sa ville, auec le S. Sacrement en main?

Sainéte Catherine de Sienne, combien a-elle fait de voyages contre sa profession & son sexe, pour œuurer tant de signalées actions, au bien de l'Eglise vniuerselle?

Nostre B. Mere Terese, combien de fois a-elle laissé la closture, pour aller bastir tant de Monasteres, pour reformer vn Ordre entier?

Ie vous veux dire vn trait de cette B. Vierge qui seruira à corriger les trop longues, & quelquefois impertinentes deuotions de tant de femmes qui pensent faire de grāds seruices à Dieu, de ne bouger tout le iour de l'Eglise, & cependant laissent là leur mesnage, & ne trauaillent point. Ses Superieurs luy auoient commandé d'écrire certains Traittez de l'Oraison, que i'admire tous les iours en les lisant, cepēdant elle se plaint de cela, cōme d'vne chose contraire à son humilité, & à son sexe, & principalement, dit-elle, de *ce que cela m'empesche de filer.* Voyez-vous cette braue fille si sçauāte és choses de l'esprit, prefere le filer à faire des liures si doctes & vtiles ; que direz-vous vous autres, qui n'auez vn grain de spiritualité, & dōt les longueries aux Eglises sont suiettes à tant de langueries & causeries? si vous voulez caqueter allez chez-vous, *En Ecclesiam Dei cōtennitis*, pour y faire vos entretiens? allez en vos mesnages, allez filer, *L'homme & la femme sont naiz pour le labeur, comme l'oyseau pour voler*; encores vne fois, principale- Iob 5. ment les iours œuurables, quand vous aurez entendu la saincte Messe, & prié deuotement,

F ij

allez en vos mesnages seruir vos marys, & vos enfans, allez filer, allez filer : la deuotion consiste à faire chacun *sa vacation* & son mestier, cette *obeyssance passera le sacrifice de vos loüanges, & de vos léures.*

IV.
Gen. 22.
Pater, si non potost hic calix transire, nisi bibam illum, fiat voluntas tua. Abraham sçachant la volonté de Dieu, va soudain sacrifier son fils, ô rare obeyssance !

En la vie des Peres, vn Religieux qui auoit esté marié au siecle, & ayant vn petit fils qui l'estoit venu voir, l'Abbé, pour l'esprouuer, luy ayant commandé, comme par jeu, de le jetter en vne fournaise de chaux, il l'y jette, & voila qu'il en fut retiré sain & sauf, enuironné de rosée : en ce Liure les miracles de l'obeyssance sont à tas.

O excellente resignation ! qui fais de nos cœurs comme de la paste, comme de la terre, comme de la cire mole, comme de l'eau qui s'accommode au vase où on la met.

Tu es cette reigle de perfection, à laquelle se doit adjuster comme à vne esquierre la pierre ondoyante de nostre volonté propre.

Tu es meilleure *que les victimes, car en elles on n'immole qu'vne chair estrangere, mais en toy on sacrifie son propre cœur.* C'est toy qui nous meines comme agneaux sans beeler, à tous supplices, les Martyrs

Cæduntur gladiis more bidentium,

Non murmur resonat, non querimonia.

Parce qu'ils estoient bien resignez, & nostre Roy glorieux des Martyrs, dit-il pas par toy, *Ecce ego in flagella paratus sum, & dolor meus in conspectu meo semper.*

Le martyre tuë le corps, mais la parfaite reſignation tuë l'ame, holocauſte tres-excellent.

En la vie des Peres, l'Abbé Pambo prefera-il pas ce Moine obeyſſant, à vn grand Abſtinent, à vn autre fort amy du ſilence, & à vn autre grand profeſſeur de pauureté? parce, dit il, que la propre volonté peut regner en toutes ces autres vertus, mais non auec la vraye reſignation.

C'eſt la pierre de touche du parfait Chreſtien, c'eſt la coupelle qui diſtingue le faux du vray or, *Heb. 4.* & qui *paruient iuſques à la diuiſion de l'ame & de l'eſprit, des moëlles des cartillages.*

Emmy toutes ces predications de la Paſſion, quand ie voy, cher peuple encores ſi plein de ta propre volonté, te confeſſant & communiant encores ſi peu, & neantmoins plorant quelquefois quand il plaiſt à N. S. donner en moy *à ſa voix quelque vertu*, & quelque fort mouuement à *Pſal. 28.* la piſcine de ma parole, tu me reſſembles à ces *& 67.* enfançons qui plorent voyans ſaigner leur *Papa*, mais pourtant ne voudroient pas luy bailler, ou le fruict ou le gaſteau qu'ils ont en main, vous larmoyez quand ie commence les douleurs de IESVS. Mais quand ie vous inuite de luy donner le morceau friand de voſtre cœur par la Confeſſion & la Communion, vous n'en voulez rien faire, *vſquequo vt paruuli diligitis infantiam?*

O larmes de Cocodrilles! qui auez des yeux pour plorer, non des langues pour vous accuſer de vos fautes.

Pour cloſture de cette reſignation, ie vous veux dire ce que ie liſois ces iours paſſez dans vn liure de deuotion, eſcrit par vn pere Capucin, vne ame

F iij

de grande oraison, & fort illuminée, apres auoir beaucoup prié N. S. de luy enseigner quelque oraison qui luy fust bien agreable, celle-cy luy fut en fin reuelée : *Iesus Amor, fiat voluntas tua*, hier côme ie ruminois là-dessus, ie pensay maintes choses que ie n'ay pas loisir de vous dire, ie vous aduertis seulement de repenser à ces mots, & vous en tirerez en grand suc, & si quelquefois en disant vostre *Pater*, apres, *adueniat regnum tuum*, vous disiez ces deux beaux mots, *Iesus Amor, fiat voluntas tua, sicut in cœlo, &c.* ie croy que cela vous donneroit (ah ! ie ne dis pas tousjours) mais quelquefois, des saincts mouuemens d'amour vers nostre benit IESVS.

Allez & colligez de cette trop longue traicte, 1. à prier Dieu auec vne grande humilité, suauité & confiance : *quia pater noster est*, priez Dieu pour N. S. P. le Pape, pour l'Eglise, & pour la conuersion des desuoyez : ne vous estonnez point quand vous serez esconduits, car vous ne sçauez pas les secrets de la diuine prouidence, 2. repetez souuent l'oraison Dominicale, & la Salutation Angelique, disans vostre Rosaire, Couronne ou Chappellet, 3. trauaillez apres auoir prié, *surgite post quam sederitis*, 4. soyez bien resignez à la volonté de Dieu. Helas ! quel mal nous sçauroit arriuer entre vos bras bien-heureux, ô cher Espoux !

II. IEVDY.

Sueur sanglante.

HOMELIE VIII.

T factus est in agonia sudor eius sicut gut- Luc. 22.
tæ sanguinis decurrentis in terram. Noſtre diſcours ſera de cette agonie &
ſueur de ſang, qui arriua à noſtre
Seigneur apres ſon oraiſon, où nous
verrons, 1. quelle fut cette agonie, 2. quelle cette extraordinaire ſueur, 3. les cauſes d'icelle, &
en 4. lieu nous chercherons des vaſes pour recueillir cette precieuſe liqueur.

C'eſt à ce poinct de la Paſſion de noſtre benit   I.
Sauueur, que le grand ſainct Charles Borromée
auoit vne deuotion particuliere & ſinguliere, &
i'ay eſté conſolé de lire en ſa vie, qu'il rendit ſa
bien-heureuſe ame à ſon Dieu, ayant les yeux
du corps fichez en vn tableau qui repreſentoit
cette agonie, & ceux de l'ame fixez en la profonde contemplation de cet excellent myſtere.

I'ay auſſi eſté conſolé de lire au miroir des
exemples, qu'vne bonne & ſaincte Abbeſſe, qui
auoit touſiours eſté fort deuote à la Paſſion de
I. C. expirant comme on la luy liſoit en l'agonie, alla droit en Paradis: bien-heureuſe lecture
qui ſert d'aiſles de Colombe, & d'Aigle, pour voler à Pſal. 54.
l'eternel repos.

Souuenez-vous, mes freres, en cette agonie de nostre mort, qu'il nous faudra tous subir, de prier nostre Seigneur, qu'il vous face misericorde, par le merite de la sienne.

O Dieu! mais quel enfant peut voir à paupieres seiches son pere agonisant! où il destourne ses yeux d'vn si piteux spectacle, ou s'il ne les destourne, ils sont noyez & aueuglez d'vn torrent de pleurs ; de quel air vous reciterois-je cette agonie de nostre Pere & nostre Espoux le bien-aymé IESVS, sans me resoudre en larmes? comme l'entendrez-vous sans vous suffoquer de pleurs? heureuse interruption, si mes sanglots entrecoupoient mes paroles, ou si les vostres surmontans ma voix, luy imposoient vn silence, pour mediter tacitement cette Arche, ce sainct des Saincts, qui sous la verge de la diuine Iustice pleut la manne de son sang.

Matth. 15. La Chananée en l'Euangile de ce iour creue de douleur, voyant les vexations de sa fille ; & que ferons-nous contemplans l'agonie de nostre doux Agneau?

O pecheurs, *Recogitate eum qui talem sustinuit* *Hebr. 12.* *pro peccatoribus aduersus semetipsum cōtradictionem.*

Car qu'est-ce qu'agonie, mes amis, sinon vne luitte, vn estrif, vn conflict de l'esprit & de la chair ? ce mot est metaphorique, tiré de ces Athletes, *qui in agone contendunt, omnis qui in agone* *2. Cor. 5.* *est,* dit l'Apostre, *ab omnibus se abstinet, &c.* & ce mot ordinairement exprime le dernier combat qui se fait és dernieres cōuulsions de la fin de nostre vie, où il semble que nostre corps Esau, combatte contre Iacob, nostre esprit, pour empescher ce destachement qu'il a tant en horreur, & cette priuation qui le doit rendre *heritier des* *Serpens, des bestes & des vers*, & vn tronc, poids inutile de la terre : ô quelles tranchées la pauure Rebecca, nostre chair, sent en ce part, & partir de nostre ame hors nostre corps, pendant sa forme viuifiante ! Eccl. 10.

Gen. 3.

Cela me fait souuenir de la luitte de Iacob, qui tout estropié ne vouloit point lascher l'Ange, bien que *l'Aurore le pressant de partir, estriuant auec Dieu*, dit le texte; telle est l'agonie de ceux qui ont tant de regret à mourir, *& qui ont la mort à contre-cœur, ayans paix en leurs richesses*. Gen. 32.

Eccl. 41.

La chair cruë se destache malaisément des os, non la bien cuitte, *mortifions bien auec nostre esprit nos membres & nostre chair*, & nous mourrons plus aysément, c'est donc l'agonie, le destachement & separation violente de l'ame & du corps, & vn d'esgainer d'espée qui tranche le fil de nos iours. Coloss. 13.

Cette agonie corporelle me fait recorder de la spirituelle, laquelle est d'vn tranchant si delicat qu'elle sepáre, dit sainct Paul, *l'esprit de l'ame, & diuise les moëlles des cartilages* : ô que ce pecheur par la penitence sent de grandes conuulsions en son esprit, telles que sainct Augustin les despeint en soy en ses Confessions, c'est là ce conflict de l'Apostre, quand *caro militat aduersus spiritum, & spiritus aduersus carnem*, qui forment cette loy *des membres repugnante à celle de l'esprit* ; merueilleuses tranchées, l'esprit auec son aisle isnelle cherche les choses d'enhaut, *& veut la conuersation du Ciel*, le corps auec son faix pesant, *le raualle contre terre*, Heb. 4.

Rom.

Coloss. 3.

pour y chercher *les concupiscences, la raison veut dominer l'appetit selon la loy de Dieu*, l'appetit se reuolte contre la raison, souslevé par *le Prince des tenebres*, vray tiraillement de l'entée. O quelle agonie !

C'est la nostre, mes freres, quand nous voulons *mourir au monde pour viure spirituellement à* Iesvs, mais non de celle que ressent à cette heure nostre benit Sauueur, qui est celle de la mort corporelle, *dont les douleurs l'assaillent.*

Psal. 17.

Ou si vous voulez spiritualiser, celle de l'amour, qui luittant auec luy de toute eternité, *charitate perpetua dilexit nos*, l'ayant ja porté du Ciel en terre, le vouloit encores terrasser de la terre aux lymbes pour la deliurance des Peres souspirans sa venuë. Voyla ce poudreux Athlete contre terre au champ des Oliuiers, qui n'estant qu'aux premieres prises suë desia le sang & l'eau. Ainsi l'Amour le porte à la mort, amour qui est vne transanimation, comme la mort vne inanimation. Amour, & excez, & accez, la mort decez; amour eleuement de l'ame du corps, la mort separation de l'ame du corps; l'amour dormir, la mort repos; l'amour playe du corps, la mort du corps; & l'amour & la mort conjoints ensemble pressent le cœur & le corps de nostre doux Espoux.

II.

Et en espreignent cette sueur sanglante qu'il nous faut visiter de plus prés. O sainct Amant vous pouuez bien dire comme en vostre Epithalame, *Venez Aquilons, soufflez puissamment, & poussez vos impetueuses halenées sur mon iardin, afin que mes aromates espandent leur odeur*, ce ne sont point

Cant. 4.

les Zephirs delicats ny les aures legeres des tendresses, mais bien les violents Borrées des tristesses qui expriment ce beau sang de tout le corps de nostre cher IESVS, *plus odorant que tous les parfums* de l'Heureuse Arabie.

Voicy, mes freres, que ce bel *arbre de vie distille la myrrhe premiere*, la seconde sera tirée par force auec les esgratignemens des fouets. — Cant. 3.

Voicy la mere goutte de son pur sang, voicy la premiere huile de cette *oliue specieuse*. Voicy la premiere fleur de la farine de ce *froment esleu*, mais tout vermoulu & escrasé de douleur, c'est la graisse de ce froment : sus que *adipe & pinguedine repleatur anima nostra*. — Eccl. 24. — Psal. 63.

Voicy ce pauure homme, *dont les vestements sont rouges, comme de ceux qui foulent au pressoir*. Helas! *torcular calcauit solus*, est-il pas seul en cette destresse, n'ayant personne qui l'essuye?

Le voyla *escoulé comme l'eau, & ses os tous dispersez & disloquez, son ame est liquefiée*, ô la mienne miserable que ne s'escoule-elle en ce bon Dieu, du moins ô mereseux, que ne meslez-vous vos pleurs auec ce beau sang, qui decoule de tous les pores du corps de mon maistre? — Psal. 21.

On dit que le grand Alexandre estoit si bien composé, que sa sueur sentoit bon, & que sera-ce de celle de IESVS? oyez ce qu'en dit Isaac en esprit prophetique, *ecce odor filij mei sicut odor agri, pleni cui benedixit Dominus, odor vestimentorum eius super omnia aromata, genæ illius sicut areolæ aromatum consitæ à pigmentariis*. — Gen. 27. — Cant. 4.

Que si la rosée des Isles fortunées est odorante, tombant sur tant de fleurs odoriferantes qui y sont, que dirons-nous de cette rosée de sang au pied de ces Oliuiers ?

Gen. 7.

Voicy *les cataractes du Ciel, & les fontaines des abysmes de Iesus,* Dieu & homme, qui nous debondent vn deluge de sang pour nettoyer le monde de pechez.

Voicy le flux & le reflux de l'Ocean de ses misericordes.

Voicy, Messieurs de Belley, nostre fontaine de merueille, voisine de nostre grand lac du Bourget, qui a ses inondations & ses retiremens à diuerses reprises, mais voyez cõment elle d'esgorge maintenant par autant d'embouchures qu'il y a de pores au precieux Corps de nostre benit Sauueur. O beau Nil, venez noyer l'Egypte de mes pechez.

Thr. 3.

Exod. 7.

Quand la tempeste est bien grande, la mer ne se peut tenir qu'elle ne lance ses flots par delà ses riuages : ô que l'orage est grand dans le cœur de IESVS, puis que le sang inonde tout son corps, *sa douleur est plus grande que la mer*, car s'il eust peu verser autant de sang de son corps, qu'infinie estoit l'angoisse de son cœur, il eust, comme iadis l'Egypte, remply tout l'vniuers de sang.

C'est maintenant que nostre Espoux pare ilà ces sœurs fabuleuses plore & suë l'ambre, maintenant :

—— *Duræ quercus desudant roscida mella.*

Car *de petra, melle saturat nos,* luy qui est vn chesne de fermeté, & vne pierre de constance.

Gen. 2.
Ioan. 4.

O nouuel Adam, c'est maintenant que vous *mangez vostre pain & vostre viande,* qui n'est autre que de *faire la volonté de vostre Pere,* en la sueur noude *voſtre face* ſeulement, mais de tout voſtre corps, mais ſueur ſanglante & exorbitante.

Beau ſang, plus doux que celuy du iuſte Abel qui vous preſignifioit : celuy-là crioit vengeance *au Ciel*, mais le voſtre *crie & impetre des miſericordes. Redemiſti nos Domine Ieſu in ſanguine tuo, apud te miſericordia & copioſa redemptio.* Geneſ. 4.

Ouy copieuſe, car il n'a pas verſé ſeulement tout le ſang, mais iuſques à l'eau ou ceruſe qui vient apres le ſang : ô que cette ſueur accuſera vn iour nos pareſſes & fetardiſes, nous qui ne voudrions pas perdre vn poinct de nos ayſes pour le ſeruice du bon IESVS, & qui n'y auons encores pas *perſiſté iuſques au ſang*. Hebr. 12.

Saincte Lutgarde Vierge Religieuſe, fut vn iour ſur le poinct d'aller à Matines, ſurpriſe d'vne ſueur extraordinaire, & comme elle feignoit de ſe leuer pour aller au Chœur, de peur de preiudicier à ſa ſanté, noſtre Seigneur luy apparut ſuant le ſang & l'eau, qui luy reprochant ſon peu de courage, luy dit, Que tout trempé dans ſon ſang, il n'auoit pas laiſſé d'aller pour elle au Caluaire : comme l'Eſpouſe du Cantique, elle bondit du lict pour ſuiure cet Eſpoux, *diſtillant la roſée des graces*, elle le retreuue à la porte de l'Egliſe, portant ſa Croix, bien plus enſanglanté : ô quels eſperons pour des ames pareſſeuſes! Cant. 5.

Mais quelles peuuent eſtre les cauſes de cette ſurnaturelle liquefaction? laquelle III.

Nec primam ſimilem viſa eſt, nec habere ſequentem.

Car ny les ſiecles precedens auoient oncques veu, ou entendu vne ſueur tant extraordinaire, ny les ſubſequentes en ont iamais ouy parler, les contemplatifs en forment plusieurs, entre lesquelles i'ay trié ces six suiuantes.

La 1. l'exorbitante feruerur de son oraison qui l'auoit tant enflambé, pouuant dire *in meditatione mea exardescit ignis*, son interieur estoit vn moulin qui s'estoit embrasé par la collision des meules de ses pensées, rendant son cœur *contrit & humilié*.

Que si les baings chauds font suer naturellement, vous estonnez-vous si ce *baptesme de sang* qu'il alloit subir, le fait suer surnaturellement?

Luc. 12.

Nostre texte exprime cette ebullition, non par le mot de *Sanguinis fluentis*, mais *decurrentis super terram*, comme d'vn torrent qui se bour-souf-flant contre ses digues, roule, non coule sur la campagne, & croulle par l'impetuosité de son eau les arbres plus puissans. Voicy ce *fluminis impetus qui lætificat ciuitatem Dei*.

Nous lisons és vies des deuots, que souuent en leurs meditations extatiques, ils ont esté enleuez de terre, comme la Magdaleine, sainct François, SS. Catherine de Sienne & de Gennes, le B. Ignace, le B. Philippe Neri fondateur de la Congregation de l'Oratoire, & quoy tant d'autres? c'estoit la vehemence de leur esprit, qui reprenant son centre là haut, tiroit par force le corps du sien, qui est la terre, ainsi est-il escrit de ces bien-heureux en la resurrection, que *rapientur cum Christo in aëra*.

Ainsi voyez-vous que la fusée à qui on baille le feu, s'esleue iusques dedans la nuée.

Ainsi l'aymant esleue le fer.

Ainsi le ray solaire esleue la vapeur de terre,

L'escriture appelle cela, *eleuare se supra se.*

Quoy, *si corpus quod corrumpitur aggrauat ani-* *Thr. 3.* *mam, & terrena inhabitatio deprimit sensum multa* *Sap. 9.* *cogitantem,* pourquoy ne pourra-il pas aussi arriuer que l'esprit esleue le corps, comme nous lisons au rauissement de sainct Paul : & si *1. Cor. 12.* cette esleuation surnaturelle se peut faire par la ferueur d'vne vehemente priere, pensons-nous que cette mesme n'auroit pas peu faire cette espreinte de sueur sanglante au corps de nostre Seigneur?

La 2. cause ie l'attribuerois à vne extréme deffaillance & debilité: le voila, *positis genibus,* puis *procidens in faciem suam,* maintenant *factus est sudor eius sicut guttæ sanguinis decurrentis in terram.* Vous estes donc debile, ô la force des foibles! ô robuste Sanson, qu'est deuenuë vostre incroyable force, où sont ces *trois doigts qui balancent la terre, & qui croulent la machine de l'vniuers?* ô la force de Dieu! ô main forte! ô bras puissant, qu'estes-vous deuenu! *O Tour de Dauid, d'où pend & dépend toute l'armure des forts,* qui vous a ainsi desarmé?

O nouuel Adam, tandis que vous dormez és extases de vos contemplations, on vous oste la coste de vostre force pour en former vostre Espouse l'Eglise, qui fait aller ioyeux & allegres ses martyrs dans les feux, & les flammes, aux roües, aux glaiues & aux gibets; vostre foiblesse est nostre force, vostre debilité nostre vigueur, comme vostre *pauureté, nostre richesse, vostre ignominie nostre gloire,* vos peines nostre rachapt: *Dominus fortitudo mea, & firmamentum meum & liberator meus.*

Helas ! comment est-ce que *vostre vertu* (c'est à dire vostre force) *vous a laissé, & la lumiere de vos beaux yeux s'est ternie?* quis similis tui in fortibus Domine ? & maintenant, *cor tuum & caro tua defecerunt in Deum tuum, defecerunt oculi tui dicentes, quando consolaberis me ? & factus es sicut vter in pruina.*

Psal. 37.
Psal. 83.
Psal. 118.

Cette grande debilité luy donne cette grande sueur, symptome que nous ressentons communément en nos deffaillances ordinaires.

La 3. cause, ie la donne à vostre violente fiéure de peur & d'amour, deux passions que les Medecins aduoüent estre capables de donner la fiéure : de celle-cy l'exemple en est exprez és fiéureux, accez de Demetrius feru de l'amour de Stratonice en Plutarque.

De l'autre le mot en est si vulgaire, que pour dire, faire peur, on dit quelquesfois, donner la fiéure à quelqu'vn.

Or nostre Seigneur auoit cette double fiéure, se faut-il donc estonner si vne fiéure extraordinaire repousse vne sueur non iamais ouye, ny leuë, ny veuë ?

La 4. cause pourroit estre tirée de son extréme & incomparable douleur, *qui n'a point eu sa semblable*, dit le Prophete, non plus que sa sueur : que si les violentes tranchées d'vne verte colique, ou les vehementes poinctes d'vne sensible goutte, font souuent monter la sueur au front, comment ne tressuëra nostre Seigneur aux viues apprehensions de tant de violences, qui le vont accabler ?

Tract. I.

Niobé, dit la fable, fut empierrée voyant mourir

mourir ses enfans, & ce roc encores poussa-il des larmes. Voicy la pierre viue, qui touchée de la verge de Dieu fluë *de viues eaux*, & ces eaux se tournent en sang, somme qu'il suë & du sang & de l'eau. Belle eau de roche, dans ton cristal que ie voy clairement mes difformitez. *Psal. 77.*

Car c'est l'horreur de mes pechez, *& de ceux de tout le monde*, (5. Cause) qui fait ainsi suer nostre doux Agneau; quel horreur à l'innocent de se voir vestu des habits d'vn brigand! que si Iacob craignoit la malediction *au lieu de la benediction*, couuert des peaux de Cheureau, que sa mere luy auoit imposées, comment doit redouter les foudres de la Iustice du Pere, ce Fils, *trauesti en serf, & ayant pris la forme & semblance du pecheur?* *Gen. 27.* *Phil. 2.*

Mes freres, si on conte que le regard de la Gorgone ou Meduse stupefioit & empierroit les hommes, ie vous declare qu'il n'y a mort, il n'y a enfer, il n'y a diable plus laid, plus horrible, plus espouuentable que le peché mortel, car il est cause dont toutes ces horreurs ne sont que les tristes effets: ô quelle ame souffrira donc iamais dedans soy vne difformité si desagreable à son Dieu! & vous estonnez-vous maintenant si IESVS CHRIST suë le sang, se voyant en teste tous les pechez faits & à faire? ô horreur des horreurs!

La 6. cause est le poids insupportable, *sous lequel ce Geant gemit comme sous plusieurs eaux*, ouy ce Geant qui a couru si alaigrement sa voye, *depuis le haut du Ciel iusques en terre, sortant comme vn Espoux de son lict nuptial*, le sang Virginal de sa Mere, *Iob. 26.* *Psal. 18.*

G

Decurrentis super terram. O Dieu quelle pitié de voir espancher à terre vne liqueur si precieuse, dont vne goutte peut guerir & rachepter les pechez de dix milles mondes.

Aux vases, mes amis, aux cruches de Porcelaine, aux phioles de cristal, aux plats d'or & d'argent, voire de diamant & de topase. Ce sont vos cœurs que ie vous demande, bien que de terre, *vasa lutea*, pourueu qu'elle soit nette il n'importe, ie ne lairray de le verser dedans, *effundite coram illo corda vestra*, *ponite corda vestra in virtute*, & ie dy, *in sanguine eius*.

Mais rincez-les, lauez-les auec l'hyssope de la penitence, auec les eaux cordiales de vos pleurs, *expurgate vetus fermentum*, nettoyez ces petits vinaigriers de toutes rancunes pour y mettre cette douce liqueur. Vuidez-les de toutes les affections terrestres pour y infondre cet huile celeste, qui se multipliera à l'infiny, *à fructu frumenti, vini & olei sui multiplicantur fideles*.

Saincte Potentiane auec vne esponge, recueilloit le sang des Martyrs, ô que nostre cœur est spongieux! pressons-le, & le suppurons de ses mauuaises humeurs, & faisons-luy boire ce beau Sang de nostre Seigneur qui va coulant, ains courans à gros rendons par la terre.

Mon doux Espoux, vous baisez la terre, qui est l'escabeau de mes pieds, & pourquoy ne la baiseray-je pas estant arrosée de vostre sang? lechons-la, mon ame, essuyons-la de nos leures, mordons-la de nos dents; brouttez, cheres oüailles, ces herbes tendres du mont des Oliuiers, arrosées de cette diuine, & vrayement celeste liqueur.

Arrosez, ô beau Sang, les parterres du jardin de mon ame, donnez la teinture aux fleurs de mes desirs, auec autant de verité que les anciens ont attribué auec vanité, le vermeil des roses au sang d'vne fausse diuinité.

La vigne meurt arrosée de son vin, que ie meu-re à vous, ô IESVS *ma vie!* & tronc sacré, dont ie suis le pampre baigné dans vostre Sang, meilleur mille fois *que le vin de fiel & d'amertume* du monde *peruers & maling.* *Ioan. 15. Deut. 32.*

La rosée de Calabre c'est de la manne, c'est vne manne *cachée,* que cette rosée rouge du jardin des Oliuiers.

Mais las ! comme le sang ne penetre point la terre grasse, sinon qu'il soit deslayé auec de l'eau, ou auec sa propre ceruse ; eau & sang de mon Maistre, meslez-vous auec mes pleurs, pour profonder entierement dans la graisse de mon cœur terrestre.

Mais pluftost toy cœur gras de delices, amai-gris-toy par l'abstinence, & reduit en cendres au feu d'vn tel amour, comme les cendres boiuent le sang, va beuuant celuy de IESVS CHRIST, qui se pert sur la terre.

Mere dolente, où estes-vous en cette perte de sang, vous qui comme vne chaste Phœdra, auez essuyé tant de fois le corps tout baigné de sueur de ce tres-chaste Hyppolite.

Vous souuenez-vous, Auditeurs, quand tout las de la chasse des ames, *sedebat sic super fontem,* pour conuertir vne Samaritaine.

O penitente Marie, ô amante desesperée ! où estois-tu pour reserrer dans tes boëttes d'ala- *Matt. 26.*

baftre ce beau Sang, incomparablement plus precieux que tes parfums, te paye-il auec vfure tes charitez *sepulchrales*?

Pfal. 132. Voy comme cet vnguent d'Aaron *decoule depuis son chef en sa barbe, & de là iusques à l'extremit[é] de ses vestemens.*

Beau Sang foyez, *non super nos, sed infra nos* non fur nous à noftre condamnation, mais dedan[s] nous, comme le germe de noftre beatitude, ain[si] l'auez-vous dit, ô doux IESVS! *qui biberit meu[m] sanguinem habebit vitam in se, & vitam æternam, [&] ego resuscitabo eum in nouissimo die.*

O beau Sang! dont vne feule goutte prepon-
Difcip. in dera non les pechez d'vn Religieux, & difcol[e]
Mirac. B. feulement, comme il se lit plus amplement é[s]
Mariæ miracles de la Vierge, mais ceux de tout le mon-
Virg. Ex. de: helas! donnez-moy donc la milliefme par-
50. tie d'vne gouttelette, & ie feray content.

Recueillez de ce difcours, mes bien-aymez 1. à vous fouuenir de l'agonie de IESVS, & de l[a] voftre future; 2. à aymer ce beau Sang qui v[a] decoulant extraordinairement, pour eftanche[r] voftre foif fpirituelle, fi vous voulez communie[r] fouuent; 3. à admirer les caufes de cette efprein[c]te: mais 4. ie vous conjure par le Sang de IESVS l'amour du Ciel & de la terre, de ne laiffer poin[t] tomber à terre ce Sang que ie vous viens d[e] prefcher, mais de le conferuer foigneufement e[n] vos cœurs, qu'il viue en eux, & vous viurez en luy Amen.

de nostre Seigneur. 101

II. VENDREDY.

Consolation de l'Ange.

HOMELIE IX.

APparvit *illi Angelus de Cœlo* Luc. 22. *confortans eum.*

Cette Angelique consolation me preste l'occurrence, mes tres-aymez, de vous inspirer vne deuotion que i'ay en speciale reuerence, qui est celle des saincts Anges. Nostre S. P. le Pape y est fort deuot, & a depuis peu approuué l'Office de l'Ange Gardien, qu'il a fait dresser par le docte & pieux Cardinal Bellarmin, comme i'ay appris en ce mien voyage de Rome. Or cette matiere estant fort diffuse, pour ne m'esloigner point des termes de nostre Texte, i'ay consideré sur cet Ange consolant N. S. 1. que les saincts Anges portent nos prieres au Ciel, & nous rapportent les diuines graces, 2. qu'ils nous consolent en nos destresses, 3. dirigent en cette vie, & 4. secourent en nostre mort, qui sont les offices que rend maintenant ce bel Ange à nostre benist Sauueur.

Ie pose pour fondement indubitable en nostre creance, mes tres-aymez, ce que les Errans nous controuersent auec toute injustice, que chacun a son Ange Gardien, ie dy tant le fidele

1.

G iij

que l'infidele, tant le déuoyé que le Catholique : Helas ! beaux Esprits, que vos seruices sont mal recogneus par ces gens qui nient vostre assistance, *esquels toute la raison de croire, est celle de voir*, en cela plus aueugles que les Payens, qui ont creu cette verité sous la vanité des Genies & Lares.

Ie pose pour seconde base que N. S. seul entre tous les humains, n'a eu que faire d'Ange Gardien, ayant esté non seulement viateur, mais encores comprehenseur, dés l'instant de sa sacrée Conception, il estoit le Roy de la gloire des Anges, Tout-puissant, & sans necessité de leur ayde, aussi au combat du desert, ils le laisserent vaincre seul, apres ils luy allerent congratuler de son triomphe.

Et ce que nostre Texte nous represente de la Consolation de l'Ange, n'est pas qu'il en eust affaire, mais c'est 1. pour nous enseigner l'affection de ce bien-heureux Esprit vers son Maistre, 2. pour nous monstrer que n'ayant pas desdaigné en sa vie les seruices de sa beniste Mere, de sainct Ioseph, de Marthe, de Magdeleine, & de ses Apostres, il ne vouloit pas rejetter (estant esloigné en cette deffaillance de tout secours humain) l'humble assistance de ce bien-heureux Esprit, compatissant à ses langueurs, & 3. pour nous apprendre quand toute ayde des hommes nous defaudra, d'esperer encore aux saincts Anges.

Nostre Redempteur donc excepté, toutes les autres personnes ont eu des Anges tutelaires, voire & la saincte Vierge, la plus excellente de

toutes les creatures, en a eu plusieurs, aussi est- *Cant. 3.*
elle *ce lict de Salomon, enuironné de soixante braues
des plus forts d'Israël* : Ainsi les Apostres, ainsi
tous les humains, voire & plus grandes sont les
fonctions de la charge de chacun, plus grands
sont les Anges qui l'assistent, les Roys & les Prelats ont pour cela *des Anges de grand conseil*.

Voire & nostre Seigneur a esté accompagné
de plusieurs, non par besoin, mais pour la reue- *1. Petr. 1.*
rence de sa dignité, & l'amour de *son beau visage,
que ces célestes Esprits desirent sans cesse de remirer &
admirer* : Ainsi dit-il à S. Pierre, qu'il estoit au
pouuoir de son Pere *de luy mander plusieurs le-* *Matth. 26.*
gions d'Anges s'il en eust eu besoin.

Mais regardons leur premier office, qui est, de
porter nos prieres à Dieu. L'exemple en est
clair, en cette mystyque eschelle de Iacob, où les
Anges montoient, portans à Dieu ses souspirs,
& luy rapportans ses graces.

C'est moy, disoit Raphaël à Tobie, *qui presentois* *Iob 12.*
ton Oraison à Dieu, quand tu ensseueliſſois les morts.

Dauid ayant ploré son peché, fait penitence, & *2. Reg. 24.*
prié, voila pas qu'vn Ange luy rapporte le pardon de la coulpe, & le choix de la peine ?

Fut-ce pas vn Ange qui porta au Ciel les de-
sirs de Zacharie, & qui luy rapporta *en la corne de* *Luc. 1.*
l'Autel, l'entherinement de sa requeste, luy pre-
disant la naissance de S. Iean Baptiste, qu'il appella *Ange, Precurseur du Messie*,& qui le punit de
silence pour son incredulité ?

N'est-ce pas vn Ange en l'Apocalypse, qui *Apoc. 8.*
auec des encens presente à Dieu les Oraisons des Saincts ?

G iiij

Ils portent donc à Dieu nos Oraisons, & nous rapportent ses misericordes, *Benedictus Deus qui non amouit orationem meam, & misericordiam suam à me*: Ils luy portent nos pleurs, & nous rapportent ses faueurs, dit le deuot & Angelique S. Bernard.

Serm. 1. de Ang.

Ils nous enseignent à faire la volonté de Dieu, & Inclinent Dieu à faire la nostre, ouy dea! *Dominus voluntatem timentium se faciet, & deprecationem eorum exaudiet, & saluos faciet eos.* Ainsi fit-il celle d'Ezechias, en luy prolongeant ses iours.

4. Reg. 20.

O beaux Anges! que vous estes prompts, & prests à nous rendre ce bon office. Fideles truchemens, & mediateurs entre Dieu & nous, combien estes-vous diligens, vigilans, & legers? qui pourroit exprimer vostre vistesse? si nous la considerons en cette admirable rapidité de l'intelligence du premier mobile, nous la treuuerons presque inimaginable.

Vous sçauez si bien dresser par vostre entregent les plats & les mets de nos froides & indeuotes prieres, qu'encores vous les rendez acceptables, & quelquefois entherinables, vous les cuisez au feu de vostre charité, afin qu'elles ne soient si cruës, *Mittit Angelos suos spiritus, & ministros suos ignem vrentem.*

Cede icy le vain Mercure des Poëtes, auec ses talons aislez; mais que nous apprend son fabuleux Caducée, sinon que comme par sa verge il concilia deux serpens! vous autres, ô Anges, reconciliez ces deux serpens, l'vn l'homme, *vermem terræ*, & l'autre Dieu, representé en son eternité, és Hierogliphes des Egyptiens, par le rond d'vn serpent mordant sa queuë.

de nostre Seigneur. 105

Le B. Cassian en ses Conferences, rapporte la vision d'vn bon Religieux, qui vid comme l'Ange presentoit l'Hostie à Dieu, le Prestre en la saincte Messe proferant ces mots du Canon, *Iube hæc perferri per manus sancti Angeli tui in sublime altare tuum, &c.*

Maintenant voyez que fait nostre Ange, il porte au Pere cette Oraison de nostre Seigneur, *Pater non mea, sed tua voluntas fiat,* & il rapporte au Fils cet entherinement, *Fili non tua, sed mea voluntas fiat,* adjoustant, peut-estre, ces mots du Prophete Isaye, parlant à l'ame beniste de N. S. *Isa. 62.* *Non vocaberis vltra terra derelicta, sed vocaberis voluntas mea in ea, quia complacuit Domino in te.* Ie laisse le reste de ses consolations à vos pensées, car il faudroit la *langue de feu, & la parole ignée* de *Act. 1.* cet Ange, pour vous dire ce que son zele representa à nostre Sauueur. *Psal. 11.*

Au moins apprenez de ce 1 poinct, au bout de vos prieres, d'en recommander tousiours le port à vostre bon Ange, par quelque petit mot de faueur & de ferueur: Va mon bel Ange, porte cette Couronne à la Vierge, ce Rosaire; à mon Dieu ce Pseaume, à sa gloire ces Litanies, à ses Saincts recommande ma pauure ame, à sa misericorde impetres-moy ses graces, presente-luy ce mien sacrifice de cœur contrit, & de loüange. Et *vitulum labiorum meorum.* Lors, *audi tui cius dabimus* *Osea 14.* *gaudium & lætitiam.* *Psal. 50.*

Voyons maintenant comme ces beaux Anges II. tutelaires nous consolent en nos afflictions, *Et apparuit Angelus de Cælo cōfortans eum.* Les exemples en sont à tas ; ceux-cy suffiront, de nostre

Seigneur, en cette agonie, & lors qu'il fut consolé au desert apres la tentation, *Et Angeli ministrabant ei.*

Sainct Anthoine, ce puissant Athlete, apres auoir beaucoup luitté auec les demons, estoit reconforté par les Anges.

Le B. Iacques l'Alemand, de l'Ordre de S. Dominique, estoit ordinairement en ses Oraisons agité de distractions, voire quelquefois excedé de coups par Sathan, puis apres il estoit encouragé par son bon Ange, qui luy chantoit ce motet de Dauid, *Expecta Dominum, viriliter age, confortetur cor tuum, & sustine Dominum.*

Psal. 26.

S. Iob playé par Sathan, par permission diuine, pensez-vous qu'autres que les Anges missent la main à sa guerison?

Gen. 21. Qui consola Agar presque desesperée dans le desert, sinon vn Ange?

I'ay esté consolé vous preschant des Anges, de rencontrer en celebrant la saincte Messe, que c'estoit l'Ange en l'Euangile, qui remuant l'eau de la probatique Piscine, luy communiquoit la vertu de guerir toutes maladies, & pensez-vous que les consolatiues inspirations des Anges n'ayent pas pareil pouuoir d'adoucir les douleurs de nostre interieur?

Ioan. 5.

Ouy, mes freres, consolez-vous en vos afflictions, car *si vous n'auez point d'homme qui vous console*, Dieu enuoyera plustost vn Ange des Cieux, pour vous rendre ce pieux office, si vous luy demandez de bon cœur ce secours, ains luy mesme sera vostre homme, qui vous sçaura bien guerir sans la Piscine, ou du moins qui vous plongera dans la Piscine de son sang, fluant par les cinq porches de ses playes.

O que c'est vne vertu vrayement Angelique, de consoler les pauures affligez en leur affliction, vrays membres du douloureux IESVS: Ainsi l'Ange consola-il sainct Pierre en la prison, voire l'en libera: ainsi consola-il Daniel en la fosse aux Lyons.

Ainsi sainct François allangoury de maladie, fut remis en santé par la musique d'vn Ange.

Et le B. Ignace en ses langueurs à Manrese, estoit souuent assisté des saincts Anges.

Et la B. Catherine de Gennes, en ses incomparables ferueurs, qui luy donnoient des deffaillances & pasmoisons, estoit consolée & confortée par les Anges. Le mesme se lit de saincte Catherine de Sienne.

Vn iour saincte Aldegonde estant troublée de quelque bruit qui couroit preiudiciable à son honneur, elle fut resoluë par son bon Ange d'endurer cet opprobre, pour l'amour de celuy qui pour elle auoit souffert tant d'ignominies, & qui *cum iniquis reputatus*, auoit esté pendu au milieu des larrons.

O celestes Samaritains, qui gueriссez auec *Luc. 10* l'huile & le vin de vostre douce consolation les ames outrées de douleur.

Voyez comme celuy de nostre Texte fait tous ses efforts pour consoler son bon Maistre Nostre Seigneur, luy remonstrant sa charité & resolution eternelle & immuable.

—— *Graue & immutabile sanctis*

Pondus inest verbis, & vocem facta sequuntur.

Que n'estois-je là proche auec ma plume, pour escrire ses Angeliques encouragemens! Souuenez-vous donc, mes tres-aymez, en vos destresses d'implorer l'ayde de ces bien-heureux Esprits, vne de leurs inspirations, comme vne goutte d'huile celeste, calmera tous les orages de vostre interieur.

De là portons-nous à considerer leur soin amoureux, *à diriger nos pas aux sentiers de Dieu* en ce mortel pelerinage. Le texte y est formel, *quoniam Angelis suis Deus mandauit de te, vt custodiant te in omnibus viis tuis, in manibus portabunt te, &c.* Les exemples en regorgent.

Psal. 118.

Le ieune Tobie est-il pas conduit & ramené sain & sauf de Rages par le ministere de Raphaël?

Tob. 3.

Elie n'est-il pas conduit par le desert en Oreb par vn Ange qui luy fournit de viures, & liberé des pattes de cette impie tyranne alterée de son sang?

3. Reg. 19.

Iacob n'est-il pas conduit en Mesopotamie par vn autre qui le *deliura de tous maux*, & des furieuses mains de son frere Esau, qui le vouloit mettre à mort?

Gen. 48.

N'est-il pas ramené par cet autre auec lequel il luitta, & qui luy imposa le nom *d'Israël*?

N'estoit-ce pas vn Ange qui conduisoit tout le peuple hors de l'Egypte, luy portant, comme vn Page, au deuant le flambeau de cette colonne de feu qui le precedoit?

N'estoit-ce pas vn Ange qui rouloit cette comette deuant les Mages qui venoient d'Orient pour adorer nostre Seigneur en l'estable de Bethlehem?

Sainct Onuphre parmy les deserts & solitudes plus effroyables estoit conduit visiblement par son Ange, qui luy estoit *iucundus comes in via*: ô qu'il pouuoit bien dire mieux que Scipion, qu'il n'estoit *iamais moins seul que quand il estoit seul*. C'est en la solitude que ces celestes Esprits *parlent priuément à nos cœurs*. O mon bel Ange, mon frere, qui *succez si tendrement les mammelles de la beatitude, qui me donrra que ie vous treuue à l'escart, & que ie vous embrasse, & que ie vous donne mon cœur* pour le porter à mon IESVS, cher compagnon de mon pelerinage, hé! ne m'abandonnez *en ce mauuais temps*, en cette vie si pleine de miseres, en ce monde *si plein de lacqs, & d'embusches*. Domine, dit l'Eglise, *mittere dignare sanctum Angelum tuum de cœlis qui nos foueat, protegat, visitet atque defendat*.

Cant. 7.

La B. S. Françoise Romaine, canonisée par N. S. Pere à present seant en la Chaire de S. Pierre, a esté toute sa vie conduitte visiblement par son Ange tutelaire.

S. Cicile de mesme auoit donné sa virginité en garde au sien, qui la conseruoit *jalousement*; elle obtint cette faueur de Dieu de le faire voir à Valerian, qui se conuertit aussi-tost, & fut martyr.

La B. Ieanne d'Orniette, du tiers Ordre de S. Dominique, laissée orpheline de sa mere à deux ans, de son pere à cinq, fut en la tutelle de son bon Ange, qu'elle disoit à ses compagnes luy seruir de pere & de mere, *tibi derelictus est pauper, orphano tu eris adiutor*.

Qui ne sçait comme le B. Stanislas Kostka Polonois de grande maison, nouice en la S. Compagnie de IESVS, fut communié par les Anges.

O que grande estoit la deuotion du B. Louys Gonzague, Prince de la maison de Mantoüe, Religieux de cette mesme compagnie enuers les Anges, la meditation qu'il y en a faite monstre bien quelle familiarité il auoit auec eux.

Diray-je la grande assistance que le B. Pierre Faure Sauoysien, nay dans ce prochain Diocese de Geneue, premier Prestre, premier Predicateur, & premier Compagnon du B. Ignace, Fondateur de cette grande Compagnie, confessoit receuoir en ses voyages parmy les heretiques des saincts Anges de ceux auec qui il traittoit pour se rendre leurs ames plus maniables, traittables, & faciles à entendre la doctrine du salut qu'il leur annonçoit. O que les Predicateurs feroient bien de se rendre ainsi propices les saincts Anges, afin, par leur ministere, de rendre leur parole plus efficace, & de donner à leur voix *vne voix de vertu*, & de substanter les ames auec leur ayde du *pain de vie & d'intelligence* de la diuine parole.

IV. Que si les Anges nous sont si fauorables en la vie, qui doute qu'ils ne redoublent leur assistance & leur secours à l'heure de nostre mort, lors

Apoc. 12. que *le diable descend auec vn grand courroux, sçachant qu'il luy reste peu de temps*, pour auoir fait ou failly de nous, c'est lors plus que iamais que leur ayde nous est necessaire.

Tob. 4. Ainsi voyez comme Raphaël secourt son petit Tobie és dangers de mort, & de la gueule de ce grand poisson qui le vouloit engloutir, & des griffes violentes de ce meschant Asmodée, demon de lubricité, qui auoit ja estranglé les 7. premiers marys de sa femme Sara.

Sont-ce pas les Anges qui viennent à main armée au secours d'Elisée, assiegé à Dothain par le Roy de Syrie qui le cherchoit à mort ? *Genes. 32.*

Sont-ce pas ces *armées de Dieu* que vid Iacob retournant de Mesopotamie ?

Quid videbis in Sulamite, dit le Cantique, *nisi choros castrorum*, Sulamite, c'est à dire l'ame pacifique qui se veut exhaler en mourant, *in osculo Domini, in Domino mori, & requiescere à laboribus suis, assumens, pennas Columbæ & Aquilæ*, & dire, *in pace in idipsum dormiam & requiescam*, afin que *fiat in pace locus suus*. Et voila des cœurs d'Anges qui luy viennent au rencontre auec allegresse, luy disant, *veni de cubilibus leonum, de montibus pardorum & coronaberis*: ils la consolent d'vne part, voila *choros*, & combattent pour elle de l'autre contre les demons, voila *castra, quando vim patimur respondent pro nobis*. *Cant. 6.*

Cant. 4.

O amis fidelles qui ne nous abandonnez point en ces estroits destroits de la mort, lors que *est nobis colluctatio aduersus potestates tenebrarum harum & spiritualia nequitiæ in cœlestibus*. *Ephes. 6.*

Doux Esprits que vos consolations sont opportunes en ces agonies! S. Iean Chanoine regulier, aux abbois de la mort ayant veu son bon Ange, mourut tout ioyeux.

Et S. Nicolas de Tolentin, le sepulchre duquel nous venons de venerer à nostre retour de Rome, mes freres, mourut auec grande allegresse exhalant son ame parmy *vne multitude de celestes esprits*, qui l'estoit venu accueillir.

Les Annales des progrez de la Compagnie de Iesvs, pour la foy Chrestienne au Mexique, rapportent que l'an 1587. vn nouueau Chrestien fut consolé au pas de la mort par vn rayon de beatitude, que luy communiqua son bon Ange.

Quoy ne seront-ce pas les Anges qui au dernier iugement enleueront *les esleus auec* IESVS *dans les airs*?

Thess. 4.

Qui porta l'ame du Lazare au sein d'Abraham sinon les Anges?

S. Anthoine, comme raconte S. Hierosme, vit-il pas l'ame de S. Paul l'Hermite portée au Ciel par les Anges?

Le B. Ignace celle du P. Iean Codur?

O tres-fidelle amy, c'est toy seul qui nous accompagnes apres la mort en cet espouuentable tribunal du Dieu viuant, *entre les mains duquel* S. Paul dit, *qu'il fait horrible tomber*, c'est toy qui patrocine & aduocasse pour moy en cette cause, où il s'agit de nostre eternelle saluation ou damnation.

Hebr. 10.

O que ie veux estre desormais diligent de captiuer ton amitié pendant la vie, afin que tu me reçoiues vn iour *in æterna tabernacula*.

Luc. 16.

C'est toy aussi qui conduits au Purgatoire, mais qui adoucis ces iustes peines par ta douce visite & consolation.

C'est toy qui portant ton Paradis par tout, vas voyant Dieu si proche de moy, hé! quand sera-ce, chere escorte de ma vie, que *face à face ie verray*

verray la lumiere dans la lumiere? quand Dieu reuelera-il mes yeux de peur qu'ils ne dorment en la mort? quand me deliureras-tu de la geolle de ce corps? quand diuiseras-tu la paroy qui me sepáre de mon Dieu? quand viendray-ie apparoistre deuant sa face? Seigneur monstrez-moy vostre face & me voila sauué. Pour ce, moy qui ay le Paradis si proche, & qui ne le vois pas, corps miserable, carcasse malheureuse, iusques à quand seruiras-tu de rideau & de cataracte fascheuse à mon esprit, mon bon Dieu, *illumina oculos meos & considerabo mirabilia tua*. Cependant patience, *In conspectu Angelorum psallam tibi, & adorabo ad templum sanctum tuum, & confitebor nomini tuo*. Psal. 118. Psal. 137.

Et vous, mes petits freres, sur tout n'oubliez iamais soir & matin, de dire bien deuotement vostre *Angele Dei*, &c. afin que vostre bon Ange 1. porte vos prieres à Dieu: 2. vous console en vos tribulations: 3. vous dirige en vostre vie, & 4. en vostre mort vous face trouuer grace aux pieds de la misericorde de nostre doux IESVS.

H

II. DIMANCHE.

Apoſtres dormans repris.

HOMELIE X.

Matth. 26.
Marc. 14.
Luc. 22.

Nuenit eos dormientes, & dixit Petro, Simon dormis, &c. Sur cette douce reprehenſion de N. Seigneur j'allois penſant 1. que tout pecheur eſt vn dormart : 2. Auec combien de ſuauité les ſuperieurs doiuent corriger leurs inferieurs: 3. voire & excuſer leurs infirmitez, & 4. au grand courage de IESVS allant au deuant du traiſtre & de ſes ſatellites, ſçachant que

Tempus iam iam infandum aderat feralſcena parandi,

Et ſalſas fruges & circum tempora guttas.

Voyla l'ordre & le ſujet de noſtre Meditation.

I. Que tout pecheur ſoit vn dormart, mes freres tres-aimables, c'eſt vne propoſition qui me ſera de tres-facile preuue. Dauid parlant des pecheurs chante, *Dormitauerunt omnes atque dormierunt.* Et derechef, *Sicut vulnerati dormientes in ſepulchris, quorum non es memor amplius, & ipſi de manu tua repulſi ſunt.*

Eſcoutez comme il parle, entre autres des auares, *Dormierunt omnes viri diuitiarum ſomnum ſuum, & nihil inuenerunt in manibus ſuis.* Que ſi tous les faux biens du monde ne ſont que ſonge

& mensonge, sont-ce pas des dormarts que ceux qui s'amusent apres?

L'orgueilleux est-il pas possedé d'vne forte *Apoc. 4.* resuerie d'ambition qui ne luy donne repos ny nuict ny iour? Le voluptueux n'est-il pas assoupy d'vne mortelle letargie? Le gourmand n'en est-il pas souuent suffoqué, *somno vinoque sepultus*? L'enuie n'est-ce pas proprement *vigilantis insomnium*? Car quand au paresseux il est tout constant, que *vigilans stetit mortuaque huic vita est iam prope iam viuo atque viuenti*; l'oysiueté, selon Seneca, *estant le vray tombeau d'vn homme vif*. O Seigneur illuminez nos yeux afin qu'ils *Psal. 12* ne s'endorment de ce sommeil de mort.

Ne permettez pas comme des Ionas, que nous dormions agitez en l'ame des tempestes du *Psa. 87. &* peché mortel, *qui attire sur nous les flots de vostre ire.* 131. *Non dabo somnum oculis meis nec palpebris dormitationem donec inueniam locum domino.*

Le Lazare figure du pecheur, mort en son iniquité inueterée, est appellé dormeur par Iesus Christ, *Lazarus amicus noster dormit, vadam vt à som-* Ioan. 11. *no excitem eum.* O Seigneur, *expelle somnolentiam ne pigritantes obruat.*

De peur qu'il ne nous arriue comme au bon Tobie aueuglé en dormant, car à force de croupir dans le peché nous deuenons aueugles spirituels; ce qui faisoit dire à vn Prophete, parlant d'vn peuple obstiné au mal, *excæca cor populi huius. Tob.*

Le peché est vne Torpille malencontreuse qui glisse iusques dedans les os vn mortel assoupissement, par luy *derelinquit nos virtus nostra, & lumen oculorum nostrorum.*

H ij

Il engendre de telles laſſitudes à bien faire, qu'il rend languides & mortes toutes les actions de pieté. Car toutes nos bonnes œuures ſont autant d'auortons tant que nous ſommes en eſtat de peché mortel. Sainct Auguſtin pour ce ſujet compare la laſcheté de ſes bons deſirs au commencement de ſa conuerſion, *conatibus expergiſci volentium*, qui non ſoulez de dormir ſe raualent ſouuent ſur l'oreiller.

Apoſtres dormants, ſont-ce pas vous trois meſmes qui en la gloire du Thabor auiez les yeux ſi ouuers pour la gouſter, & *vous ne pouuiez veiller vne heure*, pour compatir aux extrémes angoiſſes de voſtre maiſtre; Pierre vous y faiſiez l'Architecte & l'entrepreneur, vous y vouliez fabriquer trois tabernables en meſme temps, *tant vous vous y trouuiez bien*, au gouſt de voſtre ſenſualité, & maintenant qu'il faut ſouffrir vous dormez. O amis du monde, vous reſſemblez aux trouppes qui ſuiuoient noſtre Seigneur aux deſerts, tandis qu'il leur bailloit du pain, & à celuy qui diſoit, *Si Dominus dederit mihi panem ad veſcendum, erit mihi in Deum*. Et à Iſraël qui beniſſoit Dieu luy donnant la manne, & murmuroit aux moindres petites difficultez d'vn leuer de camp, d'vne diſette d'eau. Prou de gens ſuiuent noſtre Seigneur, affriandez de la douceur des Sacremens; mais peu vont à luy auec la Croix de la mortification. Neantmoins ie vous aduertis que ce n'eſt point par le Thabor que vous irez au Ciel, mais par le Cal-

Ierem. 6. uaire: c'eſt là que Iacob doit ficher ſes pauillons, & Iſraël ces tabernacles: & toute ame ſe camper, ſi elle veut surgir à la terre promise.

Ainsi se sauua ce deuot qui toutes les nuicts se leuoit pour compatir aux angoisses de nostre Seigneur abandonné au jardin, disant auec Dauid, *Media nocte surgebam ad confitendum tibi super iudicia iustitiæ tuæ.* *Discip. in exempl. in ver. Passio. & ser. de Passione. Psal.* 118.

O que le monde est iniuste, qui en des ieux, en des danses, & en des bals, vrays sacrifices de Baal, passera les nuicts entieres! Mais quoy? plusieurs fois l'année, & pour vne seule Messe de minuict, chacun craint de se morfondre, chacun tousse, chacun crie au ventre, chacun dit comme en la parabole, *habe me excusatum.* *Luc.* 14.

Veillons plustost, ô ma chere ame, *Et anticipent vigilias oculi nostri*, à l'imitation de nostre bon Seigneur qui veille tandis que ses vassaux dorment. C'est luy, *qui non dormitat neque dormiet qui custodit Israël.* C'est luy lequel *Nisi custodierit ciuitatem frustrà vigilat qui custodit eam.* C'est luy qui est cette verge veillante du Prophete. *Ierem.* 1.

C'est luy à qui l'amour non plus qu'à Iacob pour Rachel, ne donne point de repos. *Res est sollicitii plena timoris amor.* *Gen.* 31.

II.

En somme, c'est luy qui faisant sa ronde vers ses Disciples dormans est bien plus doux qu'Epaminondas qui tua vne sentinelle endormie, disant l'auoir laissée en tel estat qu'il l'auoit trouué, *Nam nihil est somnus gelidæ nisi mortis imago.*

O Apostres si vous ne craignez vne telle atteinte, mais ne redoutez-vous point de participer à la malediction de ce figuier qui fut trouué sans fruict? *Marc.* 11.

Nullement, car Iesvs a tant d'affection pour

eux, qu'à peine les trouuants en tel defaut de vigilance les veut-il reprendre, oyez, *Simon dormis.* Il ne l'appelle point Pierre, car sa lascheté luy fait perdre ce nom de Constance & de fermeté.

O aiguillon de mere auette, que tu es temperé & destrempé auec beaucoup de miel.

O myrrhe amere, mais suaue de gratieuse reprehension, comme tu preserues les cœurs de la pourriture du peché. Admirez cet Espoux *meslant sa myrrhe auec tant d'aromates,* & temperant son absinthe & sa rubarbe euec beaucoup de sucre ; que ces medicamens sont lenitifs, que ses potions salutaires, & de prise aysée. *Bien-heureux Agneau dompteur de la terre, ta mansuetude suruient, & nous voila corrigez.*

Cant. 5.

Isa. 16.
Psal. 86.

Apprenez de là, ô Superieurs, à mesler *les obsecrations auec les increpations, en doctrine & patience,* selon le conseil du grand Apostre. Vn Sage disoit fort bien que celuy qui gouuerne doit auoir *sel & huile,* pource l'Escriture appelle les Pasteurs *sel de la terre, & lumieres du monde.* La douceur de l'huile tempere l'acrimonie du sel, & la reprehension doit ainsi estre assaisonnée; & lors on verra que comme l'espanchement de l'huile calme les flots de la mer amere, ainsi la suaue correction rendra la bonace aux orages & boüillons de l'ame.

2. Tim. 4.

Elle doit comme vn baing descrasser en frottant & lauant.

Regardez comme le Samaritain guerit le paure blessé auec de l'huile & du vin, choses qui representent l'aigre-douce pointe de la correction qui guerit les playes de l'ame.

Luc. 10.

Voyez la petite pointe de noſtre Seigneur, *Simon dormis, non potuiſti vna hora vigilare mecum?* Rien ne touche tant vn brauache que de luy reprocher vne laſcheté. Sainct Pierre s'eſtoit vanté à noſtre Seigneur.

O ſocij, neque enim ignari ſumus antè malorum
O paſſi grauiora dabit Deus his quoque finem.

Oyez maintenant le liniment de ce coup, *Spiritus promptus, caro infirm.t.* O Seigneur que vous dites auec verité, *Spiritus meus ſuper mel dulcis, quàm dulcia faucibus meis eloquia tua ſuper mel ori meo.* Pſal. 24. Pſal. 118.

Auſſi ne fut-ce point dans le tourbillon que vous paruſtes à Elie, mais dans vn doux zephir, pour luy apprendre que ces douces remonſtrances auroient plus de pouuoir que ſes tempeſtueuſes criailleries. Car comme les Abeilles ne font point leur miel dans les rebattemens des Echos, auſſi la ſuauité ne peut eſtre dans vne aſpre reprehenſion. 3. Reg. 19.

Eliſée ne reſuſcita pas l'enfant auec ſon baſton, mais en l'embraſſant. Vous ferez tout, ô Superieurs, par douceur, & rien par rudeſſe. 4. Reg. 4.

Auſſi les baſtons paſtoraux de la nouuelle loy ſont-ils pour conduire doucement les brebis, non pour les frapper en la vieille loy. Il eſt eſcrit, *Reges eos in virga ferrea*: & de la nouuelle il eſt dit, *virga tua & baculus tuus ipſa me conſolata ſunt.*

Auec vne houſſine ſouple Moyſe tira de l'eau de la pierre. Combien de larmes des cœurs empierrez tirent les ſuaues exhortations.

Au temps de la loy de rigueur, Moyſe fut mandé auec vne verge: mais les Apoſtres en celle de grace, ſont mandez *ſine pera, ſine baculo, ſine calceamentis.*

H iiij

Vray est qu'estans *appellez comme Aaron*, ils ont droit d'en porter, pourueu qu'elle soit *gratieuse & florissante*, c'est à dire, accompagnée d'vne paternelle charité.

III. *Charité qui est patiente, benigne, qui souffre tout, qui endure tout,* & qui excuse plustost que d'accuser le pecheur. Ie dis, excuse le pecheur, & non pas le peché, car il est *inexcusable*. Et ceux-là sont repris par le Prophete *qui excusent des excuses au peché*, c'est à dire, qui luy cherchent des palliations: ie ne dy pas aussi qu'il *faille benir l'inique ny loüer le pecheur en ses deprauez desirs*, mais ie dy que nostre Charité vers les pauures pecheurs doit estre indulgente, pitoyable, & pleine plustost de compassion pour leur faute que d'vne passion animée contre leur faute, autrement c'est les tuer non les guerir, les desesperer non les amender, vne desolation non vne correction, *la charité*, dit le texte sainct, *cache la multitude des pechez*.

Nous deuons auoir la mesme Charité pour tous nos prochains que Constantin auoit pour les Prestres, à cause de la dignité de leur caractere & ministere, sçauoir de voiler leur defaut de nostre propre manteau.

Helas nous faisons tout au rebours de ce que Dieu nous dict, de nous iuger sans cesse nous mesme, *si nosmetipsos iudicaremus non vtique iudicaremur*, & ne iuger iamais l'autruy, *nolite iudicare & non iudicabimini*, *qui es tu qui iudicas fratrem tuum?* Au contraire nous ne faisons que sindicquer les fautes d'autruy & n'espluchons iamais nos defauts.

Cur in amicorum vitiis tam cernis acutum,
Cum tua non videas oculis mala lippus inunctis.
Pluſtoſt *demus alienis erroribus veniam vt noſtris impetremus*, pour parler auec vn Ancien.

Il eſt tout conſtant que *omnis peccans eſt ignorans*, car s'il ſçauoit les biens qu'il perd & les maux qu'il encourt, il n'y en a aucun qui ne choiſiſt pluſtoſt la mort que le peché : plaignons donc cet aueuglement ſpirituel, comme nous auons naturellement pitié des aueugles corporels.

Auſſi voyez comme noſtre benin Sauueur preſt de rendre l'ame ſous les tourmens, excuſe l'inexcuſable faute de ſes bourreaux, de leur ignorance, *quia*, dit-il, *neſciunt quid faciunt, quia ſi cognouiſſent*, dit l'Apoſtre, *nunquam dominum gloriæ crucifixiſſent*.

Maintenant au lieu d'accuſer aigrement la lourde & ſtupide pareſſe des Apoſtres dormans, il leur façonne vne excuſe, diſant *que l'eſprit eſt prompt, & la chair infirme*. Helas ! il n'y a celuy au Sermon qui ne face quelque bonne reſolution, parce que l'eſprit eſt prompt ; mais on n'en fait rien, d'autant que la chair eſt foible.

Nous ſommes pareils à l'enfant de l'embleſme, noſtre ame a vne aiſle, mais noſtre corps tient à vne pierre. *Corpus aggrauat animam*, notamment, *Hebr.* 12. *quando circunſtat pondus peccati*.

Noſtre eſſor eſt ſemblable à celuy des perdrix, quand elles ont volé bruſquement elles tombent tout à coup : ainſi nous volons & retombons, & nous releuons de feſte en feſte, ſelon la rareté ou frequence de nos confeſſions & communions.

Helas ! nous ne sommes que misere, pour ce Dieu qui n'a pas pardonné vn seul peché à l'Ange, qui est *Spiritus vadens & non rediës*, il nous en pardône à miliers. *Recordatus enim est quia caro sumus.*

Sans la grace nous tomberions à chaque pas, & tombez, nous nous escraserions, si Dieu ne nous prestoit la main. *Nisi Dominus adiuuisset me paulominus habitasset in inferno anima mea.* Sans cette grace S. François se tenoit pour le plus meschant du monde.

Psal. 36.

Voyla nostre Seigneur qui s'escarte tant soit peu, & les Apostres dorment. *Domine ne discesseris à me, nequando dicat inimicus meus præualui aduersus eum.*

Mais il reuient à eux comme vne nourrice qui reprend soudain en ses bras son petit chancelant. *O vray nourricier d'Ephrain, longuanime & grandement misericordieux !*

Osea 11.

L'amour est tellement aueugle, que souuent il fait trouuer belles les laideurs. Il n'y a pere pour contrefait que soit son enfant, qui ne l'aduouë pour sien. Il n'y a mere qui ne soit tousjours indulgente. Et l'Espoux sacré ne laisse d'aymer son Espouse, quoy que *dormeuse*, *voire il craint qu'on l'esueille*. Il n'y a pere, mere, mary, qui aye vn amour plus tendre & plus delicat que nostre Seigneur a de nos ames. Il couure nos difformitez, colore nos laideurs, & supporte nos imperfections, bref, *cum dilexisset suos in finem*, mais plustost *sine fine, dilexit eos*.

Cant. 2. 3. 8.

O la belle leçon pour nous, afin que nous supportions les infirmitez les vns des autres, car nous sommes *vasa lutea portantes quæ faciunt sibi inuicem angustias*, nous nous brisons comme verres quand nous nous heurtons: si nous n'vsons de la paille de la condescendance, adieu toute humaine societé.

S. Paul mesme, quoy que parfaict, demandoit *que l'on supportast quelque peu de son insipience*, & il exhorte *ses freres sages à supporter les indiscrets*, par *cette charité qui endure tout*. 2. Cor. 11. 1. Cor. 12.

Tres-cher Espoux de nos ames, vous auez bien bon besoin maintenant de grande prouision de cette Charité que *toutes les eaux* des indicibles tourmens que vous allez souffrir *ne puissent esteindre*. C'est cette vertu courageuse qui le porte, ains qui le transporte à aller au deuant du traistre, & de sa cohorte, qu'il voit venir de loing *auec armes & flambeaux*.

Icy se verifient ces mots, *Oblatus est, quia ipse voluit. Voluntariè sacrificabo tibi. Ecce in flagella paratus sum. In capite libri scriptum est de me, vt facerem voluntatem tuam Deus meus, volui.*

Il va aux trauaux pour l'amour de nous, comme au festin de ses sanglantes nopces; quand sera-ce que nous ferons en riant quelques mortifications pour luy? *Hilarem datorem diligit Deus.*

Voicy ce braue Capitaine qui va seul à l'assaut, s'exposant pour tous ses soldats. Chef auantureux, qui va luy-mesme recognoistre le peril, aussi le combat est pour luy seul.

Ce genereux courage ne se fait pas trainer en prison, il y va de son bon gré, sans force ny violence exterieure, mais pressé de l'interieure vehemence de son amour.

Le Lyon chassé ne suit iamais, mais attend les fers, plustost que de démentir sa generosité par vne honteuse course, tel est nostre *Lyon de Iuda.*

Ce duelliste qui auoit ja terrassé le diable dans le desert, s'en va maintenant mettre en stacade auec ses Ministres.

Matth. 4.

Voyla ce Sceuole qui se va presenter aux feux, Curtius aux gouffres, Zopire aux foüets, Codrus à la mort.

Quò fremitus vocat, & sublatus ad æthera clamor.

C'est ce courage qu'ont imité les Martyrs, quand à milliers ils ont esté chercher les tourmens. Saincte Agathe se lança elle-mesme dans le feu preparé, pour oster au bourreau la gloire de l'y auoir iettée. Sainct Laurens luy mesme se coucha sur le gril; SS. Pierre & André embrasserent leurs Croix, les meres alloient riantes au martyre, & y portoient leurs petits à leur sein.

Sainct François alloit-il pas chercher le martyre parmy les Sarrazins? Sainct Dominique emmy les Albigeois? le B. Ignace parmy les Turcs? & le nombre des Martyrs qu'a enfanté au Ciel cette Compagnie qu'il a dressé, n'est-il pas prodigieux en si peu d'années, & en vn siecle de fer? la B. Angele de Bresse fondatrice des Sœurs de saincte Vrsule, alla-elle pas en Hierusalem? A pareil dessein nostre B. Mere Terese, toute ieunette, alloit-elle pas chercher cette couronne parmy les Mores, si ses parens n'eussent retenu sa ferueur?

Voyla donc nostre Pylade qui se va exposer à la mort pour nous pecheurs, qui sommes des furieux Orestes.

Il dit à ses Apostres, *Surgite, eamus,* comme iadis l'Ange à Helie, *Surge, grandis tibi restat via.*

3. *Reg.* 19.

Nouueau Moyse qui dit, *Vadam & videbo.* Exod. 3.
Prodigue qui dit, *Surgam & ibo.* Luc. 15.

A cette voix pecheur resueille-toy de ton peché, pour suiure ton Seigneur par la penitence, *Aut pœnitendum, aut ardendum, nisi pœnitentiam egeritis omnes simul peribitis.*

Sus donc, *surge qui dormis, & exurge à mortuis, & illuminabit te Christus: Iam hora est nos de summo surgere, propior enim est nostra salus quàm credimus.*

Surge, propera columba mea, & veni, iam hyems venit, imber accedit, surge, propera & veni. Egredimini filiæ Syon, & transeamus vsque ad hortum, & videamus verbum quod factum est. Mes compagnons, voila nostre Chef qui va au combat, qui l'ayme si le suiue.

Retenez de ce discours, 1. que le peché est vn mortel sommeil: 2. à reprendre auec suauité ceux que vous aurez en charge: 3. à auoir compassion de leur infirmitez: & 4. à suiure nostre Seigneur à la mort, par la mortification, auec vn grand courage.

II. LVNDY.

De Iudas.

HOMELIE XI.

Matth. 26.
Ioan. 18.

Cce *Iudas vnus ex duodecim venit.* Aujourd'huy nous parlerons du traistre, & demain de sa trahison; car voyez-vous, mes freres, le traistre & la trahison ce sont deux : Philippe aymoit celle-cy, & hayssoit celuy-là. Nous dirons 1. combien sont les meschans actifs au mal : 2. que plusieurs pecheurs imitent Iudas : 3. principalement les Vsuriers : 4. que nostre Seigneur se peut achepter licitement & spirituellement : belles matieres, escoutez-les.

I.

Mais à quoy tient, mes ames tres-aymées, que nous ne soyons autant vigilans à bien faire, que les pecheurs *qui ne se peuuent reposer de mal faire?* Y a-il enfer pareil à la vie des Pyrates, ou Escumeurs de mer? qui pour l'espoir d'vne miserable rapine, deuorent tous perils, toutes incommoditez, courans tous les iours risque de la mort, & temporelle, & eternelle? mais que ne deuenōs-nous sacrez forçats, pour ramer & voguer vers le port de salut, vers le havre de grace ?

Isa. 1.

Y a-il misere pareille à la vie de ces brigands & bandouliers, qui viuent ramassez dans les bois ? quelles austeritez de vie n'espreuuent-ils ? portans auec eux, comme demons, vn enfer d'apprehensions continuelles, dormans dans les

de noſtre Seigneur. 127

cauernes ſur les pierres, ou les gazons; rodans iour & nuict pour eſgorger, meurtrir, piller, & ſaccager ceux qu'ils rencontrent par les chemins, endurans toutes ces fatigues ſous l'eſpoir d'vne miſerable proye.

Quelle peine eſt conferable à celle de ces menus ſoldats, qui pour cinq ſols de paye par iour, ſouffrirons toutes ſortes de meſaiſes, touſiours attendans quelque picorée à la campagne, ou quelque ſac de ville pour piller du butin, quels hazards, quelles riſques ne courent-ils? ie ne parle pas de ces courageux gens-d'armes, qui n'ont autre but que l'honneur & le ſeruice du Prince & de la patrie, & qui refuſeroient, comme Themiſtocle, de r'amaſſer vn bouclier d'or, ie parle de cet *Ignobile vulgus*, qui ne reſpire que la proye & le pillage, vrays oyſeaux de rapine,

―― *Queis more ferino*
Collectare iuuat prædas & viuere rapto.

Mais dites-moy, quels artifices n'employent les Errans, pour promouuoir tant qu'ils peuuent, non leur pretenduë Religion, mais leur cauſe, pour eſtendre leurs coudes, & anticiper touſiours pied à pied les bornes preſcrits à leurs flots, touſiours grondans & tumultueux, a iudicieuſemēt dit vn grand cerueau de ce temps: que qui traitteroit l'hereſie ſeulement, comme elle nous traitte, on en verroit bien toſt le bout: mais laiſſons faire à la diuine Prouidence, qui ſçait tirer *bonum* *Sap. 8.* *de malo, & qui diſpoſe tout ſuauement à ſa fin ordōnée.*

Si eſt-ce que l'Euangile ne laiſſe de loüer *villi-* *Luc. 16.* *cum iniquitatis*, & de tirer cet enſeignement de cette parabole, *que les enfans du ſiecle tene-*

breux sont plus prudens que ceux de lumiere.

Voyez ie vous prie auec combien d'inuentions artificieuses vn luxurieux va pratiquant de suborner vne fille : ô Dieu ! & que ne sommes-nous autant actifs à mesnager vne saincte affection, que celuy-là sa sale infection ? que ne taschons-nous d'acquerir le cœur de nostre Espoux auec autant de diligence, que celuy-là à perdre l'honneur & le corps d'vne creature miserable ? *Sapientes sunt vt faciant mala.*

Et pourquoy serons-nous si insensibles, ayans l'eternité pour object, que de refuser la moindre petite peine pour l'acquerir ? Senecque parlant aux vicieux, leur dit, qu'ils ont beaucoup plus de peine à entretenir & fomenter leurs vices, qu'ils n'auroient à suiure la vertu.

Sap. 5. Que dis-je, mais ne sont-ce pas icy les deplorables chansons des damnez, bruslans dans les eternelles flammes ? *Ambulauimus vias difficiles, seruiuimus diis alienis, qui non dabant nobis requiem die ac nocte, lassati sumus in via iniquitatis.*

Sainct Augustin parlant de la gloire, s'offre à souffrir tous les tourmens excogitables, pour en *Psal. 4.* *estre participant vn petit moment. O filij hominum, vsquequo graui corde? &c.*

Gen. 32. Au moins imitons le soing des Marchands, qui pour faire quelque lucre, *æstu vrgentur, & gelu, fugitque somnus ab oculis eorum.* Y a-il sorte de voyage, de fatigue, & de risque, qu'ils ne courent ? *Vbi dolosi spes affulserit nummi,* fuyans la pauureté par mer & par terre.

Mirez tout ce que ie viens d'auancer en Iudas, qui veille, qui se peine, qui se demeine, qui se rend

rend pirate, larron, bandoulier, forçat, pour acquerir 30. deniers, miserable prix! de la vente de son Maistre, & cependant en ces extremitez les Apostres dorment d'vn profond sommeil, ou s'ils s'esueillent, c'est pour s'enfuir, *Redibus timor addidit alas.*

II. Or ce Iudas, traistre, infame, & abominable, me represente grand nombre d'imitateurs qu'il a dans le monde, ie vay parler à bien des gens qui diront, *Mutato nomine de me fabula narratur.*

Que ma langue n'est-elle vn rasoir, pour escorcher; vn marteau, pour escraser; vn baston, pour estropier; vn feu, pour consommer; vne espée, pour trauerser; vn torrent, pour noyer; vne pierre, pour escraser; vn tonnerre, pour foudroyer ce desloyal, & ce perfide! mais la parole de Dieu n'est-elle pas *gladius anceps?* n'est-elle pas *malleus conterens petras?* n'est-elle pas *virga & baculus?* n'est-elle pas *ignitum eloquium?* n'est-elle pas *gladius ex vtraque parte acutus,* n'est-elle pas *vox aquarum multarum?* n'est-elle pas *vox tonitrui in rota?* Sus donc, *Arcum tendamus & paremus eum, & ponamus in eo vasa mortis, &c. In matutino interficiam omnes peccatores terræ.*

Iudas tu es indigne que ie mette la main sur toy, car tu seras le bourreau de toy-mesme, mais ie viens à tes sectateurs. Vous, ô flatteurs, n'estes-vous pas des Iudas, qui trahissez les grands par vos adulations? cet ancien auoit raison, qui disoit, qu'entre les bestes farouches, la plus dangereuse estoit le traistre, *A quo inopinata pernicies,* dit Seneque, pource la loy dit, que c'est pis *veneno quàm gladio occidere:* & est plus punissable

I

en faict de crime, & continuoit cet ancien, entre les priuées le flatteur estoit la plus pernicieuse, pareil au Singe, qui estouffe en embrassant, & à ces sagoüins qui gardent tousiours vn coup de dent à ceux qui se joüent à eux: Serpens si polis en la peau, si venimeux en la langue, *Molliti sermones, sed iacula.*

Les dissimulez sont-ce pas aussi d'autres Iudas, qui font à belle mine vn mauuais jeu? pareils aux perdrix de Paphlagonie, que l'on tient auoir deux cœurs. *Væ duplici corde, os bilingue detestatur Dominus*: C'est chose monstrueuse, que l'arbre porte des fruicts differens à sa racine, & plus prodigieuse de voir vn cœur discordant aux paroles, *Aliud in corde clausum, aliud in ore promptum.*

Prou. 8.

Le monde est encores vn autre Iudas, qui nous pippe par le faux lustre de ses honneurs, par l'apparence de ses vaines richesses, par le miel veneneux de ses plaisirs, laissant l'aiguillon emmiellé dans la playe du cœur, comme vne Auette veneneuse d'Heraclée. O Iudas! tu nous veux & vendre pour vn rien, pour vne vanité, pour vne volupté, & liurer entre les mains des satellites d'enfer.

L'Heretique aussi est vn Iudas, qui en baisant en apparence l'Escriture, la trahit par vne fausse interpretation, & la liure entre les mains de ses fantastiques intelligences.

L'hypocrite est aussi vn Iudas, qui mangeant les images en apparence, n'a toutefois aucune deuotion dans le cœur, pomme jaune, mais pourrie.

O que le luxurieux est vn vray Iudas, cettuy-cy trahissant nostre Seigneur, l'appelloit *Maistre, Aue Rabby*, & celuy-là voulant deshonorer vne fille, l'appelle fottement fa maiftreffe. O *colombes seduites, qui n'auez point de cœur!* eft-ce donc pour 30. deniers, pour des muguetteries, des petits prefens, des ris affetez, des proteftations volages, & autres femblables niaiferies, que vous vendez voftre honneur? fainct honneur, plus precieux que la vie, *Quo folo sidera aditis?* O que vous dónez à vil prix cette *perle precieuse!* ô que de regrets, & de defefpoirs talonneront voftre faute! Iamais Efaü ne vendit fa primogeniture fi vilement & vilainement: ô que ces fottes & friuolles loüanges de beauté vous efblouyffent les yeux de faux luftres! qui feront perdre voftre pudeur, fi vous n'y aduifez. *Iudas* eft furnommé *Ifcarioth*, qui veut dire *loüange & enfant d'occifion*. Voyez-vous comme ces vaines loüanges perdent voftre pudicité, quand ces ferpens fiffleront à vos oreilles le venin de leurs cajolleries, fi vous eftes bien aduifées, bouchez-les à ces piperies, qui ne tendent qu'à voftre perte, fuyez ces baifers impudiques qui augurent voftre ruine totale.

Ofee 7.

2. Cor. 2.

Voulez-vous voir encores d'autres *Iudas?* ce font les mefchans Preftres, mes freres, la plus excellente chofe du monde, c'eft vn bon Preftre, c'eft vn Ange incarné, il eft *le fel de la terre, la lumiere du monde, la lampe ardante & luifante, l'Ambaffadeur de Dieu*, le Sacrificateur du Tres-haut; mais ô l'abominable chofe qu'vn mauuais Preftre! il n'y a point de milieu entre Ange & Diable. Auffi voyez comme *Iudas* vn des douze Apoftres eft appellé *Diable*. Quelle abominatió ne commettra celuy qui ofe tous les iours abufer des

Ioan. 6.

Sacremens, & contracter auec des mains polluës, celuy qui fait ployer en adoration & la terre & le Ciel?

Ierem. 24. Il me souuient du panier de figues tres-douces, & de l'autre de tres-ameres, que vid le Prophete; ainsi en est-il d'vn bon & d'vn mauuais Prestre, l'vn edifie chacun, l'autre scandalise à outrance; faisant le plus fort vinaigre du meilleur vin: Voyez-vous comme Iudas change son Apostolat en Apostasie, tombant comme Lucifer du haut des Cieux au plus creux des abysmes? aussi du degré Episcopal, en vne condition de brigand, *Et Episcopatum eius accipit alter.*

Voulez-vous que ie vous monstre d'autres Iudas? ce sont ces maudits Simoniaques, qui vendent l'Espouse, l'Eglise, comme ce traistre vendit l'Espoux, nostre Seigneur.

En voyez-vous d'autres? ces abominables confidents & confidentaires, pestes, & fleaux de l'Eglise, voyez comment ils vont s'entrebaisant en Enfer, s'entreportans l'vn l'autre au preiudice: le confident est vn cheual, ou vn asne basté, qui porte le Cheualier, c'est à dire le confidentaire, ordinairement Caualier, homme seculier en fin, ou bien femme, ou bien, ô horreur! vn Heretique, personne laïque & profane, *Venerunt Gentes in haereditatem Dei,* & qui pis est, *Infixæ sunt Gentes in interitu quem fecerunt, & firmauerunt sibi sermonem nequam.*

Ie voy encores d'autres Iudas, qui sont ceux qui se confessent mal, celans sacrilegement & sciemment des pechez à la Confession, ceux-là *posuerunt in Cœlum os suum, & nequitiam in excelso loquuti*

de nostre Seigneur. 133

sunt, dicentes, *Si scit Deus, aut si est scientia in excel-* Act. 5.
so, os eorum locutum est malitiam, & lingua eorum con-
cinnauit dolos : mais ne redoutent-ils point le sort
d'Ananie & Saphire?

En suitte de cela viennent ceux qui communiét
indignement, car abusans *de l'espreuue* de la Con- 1. Cor. 11.
fession, ils ne peuuét estre de franc aloy, à la pierre viue & Lydienne de la sacrée Eucharistie : demain nous parlerons dauátage de cette trahison.

En mon 3. poinct, ie desire donner vne attainte III.
plus ample & plus viue à d'autre Iudas, qui comme Harpies sales & rauissantes, infectent grandement le monde, qui sont les vsuriers.

Ce sont des pecheurs qui sont pescheurs d'hommes & de bourses, qui pour des mousches de
prest tirent des gros poissons d'interest, *& vnà*
absorbent patrimonia, faisans gorge chaude des he-
ritages entiers des pauures.

Sang suës & ventouses infortunées, qui tirent à
soy tout le sang & la subtance des miserables.

O qu'ils ont d'artifices pour faire venir ces pauures esclaues, & serfs en leurs pieges, & ces simples & innocens debiteurs dans leurs paneaux &
filets! Les voyez-vous qui peschent en l'eau trouble des incommoditez d'autruy? mais accrochét,
non de petits poissons, mais des prais, des terres,
des maisons, des granges toutes entieres. Ils pre-
steront, mais c'est à gros change, & encores
pour tascher de circonuenir.

Ils *tissent des toiles d'arraigne*, pour embarasser la
mesnagerie des petites abeilles champestres, qui Isa. 59.
sont les pauures villageois. Ils leur dressent des
pieges pour les attrapper : *iuxta scandalum ponent*,

I iij

leur tendent des lacqs pour les empeſtrer de debtes, *parant laqueos pedibus eorum*, & les deçoiuent comme des oyſillons au ſoleil de leurs eſcus, brillans dans le miroir de leurs ſpecieuſes offres & promeſſes toutes ſurſemées de glus, qui en fin les font prendre à l'appaſt.

Ils baiſent comme des Iudas, par paroles feintes & doubles, & puis vendent le pauure à beaux deniers contans, & apres *dum ſuperbit impius incenditur pauper*.

Et afin que *non comprehendantur in conſiliis quibus cogitant*, comme Iudas, ils cherchent le brun de la nuict (de ce mot de *fur* vient *à furuo*) ils recherchent les cachettes, *qui malè agit odit lucem*: ils fabriquent des obligations faites à leur fantaſie, qu'ils renouuellent comme il leur plaiſt d'vne caballe prodigieuſe. La Couleuure n'a point tant de replis que ces Serpens de ſoupleſſes: *parant ſagittas ſuas in pharetra vt ſagittent in obſcuro*, toutes œuures de tenebres.

Ie liſois hier vn exéple effroyable d'vn vſurier, que ie vous veux raconter: eſtant ſur le poinct de mourir, & ne voulát entendre à reſtitution, ſelon le conſeil de ſon Cōfeſſeur, voyla que les Demōs luy apparoiſſent, qui le font entrer en telle rage, qu'il cōmença à ſe ronger les bras, & ayant tiré ſa langue bien longue, il la trançona à belles dents, & mourut ainſi deſeſperé preſque cōme vn vray Iudas. Comme i'allois repenſant à cette fin malheureuſe, cela me faiſoit ſouuenir du Poulpe, qu'on tient, eſtát affamé ſe deuorer les bras, mais en fin il m'eſt venu en penſée, que ſa peine auoit aucunemeut correſpondu à ſon delit, afin que *per quæ peccauerat & illa plecteretur*. Car voyez-vous,

Rom. 13.

Diſcipl. in exempl.

la langue sert à l'vsurier pour faire ses fraudes, pour ce le Psalmiste met ensemble *vsurā & dolum.* Il pipe, il cajole comme le caut oyseleur qui veut prēdre à la pipée le peu accort oyselin, il promet, il proteste, il iure, pource Dauid disoit, *qui iurat proximo suo, & non decipit, qui pecuniā suam non dedit ad vsurā*: quant aux bras il est tout euident que ce sont eux qui signent & qui content, de maniere que cet vsurier se trançonnant la langue, & se deschirant les bras, se punissoit par vn iuste iugement de Dieu, par où il auoit failly.

Ayant esté en sa vie pareil à la seiche, poisson de mer, qui se cachant sous le sable, laisse passer certaines excrescences qu'elle a sur soy, ausquelles le petit poisson venant mordre, elle se iette dessus & le deuore, tout de mesme en fait l'vsurier cachant sa malice pour amorcer le pauure & l'engloutir, & puis *gloriatur in malitia qui potens est in iniquitate, tota die iniustitiam cogitauit lingua eius, & cor eius rapinas concupiuit.*

C'est assez, mes freres, c'est assez parlé de ces mauuais Iudas, si faut il auant que ie sorte que ie vous face vne forme de vente & d'achapt de N.S. toute deuotieuse, toute spirituelle, toute saincte. Mais que direz-vous si ie tourne en bien ces mots du malheureux, & vous dis *quid vultis mihi dare & ego eum vobis tradam?*

Ouy, venez-ça, qui d'entre-vous veut achepter les bonnes graces du doux IESVS, & ie me fay fort de les luy vendre & liurer à tresbon compte. Io- *Genes.* 3⒐ seph fut bien vendu par ses freres, & sa vente tourna à leur grand bien, ie laisse à dire à quel grand bien, qui est celuy de nostre Redemption, s'est tournée la vendition de Iudas, mais ie vous declare que nostre Seigneur se laisse vendre & achapter pour nostre bien.

Non ie ne vous demande point que vous terrassiez Goliath, ny les cent prepuces de Philistins que Saül vouloit de Dauid, auant que luy bailler sa fille *Michol*; la grace de Dieu s'acquiert à meilleur conte.

1. Reg. 18.

La voulez-vous? ça 30. deniers, mais quels? les voicy tous calculez, l'obseruance des dix commandemens de Dieu : *si vis vitam ingredi serua mandata*, des cinq de l'Eglise, la garde de vos cinq sens naturels. Les sept vertus contraires aux sept pechez mortels, & les trois vertus Theologales : contez bien, vous trouuerez là les trente deniers, pour lesquels ie vous promets indubitablement de vous donner la grace de mon IESVS. Ho! ie voy desia que quelques-vns, *loquuntur labijs & non ex corde*, disans que i'ay haussé le cheuet iusques à la cime de la perfection, que tout le monde n'a pas tant de finances spirituelles.

Et bien ie suis content d'en rabattre, tout à coup i'en remets 28. deniers, & ne vous en demande que deux, n'est-ce pas bon marché? qui sont l'Amour de Dieu & du prochain, comble & plenitude de la loy & des Prophetes, ce sont les deux petits deniers que la pauure veufue jetta dans le Gazophilace, les deux pigeonneaux que donna la Vierge pour le rachapt de son fils en sa presentation, ce sont les deux boucs de l'expiation des pechez, & les deux passereaux de la purgation des lepreux : plusieurs diront que c'est encores trop.

Marc. 12.

Luc. 2.

Pauures gens! & le moyen de le donner à moins, venez-ça, *ex denario diurno conueniam vobis-*

de nostre Seigneur. 137

cum: ie le vous bailleray pour vn denier, mais ie veux qu'il soit de mise, vous m'entendez desia, *fili praebe mihi cor tuum*: mais voyons, *ostendite mihi numisma census*, ou si vous voulez, *sensus*, car le cœur est le principe du sens, regardons *cuius sit superscriptio & imago*, si elle est du monde, de la chair, ou du Diable, ie n'en veux point, c'est de la monnoye qui n'a cours qu'en enfer, non en paradis: que ne peux-je trouuer de ces cœurs de S. Ignace, grauez du nom de IESVS! ho! ce sont medalles antiques, on n'en void plus gueres en ce temps.

Si faut-il que ie vous monstre que *brachium Domini non est diminutum*, pour faire de semblables grauures, hier vne bonne ame & fort deuote, m'enuoya vn liure de deuotion, pour luy en donner mon aduis, ie le trouuay excellent & tres-digne d'estre leu, c'est vn liure composé par vn P. Capucin, traictant de la Methode de seruir la saincte Vierge: à l'ouuerture du liure, i'y trouuay vn exemple qui me toucha fort au cœur, & qui est tel. Vne ieune Damoiselle d'Italie, née de grande maison & fort deuote à la Vierge, viuant sous le vœu de Virginité en la maison de ses parens, entra en vn extréme desir de voir le petit IESVS entre les bras de sa douce Mere, tel qu'il estoit en son enfance, vne veille de Noël, apres auoir quelques années ardamment demandé cette grace, disant auec feruuer, *& Iesum benedictum fructum ventris tui ostende, ô clemens! ô pia! ô dulcis virgo Maria*. Enfin elle fut exaucée, & voyla la saincte Vierge accompagnée de plusieurs Anges, qui portant son doux Enfant en ses bras, l'y remet entre les siens pour le caresser. Elle transportée de cette beauté, de cette splendeur, de cette gloire, ne pouuoit faire autre chose qu'admirer *& adorer, & loüer en silence*: le petit IESVS luy demande si elle l'aymoit, ouy, dit-elle, plus que moy mesme; derechef interrogée si elle l'aymoit, ouy, dit-elle, plus que mon cœur, & sur cela embrasée d'amour, sa poictrine s'ouure, son cœur se fend, & elle exhalle son ame bien-heureuse, *in osculo Domini*, & va au Ciel en sa bonne compagnie; depuis rencontrée morte, on trouua graué sur les deux pieces de son cœur mi-party ses dernieres paroles: Mon Iesus ie vous ayme plus que moy-mesme, mon Iesus ie vous ayme plus que mon cœur, ô belle fin, ô mort qui me transporte!

Psal. 64.

O mes freres, si vous auiez de tels deniers que vous auriez bien-tost ma marchandise! viuez beau cœur, au temps & en l'eternité.

En fin que ferons-nous? vous n'auez pas ce denier, m'en retourneray-ie sans rien debiter? helas! nous auons veu prou de gens qui vendent mal-heureusement IESVS, ne trouuerons-nous aucun qui sainctement l'achepte? serez-vous comme les Israëlites desgoustez du man, *& pro nihilo habentes terram desiderabilem, lacte & melle manantem, vbi petra fundit riuos Dei*.

Ce doux IESVS a tant d'enuie que vous l'acheptiez, qu'il vous crie comme iadis Diogene, que l'on vendoit à l'encant, qui veut achepter son Maistre?

Il se transforme en toutes façons, comme va Protée, afin de se vendre à vous; voulez-vous du bled? le voila *frumentum electum*, voire *adeps fru-*

menti ; voulez-vous du vin ? voyez *vinum germinans virgines*; voulez-vous de la chair? *Caro sua verè est cibus*; voulez-vous de l'hydromel? *Et Sanguis meus verè est potus* : voulez-vous de la terre ? *Benedixisti Domine terram tuam*, il est la terre de Chanaam : voulez-vous vn bastiment ? il dit de son Corps, *Soluite Templum hoc* : voulez-vous des habits ? il est *vestitus podore*, & cet Agneau, *qui coram tondente se obmutuit* : voulez-vous des fleurs? il dit de soy, *Ego flos campi* ; des fruicts, Il est le beny fruict du ventre de la Vierge : le voulez-vous manger ? *Qui manducat eum, viuet propter eum* : voulez-vous de l'huille ? *Oleum effusum nomen eius* : voulez-vous tout bien ? *Ostendam vobis omne bonum*. Belle l'Oraison de S. François, *Deus meus & omnia*; ô mon Dieu, & toutes choses ! voulez-vous des honneurs & richesses, *Gloria & diuitiæ in domo eius* : voulez-vous des voluptez, *torrente voluptatis potabit vos* : voulez-vous du miel, *de petra melle saturabit vos* : Sommes, *Deus cordis nostri, & pars nostra Deus in æternum*.

Ie voy bien que c'est, vous le voulez auoir pour rien, & bien ie le vous bailleray pour rien, non pas pour ce rien abominable du peché que vous commettez tous les iours : car *sine ipso factum est nihil, quod factum est* : mais ie m'asseure que vous serez encores si indigens en biens spirituels, que vous n'aurez pas seulement ce rien, que ie vous demanderay qui est ce beau & excellent neant de l'humilité. Ie vous promets pour ce rien de vous liurer IESVS : car il a dit, *Super quem requiescam, nisi super humilem*, il est escrit, *humilibus dat gratiam*, cette humilité l'a fait aneantit luy-mesme, *semetipsum exinaniuit*, cette humilité nous plonge dans le rien, *substantia mea tanquam nihilum ante te, ad nihilum redactus sum & nesciui* : ô heureux rien ! qui nous met en possession du tout. La Vierge s'humiliāt & se disant *seruante du Seigneur*, voyla pas l'abysme du tout qui va trouuer l'abysme du rien, *vn abysme en appellant vn autre*.

Helas mon IESVS ! faut-il que ie vous liure à encores moindre prix que rien : quoy ! vous l'estimez moins que rien, vous en faites vn *peripsema*, *vne pierre reprouuée*, *vn rebut & vn opprobre*, comme si son Corps precieux n'estoit pas vne marchandise inestimable, *vn thresor caché*, *la perle Euangelique*, *la manne recelée*, ô indigne d'vn si grand bien ! *Ecce conuertimur ad gentes* : allons aux Indes & au Iappon, où il est bien mieux accueilly par la feruour de ces nouueaux Chrestiens, *qui faciunt prodigia super terram*.

Venez mes freres, venez à la Confession, pour rien là sa grace vous sera debitée, venez à la sacrée Communion, pour rien là son sacré Corps vous sera deliuré, *gratis venundati estis, gratis redimemini*, pecheur tu t'es vendu au diable pour rien, pour vne vsure, pour vn honneur, pour vn moment auec volupté, pour vne cholere, tout cela n'est que de l'ombre, c'est la figure passagere du monde, aussi serois-tu rachapté pour rien.

1. Cor. 7.

Venez, & acheptez sans argent du laict & du miel, puisez pour rien dans les fontaines du Sauueur : seulement voſtre cœur, tel qu'il est ; s'il est sale, il le nettoyera ; si laid, il l'embellira ; si crasseux, il le descrassera ; si grossier, il le purifiera ; si lourd,

Isa. 52. 55.

de nostre Seigneur. 141

il l'allegera; si petit, il l'agrandira; si mauuais, il l'abonnira: *Tantum valet quantum es tu, da te, & habebis illud.*

Sus, ie vay faire vn pact auec vous, faictes seulement pour Dieu, pour le Ciel, pour l'eternité, pour cette gloire, *qui se peut acquerir, & non pas exprimer*, dit sainct Augustin, la centiesme partie de ce que vous faictes pour le monde, pour la terre, pour la temporalité, & voila, *Ego Iesum vobis tradam.* Ieusnez vn peu, mortifiez-vous en ce sainct temps, frequentez les Sacremens, & aussi tost, *Iesum vobis tradam. Ipsi honor, laus, virtus, & gloria in sæcula. Amen.*

Ramassez de cette Homelie 1. à estre autant diligens au bien, que sont les meschans au mal; 2. que les flatteurs, dissimulez, le monde, les heretiques, les hypocrites, les luxurieux, les meschans Prestres, les Simoniaques, les Confidentaires, les abusans des Sacremens, sont des Iudas; 3. les vsuriers; & 4. souuenez-vous que n'ayant pas voulu achepter nostre Seigneur pour 30. deniers, ny pour deux, ny pour vn, ny mesme pour rien, i'ay esté enfin contraint de le vous laisser pour moins que rien. O que n'ay-je peu au moins le vous prester, oüy, & à condition de ne le iamais rendre, ô que cet Espoux sanglant *sufficeret vobis & nobis*, en tout cas, *cuperam & ego ipsa* Rom. 9. *anathema esse pro fratribus meis.*

II. MARDY.

Trahison du baiser.

HOMELIE XII.

Ioan. 18.

IEsus processit & dixit, quem quæritis? responderunt illi, Iesum Nazarenum, &c. Nous remarquerons quatre circonstances en cette trahison là, 1. le renuersement de Iudas & des satellites, 2. son infidele baiser, 3. le pourparler que N. S. eut auec luy, & 4. le soing qu'eut IESVS en se liurant de deliurer ses Apostres. Voyons.

I. Ie laisse, mes freres tres-aymez, le narré du fil de l'histoire, pour éuiter prolixité: tant y-a que voyla N. S. qui va courageusement au deuãt du traistre, & des bourreaux; & anticipant leur qui va-là, leur dit; *Qui cherchez-vous*: eux dirent, *Iesus de Nazareth*, à sa responce, *c'est moy*, ils tomberent à la renuerse. Voyez-vous comme Dagon ne peut subsister deuant l'Arche: & comme ces

1. Reg. 3.
Psal. 91.

Dagons, *Conttribulantur in voce aquarum multarum.*

Admirez le nom *Iehoua*, qui signifie, *celuy qui est*, rendu prononciable par celuy de IESVS, lequel

Exod. 3.

dit, *ie suis*; adjoustant à son nom l'Iota de son humanité humiliée.

Or, comme ce sacré Nom quatrelettré estoit prononcé en silence par le grand Prestre proster-

né en terre dans le *Sainct des Saincts* : ainsi estoit- *Phil. 2.*
il raisonnable, qu'à sa prolation ces miserables
fussent prosternez. Et quoy, n'est-il pas escrit
qu'au Nom de IESVS tout genoüil doit fléchir,
au Ciel, en terre & en enfer ? Et pourquoy ne se
prosterneroit Iudas appellé *diable*, & sa diabolique cohorte ?

Voicy le nouuel Adam celeste, qui pour re-
parer la faute du terrestre ne se cache pas, *Quid* *Gen. 3.*
peccatum non fecit, nec dolus inuentus est in ore eius: *1. Pet. 2.*
mais sans se faire crier *Adam vbi es?* preoccupe
l'interrogat, demande *quem quæritis?*

O pecheur, si cette voix d'Agneau c'est moy,
d'Agneau dis-je, qui se va mettre à la boucherie,
& liurer au sacrifice, & se traire sous la main du *Isa. 53.*
Tondeur, ains de l'escorcheur, si ce bellement
amoureux porte ces Tygres par terre, que sera-ce
quand au grand iour de ses assises il criera vengeance contre tes pechez, & dira, *Ego sum frater* *Gen. 45.*
vester quem vendidistis. O ja desia, *montes cadite su-*
per nos, præuenite nos in die afflictionis : Mais quel
moyen d'éuiter ces yeux de Lynx, qui profon-
dent les abysmes, *quo ibo à spiritu tuo, &c.* Lors *Zachar.*
les Iuifs, lors les vicieux *videbunt in quem confi-* *12.*
xerunt. *Ioan. 19.*

O Dieu! le mortifié S. Hierosme estoit tousiours en allarme de *la derniere trompette & de la voix*
de l'Archange, luy semblant que tousiours elle
resonnoit à ses oreilles, l'appellant au Iugement; *1. Pet. 4.*
Si le iuste est à peine sauué, que fera l'impie? dit S. *Luc. 23.*
Pierre, *si le bois vert bruslera comme paille, que de-* *Prosa*
uiendra le sec? Quid sum miser, tunc dicturus, &c. *Ecclesia.*
Iuste Iudex vltionis, &c. Recordare Iesu pie, quod sum *in Missa de*
defunct.

causa tuæ viæ, ne me perdas illa die, chante l'Eglise. O Dieu, mes freres, que sera-ce de voir le visage de ce Iuge estincelant de courroux, poussant *Apoc. 19.* vn glaiue de sa bouche. Beau visage comme le Soleil, formidable aux hiboux, les demons & les *1. Thess. 4.* damnez, mais gracieux aux Esleus, *Qui rapientur cum eo in aëra, misericordias Domini in æternum* *Psal. 88.* *cantantes*: Voire & les malheureux chantans auec *Thr. 1.* leur rage, *Misericordiæ Domini, quia non sumus consumpti,* recognoissans meriter d'estre aneantis; que sera-ce d'oüyr cette voix de tonnerre en la roüe, ains ce foudre de fureur, *Allez maudits au* *Matth. 25.* *feu eternel*. *Rex tremendæ majestatis, qui saluandos saluas gratis, salua me fons pietatis.*

O! comme cela nous aduertit d'aller en Enfer, viuans par la cogitation, & de preoccuper en Confession la face de ce Iuge, *Hodie si vocem eius audieritis,* *Psal. 9.* *nolite obdurare corda vestra*: Faictes profit de la terreur de cette exhortation; & si vous ne voulez aller *Osea 11.* à la penitence par les cordons de charité, allez-y par les chaisnes d'Adam.

Abierunt retrorsum, & ceciderunt in terram: vn deuot Docteur remarque subtilement à ce pro- *Cost. in* pos, que c'est le propre des bons quand ils *Pass.* pechent par fragilité de tomber sur la face & se releuer aysement & soudainement, par ce qu'ils *Rom. 1.* voyent où ils sont cheus, mais des peruers tombez en sens reprouué, de tomber à la renuerse, ne voir pas leur mal-heur, & s'en releuer difficilement: ainsi tomba Helie le grand Prestre, & se cassa toute la teste; ainsi tomberont les damnez precipitez à la renuerse dans l'Enfer; ainsi tom- *Deut. 22.* berent les demons du haut des Cieux, dans la

plus

plus creux des abysmes.

Icy mon ame, *Cantemus Domino gloriosè enim magnificatus, est equum & ascensorum dejecit*, il disoit par le Prophete, *Qui tribulant me inimici mei ipsi infirmati sunt & ceciderunt. Ipsi alligati sunt & ceciderunt, nos autem surreximus & erecti sumus*, disons à nostre Espoux, *Cadent à latere tuo mille, &c.* Psal. 26.

Psal. 90.

Voyla mesmes Iudas qui est bouluersé auec sa cohorte, *& Iordanis conuersus est retrorsum*. O Iudas! que tu tombes d'vn haut degré, *eleuatus allisus est*, il semble que ton releuement aye fait ta cheute plus lourde; toy qui estois Apostre, te voila Apostat, & tu quitte ton maistre, aux pieds duquel tu auois protesté de mourir auec les autres Apostres: mais *d'vne langue menteuse & trompeuse*.   Psal. 113.
Psal. 101.

Psal. 11.
& 119.

*Xante retrò propera, versáque recurrite lymphæ.
Sustinet Iesum deseruisse Iudas.*

Ame pecheresse, quand tu te reuolte *de ton Createur pour te conuertir à la creature*, que fais-tu? sinon rebrousser vn ruisseau contre sa source? releue toy pauurette, *de lacu miseriæ & de luto fæcis.*   Psal. 39.

Iudas au lieu de se terrifier par ce terrassement se releue, nouuel Antée plus obstiné à mal faire: il va nonobstant cela trahir N. S. ô hommes! qui terrassez par la maladie, faites de si belles resolutions de mieux viure, *Pressez des douleurs & terreurs de la mort, & de l'horreur de tomber és mains du Dieu viuant*, & puis qui faites banqueroutte à ces bonnes pensées, si tost que vous estes releuez, retournans de plus beau à vos vomissemens: mais n'estes-vous pas des Iudas?   Psal. 17.
Heb. 10.

Il va impudamment baiser Iesus, *& luy dit, bon iour mon Maistre*. ô acte d'amour! ô signal de sa trahison & de sa perfidie ! icy la Prophetie s'accomplit, *Homo pacis meæ* (homme du baiser, signe de paix) *in quo speraui qui edebas panes meos*, (car il estoit despencier, & auoit communié) *Magnificasti super me supplantationem*. O Iacob, supplantateur *du premier nay de toute creature*.

 Le baiser a tousiours esté symbole de paix, & l'emblematiste figure de la Concorde sous le hyerogliphe de deux Colombes qui s'entrebaisent. Voicy la *Iustice & la Paix qui s'entrebaisent*, la Iustice rigoureuse de l'Eternel Pere, qui va embrasser & serrer le pacifique Roy IESVS.

 En l'Eglise naissante, les premiers Chrestiens de pareil sexe, s'entrebaisoient mesmes pendant les sacrez mysteres, pour signe de charité, de dilection, d'vnion ; c'est ce que sainct Paul appelle en tant de lieux *osculum sanctum* ; de là est venuë la ceremonie de la paix que l'on donne à baiser, pendant que l'on chante l'*Agnus Dei*, à la saincte Messe.

 Mais voyez comme le traistre preposterant tout ordre de raison, s'en sert pour signal de sa perfidie, changeant en guerre ouuerte le plus clair tesmoignage de Paix. O araigne veneneuse, qui tournes la rose en poison !

 On dit que l'Hyenne, beste farouche & sanglante, contrefait la voix d'vne brebis esgarée, pour attirer le Berger de sa cahuëtte, & sorty, le deuorer : Oyez la voix de Iacob, que pousse ce reprouué Esau, *Aue Rabbi*, le prendriez-vous pas pour vne simple oüaille ? & neantmoins c'est vn Tygre cruel, qui ne respire que le sang de l'innocent IESVS, qui est le *bon Pasteur*.

Icy, mes freres, permettez-moy d'inuectiuer contre ces traistres Philettes, voleurs de l'honneur des filles, & qui commencent leurs trahisons par des impudiques baisers. O baisers libertins, des salutations Françoises, que vous rendez nostre nation infame & descriée parmy les estrangers!

Les Iurisconsultes font vne gentille question, *an osculo pudicitia delibetur*, & concluent pour la pluspart qu'ouy, ô! Chasteté que tu es vertu tendre, fresle & delicate, les corps humains sont des verres, le moindre heurt entr'-eux les brise.

Chasteté, tu es vne belle glace de miroir, où le sainct Espoux se considere, mais la moindre hallenée te rend terne & crasseuse.

O beau lys! qu'il faut peu de chose pour ternir ta pure blancheur! Sçauez-vous pas, mes freres, qu'vne fleur si gratieuse sur la tige se flestrit patinée?

Ignorez-vous que les fruits, pour entiers qu'ils soient se catissent en se touchant tant soit peu?

Ce sont les corbeaux qui becquettent les charoignes! mais les chastes colombes ne veulent à leur bec que celuy qui s'appelle *la belle oliue des champs*.

Ne voyez-vous pas que la saincte Espouse aux Cantiques a les lévres bandées, pour monstrer qu'elle n'admet point d'autres baisers que ceux de son Espoux. *Cant. 4.*

Tout baiser hors le S. Mariage est vn acte d'impudicité & vn peché; excepté encores ceux que l'effrenée licence de nos salutations ont ren-

K ij

Matt. 19. dus comme tollerables, *la Loy ayant en iceux comme consenty au peché, & rendu licite ce qui est public:* mais quoy c'est comme le diuorce permis par Moyse *pour la dureté des cœurs: mais du commencement il n'estoit pas ainsi:* à present on est paruenu en nostre nation à tel comble d'abus pour ce sujet, que c'est

Matt. 24. vne vraye *abomination de desolation*, ô deshonnestes & infernales salutations! que vous empoisonnez de corps & d'ames par la bouche!

Ouy: mais on ne pense pas à mal; ouy, mais le diable ou le tiers y pense pour vous, combien y en a-il qui pensent au mal d'vne volonté determinée, & partant mortelle, qui neantmoins ne le commettent pas? & aussi combien y en a-il qui le commettent, qui n'y pensent pas, qui ne laissent pourtant de pecher, leur *ignorance estant crasse*? ô Dieu! *Delicta quis intelligit, ab occultis munda me.*

Vn verre d'eau claire touché par vn serpent, se tourne aussi tost, & se corrompt, *Combien de colombes simples sont abusées par des serpens malicieux,* & leur integrité fragilement corrompuë?

Loth si chaste en Sodome, estant au desert, sans y penser commit inceste, parce qu'il se laissa embrasser & embraser à ses filles.

Fuyez, chastes ames, toutes sortes d'attaintes, ne souffrez qu'aucun vous touche par maniere de folastrerie, ou de jeu, sans en tesmoigner vne iuste indignation: quel effronté osera vous aborder, quand vous luy aurez fait paroistre la saincte rigueur de laquelle vous jalousez vostre pudicité? quand d'vn regard trauersé vous aurez fait cognoistre que vous auez en execration les odieux baisers de ces Iudas?

III. Mais examinons vn peu à parcelles les paroles que dit nostre Seigneur à ce traistre, pour tascher de luy faire recognoistre sa faute, *Amice*, ô douceur adorable & admirable! appeller amy celuy qui faisoit l'acte du plus cruel ennemy! Console-toy pauure pecheur, tout miserable que tu sois, ce doux Amant a tousiours de l'amour pour toy, & passionne ardamment ton salut.

Doux traicts, doux attraicts, doux rays, mais comment ne fendez-vous ce cœur de roche? ne fondez-vous ce cœur de glace?

Amice, iam non dicam vos seruos, sed amicos meos, non habemus amplius spiritum seruitutis in timore.

Amice, si inimicus meus maledixisset mihi, &c. Psal. 40. Prophetie à la lettre, qui est de Iudas: L'abeille, de toutes les mousches est la plus douce pour son miel, & la plus aigre pour sa picqueure: il n'y a point de telles offences que celles des amis, ou des parens, les torts en sont de tant plus sensibles, que l'on attend d'eux toute autre chose, *Nullæ sunt inimicitiæ, nisi amoris acerbæ.* O la sensible playe au cœur d'vn mary, que le faux-bond d'vne femme: comme le monde est fait, on la tient incurable.

Ad quid venisti? Il veut tirer sa confession, comme Dieu d'Adam, pour luy donner l'absolution, Gen. 3. s'il recognoit sa faute.

Ad quid venisti? en ce lieu de retraitte & d'Oraison, en ce lieu consacré par mes prieres, voyez comme le meschant *qui factus est in arcum prauum, in sensum reprobatum,* ne respecte ny temps ny lieu, pour executer ses mauuais desseins, *Cum in profundum venerit impius, contemnit.*

Fut-ce pas en son Oratoire que S. Charles receut ce coup d'harquebusade, qui trauersant ses habits, s'arresta miraculeusement à sa peau?

Fut-ce pas dans l'Eglise que sainct Thomas de Cantorbie fut assassiné par les satellites du Tyran d'Angleterre?

——— *Pastorem obtruncat ad aras Impius.* ———

Les Enfans d'Heli commettoient-ils pas leurs abominations dans le Temple? perpetrans *abominationem desolationis in loco sancto.*

Matt. 24.

O combien auons-nous encores de ces traistres Iudas, qui font de l'Eglise *maison d'Oraison,* une *spelonque de larrons,* par leurs volans brigands, & brillans regards, pires que ceux des Basiliques, qui portent le venim en la veuë. Pestes, sortirez-vous aux foüets & fleaux de cette diuine parole, *que Dieu met en ma bouche?* Iusques à quand grauerez-vous vos pechez *aux cornes de l'Autel?*

Marc. 11.
Luc. 19.

Ier. 17.

Osculo filium hominis tradis. Sage femme qui ayde à ce peruers à enfanter l'esprit de salut, & à se descharger du pesant faix & fardeau de ce part viperin de sa trahison, *Pariendo iniquitatem, & concipiendo dolorem.*

Iob 26.

Psal. 7.

O Moyse infortuné! tu ne mouras pas *in bono osculo Domini,* mais *pœnas dabis interitu æternas longè à facie Dei.*

2. Thess. 1.

Osculo. Non les crachats des bourreaux ne seront point tantost tant à contre-cœur au doux IESVS, que ce baiser traistre de son Disciple.

Osculo. Tres-bening IESVS, qui tous perfides que nous sommes, ne laissez de nous baiser le cœur, par inspirations secrettes, pour nous porter voire transporter au bien.

Osculo. Comment, ô Iudas, ce baiser ne te change-il le cœur en celuy de cette belle, qui disoit autrefois, *Osculetur me osculo oris sui, &c.* Cant. 1.

Osculo. Il me souuient de S. Iean l'Euangeliste, qui alla chercher dans les bois vn de ses chers Disciples, qui s'estoit fait bandoulier, & en l'embrassant le conuertit, luy & toute trouppe, en cela plus heureux que nostre Seigneur, dont la douceur rauissante ne peut fléchir Iudas, aussi auoit-il le diable dans le cœur, depuis qu'il eut communié indignement. Ioan. 12.

Gardez-vous bien, mes freres, de cette abomination, d'abuser du Sacrement de Penitence, & consequémment de prendre à vostre condénation celuy de l'Eucharistie; ne prenez ce charbon ardant sur le S. Autel, qu'auec les pincettes d'or d'vne bonne espreuue, *Probet seipsum homo, &c.*

La manne diuersifioit ses gousts aux Israëlites, selon qu'ils estoient bons ou mauuais; aux vns elle estoit delicieuse, aux autres insuaue, l'Eucharistie *sanctifie les Saincts*, & damne les meschans & scelerats, qui pour cela l'ont à desgoust, comme les malades les bonnes viandes. Apoc. 2.

L'Arche si salutaire à Israël, voyez comme elle playe les Philistins. 5. Reg. 5.

Communier indignement, c'est proprement trahir IESVS par vn baiser.

Quam bonus, Israël Deus, mes freres *his qui recto sunt corde*, puis qu'il est si charitable à ceux *quorum* Psal. 72.

K iiij

cor non est rectum cum eo, nec fideles habiti sunt in testamento eius. Aussi par là il nous monstre l'exemple de cette reigle, *Benefacite his qui oderunt vos,* vers ceux *qui retribuebant illi mala pro bonis, vincebat in bono malum.*

IV. Mais de quel ton extollerons-nous cette extrême charité de nostre Espoux, qui ainsi trahy & enuironné *de lyons affamez & rugissans,* ne songeant point à soy, ne pense qu'à sauuer ses Apostres? Voyez cette poule, cette perdrix, qui s'expose aux griffes de l'oiseau carnassier, pour sauuer ses poussins.

Voyez cette laye, qui s'enferre dans les espieux & les glaiues, pour faire esquiuer ses petits.

2. Cor. 12. Voyez ce Dauphin qui met parmy la tempeste ses petits dans ses propres entrailles, *Nemo auferet eos de manu eius.*

Voyez ce Pere tendre qui s'offre à la mort pour ses enfans, *Libenter impenditur & superimpenditur pro eis,* il crie, *Me me adsum qui feci, in me conuertite ferrum.*

Heureux nous, d'estre sous l'abry d'vne si puissante & douce protection, *Nolite timere pusillus grex, scapulis suis obumbrabit tibi, &c. Scuto circundabit te veritas eius, &c. Sub vmbra alarum eius spera donec transeat iniquitas.*

Luc. 12.
Psal. 90.

La poule qui a des petits, deuient seiche & maigre, s'ostant la pasture du bec, pour la bailler à ses petits, & icy nostre Seigneur a plus de soing de sauuer ses Disciples, que soy-mesme.

Ioan. 10. O bon Pasteur, qui donnez vostre ame pour vos oüailles! en vous donnant en proye aux loups pour les sauuer.

de nostre Seigneur. 153

La Tygresse pour sauuer sa litée, il n'y a effort desesperé qu'elle ne face, si on luy iette vn Tygron elle l'emporte, pour gros qu'il soit, à sa tasniere, plus legerement que si elle n'auoit aucun faix ; si N. S. a eu tant de soin, que de tascher à conuertir Iudas, d'Agneau deuenu Tygre, en cette extremité, que ne feroit-il pour ses autres Apostres? aussi crie-il, *Sinite hos abire.*

Tantost comme vne vray' Nourrice, il les a repeus de sa propre substance, & veillé sur eux tandis qu'ils dormoient, maintenant proche du trespas, il a plus de soin de leur seureté, que de sa vie.

Quid faciam tibi ô custos hominum? Mais que ferons nous? sinon pour correspõdre, au moins pour ressentir ce soin qu'il a de nous tous, en la personne de ses Apostres, nous dis-je, qu'il cherit *comme la prunelle de ses yeux.*

La femme de Tygranes ayant sçeu de Cyrus qu'il auoit voulu rachepter la liberté de son Royaume, & de sa vie, protesta qu'elle ne penseroit iamais toute sa vie qu'à cet excez de maritale amitié, & que fera l'ame deuote pour son Espoux qui *l'a espousée, redimée, retirée,* de la seruitude du peché, & des mains de Sathan, par son sang & sa vie, quittant son Royaume celeste pour venir icy bas tramer vne vie miserable, *Dilexit me, & dedit semetipsum propter me, lauit nos de peccatis nostris in sanguine suo, languores nostros tulit & labores portauit, omnia mihi donauit :* si nous ne pouuons autre chose, au moins grauons en nostre ame vn perpetuel souuenir de ce signalé bien-fait, *Gratiam fideiussoris tui ne obliuiscaris, ipse enim dedit animam suam pro te.*

Xenoph. in memor.

Eccl. 29.

Voicy en ce faict la Prophetie consommée, *Ex*

his quos dedisti mihi non perdidi quemquã. O pauure Prelat! quand il faudra au pas de la mort rendre conte de tant de milliers d'ames qui militét sous ta charge, & que tu ne cognois pas, que pourras-tu dire? *Domine si interrogaueris, quis respondebit tibi? quis sustinebit si obseruaueris? quid dicã, aut quid respondebo ci?* Icy ie me confonds, mes freres, & ie perds toute escrime, quãd ie pense à la pesanteur de la charge Episcopale: *Las! les Geans gemiroient sous de pareilles eaux: Les espaules Angeliques y ployeroient,* dit le S. Concile: Helas! nous Pigmées en toute spirituelle vigueur, que deuons-nous faire, *Domine, salua nos perimus, venimus in altitudinem maris, ne absorbeat nos profundum, qui saluasti Petrum in mari, miserere nobis.*

Iob 20.

Soulagez ce fardeau, mes freres & sœurs, par vostre bõne vie. Les Mamuques portét leurs petits sur leur dos, & les Cicognes leurs peres: entresoulageõs-nous les vns les autres, aydez à vostre indigne à se sauuer; puis qu'il fait tous ses efforts pour procurer vostre edification.

Ayez compassion de mes defauts, & n'en tirez point de mauuais exéple: du reste i'ose dire auec Samuel, de n'auoir (que ie sçache) *fait tort à aucun.* Somme, *Oremus pro inuicem vt saluemur.*

1. Reg. 12.
Iac. 5.

Du 1. poinct de ce discours, recueillez vne crainte salutaire des iugemens de Dieu, en ce terrassement de soldats: du 2. apprenez à auoir en horreur tous baisers deshonnestes: du 3. à admirer & imiter la douceur de IESVS: du 4. à le remercier du grand soin qu'il a du salut de nos ames, le rachapt desquelles luy a cousté *le grand prix de son Sang.* Il soit beny à iamais, Amen.

1. Cor. 6.

III. MERCREDY.

Prise de nostre Seigneur.

HOMELIE XIII.

VIDENTES *Discipuli dixerunt, Domine, si percutimus gladio*, &c. Sur cette prise de nostre Espoux, i'allois remarquant 4. choses, la 1. le frappement de S. Pierre, 2. la guerison de Malchus, 3. nostre Seigneur pris & lié, 4. la fuitte des Disciples. Meditons cela. *Matt. 26. Luc. 22. Marc. 14. Ioan. 18.*

Il est sagement escrit, mes freres, *Nolite ambulare in feruore,* car comme les petits chiens, ainsi nos desirs sont aueugles en leur naissance. **I.** *1. Pet. 4.*

Ie dis tant au bien qu'au mal, les premiers mouuemens ne sont pas trop solides, comme peu considerez : Ames deuotes, ne vous croyez *és desirs de vos cœurs, n'y en vos inuentions pieuses,* car souuent *le diable se tranforme en Ange de lumiere,* pour vous tromper par des pretextes fallacieux, mais specieux : obeyssez, prenez conseil, croyez-le, & conduisez-vous *auec simplicité, pour marcher auec asseurance,* mieux vaut *l'obeyr que sacrifier*, & se dispenser du jeusne par conseil, pour cause iuste, que de jeusner par caprice & exhorbitamment. *Psal. 80. Prou. 10. Eccles. 4.*

Mais au mal, ô Dieu que la ferueur est dangereuse, notamment en la cholere.

—— *Qui non morabitur iræ,*
Infectum volet esse dolor, quod suaserit & mens

Dùm pœnas odio per vim festinat iniquo.

Combien de gens tuent sans y penser qui apres ont tout loisir de s'en repentir?

Toute vengeance est pareille aux picqueures des abeilles, lesquelles

—— *Animas in vulnere ponunt.*

Le mouton, animal si doux, transporté de courroux, se casse la teste en se battant.

Tout homme sanguinaire est abominable deuant Dieu, 2. Reg. 16. dit l'Escriture sacrée, & Dauid *pour auoir esté homme de sang,* ne peut bastir le Temple de Dieu, ouurage reserué à Salomon, pacifique: ceux qui respirent le sang & le carnage, ne peuuent faire de leurs *cœurs des Temples au sainct Esprit.* 1. Cor. 6.

S. Pierre pour auoir creu sa ferueur, est tancé de son Maistre, comme il auoit ja esté auparauant, luy dissuadant d'aller souffrir mort en Hierusalem; maintenant il luy dit, *Mets ton glaiue en son fourreau:* Paroles sur lesquelles l'Eglise douce Mere, qui *ne cognoist point le sang*, a defendu aux Ecclesiastiques le maniement des armes.

Et cet Empereur Arrien fut excommunié, qui vouloit que les peuplades de Moynes qui estoient en l'Orient, s'enrollassent en son armée, pour les mener à la guerre: *Nos seules armées sont nos larmes,* dit S. Bernard, se plaignât de quelques persecutions que l'Eglise souffroit de son temps.

S. Thomas de Cantorbie assassiné en l'Eglise, ne voulut iamais que ses Ecclesiastiques fissent de resistance, disant, que *Ecclesia Dei non erat defendenda more castrorum.*

C'est à tous Chrestiens, mais à vous principalement, ô mes freres d'Eglise, qu'il est dit, *Nolite*

defendentes, chariſſimi, ſed date locum iræ, ſuſtineris ſi   Rom. 12.
quis in facie vos cædit. O les malheureux! qui ſe ga-
bent de l'Eſcriture, quãd ils y liſent, *qu'au ſoufflet*   Mat. 5.
d'vne iouë, il faut tendre l'autre: qu'il faut laiſſer la   Luc. 6.
ſottane, à qui prend le manteau, & aller autres mille
pas auec celuy qui nous contraint d'en marcher mille.
O miſerables Chreſtiens ! qui vous mocquez de
la plus extrême perfection de voſtre ſaincte foy:
eſt-ce ainſi que vous imitez I E S V S, *voſtre exem-*   Ioan. 13.
plaire? eſt-ce ainſi que vous meſpriſez ce que ſon
S. Eſprit nous a tranſmis par les plumes ſacrées
des Euangeliſtes ?

   Oyez S. Paul qui ſe vante *de ſes baſtonnades, de*   2. Cor. 11.
ſes chaiſnes, de ſes eſtriuieres, ſouffertes pour noſtre
Seigneur.

   Mais comment donc repouſſer vne injure ?
en la ſouffrant, mes amis, & ie vous promets de
la part du *Dieu des vengeances*, que ſi vous l'endurez pour ſon amour, qu'il *armera le Ciel & la*   Sap. 5.
terre contre l'inſenſé qui vous aura fait tort; car il a
dit, *Mihi vindictam, & ego retribuam*, c'eſt vn cas   Heb. 10.
qu'il s'eſt reſerué, ne ſoyons pas ſi temeraires
que d'entreprendre ſur ſon auctorité, & de manger de ce fruict defendu.

   Il nous donnera vn front de diamant, plus dur à
paſtir, que les autres n'auront la main dure à   Ezech. 3.
frapper.

   C'eſt noſtre propre, comme au roſeau, de re-
ſiſter en cedant, ne voyez-vous pas que la bale
de canon s'amortit dans la laine ?

   Pource eſt-il eſcrit des Apoſtres, *qu'on les en-*
voye, comme brebis, emmy les loups, pour changer
ces loups en brebis, & poſſeder leurs ames par pa-

tience : *ne croyons pas tout esprit*, éuitons les boüillons d'vne chaude cholere, & sur tout fuyons la vengeance. *Hanc pœnis hanc tu compesce catena.*

Il me semble encores que cette parole de nostre Seigneur me touche l'oreille, *Mitte gladium tuum in vaginam*, pour m'apprendre à retrancher de ma Iustice spirituelle, tant de demandeurs d'excommunications sur des choses friuoles : ô miserables ! que vous faites peu de conte des ames de vos freres ! de me soliciter ainsi *opportunement & importunement*, *de les liurer à Sathan* : ô iniques estimateurs *de leur rachapt*, qui est le sang du fils de Dieu, il les aura donc redimées par tant de peines, & ie les esgorgeray en me iouant, pour satisfaire à vos appetits ; c'est toy, demandeur friuole & importun, qu'il faudroit excommunier, portes-tu pas ta condemnation és bagatelles de ta supplicque ?

Non, non, ie diray apres cette ancienne Vestale, *Ie ne suis pas venu icy pour maudire, mais pour attirer sur vous par l'esleuation de mes mains en mes sacrifices quotidiens, toutes sortes de benedictions.*

Il est vray que ie porte en main vn glaiue de feu, pour chasser les rebelles Adams du Paradis Terrestre de l'Eglise militante, mais il ne sera plus meshuy employé qu'en matieres si importantes, que ceux qui seront excommuniez & anathematisez *verbo*, le seront desia *ipso facto*, c'est la reigle que ie veux estre gardée : Ie veux guerir le trouppeau que Dieu a commis à ma sollicitude, non le tuer : le panser, non l'esgorger : le conduire *in loco pascuæ*, non le precipiter : procurer sa saluation, si ie peux, *pro Christo legatione fungens*,

marginalia:
1. Tim. 4.
1. Cor. 5.
1. Petr. 4.
Genes. 3.
Psal. 22.
Ephes. 6.

non sa damnation : le paistre, non le donner en proye : le repaistre de la parole & des Sacremens, non en faire faire curée à Sathan : ie veux serrer ce glaiue dans le fourreau, d'vne grande retenuë, & ne l'employer que comme Chirurgien, non comme bourreau.

II.

S. Pierre ayant de son espée aualle l'oreille à vn valet qui s'appelloit Malchus, voyla soudain nostre Seigneur qui la luy remet, & le guerit. O extrême bonté! ô douceur ineffable! reprendre l'amy, & guerir l'ennemy! frapper l'agneau deuant le lyon! accuser le feruent, & excuser l'execrable! n'en sommes-nous point là?

Dat veniam coruis vexat censura columbas.
Pourquoy des rudesses au Iuste, & des carresses à l'injustice? *O brebis errante! on en laisse nonante-neuf pour te chercher.* Mon Iesus, il est donc vray que nos pechez au lieu de vous irriter, attirent vostre misericorde : craignez-vous point que cela retire les bons de vostre seruice, & excite les mauuais à vous offencer? qui estoit la tentation du Roy Prophete en ces Pseaumes, *Quam bonus Israel Deus, &c. Et noli æmulari in malignantibus, &c.*

Matth. 18.
Luc. 15.

Ny la veuë de ce miracle, ny le sentiment du precedent, qui fut en terrassant de sa seule voix cette infernale trouppe, esmeut le courage felon & insensible de ces enragez : d'où vous deuez apprendre qu'il n'y a Predication, il n'y a bonne vie, il n'y a rien qui puisse conuertir vn pecheur obstiné au mal, c'est lauer vne tuille, que de parler à son cœur, & conter des fables à vn sourd, selon les prouerbes.

Or que ce fust icy vn pur miracle, & *que le doigt de Dieu fust icy*, il est sans controuerse, car la maxime Philosophique supposée *que le retour ne se baille point naturellement de la priuation à l'habitude*, cette oreille ayant esté separée & coupée, elle ne pouuoit estre rejointe à son corps, que par operation surnaturelle.

Exod. 8.

C'est ce mesme doigt qui guerit les aueugles, les boiteux, les sourds, & qui auoit operé tant d'autres miracles en la Iudée, *autre que Dieu ne pouuant œuurer telles besongnes.*

Ioan. 5.

Cette oreille remise m'apprend encores d'autres secrets, c'est que *sans la foy, qui est vn don de Dieu, il est impossible de luy aggréer*, pource l'Eglise dit, *Quia tibi sine fide placere non possumus*, or *fides ex auditu, auditus autem per verbum Dei, quia quomodo credent si non audiunt? & quomodo audient sine prædicante?* Prions Dieu, mes freres, qu'il nous conserue cette oreille nette, de la contagieuse conuersation des *Errans*, *Quorum sermo vt cancer serpit, & quorum os loquitur vanitatem.*

Heb. 11.

Ce symbole me represente encore l'obedience. *In auditu auris obediuit mihi. Domine audiui auditionem tuam & timui, sacrificium & oblationem noluisti, aures autem perfecisti mihi, in capite libri scriptum est de me, vt facerem voluntatem tuam, &c. Dominus aperuit mihi aurem, & non contradico.*

Mais principalement i'apprends d'icy, que comme nostre Seigneur fit ce miracle à l'entrée de sa Passion, de remettre l'oreille à ce miserable, aussi qu'il n'y a cœur si endurcy & reuesche, qui ne preste volontiers l'oreille à vn si beau sujet, que la Passion de nostre Seigneur : icy *surdonum*

aures patebunt, ceux qui *nolunt intelligere vt benè* Isa. 39.
agant, & qui habent aures & non audiunt, pour estre
duri corde, acquierent en cette matiere *aures au-*
diendi, prestans l'oreille de condescendance & de
compassion aux salutaires enseignemens qui s'en
tirent.

Mais dites-moy, Messieurs de Belley, n'est-il
pas vray que depuis sept ans que ie suis à vostre
seruice, voicy le cinquiesme Caresme que ie presche en ce Diocese, & le quatriesme en cette Cathedrale: ie vous ay plusieurs fois expliqué les
Euangiles iournalieres, & il y a deux ans que ie
vous catechisay de toute la doctrine Chrestienne,
tout cela affermissoit bien vostre foy & vostre esperance; mais en verité, rien n'a tant esmeu vostre deuotion & charité, que cette saincte Passion
de I E S V S, cela est si palpable & visible, qu'il
faut estre aueugle & stupide, pour ne le recognoi- Ioan. 4.
stre, *Flores apparent in terra vestra*, mais i'attends
encores, *an flores fructus parturient*: Ie voy que re-
giones albescunt ad messem, pourueu qu'vne tempeste inopinée ne vous enleue cette precieuse moisson de cœurs: *Veni dilecte mi & comede fructus po-* Cant. 4.
morum tuorum.

O fruicts doux de l'amertume où nous allons III.
entrer, car voicy en fin, mes freres, que les satellites iettent leurs mains sacrileges sur nostre
Seigneur, que les Philistins saisissent nostre Arche.

Venit summa dies & ineuitabile fatum.

Voicy ce que nous predit l'Euangile de ce
iour icy, *Ecce ascendimus Hierosolymam, vbi filius* Ioan. 10.
hominis tradetur Principibus sacerdotum, & condem-

L

nabunt eum morte. Voicy les Propheties complettes, *Circundederunt me vituli multi, &c. Circundederunt me sicut apes, & sicut ignis in spinis, veni in altitudinem maris, &c. Absorbeat me profundum, &c. Inuenerunt me viri absque misericordia, &c.*

Il arriue à l'Espoux ce qu'autrefois à l'Espouse, *Inuenerunt me custodes, percusserunt me vulnerauerunt me.*

Cant. 5.

Voicy que les enfans d'Edom crient, *Exinanite exinanite, vsque ad fundamentum in eo.*

Psal. 136.

Si vous auiez iamais veu le sac d'vne ville, ô l'horrible spectacle ! sang, carnage, pilleries, feux, violemens, cris, blasphemes, hurlemens, meurtres, brisemens, rançonnements, & quoy non d'hostile ?

Nihil faciunt hostes captâ crudelius vrbe;

Representez-vous sur cet emblême la prise de nostre Seigneur *Sicut milites captâ præda dum diuidunt spolia.*

Incensa Danai dominantur in vrba,
Hostis habet muros.

Iud. 16. Pauure Sanson icy les Philistins sur toy ?

Pauure Ioseph te voicy lié & mené iniquement en prison, *Iniustè quæ non rapui tunc exoluebam?*

Gen. 31.
Iob 1.

Voicy le pauure Iob liuré en la puissance de ces demons incarnez.

La B. Marie Royne d'Escosse en son martyre, ne peut se mort fier iusques là, de permettre que le bourreau mist la main sur elle pour luy aualer son colet, faisant cette office elle-mesme auec vn grand courage, aussi estoit-ce vne grande pitié de voir traitter ainsi ignominieusement vne Princesse souueraine de naissance, & vefue d'vn Roy de France. Mais que dirons-nous du Roy des Roys, qui permet que 600. bourreaux (car d'autant estoit composée vne cohorte) luy mettent la main dessus?

Mains qui lient aussi-tost les mains de nostre doux Agneau, mais d'estreintes si fortes, que ses nerfs en estoient tous foulez: ô doux liens de mon Maistre! chaisnons de mon cœur, qui me donnera ce bien que ie puisse auec eux si bien me lier *à vostre charité, que rien ne m'en puisse iamais separer. O liens de charité! ô liens du nouuel Adam!* ô sacrées entraues! qui auez garotté nostre Espoux, qui s'en est laissé lier, afin de lier à soy *nos volontez rebelles.* Rom. 9. Osea 2.

Sus mes sens, que ie vous attache à cet vnique objet de mon Amour: mes yeux ne regardez iamais plus rien sinon IESVS *crucifié*, mes oreilles ne vous prestez *qu'à sa voix, à sa parole*, mon nez *qu'à adorer les parfums* de ses perfections, ma langue qu'à sauourer les delices de la Manne Eucharistique, mes mains n'ouurez plus que pour son seruice, mes pieds n'allez plus qu'à luy, mon cœur ne pense qu'à luy, ma memoire sois toute pour repenser à ses bien-faicts, mon entendement considere ses merueilles, ma volonté embrase-toy toute de son Amour, mon moy soit d'estre sien, ma ioye soit de luy plaire, ma crainte de luy desplaire, mon desir de l'aymer, mon exercice de l'adorer, *Amen.* Cant. 4. Cant. 5.

Tunc discipuli omnes relicto eo fugerunt: vne terreur panique les saisit, tous s'escartent, aucun ne demeure, *non est vsque ad vnum.*

Pierre s'eschappe craignant *de mourir de glaiue,*

IV.

en *ayant frappé*, selon le dire de nostre Seigneur.

Matt. 26. Sainct Iean va courir droict en Bethanie, porter la funeste nouuelle de cette prise à la saincte Vierge; ce que nous esperons de traiter demain, vous suppliant, mes freres, de prier nostre Seigneur, qu'il me communique quelques sainctes pensées sur vn sujet de si grande tendresse.

En fin tous les autres, comme esperdus fuyent, qui deçà, qui delà: Voila pas la Prophetie, *Percutiam pastorem*, &c. & encores, *Omnes amici mei dereliquerunt me: elongasti à me amicum & proximum*, *Longè fecisti notos meos à me: non est qui consoletur eum, ex omnibus charis eius.*

Quand vient vn grand orage, vne gresle vehemente, chacun abandonne la campagne, & cherche le couuert; voila vne nuée de soldats qui creue sur nostre Seigneur, vne gresle de coups qui l'accable, & tous les Apostres qui le laissent là pour chercher l'abry.

O amis du monde seulement, *vsque ad aras*: Voyez-moy ces pourceaux, quand on esgorge vn de leurs semblables, ils y accourent grondans, est-il mort, ils se retirent: Ainsi quand quelqu'vn est malade à mort, chacun vient dire qu'il est bien marry, s'il meurt on le va mener en terre, & puis, *Dieu luy face paix*, & voila tout: si peu qui se mettent en bon estat pour rédre leurs prieres plus efficaces pour le pauure trespassé, peu qui facent penitence pour luy, ce que l'Apostre appelle *baptisari pro mortuis*, peu qui communient pour luy, peu qui gaignent les indulgences pour luy, peu qui facent sacrifier pour remede de son ame.

—— Diffugiunt cadis,
Cum feræ pecatis amici,
Ferre iugum pariter dolosi.

O Dieu ! combien y a-il de ces gens qui suiuent Dieu és douceurs des deuotions sensibles, & qui l'abandonnent aux douleurs des ariditez & desolations spirituelles, & qui le renoncent en la tourmente des tentations? *O Ephraimites!* Psal. 77. *vous appreste vos armes, & puis vous tournez le dos au combat.*

Où es-tu, Magdeleine, ie m'asseure que tu eusses fait vergoigne à ces fuyards, & que te lançant au plus espais de la meslée, tu te fusses fait assommer aux pieds de ton Maistre, tu te fusses portée aueuglement :

Quo gemitus vocat, aut sublatus ad æthera clamor.

Ou imitant ces Carthaginoises, qui au siege de leur ville, employerent leurs cheueux à faire des chordes d'arc, tu eusses de tes bras formé vn arc, façonné la chorde de tes tresses arrachées, & de tes regards estincellans façonné des flesches puissantes & aiguës, *pour trauerser les cœurs des en-* Ps. 40. 119. *nemis du Roy de gloire.*

O vous qui portez le Caresme auec si peu de patience ; mais dites-moy, ne fuyez-vous pas de patir auec Iesvs, hontoyez-vous de commettre vne lascheté, que vous treuuerez vituperable aux Apostres ?

Apostres, qui r'alliez en fin apres cet effroy, penserent creuer de regret de leur coüardise, S. Pierre en pensa pasmer de vergoigne, sainct Philippes aussi, & sainct Iacques, qui auoient tranché des vaillans. O ! quelle est vostre perte,

L iij

Apostres! ô quel est vostre creue-cœur: De là tous desesperez,

—— *Per tela, per hostes,*
Vadunt, haud dubiam in mortem mediæque tenebant,
Vrbis iter nox atra cauâ circumuolat vmbra.

Sainct Pierre fermement la presse, pauure homme, comme *vn abysme en appelle vn autre*, qui va couronner sa honteuse fuitte d'vn lasche & triple reniement.

Ils commencent à mesurer leur iouyr à l'aulne de leur dure priuation, comme reuenus d'vn profond sommeil, ils ne peuuent presque apperceuoir l'extremité de leur misere.

Mais pareils à ceux, qui reuenus de pasmoison, causée par vn grand coup, entrent és douleurs à mesure qu'ils rentrent en vie: ainsi ces pauures gens sentoient de grandes conuulsions, se voyans auoir laissé perdre ce Dieu homme, dont la conuersation est acheptable de mille vies.

Dy-moy, pauure pecheur, *Quam amarum sit dereliquisse Dominum Deum tuum, dereliquisse fontem aquæ viuæ:* ô la dure mort à vne ame sensible, que de viure sur terre priuée de la grace, si elle peut viure, car la grace est la vie: *Nous plorons le mort*, dit l'Aigle des Docteurs, *dont l'ame est separée du corps, & miserables nous ne plorons pas l'ame, qui par le peché est priuée de son Dieu.*

Consolons-nous neantmoins, pecheurs, & imitons les Apostres que cette perte rendit, non pas desesperez, mais plus feruents à la recherche, *nunc fugientes olim pugnabunt*, comme disoit l'Orateur Grec, ayant fait volte-face au pas des Thermopyles.

Pource les Lacedemoniens mettoient à la teste du second combat, ceux qui auoient fuy au premier, le desir de reparer leur honneur les rendant courageux comme Lyons : nous verrons vn iour ces vnze fuyards, qui escorché, qui crucifié, qui bruslé, qui decapité, qui tenaillé, qui scié; ô Dieu ! qu'ils repareront bien cette faute; *Sicut sagittæ in manu potentis, ita filij excus-* *Psal. 126.* *sorum.*

Nous les imiterons, si de nos pechez passez nous en faisons dans nos flancs des esperons de penitence, disans, *Ecce in flagella paratus sum, & dolor meus in conspectu meo semper*, & encores, *Pater peccaui in cœlum, & contra te, iam non sum dignus, &c.*

Vous auez esté instruits, 1. à ne croire pas vostre feruer, à reprimer vostre cholere, & endurer les injures; 2. à croire & obeyr; 3. à vous lier à nostre Seigneur ; & 4. à retourner apres tant de lasches fuittes au debonnaire IESVS, *& le te-* *Cant. 3.* *nir si ferme, que iamais vous ne l'abandonniez.*

III. IEVDY.

Nouuelle de la prise de nostre Seigneur portée à la saincte Vierge.

HOMELIE XIV.

Cy, mes freres bien-aymez, l'infaillible tradition des deuots suppléera à la reticence de l'Escriture : Les contemplatifs d'vne commune voix tiennent, que soudain apres la prise de N. S. & la desroute des Apostres, S. Iean l'Euangeliste alla droit en Bethanie, où estoit la B. Vierge, luy porter cette funeste nouuelle de la capture de son cher Fils. Sur cecy i'allois ruminer 4. poincts, ô Seigneur ! faites en 4. pointes pour trauerser ces cœurs. Le 1. par combien de voyes la saincte Vierge peut auoir esté aduertie de cette prise ; le 2. quelques crayons ou idées de sa douleur ; le 3. le desplaisir extrême de Magdeleine, Marthe, le Lazare & les deux Maries sœurs de la saincte Vierge : le 4. comment cette benitte troupe s'en alla en Hierusalem, pour voir pâtir nostre Seigneur, & luy compatir en ses souffrances. De grace vostre attention.

I.
Isa. 6.
Isa. 53.

Oseray-je bien *d'vne bouche polluë* & temeraire, desuoyler par mon discours, non le visage de Pere d'Iphigenie, mais la face douloureuse de la Mere de l'homme de douleurs, que l'Escriture si prudemment a couuerte du crespe du silence.

La tradition, mes freres, qui est vne parole de Dieu non escrite, nous fournira de matiere: quoy, & l'Escriture mesmes, qu'est-elle *que tradition* selon sainct Paul ? *2. Thess. 2.*

O si le sainct Esprit n'a point dicté cette compassion à la plume de ses Secretaires, pourquoy *operans iusques à cette heure* en l'Eglise, ne communiquera-il pas à la langue & aux oreilles, ce qu'il n'a pas voulu prester à l'ancre & au papier, voulant que cette deuotion fust escrite *in tabulis cordis carnalibus*, des personnes deuoüées au seruice de la Mere de Dieu. *Ioan. 5.* *2. Cor. 3.*

Certes ce que le grand sainct Gregoire disoit autrefois, ayant à prescher la penitence de la Magdeleine, qu'il eust mieux aymé plorer que parler: nous le pouuons bien plus iustement dire en ce suiect, puis que la penitente Marie, pour excellente qu'elle soit en son Amour, n'a rien de conferable auec l'innocente Marie.

O quam te virgo celebrem ?
Las ! quelle te diray-ie, ò Vierge douloureuse ? Sinon cecy que
―― *Tibi nulla laborum,*
O virgo noua nunc facies inopinaque surgit.

Car vous deuez sçauoir, mes tendres ames, que ce ne fut pas sainct Iean, qui premier donna la nouuelle de la Passion à la saincte Vierge. Helas ! il y auoit ja 33. ans qu'elle la sçauoit, se disposant tous les iours à aualler *ce calice amer*, & à *souffrir ce glaiue de douleur*, que Simeon luy auoit predit 40. iours apres la naissance de son Fils

Luc. 2. en sa Presentation, & comme *elle conseruoit les sainctes paroles en son cœur*, quand son Fils sceut parler, vn des premiers interrogats qu'elle luy fit, ce fut l'explication de cette Prophetie, laquelle il luy esclaircit, *pour la reuerence & obedience* qu'il luy portoit.

Et qui sçait, si quand elle le treuua au Temple à l'aage de douze ans, il n'alloit point parlant de la Passion, comme faisoient sur le Thabor Moyse & Elie, quand il s'y transfigura.

Combien de fois pensez-vous durant trente ans qu'elle l'a eu en sa maison, qu'elle fut instruite de luy de toutes les particularitez, & de sa vie, & de sa mort, *Dieu ne peut celer vn secret à Abraham*, & ce Fils celera quelque chose à cette Mere.

Gen. 18.

Au demeurant, qui ignore qu'entre les autres *graces, dont a esté pleine* cette tres-saincte Mere, elle n'aye eu le don de Prophetie? comment cette Lune ne seroit-elle illuminée en l'auoisinement *du Soleil d'Orient*?

D'abondant, tous les Spirituels tiennent d'vn adueu vniuersel, que nostre Seigneur, auant que d'aller faire la derniere Pasque en Hierusalem, *qu'il auoit si fort desiré manger auec ses Disciples auant que pâtir*, il prit amiablement congé de sa benitte Mere, & luy communiqua par le menu, *Omnia quæ illi ventura erant* : voire mesmes il le predit aux Apostres, *Ecce ascendimus Hierosolimam, &c.*

Luc. 18.

Psal. 17.
Cant. 4.

Mais las! ce doux enfant, *Sage enchanteur*, auoit sceu si bien charmer par ses paroles *plus douces que laict & miel qu'il auoit en la langue*, l'en-

de nostre Seigneur. 171

puy de la S. Vierge en ce recit douloureux de ses peines, *disponens omnia suauiter*, & luy representant tousiours l'vnion de sa volonté auec celle de Dieu, que iusques aux larmes il les auoit arrestées en ses yeux, & auoit arraché les souspirs de sa bouche, & les sanglots de sa poitrine.

O langue medecinale, qui sçait par tes douces consolations guerir les cœurs recelez de desolation, *parlez vn mot à mon cœur, & mon ame sera guerie & sauuée*: *Sonet vox tua in auribus nostris quia dulcis est, & dulciora eloquia tua super fauum, & super mel ori nostro.* *Matt. 8.*

O braue Chirurgien! que vous auez la main dure, delicate & subtile, vous blessez sans qu'on le sente, cachant le stile dans du coton, & tenant l'huile proche du fer, & le cataplasme iouxte le rasoir.

O corne de Licorne! qui porte la guerison quant & la blesseure, doux meurtrier des erreurs, qui sçauez les *mortifier & les viuifier, les plonger aux abysmes, & les en retirer*, les tuer & les resusciter, rendre leurs pointures, ou sensibles, ou endormies: Prenez le mien & l'escrasez; car vous aymez les *œurs contrits*, des vermoulus vous faictes voftre pain delicieux, *hic vre, hic seca, vt in æternum parcas.* *Psal. 91. 1. Reg. 13. Psal. 50.*

At pius Æneas, quamquam lenire dolorem, *Æn. 4.*
Solando cupit, & dictis auertere curas.

Si est-ce que l'Amour & l'obeyssance, en ce recit que N. S. faisoit de ses souffrances à sa Mere, luy donnoient d'estranges conuulsions, la chair disoit que non, l'esprit que si: si elle le regardoit comme son Fils, l'Amour formoit des oppositions à ces douleurs, si comme Dieu la voila soubmise à sa volonté: O profonde! ô prodigieuse resignation! son Fils luy auoit donc appris cette nouuelle par anticipation.

Apres luy, voila pas le S. Esprit son Espoux *Exod. 40.* (car *concepit de Spiritu sancto* : *Spiritus sanctus obumbrauit ei* , comme iadis la nuée ombrageoit le Tabernacle,) qui vient auec ses onctions suaues la consoler, aussi est-il appellé *Paraclet*, c'est à dire *Consolator* : *Consolator optimus, dulcis hospes animæ, dulce refrigerium, &c.*

Que si ce mesme S. Esprit dictoit à S. Paul, *Act. 20.* les liens, les prisons, & les souffrances qu'il alloit endurer pour le nom de Iesus en Hierusalem : Pourquoy ne penserons-nous pas pieusement qu'il representast à la Vierge les douleurs de son Fils, les mitigeant par sa suauité, & luy donnant le courage d'en supporter la veuë.

I'adjouste vn autre moyen, qui est le ministere momentanée des Anges, d'vne grande trouppe, desquels estant tousiours *enuironnée cette couchette de Salomon*, doutez-vous qu'ils ne postillonnassent de moment en moment, pour luy donner nouuelles de toutes les particularitez, iusques aux plus menuës circonstances? De sorte qu'autant de coups au corps de nostre Seigneur, c'estoit autant de retentissement au cœur de sa saincte Mere.

Bel Ange, toy qui luy portas l'ambassade de sa vie, en elle fut-ce point toy qui luy portas aussi celles de sa mort en luy?

On lit bien que Pythagoras trouua bien le moyen d'escrire à ses amis, esloignez sur la Lune par le rejallissement du sang, sur la glace de certains miroirs. O Iesus ! ô Marie ! ô beaux miroirs sans tache, vous suant le sang, vous plorant le sang à la Lune claire & luisante de cette douloureuse nuict ; lisiez-vous point vos douleurs, ô Lune ! fut-ce point cela qui te rendit *rouge comme le sang.* *Apoc. 6.*

O qui pourroit reciter icy les suaues consolations, que ces celestes courriers mesloient auec le triste rapport de tant de piteux accidents, il faudroit estre Ange, il faudroit estre Ange, toy qui *Isa. 6.* purifias autrefois auec vn charbon sacré les leures du Prophete : ô ! s'il te plaisoit de donner à la *Act. 1.* mienne *vne langue de feu*, pour faire le recit des *Psal. 103.* discours *de ces seruiteurs de feu*.

Ie me represente, mes freres, que cette Mere qui *se conformoit entierement à l'Image de son Fils, Rom. 8.* taschoit de l'imiter en toutes ses souffrances, quand il alla en Hierusalem, sinon son corps du moins, son cœur le suiuoit : Ie me veux persuader, qu'au rapport du lauement des pieds elle admira l'humilité de son Fils : & pourquoy n'auroit-elle pas ainsi receu la Communion de son corps par les mains des Anges, puis que cette faueur a esté communiquée à tant d'autres saincts & sainctes depuis ? En la vie des Peres, plusieurs des saincts Anachorettes de l'Orient, ont eu ce priuilege, la Magdeleine en son desert, saincte Marie Egyptiaque, sainct Onuphre, sainct François, saincte Gertrude, saincte Catherine de Sienne & de Gennes ; & en nos iours le B. Stanislas, nouice de la saincte Compagnie de Iesvs.

Au passage du torrent, ô que son ame *passa vn*

Pſal. 123. grand torrent de douleur, en la prediction de la fuitte des Apoſtres: ô quel regret elle ſentit en l'oraiſon de ſon Fils! qui doute que l'imitant elle ne s'allaſt mettre en priere, diſant apres luy, *Pere s'il eſt poſsible*, &c. il ſe reſigna, & elle auſſi; il ſe mit à genoux, voire ſe proſterna, & elle de meſmes; il ſua le ſang, elle plora des larmes de ſang; il fut en triſteſſe, elle en deſtreſſe; il eut peur de la mort, elle apprehenda ſa mort; il fut en agonie, elle paſma; il fut conſolé par vn Ange; & elle pareillement; il reſueilla ſes Apoſtres, elle ſes ſens accablez de langueur; il fut trahy par Iudas, elle s'en contriſta; liuré elle en plora; pris & lié, elle en ſouſpira: ſainct Iean luy en va porter la nouuelle, elle ſçait qu'il accourt, & qu'il eſt proche.

O que mon IESVS eſtoit vne vraye Image enchantée pour cette Mere, ſes ſueurs la fondoient, ſes pointures la trauerſoient, ſes maux luy eſtoient des morts, ſa Paſſion de corps vne compaſſion de cœur: O *Ieſus*! ô *Marie*! ô *Ieſus en Marie*! ô *Marie en Ieſus*! ô Soleil! ô Lune! ô Aſtres iumeaux de douleur! ô pommes iumelles d'Armenie, le coup de l'vne deſquelles paſſe à l'autre, ô vnion admirable de Fils & de Mere: mes freres allez à *Ieſus par Marie*, *Inuenietis Ieſum, cum Maria matre eius*; la mort meſme ne diuiſera point l'vnion de leur Amour.

Matt. 2.

Voila S. Iean, qui tout eſperdu & hors d'haleine frappe à la porte du Chaſteau: ja deſia, *præſaga mali mens*, donne vne certaine apprehenſion au Lazare, aux trois Maries, & à Marthe, les agonies de la Mere leur font ſoupçonner les angoisses du Fils, la Royne des amoureuses Penitentes pressée de la solicitude de son Amour, auguroit ie ne sçay quoy de sinistre.

At regina dolos quis fallere possit amantem, Præsensit, &c. *Æn. 4.*

On ouure à ce ieune Disciple, à qui la peur auoit empenné les talons, pensant auoir encores les soldats à ses espaules, entre d'impetuosité, va droit à la chambre de la saincte Vierge sa tante, & la considerant pallissante & transsie, tout cela l'accable, en sorte qu'il ne peut luy dire, ny faire autre chose que de tomber esuanouy à ses pieds ; ainsi que va meditant le deuot sainct Bonauenture. O Dieu quel Ambassade : icy les gemissemens du Lazare, d'autre part les cris de Marie Iacobi mere de sainct Iean, les gemissemens de Marie Salomé & de Marthe de l'autre : & toy Magdeleine, que ne faisois-tu pas ; tu faisois tout ce que fait faire la rage, quand elle est maistresse des sens : O gemissemens ! ô lamentations ! faites vos retentissemens dans les *inscruta-* *Ierem. 17.* *bles cauernes de mon cœur.*

O le sublime poinct de contemplation ! icy mon ame esleue-toy par dessus toy-mesme, & considere cette Mere la plus dolente de toutes incomparablement, que cette femme *vrayement forte du Sa-* *Sap. 31.* *ge, dompteresse du dragon* de douleur qui la deuoroit, commence, ô Dieu qu'est-cecy ! à consoler cette trouppe desolée, ramenant leurs esprits à *subir le suaue joug de la Diuine volonté.*

O roc esleué dans les vagues de la mer, laquelle, *Omnes fluctus suos induxerat super te,* tu es battu & combattu, mais non pas abbatu. O cœur le plus fort de tous les cœurs! ô roc de constance! ô colomne de fermeté! ô pillier inescroulable de Foy, d'espoir & d'Amour. Ouy la voyla qui preste la premiere la main à faire reuenir son néueu Iean de pasmoison, elle preuient sa triste nouuelle, elle en dit mieux que luy, tesmoin oculaire des circonstances & des particularitez, *Le Ciel escoutoit cette Dame, & la terre oyoit les paroles* (Deut. 32.) *de sa bouche qui distilloient sur ces pauures cœurs desolez, comme la rosée sur l'herbe, comme la pluye sur les plantes.* O Mere pitoyable, craindrois-je donc desormais de vous inuoquer en ces douleurs de vostre Fils, puis que pour moy vous les conuertissez en douceurs? *Vous soyez benitte à iamais entre toutes les femmes.* Amen.

Ie pensois que ce dernier aduertissement ainsi crud mal digeré, deust accabler ce cœur genereux, comme celuy de ce Roy, dont parle l'histoire, qui vit à paupieres seiches meurtrir par son vainqueur ses enfans & sa femme deuant ses yeux, & se fondit en pleurs voyant foüetter son domestique, comme ces premieres douleurs l'ayant assoupy, & cette legere playe esueillé, selon ce mot vulgaire.

——— *Que la moindre douleur,*
Donne du sentiment, la grande vne stupeur.

Mais rien de cela, nostre genereuse Mere est (Matt. 25.) fidele en peu aussi bien qu'en beaucoup, benissant Dieu (Psal. 33.) en tout temps, son cœur tousiours prest à subir son sainct (Psal. 107.) vouloir.

II. Son ame estoit-elle donc insensible à ces horribles assauts? Helas non, ains la plus tendre & delicate du monde: mais comme elle estoit
incom-

incomparablement cruciée en son interieur, elle estoit aussi tres-modeste & retenuë en son exterieur, dissemblable au laurier, en ce qu'elle sçauoit bien brusler & se taire.

O qu'elle pouuoit bien dire auec le lamentable Prophete, *Repleuit me amaritudinibus, inebriauit me absynthio* : car comme ceux qui sont enyurez de vin d'absynthe ont vne certaine stupeur qui les rend bien alienez de cerueau, mais comme insensibles de ce corps : ainsi cette saincte Vierge en apparence immobile, estoit grandement pressée au dedans. *Thren. 3.*

O femme forte, le mal te peut bien tourmenter à l'extremité, non te faire crier. Vraye Niobé toute empierrée de douleur, tu roules bien des larmes de sang : mais ton courage est inescroulable.

O mon Sauueur! les douleurs de vostre corps si visibles, si palpables, si sensibles, me semblent encores pouuoir arrester mes yeux, bien que mon esprit s'esgare en leur infinité : Mais permettez que ie vous die, que celles du cœur de vostre saincte Mere me sont inscrutables, car comme il faut estre mere pour iuger de l'amour maternel, aussi pour la douleur d'vne mere.

Et telle mere, laquelle
Nec primam similem visa est, nec habere sequentem,
Gaudia matris habens cum virginitatis honore.

Quant au corps, elle estoit comme pere & mere de nostre Seigneur, de sorte qu'en sa perte voyla vne double douleur ; outre plus elle estoit Mere de Dieu, qualité infinie : voyla donc vne douleur comme infinie, si l'infinité pouuoit tomber en vne creature, sa perte est du plus excellent

M

Fils qui fut iamais, quant au Corps & à l'Ame: voyla donc vne perte qui porte vne extremité de douleur naturelle: il estoit outre cela Dieu, voyla pour ce sujet vne douleur surnaturelle à sō dernier periode. Alte icy ma temeraire pēsée, quoy! veux-tu voier par delà la Diuinité? *O vous tous qui estes icy, cōsiderez s'il est vne douleur pareille à la siēne;* Mere incomparable, affligée de la perte d'vn Fils qui n'a point de pareil, *Non est qui similis sit ei.*

Ierem.   *Planctum vnigeniti fac tibi*, dit vn Prophete, pour exprimer vne grande douleur, il prend la similitude d'vn pere ou d'vne mere, qui plorent vn fils vnique, seul baston de leur vieillesse chenuë, bastō de leurs derniers iours: mais que tout cela est bas, pour l'oser approcher de la douleur de Marie, qui est sans parágon, *Insanabilis est plaga cius.*

O Mara, ô Maria, ô amara, le bois de la Croix, au lieu d'adoucir amertumera encores ces eaux d'angoisse, *qui entrent en ton ame.*

Ruth. 2.   Vrayement tu n'es plus Noemi, mais Mara, *puisque tu es si plaine d'amertume.*

Adiuro vos filiæ Hierusalem per capreas ceruosque camporum: O ames deuotes! principalement vous freres & sœurs de la Confrairie du S. Rosaire, ie vous conjure par la tēdre affection que vous portez à cette nostre cōmune Mere, de compatir à ses douleurs: Il n'y eut iamais de telle Mere, ny de tel Fils, ny pareillement de telle amertume.

Mais cōment ferōs-nous? ce sera en faisāt quelque actiō qui regarde le seruice de sō Fils, en tēps de Penitēce, car *la preuue de l'amour c'est l'exhibition de l'œuure*, il faut aymer de la main, *en verité, non*

2. Ioan. 2.   *seulement de langue, & de parole*, dit S. Iean.

Nous voyons, que toute Mere de Dieu qu'elle

estoit, elle a esté le plus rudement traittée en la Passion, par ces espines elle est allée aux roses de la gloire : serions-nous bien si peu iudicieux, que de la penser auoir à meilleur conte ? non, non, *Si non compatimur, non corregnabimus.*

I'aduouë, mes benists freres, que la douleur de cette Mere est si extréme, que ie m'esgare à la cōsiderer, & ie n'y trouue ny bout, ny terme, joinct que son Excelléce estant toute Angelique, me séble estre vn object proportionné au langage des Anges; mais pour en trouuer vn où il semble que nous puissions nous arrester, cōme plus proportionné à nostre foiblesse, il me semble que nous ferons bien prendre nostre essor vers les douleurs de la Penitente Marie. Sur le rauissement d'vn espoux au sac d'vne ville d'entre les bras de son espouse bien-aymée & bié aymante, ie vous prie de crayonner celuy de nostre Pecheresse conuertie, oyant la triste nouuelle de la prise de celuy qui estoit l'vnique Amour de son cœur.

1. *Tim.* 2.

Où flambez-vous, disoit-elle, mon beau Soleil, pendant les obscuritez de cette cruelle eclypse? quelles tenebres sçauriez-vous plus vtilement esclairer, que celles de mes defauts?

O miserable! ce n'estoit point és banquets d'vn Pharisien qu'il le falloit suiure, mais bien en cette derniere occasiō, il se falloit victimer à ses pieds, & luy rendre en vne mort honorable les preuues de ton ardante fidelité: ô le glorieux tombeau! ô cher martyre! ô doux baptesme de sāg, pour l'expiation de mes immondices; i'ay donc ainsi pauurement perdu l'occasion de m'y plonger.

Luc. 7.

O que le cœur me presageoit bien ce malheur! Il me souuient du grand Poëte.

M ij

Sæpe malum hoc nobis si mens non læua, &c.

O beaux yeux de mon Maistre, feux de mes affections ; mais quel obstacle va retirant de moy leurs benignes influences ? Vous allez à la mort pour me sauuer, & ie pourray viure sans vous, *où ma vie est cachée.*

Coloss. 3.
Osée 7.

O colombe infortunée, *qui n'a plus de cœur*, qui n'as plus celuy qui est sans pair, seche sur pied maintenant, *n'habite que iouxte les ruisseaux de tes pleurs*, & que tes respirs soient des souspirs, tes paroles ne soient que sanglots, ta voix que gemissement lamentable.

La voila comme vne Bacchante enthousiasée, qui se ruë sur ses tresses : O cheueux miserables ! ce sont vos vanitez passées qui composent les cordages dont est garrotté mon IESVS, allez tisons malheureux, boutefeux des ames maladuisées, allez rets & filets des cœurs infortunez, allez lacqs & pieges, vous estes la maudite cause de l'effect de ses liens.

Puis plombant son estomach de coups, O poitrine malheureuse ! dont l'estalement estoit jadis vne boutique d'impureté : c'est toy chair detestable, ce sont tes sales delices qui sont causes des coups & des meurtrissemens de mon IESVS. O mauuais cœur ! ce sont tes deshonnestes pensées qui l'ont ainsi trahy : puis se tordant les bras, ô miserables bras, qui auez seruy à des miserables enlassemens, *& à l'impureté, que ne seruiez-vous à*

Ephes. 4.

saincteté & à iustice, en cette prise que n'estiez-vous là, pour defendre, ou pour irriter les glaiues de ces Gelons felons à donner vne glorieuse mort à ce corps detestable.

de noſtre Seigneur. 181

Ie n'ay iamais fait, mes freres, ſi ie veux tranſcrire icy ce que dicte à mon eſprit la feruente fureur de cette Princeſſe des ſainctes amantes.

Imaginez-vous vn petit oyſelin qui voit enleuer de ſon nid par vne main pillarde ſes petits encores tendrelets, il va fremiſſant en ſanglots, cracquetant de ſon bec, & grinçant de ſa voix, de corps petit comme vn œuf, de courroux gros comme vn bœuf: cette ſimilitude eſt d'Heliodore: & ſur ce modelle r'accourcy, figurez-vous les outrez deſeſpoirs de cette amoureuſe Penitente, qui ſe voyoit enleuer des mains celuy qu'elle cheriſſoit plus que ſon cœur, ny que ſes yeux, ny que ſa vie. *Heliod. l.3. Carid.*

La voyla toute emflambée d'ire & d'amour qui ſonne le toccin, tourne le reſueille-matin, crie à toute la troupe, qu'il faut aller chercher ce cher Maiſtre, *& mourir auec luy*, elle dit, & tous conſentent, car qui ne voudroit mourir auec IESVS? **IV.**

Allons, mes cheres ames auec cette beniſte troupe, à la queſte du pauure & abandonné Sauueur: qui ne ſe voudroit embarquer auec Marie dans cette nef des Argonautes, pour aller à la conqueſte de la toiſon d'or?

Où allez-vous ſaincte compagnie? helas! elle va à vne Proceſſion de mort, accompagner IESVS au Caluaire, à la ſepulture, & mourir & s'enſeuelir auec luy, ſi faire ſe peut: *Bien-heureux ceux qui meurent au Seigneur: Bien-heureux ceux qui ne viuent plus à eux, mais à* IESVS. *2. Cor. 5.*

Voyla donc la ſaincte Mere à la teſte, conduite par ſainct Iean, & le Lazare (non pas celuy de l'Euangile de ce iour, qui repoſoit au ſein d'A-

M iij

braham, mais ce Gentilhomme, Seigneur de Bethanie, que refufcita noftre Sauueur) fuiuent Marie Iacobi, & Salomé, sœurs de la Vierge, tantes de noftre Seigneur: apres marchent Marie la Penitente, & Marthe: O la deuote Proceffion! & qui ne s'y voudroit ranger!

Ces beaux oyfeaux du iour, tous aigles du Soleil d'Orient, fe mettent en campagne pendant les horreurs de la nuict, où chafque bouffée de vent leur eft vn efpouuentail, neantmoins leur feruent amour perce tous ces obftacles.

Qui a iamais veu des ourfes à qui on a enleué les fans de leurs cauernes, remplir de hurlemens les Echos, courir deçà, delà, fureter tous les coings d'vn bois, & d'vne montagne, pour retrouuer leurs petits, qu'elles ont façonnez auec tant d'allechemés: repréfentez-vous cette Mere, qui auoit auec tant de peine efleué ce cher Fils, le fauuant en Egypte, qui l'auoit embraffé tant de fois: figurez-vous fainct Iean, qui auoit puifé tant de fecrets fur fa poictrine: le Lazare qu'il auoit retiré du tombeau: Marthe, qui luy auoit rendu tant de menus offices: & Magdeleine, cette Ourfe furieufe d'amour, qui luy auoit tant oing, laué, & leiché les pieds, ô quels fanglots roulent toutes ces bonnes ames!

Efcoutez comme arriuées en Hierufalem elles demandent, *Numquem diligit anima noftra vidiftis. Filiæ Syon, fi inueneritis dilectum noftrum renuntiate ei, quia amore languemus.* O que de diuerfes réfponces! les vns compatiffoient à la prife de N. S. & plaignoient fa pauure Mere, d'au-

de nostre Seigneur. 183

tres au contraire, blasphemoient contre l'vn & l'autre, disant des paroles outrageuses contre cette Mere & ce Fils, comme d'vn mauuais fruict d'vne mauuaise plante : ô quels glaiues de douleur trauersoient son ame.

Apprends de là, mon frere, à faire peu de cas de l'estime du monde, celuy, il n'y a que six iours qu'ils auoient receu triomphamment, à cette heure ils en mesdisent comme d'vn voleur : La S. Vierge mesmes est vilipendée comme vne mauuaise femme, *Beati cum maledixerint vobis homines:* Mes freres, laissez opiner le monde; si vous auez mal fait, souffrez ses irrisions pour punition de vostre peché si vous estes innocens, endurez à l'imitation de l'innocence mesme, N. S. & N. D.

Vn deuot contemplatif va meditant que cette saincte troupe passa par les ouuroirs où se fabriquoient les croix & les clouds pour nostre Seigneur, & les deux larrons : ô quelle douleur à la Mere, de voir ces cruels instrumens de la mort de son Fils. Magdeleine d'vne zelée curiosité, s'enquerant pour qui elles estoient, entend ce blaspheme horrible, que c'estoit pour trois insignes voleurs, dont le Chef estoit IESVS de Nazareth : ô quel creue-cœur ! tu blasphemes execrable bouche, & si tu dis vray, car les deux sont voleurs des corps & des biens, mais mon Sauueur est vn sainct voleur des cœurs & des ames : Volez le mien, doux IESVS, & ne me le rendez plus.

Arrestons-nous, mes amis, & colligeons 1. les diuers moyens par lesquels la B. Vierge sceut la prise de son doux Enfant, 2. ayons compas-

M iiij

sion de sa douleur extréme, 3. imitons au moins les regrets de la saincte Penitente, & 4. disposons-nous, & nous resoluons de plus beau à suiure parmy les croix & les supplices nostre sanglant Espoux, au Caluaire, tenons-nous auec la Vierge, & luy disons,

Fac me vere tecum flere,
Crucifixo condolere,
Donec ego vixero. Amen.

III. VENDREDY.

Conduitte de Iesus-Christ à Anne.

HOMELIE XV.

Ion. 18.

T duxerunt Iesum ad Annam primum, &c. En cette 2. station de la Passion de nostre Redempteur, ie notte 4. choses, la 1. sa conduite, ains son tiraillement, depuis le iardin iusques à la maison d'Anne, 2. l'interrogatoire que luy fit ce Pontife, 3. la responce de nostre Seigneur, & 4. l'affront de ce grand soufflet qu'il receut.

Ecce igitur inuenem manibus post terga reuinctis
Pastores magno ad regem clamore trahebant.

Æneid. 2.

I.

Ce mot du grand Poëte m'est reuenu en memoire, pour vous exprimer la violente conduitte que ces loups affamez faisoient de nostre Agneau.

Voicy, pensois-je, le fils de ce pere de famille, que les mauuais vignerons vont mettre à mort, selon l'Euangile que nous lisions aujourd'huy en la saincte Messe. *Matt. 20.*

Voicy le Ioseph qui va estre descendu en la cisterne, par l'enuie de ses freres, comme nous recite l'Epistre. *Gen. 37.*

Figurez-vous, mes freres, vn pauure criminel, pour quelque insigne crime trainé ignominieusement sur vne claye, & dites que cela n'est rien à comparaison de ce tirassement de nostre cher Maistre, car encores la chair nous contraint de plaindre ces pauures patients que l'on meine au supplice, on les traine, sans qu'ils marchent, on frappe le cheual, & non eux, mais nostre Seigneur marche tout garroté, est excedé par ceux là mesmes qui sont ses bourreaux & ses parties.

Autrefois vn Comique a dit, *Dij quasi pilas nos homines habet*, cela se void en tât d'accidés humains. Et se verifie principalement en ces vicissitudes que nous voyons en la rouë de la Cour, où les Grands se joüent des Courtisans, comme de pelottes : mais il est bien estrange de veoir qu'icy *homines quasi pilam Deum habent*, poussans, repoussans, & ballottans ainsi nostre benist Sauueur, au gré de leur fureur.

Mais dites-moy, mes freres, ce cher Amant est il-pas tellement affolé *de cette delice, d'estre auec les enfans des hommes, & se joüer auec eux*, qu'il se laisse encores pelotter comme vne bale, au gré de ses amis & ennemis : au mystere Eucharistique, ô Prestres, que vostre dignité est grande ! de consacrer, quand il vous plaist, auec vostre bouche, & manier auec vos mains ce Corps sacré que les Anges adorent : le priuilege de la Saincte Vierge vous est en cela communiqué.

Il faudroit trop de paroles pour vous exprimer les horribles indignitez que ces chiens venans nostre pauure Cerf, harassé & malmené, firent à Iesus-Christ: *Per tela, per hostes vadit non dubiam in mortem*: & qui pis est, Iudas esguillonne leur rage, *victorque si non incendia miscet*, iettant de l'huille au feu de leur courroux.

Æn. 8.

Allons-le suiuant parmy ces opprobres, & receuons-les comme punitions de nos pechez, disans, *Opprobria exprobrantium tibi ceciderunt super me*.

La circonstance mesme du temps aggraue cette ignominie, estant pris & lié comme vn voleur de nuict: ô vray voleur de nuict! *Anima mea desiderauit te in nocte: & nox illuminatio mea in deliciis meis, in tenebris straui lectulum nostrum, quia tenebræ non obscurabuntur à te, &c.* O sainct Voleur! quand vous mettray-je en main la bale de mon cœur, pour en faire à vostre fantasie! quand le volerez-vous, pour le faire enuoller au Ciel! *Quæ sursum sunt sapiendo, non quæ super terram*.

Coloss. 3.

Passant par le torrent de Cedron, quelque contemplatif note que ces malins (*Concilium malignantium obsidebat eum*) le plongerent dedans, se fondant sur cette Prophetie, *De torrente in via bibit, propterea exaltabit caput*: bien que communément les Interpretes entendent par ce torrent les tribulations: comment il en soit, c'est tousiours vne consideration pieuse, de voir nostre Cigne plongé dans cette eau, en vn hyuer si rigoureux, moüillé & soüillé tout ensemble.

Psal. 109.

Vous notterez encores qu'on le meine de Getsemani, qui veut dire *gras lieu*, où l'on auoit accoustumé d'engraisser les hosties que l'on deuoit immoler, pour nous apprendre qu'il est *la salutaire Hostie*, plaine de la graisse & de la grace du Ciel, *vn Holocauste moëlleux*, & la seule victime qui pouuoit operer nostre rachapt. *Psal. 65.*

Vous en colligerez encore cet enseignement, vous qui donnez aux pauures le plus mauuais pain, aux dixmes le pire bled, ou vin, comment vn iour les Iuifs s'esleueront en iugement contre vous, qui nourris à *la lumiere* de la verité, vous laissez vaincre en pieté à ceux qui ne viuoient que *dans les ombres des figures*.

O mon ame! combien cette entrée nocturne en Hierusalem est-elle dissemblable à celle qu'il y fit il n'y a que six iours, quand on ne luy chantoit que triomphes & palmes, lors on crioit qu'il viue, ores qu'il meure ; lors ioye, maintenant tristesse; lors iour, ores nuict; lors on l'appelloit Roy, ores on le nie; lors on l'admiroit, ores on le blaspheme ; lors en honneur, ores en ignominie; lors honoré, ores battu & excedé ; lors ils iettoient leurs vestemens sous luy, ores il luy rauiront les siens ; lors monté, ores à pied ; lors benist, ores maudit : ô monde, monde, en combien peu de temps tourne-tu tout à fait visage à ton Dieu ! admirez cela, mesmes à Pasques, pour vn iour ou deux, chacun des mondains semble vn sainct, tant il est conuerty; mais en fin ils retournent comme *chiens à leurs* *2. Pet. 2.* *vomissemes*, & à *recrucifier Dieu de plus beau* qu'au- *Hebr. 6.* parauant. Fy donc des honneurs, des loüanges, des applaudissemens du monde, puis qu'ils sont & tant inconstans, & si momentanées.

II.

Arriué qu'est nostre Espoux en la maison de ce Pontife, le voila bien-aise, de se voir en main le moyen d'executer ses mauuais desseins, *de circonuenir le iuste, l'oster de deuant ses yeux, & mettre du bois en son pain* pour l'estrangler.

Il l'interroge donc malicieusement, & captieusement, de ses Disciples, & de sa doctrine, par vn ordre preposteré : (car l'ire luy troubloit le sens) d'autant que c'est la doctrine qui fait les Disciples: & pour vous enseigner comme il estoit *spirans minarum & cædis in Discipulos*, pareil à ceux qui quand ils ont vn ennemy, hayssent aussi tous ses amis, & ceux qui le fauorisent : faute ordinaire au monde, de sorte que pour acquerir vn amy, il se faut comme resoudre d'estre *inimicus inimicis suis*, iniustice signalée.

Act. 7.

Cet interrogat malicieux & captieux, encheuestrant deux choses ensemble, m'apprend comment c'est vn dangereux outil que la science, quand elle tombe en vn homme qui a mauuaise conscience : n'est-ce pas vne damnable chose, de sçauoir la Medecine seulement pour empoisonner, la Iurisprudence pour chiquaner, & la Theologie pour faire des heresies?

Rom. 8.

La science est vn feu vtile en vsant bien, dangereux en vsant mal, c'est vn glaiue entre les mains d'vn furieux ; quand elle tombe en vne ame peruerse, c'est ce qui la *rend sage à mal faire*, & qui la fait pecher de tant plus pernicieusement, qu'accortement, & finement.

La chair de poulpe en vn estomach cacochime, est indigeste, & excite d'horribles visions, & la science engendre en vn esprit peruers d'estranges opinions, pource Aristote dit, *que le beaucoup sçauoir engendre beaucoup d'opinions de douter.*

Ne faites iamais estat, mes amis, d'vne science qui n'est point sousbassée de probité, il faut estre *lucerna ardens & lucens.* Ioan. 5.

Demon, c'est à dire sçauant, de sorte que sçauant homme, veut dire homme demon; & de vray, comme vn homme de bon & sçauant est vn vray Ange, duquel l'office est *de purger, illuminer, parfaire*; aussi vn sçauant & mauuais, est vn vray diable incarné.

Ne le prenez pas là, tous les Heresiarches ont esté sçauants en l'entendement, mais tres-deprauez en la volonté, & si desbordés, qu'en fin ils se sont seruis de leur sçauoir, pour impugner la ve- Rom. 10. rité, & *contredire au sainct Esprit.*

La bonne Philosophie rend l'homme sage, mais *la vaine & Sophistique*, dit sainct Paul, ne Coloss. 2. fait que deceuoir.

Au demeurant c'est vne viande flatteuse & venteuse, que le sçauoir, *scientia inflat*, c'est la 1. Cor. 8. quint-essence du sublimé de l'orgueil.

Mais dites-moy comme on reprend de luxe, *Iuuenes vt fœmina comptos*, & comme les friseries & les fards des femmes sont des tesmoignages de leur impureté: qui ne void que les friseries de l'eloquence, & le fard de la curiosité au sçauoir, est vne vraye luxure spirituelle: & qui ne plorera de voir qu'en ce temps on ose parer de ces indignes attours la chaste & simple parole du Ciel, habilant en truande vne Matrone pudique? oyez la vanité de ces beaux diseurs, *Dixerunt linguam nostram magnificabimus*, &c.

Psal. 118. Loing, loing, toute science qui n'a de la conscience, *Bonitatem, & disciplinam, & scientiam doce me*, disoit Dauid, luy donnant pour base la bonté & l'humilité.

Sap. 10. *Viue la science des saincts*, c'est à dire celle qui apprend plus à bien viure, qu'à bien dire, c'est ce *Isa.* 11. vray *don de science* du S. Esprit, aussi est-il joint à la pieté : c'est Dieu *qui docet hominem hanc scientiam, quia Deus scientiarum Dominus est* : mais des
1. *Cor.* 8. sciences *charitables & edifiantes*.

En l'interrogatoire de ce Pontife, remarquez encores le procedé des heretiques, qui en sont tousiours sur l'interrogat, sur le *quomodo*, ils craignent tant la touche, qu'ils donnent tousiours la question les premiers, tousiours flu-
2. *Thim.* 3. ctuans à *tout vent de doctrine, roseaux agitez de toutes bouffées, tousiours apprenans, & ne paruenans iamais à la science du vray*.

Voyez la Samaritaine, elle n'est pas plustost auec N. S. que la voyla aux questions & alter-
Ioan. 4. cats, ordinaires entre les Iuifs & Samaritains; c'est vne certaine demangeaison spirituelle, qui ne leur donne point de repos que dans l'agitation : le Catholique fondé sur *la pierre ferme*, n'a point toutes ces vacillations; mais se rapportāt à la creance de l'Eglise, sa mere, qui ne peut errer, le voila trāquille dās ce sein asseuré, cōme vn enfāt qui se repose en paix dans les bras de sa nourrice.

III. Neantmoins N. S. comme Espoux de cette nostre Mere, pour tesmoigner qu'il estoit *prest de rendre raison de sa doctrine, à celuy qui l'interro-*

geoit, il respond hardiment, *Palam locutus sum mundo, &c.* Nous apprenant deux belles choses, la 1. aux Predicateurs, qui sont les trompettes d'argent de l'Eglise, à recognoistre la dignité de leur ministere, seruant de canal par où passe la parole du S. Esprit; car il est escrit, *Quando steteritis ante Reges, &c. Non enim vos estis qui loquimini, &c.* Et partant de proferer hardiment & sans crainte, & sans honte, ce que le S. Esprit leur suggerera, sans respect ny acceptation des personnes: pource disoit Dauid, *Loquebar de testimoniis tuis in conspectu Regum, & non confundebar.* {Num. 10.} {Psal. 118.}

Nathan à Dauid, Isaye à Ezechias, Michée à Achab, S. Iean à Herodes, S. Ambroise à Theodose, S. Bernard au Roy de France, sont de riches exemples de cette Angelique & Euangelique asseurance.

Non erubesco Euangelium, disoit S. Paul, *virtus est enim Dei*, ouy, *& vox Domini in virtute, vox virtutis & magnificentiæ, vox concutiens cedros, spiritus vehemens conterens naues*: que si vn petit grain de foy transporte les montagnes, *Fides ex auditu, auditus autem per verbum Dei*, qui doute que cette parole proferée hardiment ne renuersast tout le monde, *Vox Domini concutientis desertum Cades*. {Rom. 1.}

Langue de feu, doüaire sacré de l'Eglise, parole ignée, qui confondois les Ananies & les Saphires, nous n'auons plus que tes froides cendres, & les glaçons de tes anciennes feruers, ce *n'est pas que l'on ne parle le langage des Anges, mais où est la charité? Omnes quæ sua sunt quærunt, non quæ Iesu Christi.* {Act. 5.} {1. Cor. 13.}

Le 2. enseignement regarde les personnes deuotes, afin qu'elles ne rougiffent point d'vne fotte honte, de profeffer la deuotion, ie ne dy pas qu'il fe faille dire deuot, mais bien defireux de le deuenir : ne redoutez point les yeux du maling, regardant pour bien faire, il y a bien de la difference entre bien faire pour eftre veu, & eftre veu bien faire ; *fus que voftre lampe luife en Ifraël, & deuant chacun, afin qu'en vos œuures, non vous, mais Dieu foit loüé. Palam loquimini mundo.*

Matt. 5.

Cette refponfe de noftre Seigneur me faict encore fouuenir du congé que prit Samuel d'Ifraël, peu auant fon trefpas, expofant fa vie à l'enquefte, & offrant de fatisfaire tous ceux qu'il auroit de faict ou de parole offencé : O mon Sauueur! *venit princeps huius mundi, & in te non habet quicquam* : nous verrons cy apres voftre innocence cogneuë, recognuë, declarée publiquement par ceux qui vous condamneront : *Et inimici tui erunt iudices* : O monde que tu es maling! puifque chez toy l'innocence mefme n'eft pas affeurée.

Au fecond interrogat touchant fes Difciples, N. S. ne refpond rien : ô filence, qui nous difen ton langage muet à nous taire, quand il eft queftion de mettre fur le tapis les defauts ou imperfections d'autruy!

C'eft vn bon remede pour arrefter la mefdifance de fe taire deuant vn mefdifant, & luy tefmoigner par vne mine froide qu'on n'ayme nullement, *dictis abfentum rodere vitam* : nous auons affez de befogne chez nous, fans nous amufer à controller les actions d'autruy, c'eft le faict d'efprits oyfeux & malings.

Cette

de nostre Seigneur. 193

Cette responce de nostre Seigneur si prudente & bié assaisonnée, sembla de trop haut goust à vn vilain Ministre qui estoit là prés, qui faisant le zelé, luy deslacha vn grand soufflet auec la main, armée d'vn gantelet de fer, comme remarque vn contemplatif : icy s'escrie vn Pere ancien, *Obstupescite cœli de servi impudentia, de Domini patientia.*

O Anges, où estiez-vous quand on meurtrissoit ce beau visage, duquel vous estes si jaloux, & que voyans vous desirez tousiours de voir : toy qui occis tous les aisnez d'Egypte, toy qui fis vn tel carnage en l'ost de Sennacherib, toy qui d'vn glaiue de feu vouloit trauerser Balaam, qui alloit maudire Israël, vous qui en chariots de feu assistiez Elisée, vous qui accompagniez Iacob auec armes, vous braues qui gardiez la couchette de Salomon, où estiez-vous ?

Merueille ! voila le grand Dieu d'Abraham *Gen. 22.* qui retient le bras des Anges, afin que son Isaac soit immolé.

O Ciel ! où sont ces feux & ces foudres, desquels tu abysmas Pentapolis, les faux Prophetes *Gen. 19.* *4. Reg. 1.* qui contredisoient à Elie, & les enfans d'Helie.

O mer, où sont tes absorptions d'Egyptiens ? *Exod. 14.*
O terre, les angloutissemens d'Abirons ? *Num. 16.*

O ours, vous auez autrefois vengé les mocqueries faites par des enfans à vn Prophete, vengez *4. Reg. 2.* cet affront fait à ce Roy des Prophetes.

O nostre Espoux, quand ie voy cette iouë meurtrie, & le sang qui vous sort par la bouche, le nez & l'oreille de cet enorme coup, qui fut suiuy d'vn contrecoup de la terre ; il me souuient de ces mots de vostre Espouse, *Sicut fragmen mali punici genæ tuæ, & sicut areolæ aromatum consitæ à pigmentariis.*

Mais, admirez comme ce parfum pilé exale son odeur, il respond à ce miserable, comme il fit à Iudas, pour tascher de le conuertir, & luy dit, *Si i'ay mal parlé rends-en preuue* (en luy offrant encores l'autre jouë, dit vn deuot contemplatif selon l'Euangile, & suiuant la Prophetie, *Præbuit percutienti maxillam*) *Sinon pourquoy fais-tu cela?* comme l'inuitant à se recognoistre pour luy pardonner.

O patience toute monstrueuse, toute prodigieuse, *Non, n'apprenons point de nostre Iesus ces choses inimitables, de créer des mondes, de resusciter des morts: mais apprenons de luy à estre doux & humbles de cœur,* dit le grand sainct Augustin.

Laërt. in eius vita. Diogene luittant contre la cholique, & souffrant vn mal extreme, sans gemir se mocquoit de ceux qui alloient au theatre voir combattre des feres, & ne le consideroient pas, terrassant la douleur auec vne grande patience.

Vn jeune fils reuenu de l'estude de la Philosophie, enquis par son Pere de son progrez, se teut, le pere prenant ce silence pour insuffisance l'injuria & frappa: ce qu'ayant souffert auec beaucoup de douceur, voyla, dit-il, ce que i'ay appris, à souffrir auec modestie les courroux & injures de mon pere. Pour Dieu Chrestiens, que ces Payens ne nous confondent pas; imitons en quelque peu és offences qui nous sont faites, l'indicible patience de nostre Prototype.

Sainct Malachie ayant receu vn extréme affront en Hirlande, apres il resuscita vn mort, le bruit court de ce miracle, chacun l'admire: fainct Bernard qui le fçeut n'admira pas ce miracle que Dieu auoit operé par luy: mais l'affront qu'il auoit fouffert pour Dieu.

Sainct Charles Borromée a esté merueilleux en fes actions: mais celle-cy d'endurer deuant fa face, d'eftre repris & blafmé en fa conduite en plaine chaire, & plufieurs fois par vn Predicateur d'vn ordre fort reformé, & s'en reſiouyr, c'eſt vn prodige de miracle, *Quis eſt hic & laudabimus eum, fecit enim mirabilia in vita ſua, qui non reſpexit in vanitates*: mais au contraire, *qui gauiſus eſt in tribulationibus*, difant auec Dauid, *Amputa opprobrium meum quod ſuſpicatus ſum, quia iudicia tua iucunda*, c'eſt vne vertu Apoſtolique, *gaudere in contumeliis*. Pſal. 118.

Ramaſſez de ce difcours, 1. à compatir à ce tiraillement de noſtre Seigneur; 2. à fuir la science fans conſcience; 3. priez Dieu qu'il augmente le zele aux Predicateurs, & taifez-vous aux meſdifances; 4. admirez en l'imitant la monſtrueuſe patience de noſtre Seigneur, lequel eſt vrayement *longanimis, patiens, & multæ miſericordiæ, & verax*.

N ij

III. DIMANCHE.

Envoy à Caïphe.

HOMELIE XVI.

Ioan. 18.
Matt. 26.
Marc. 14.

ET misit eum Annas ligatum ad Caïpham, &c. Voicy la troisiesme Station de la Passion de nostre cher IESVS, à l'entrée de laquelle nous contemplerons les nouueaux liens, desquels ces bourreaux le surchargerent par le commandement d'Anne, & peut-estre l'instigation de Iudas pour le mener à Caïphe ; 2. la fausse accusation dressée contre cet innocent & incoulpable Agneau ; 3. l'interrogatoire du Pontife ; & 4. la responce de nostre Seigneur Iesus Christ.

Iud. 16.

Mal-heureuse Dalila, qui te demanderoit la cause pourquoy tu liuras Sanson, ton esperdu amant, entre les mains des Philistins ses mortels ennemis, quelle autre peux-tu alleguer, sinon ton insigne perfidie ? O miserable Synagogue & Eglises des malings ? quel sujet auez-vous de garrotter ainsi de nouueau celuy qui est plus fort que Sanson, sinon vostre pure enuie, qui ne peut supporter l'esclat de ses vertus ?

Psal. 25.

O nouueaux liens ! vous me faites souuenir de ces mauuais liens du monde, qui entrauent tous les iours les pecheurs de nouuelles ligatures, *funibus circomplexis*, pires que nœuds Gordiens qu'il faut couper, non deslier : Vous estes ces lacqs que sainct Anthoine eut en vision, que peu eschappent vos prises.

Sainct Augustin en ses Confessions se disoit lié premierement de *sa volonté ferrée*, puis *de sa mauuaise coustume*, qui forme vne longue chaisne d'habitude par les chaisnons de plusieurs actes reïterez.

Quelquefois on les rompt par vne Confession : mais quand on a quelque volonté tacite, on ressemble au chien qui a rongé sa lesse, mais qui traisne son lien; & au forçat qui destaché du bâc, porte neantmoins sa chaisne quant & soy.

Ceux qui retombent au mesme bourbier apres la Penitence, par le diable traitez comme des serfs fugitifs, ou des prisonniers fuyards, sur qui le geollier veille plus fort, & qu'il empestre de plus puissantes chaisnes, *& fiunt nouißima peiora prioribus* : c'est ce que nous apprend l'Euangile de ce iour. Matt. 12.

Vn abysme en appelle vn autre, vn peché dispose à vn autre, *superbia ascendit semper*, ainsi des autres vices.

Dauid, d'adultere deuient homicide : Salomon, de lubrique idolatre. O Dieu ! mes freres, secoüons ces chaisnes & ces mauuais liens, qui nous portent de Scylle en Carybde.

O doux ! ô beaux ! ô nouueaux liens de nostre Maistre, enlacez pluftost nos cœurs de nouuelles estreintes, afin que iamais plus ils ne se separent de vous : ouy les liens spirituels & sacrez, s'augmétent & multiplient auſſi bien que les autres ; l'Amour comme la flamme peut auoir accroiſſement ou deſcroiſſement, pour ce prions-nous, *Da nobis Domine charitatis augmentum, Etenim benedictionem dabit legiſlator, ibūt de virtute in virtutem.*

Pſal. 83.

La ferueur des ames deuotes s'accroiſt par la conſideration des biens-faits Diuins, vray bois de ce feu Diuin, *& celuy qui a fait les biens-faicts, n'a-il pas fabriqué des liens?* dit cet ancien.

L'ame de Dauid eſtoit conglutinée à celle de Ionathas, de Ionathas, dis-je, qui luy auoit donné ſa caſaque, ſon arc, ſes fleches, ſon eſpée, & qui plus eſt ſon cœur : & que deuons-nous faire pour IESVS ſinon, comme dit l'Epiſtre de ce iour, *Ambulare in dilectione, ſicut & Chriſtus qui dilexit nos, & tradidit ſemetipſum pro nobis oblationem, & hoſtiam Deo in odorem ſuauitatis*: puis qu'il nous a donné nous-meſmes à nous, rendons-luy ce meſmes cœur qu'il nous a donné, & le voila content.

2. Reg. 18.

Eph. 5.

Placatur donis Iupiter ipſe ſuis.

Si nous l'aymons, comme nous, ſi nous voulons qu'on le croye, nous donnerons librement ce peu à ſon extréme Amour, puis qu'il eſt eſcrit, *Si dederit homo omnem ſubſtantiam ſuam pro dilectione, quaſi nihil deſpiciet eam.*

Cant. 5.

Mais voyez comme ces liens de deuotion s'entreſuiuent, vne Communion diſpoſe à l'autre, vne Confeſſion tire vn autre à ſa ſuitte : car depuis que l'on eſt vne fois amorcé de ce morceau friand de la paix & dureté de l'ame, de la tranquillité de l'eſprit, *de la ſuauité de la bonne conſcience, qui eſt vn feſtin de belle lieſſe*. O! que les oignons de l'Egypte, c'eſt à dire les plaiſirs du ſiecle ſont à contre-cœur, à comparaison de cette manne cachée, *cum augentur dona rationes*, & ie dis encores, *cognitiones & gustus crescunt donorum*.

Quelques deuots vont contemplant, que ces bourreaux attacherent vne grosse corde au col de N. S., d'autres disent qu'ils luy mirent vne chaisne de fer, & peut-estre l'vne & l'autre, tant leur rage estoit grande; & pour vous enseigner, que si vous ne vous rangez à Dieu par les cordons de soye & d'Amour que ie vous presche, vous preniez garde qu'il ne vous garotte des chaisnes ferrées d'Adam : Entendez-vous comme elles sonnent autour de vos oreilles, la peste icy prés à Geneue, la guerre & la famine, compagnes ordinaires aux prouinces qui sont en trouble, desquelles on nous recite des extremitez horribles & déplorables : Tremblez-vous point, *Paries cùm proximi ardet*.

Ose. 11.

Remarquez d'abondant en ces liens, & cet enuoy à Caïphe, les insolences de ces barbares, que ie laisse esplucher à vostre serieuse inuestigation : admirez N. S. constant emmy ces algarades durans plus il endure, se renforçant plus il est forcé, s'endurcissant comme l'enclume aux coups, se roidissant comme la palme contre le faix, profitant comme le saffran pilé, odorant comme le grain de moutarde Euangelique, plus il est escrasé, reuerdissant comme nos sapins parmy nos neiges : son vaisseau est agité dans cette mer, mais il ne se peut briser.

Nous luy pouuons bien chanter en ce spectacle, *Multiplicata est super te iniquitas superborum, Superbi iniquè agebant vsquequaque, multiplicata sunt super te flagella, superbit impius, inceníditur pauper:* car il est *in plagis supra modum.*

Le voila battu de coups par le corps, le voicy combattu de cœur par vn faux tesmoignage que l'on suscite contre son innocence. Il y auoit bien vne fourmilliere de faux tesmoins, comme les Cincenelles d'Egypte: mais, *Non erant conuenientia testimonia,* Dieu comme en Babel *diuiserat linguas eorum, fremebant gentes & meditabantur inania.*

Exod. 8.
Psal. 104.
Psal. 2.

En fin en voicy deux, qui ayant frotté leurs becs ensemble, *Astiterunt & conuenerunt in vnum aduersus Dominum, & aduersus Christum eius: Nouissimè venerunt duo falsi testes,* dit nostre texte.

Ie laisse à dire, que les faux tesmoins sont vrays enfans du diable, pere de mensonge; & les plus grandes pestes de la ciuile societé, contre qui on ne peut exercer d'assez rigoureux supplices; parce qu'ils *font du bien mal, & du mal bien, iustifians l'inique, & accouplans l'innocent:* action abominable.

Isa. 5.

Autrefois à Rome on les precipitoit du roc Tarpejan, ce qui me fait souuenir de ce que disent quelques deuots, que nostre Seigneur reuela que ces deux faux tesmoins se precipiterent, comme Iudas le traistre qui se pendit, & iustement, puis qu'ils s'estoient portez *ad verba præcipitationis linguâ dolosâ, & sermonibus odij circumdederant iustum.*

Ainsi les faux tesmoins de Socrates, Anytus & Melitus se precipiterent de desespoir.

Deut. 19.
Deut. 10.

La Loy du Talion est promulguée contre eux Deuteronome, & de la lapidation encores.

Comme mesme le verifie l'exemple de ces *Dan. 13.* deux faux vieillards, accusateurs de la chaste Susanne.

Ie ne doute point, mes tres-aymez freres, que vous ne conceuiez vne saincte abomination contre ces deux pauures bouches, qui osent bien entreprendre de ternir l'inflectrissable innocence du Sauueur: mais que direz-vous contre ceux qui les irritent?

Et qui sont-ils? helas! ceux qui se plaignent de Dieu s'attristans de leur condition, souhaittans d'estre plus riches, plus beaux, plus puissans, plus estimez, se faschans de n'auoir la santé de laquelle, peut-estre, ils abuseroient à leur damnation: ce sont là les discours ordinaires du monde, le jouet des entretiens, & la ruine des cœurs.

Ceux-là encores qui entassent bien sur bien, ne se fians à la prouidence diuine, ceux qui sindiquent la diuine conduite au gouuernement, tous ceux-là portent-ils pas faux tesmoignage contre Dieu, crachans contre le ciel, & le flechardans?

Ceux-là ne vous semblent-ils pas tous accuser nostre Seigneur? Euitez de grace ces paroles de murmure, car elles sont toutes blasphematoires, *Psal. 27.* *C'est mettre la dent dans le ciel, & parler iniquement des choses d'enhaut.*

Mais examinons de prés l'accusation de ces deux Harpies, *Audiuimus eum dicentem, Soluam templum hoc & in triduo ædificabo illud.* Ils mentent, & outre cela disent vne chose friuole; mentent, car il n'auoit pas dit *Soluam*, mais *soluite*. Secondemét il monstroit son corps en disant cela, entendãt parler de la Resurrection au troisiesme iour.

Outre cela cette accusation est friuole: car s'ils ne tenoient pas nostre Seigneur pour le Christ, ains plustost pour vn insensé, qui ne void que cette proposition, parlant selon la nature, estoit plus digne de cõpassion que de mort, sinon qu'ils le voulussent accuser d'estre vn boutefeu, vn ruineur de Temples, ou vn incédiaire Erostrate. Voyla comme, *Persecuntur eum gratis, & calumniantur eum superbi: Deus laudem eius ne tacueris, quia os peccatoris & dolosi super eum apertum est, &c.*

Psal. 108.

Voulez-vous voir d'autres accusateurs de Dieu? les voyez-vous, ces malings, qui se mocquent des deuots. Non ce n'est point à ces persõnes pieuses que se fait l'injure, mais à Dieu, puis qu'elle leur est faite pour son seruice, *qui les touche touche la prunelle de son œil, zelatus est Hierusalem zelo magno*; il dit Moyse son seruiteur, *non te spreuerunt, sed me.*

Zach. 2.

Gardez, miserables, qu'apres auoir repris leurs frequentes Confessions & Communions, vous ne veniez à reprouuer la Confession & Communion mesme: entre mauuais Catholique & heretique, il n'y a gueres loing.

Tantost vous reprenez ces pauures annelettes de chagrin, ores d'orgueil, ores d'hypocrisie, ores d'auarice, ores de folie, ores de bestise & stupidité; Et quoy non? tous les maux plustost que de toucher au blanc de la verité; ainsi Michol appelloit la deuotion de Dauid *bouffonneries & bastelage*: mais elle en fut punie de sterilité.

2. Reg. 6.

Le pere, la mere & les freres de saincte Catherine de Sienne, se mocquoient de ses deuotions;

mais quand ce pere curieux la vit vn iour par vn trou toute esclatante de splendeur en sa priere, il cessa lors de l'inquieter, & selon son extreme desir, il condescendit qu'elle se fist Religieuse.

Recueillez, tres-benistes ames, ces contradictions espineuses du monde, comme les plus belles roses que vous enuoye vostre chaste Espoux: car il est escrit, *Beati estis cùm maledixerint vobis homines, &c.*

Souuenez-vous que les maledictions de Balaam furent des benedictions pour Israël: Escoutez Dauid, *Maledicent & tu benedices, confundentur & seruus tuus lætabitur.* 2. Esd. 13.

Nouißimè surrexerunt duo falsi testes: Les voulez-vous voir, ce sont les deux Heresiarches d'Allemagne & de France, tous deux nouuellement imprimez, frais esmoulus de la boutique du Prince des tenebres, *& non est consentiens testimonium illorum*, sinon en ce point qu'ils veulét destruire l'Espouse, & ceux de nostre texte l'Espoux: escoutez-les, *soluite templum hoc, &c.* Abbatez, disent ils, cette Eglise Romaine, & sur ces ruines nous establirons nos difformes reformations: ô reformateurs de chasteté en lubricité, d'abstinence en gourmandise, de penitence en libertinage, vous en prenez bien le chemin: plorons leur perte, mes freres, & deplorons leur aueuglement: car, *ponunt lucem tenebras, & tenebras lucem.*

III.

Et summus sacerdos ait, adiuro te per Deum viuum, &c. en quel abysme d'humilité descendez vous mon Redempteur, de vouloir estre conjuré comme vn demon, ou vn demoniacle, vous qui en l'Euangile de ce iour deliurez vn possedé, *Erat* Luc. 11.

Iesus eijciens dæmonium. Là les Scribes vous accusoient, que c'estoit au nom du *Prince des demons que vous chassiez les diables*, où vous leur faites cette belle induction, par laquelle vous leur prouuez que cela ne peut estre, autrement *Beelzebuth* ruineroit son propre Empire : mais que c'estoit par le *doigt de Dieu.* Et mon Sauueur, n'estes vous pas le Prince souuerain de toutes choses? les demons *tremblent-ils pas sous vostre verge de fer? crient-ils pas que vous les violentez ?* ouy Scribes, il est Prince des Anges, des hommes & des demons ; Createur de tous, mais Sauueur des vns, & punisseur des autres.

Apprenez de plus de l'adjuration de ce Pontife, que la conjuration d'vn mauuais Prestre, en vertu de son caractere, peut contraindre le demon de parler: mais s'il n'est de bonne vie, il dira peut-estre des vilitez, qui ne luy plairont gueres.

Heb. 13.

Et encores soyez instruits d'honorer vos Superieurs, *bien que desolez*, puis que nostre Seigneur n'a refusé de respondre à cette adjuration d'vn mauuais Pontife.

Psal. 56.

O interrogat captieux & maling, *c'est vn laqs aux pieds, & vne fosse pour y surprendre le Iuste:* car interrogé, s'il est Fils de Dieu (pensoit ce traistre) il respondra non ou ouy, sinon voyla vne nuée de tesmoins qui luy ont entendu dire chez Anne qu'il l'estoit ; si ouy, ie crieray qu'il a blasphemé, & tempesteray tant qu'il sera condamné comme blasphemateur : Ainsi *Dentes eius arma & sagittæ, Romphæabis acuta lingua eius, & gladius acutus ex vtraque parte :* Serpent Amphisbele, qui mord de deux costez.

Outre cette malice, voyla vne grande question, & que iamais aucun n'auoit osé luy faire si couëment. Sainct Pierre enquis de nostre Seigneur quel il l'estimoit, luy dit bien, *Tu es Christus filius Dei viui:* mais il ne luy en faisoit pas l'enqueste, se contentant comme tout bon Chrestien doit faire, de croire plustost auec vne saincte simplicité, que d'enquerir par vne vaine curiosité, vraye marque d'vn Errant, *Errabunda regens filio vestigia.*

Voicy la grande question du *Verbum caro factum est,* vuidée en deux petits mots, *tu dixisti.* Ioan. 1.

Aussi-tost voyla ce meschant Pontife aux cris, aux deschiremens, aux exclamations, n'ayant point de raisons: Il fait tant, il a l'estomach cacochime, venim d'vne bonne viande.

Il void cette parole colorée, selon le verre de sa furieuse passion. *Il conuertit le iugement en absynthe,* preposterant tout ordre de raison, au lieu de preuues: le voyla aux hurlemens auec cette tourbe de Scribes. Am. 5.

Qui comme les vents diuers font changer de couleurs à la mer, aussi qui font ondoyer le peuple volage au vent de leurs acclamations, ausquelles il respond par acclamations.

Tu dixisti, ce fut la saincte, succinte & simple responce de nostre Seigneur deuant le Iuge Ecclesiastique: ce qui vous apprend à estre fort fideles & veritables en la Iustice, tant de l'vn que de l'autre tribunal.

Quand les monitoires d'vne fulmination passent à vos oreilles, tremblez sous ce glaiue de feu, qui peut perdre l'ame & le corps en l'eternelle Matt. 10.

gesne, *Datur metuentibus significatio, vt fugiant à facie arcus* : Allez soudain vous descharger de cette verité que vous detenez injustement par des simples reuelations, & rondes depositiõs, sans alleger ny aggrauer, sans augmenter ny diminuer le faict.

Rom. 1.

Le Iuge seculier vous fait-il leuer matin pour affermer vne verité, proferez-là candidement auec crainte & respect, *Neque enim sine causa gladium portat*, il est dit des Iuges, *dij estis & filij excelsi omnes*.

Regardez comme il en prit mal à Ananias & Saphira, pour auoir menty à S. Pierre, & à Marie sœur de Moyse pour auoir murmuré contre la iustice de son frere, *qui potestati resistit Dei ordinationi resistit*.

Rom. 13.

Que craignez-vous à dire la verité ? n'est-il pas escrit, *Fortis est veritas, & præualet*, & encores *opera manuũ eius veritas & iudicium*: mais que ne deuez-vous craindre en la taisant & disant le mensonge, n'est-il pas escrit, *perdes omnes qui loquuntur mēdacium*: Courage, *Propter veritatem & mansuetudinem, & iustitiã mirabiliter deducet vos dextera excelsi*.

A tous ces fatras de calomnies & friuoles accusations du renuersemẽt & releuement du Tẽple, N. S. ne daigne respondre, *Ad ea quæ aduersus eum testificabãtur Iesus tacebat, & non respõdit quicquam*: De là nous pouuons tirer de salutaires enseignemens; il ne s'excuse point pour reparer la faute d'Adam, qui auoit mal à propos excusé son peché.

Gen. 3.

Et puis il nous apprend à nous taire, quand quelqu'vn nous dit des paroles de courroux ; car *sicut apis amisso aculeo torpet*, ainsi fera cette cholere estant deschargée.

Comme aussi aux calomnies, qui en vn taciturne font des pointures d'abeilles sur vne pierre.

Le silence est encores vn bon moyen pour éuiter les murmures & contradictions : car,

Ventus vt amittit vires, nisi robore densæ,
Concurrant siluæ spatio diffusus inani :

Ainsi la taciturnité preste vn passage larg[e] torrent des altercats.

Somme il se taist en ce qui le regarde comme homme : mais il parle franc & net, quand il y va de l'honneur de Dieu son Pere, & de sa Diuinité : ainsi és petits seruices domestiques, il *estoit obeyssant à la Vierge*; mais quand à l'aage de 12. ans il s'escarte pour parler au Téple, sa mere luy disãt, *Fili cur fecisti nobis sic?* il respond rondemẽt & non pas rudement, cõme pensent les Pretendans, *An nescitis, quia in his quæ patris mei sunt oportet me esse.* Luc. 2.

En la ruë on l'auoit appellé seducteur, magicien, & quoy non, il souffre tout : mais s'il voit prophaner le temple par vne indigne trafficque, voila que le zele *de la maison de Dieu le rongeant*, il fait vn terrible esquarre de ces vẽdeurs & achepteurs, ne pouuant souffrir que *la maison de son Pere, maison d'Oraison & de sainčteté, deuinst foire, lieu de negotiation & cauerne de voleurs.* Ioan. 2.

Beaux exemples, mes freres, & qui nous dictent, qu'és choses qui regardent nostre honneur particulier nous soyons fort indulgens, mais treszelez pour celuy de Dieu. Si les duellistes François entendoient bien ce poinct, ils ne prefereroient pas par vn orgueil de Lucifer leur honneur imaginaire à la gloire de celuy qui est le Dieu des vengeances. Prions Dieu, mes amis, qu'il oste de nostre nation cet *esprit de* *Esa. 19.* *tournoyement*, & que sa main puissante guerisse ce grand desordre de nostre noblesse.

A tant vous auez ouy 1. les mauuais liens du siecle, & les bons de la deuotion, ensemble & la constance de nostre Seigneur, parmy les insultes des soldats : 2. apprenez à detester tout faux tesmoignage : 3. à compatir à nostre Seigneur, reputé pour vn Magicien, ou endiablé : & 4. à ne desguiser iamais la verité en Iustice. Allez en la garde de Dieu.

III. LVNDY.

Illusions.

HOMELIE XVII.

Matt. 26.
Marc. 14.

VNc *Princeps Sacerdotum scidit vestimenta sua dicens, blasphemauit, &c.* Nous discourerons icy 1. sur ce deschirement d'habits ; 2. sur l'vniforme aduis de ces meschans, qui estoit de faire mourir nostre Seigneur ; 3. de leurs blasphemes, & 4. diuerses illusions.

Se deschirer les habits, estoit vne ancienne coustume quand il arriuoit quelque chose de sinistre. Ainsi au Genese, Ruben *rompit ses vestemens* ne trouuant Ioseph en la citerne. Et Iacob, le pere, quand on luy rapporta que la *mauuaise beste l'auoit deuoré, il deschira sa robbe.*

Gen. 37.

Ainsi

de nostre Seigneur. 200

Ainsi Mardochée oyant l'ordonnance d'Assuere, pour massacrer les Iuifs. Et Iob oyant la mauuaise nouuelle de la mort de ses enfans. *Esth. 4. Iob 1.*

Et Iephté venant voir sa fille, à cause de son sanglant vœu. Et Iosué à la deffaite de ses gens, par les habitans de Haï. Et Vagao ayant veu le tronc d'Holofernes sur son lict. Et Dauid à la mort de Saül & de Ionathas. Et le Temple mesme, insensible, deschira son voile à la mort de nostre Redempteur. *Iud. 11. Ios. 7. Iudith. 14. 2. Reg. 1.*

Neantmoins il estoit tres-expressement defendu au grand Prestre de deschirer ses habits, ny mesmes d'aller aux funerailles, de peur que la veuë de ceux qui rompoient les leurs, pour tesmoigner leur deüil, ne le tentast de cette indecence, messeante à sa grauité. *Matt. 27. Leuit. 10. & 21.*

Voyla toutefois ce mauuais Pontife, qui pour esmouuoir vne sedition contre l'equité, deschire les siens contre la loy, pechant contre l'ordonnance diuine, & blasphemant contre la diuinité de celuy qu'il appelloit blasphemateur, lequel estoit vrayement *Christus Filius Dei viui.*

O, mes freres! si nous obseruions vne telle coustume emmy tant de blasphemes que nous oyons tous les iours, nous ne serions vestus que de lambeaux, & il n'y auroit iamais, dit le bon Docteur Ekius, des Tailleurs à suffisance: neantmoins comme *ils auoient tout en figure & en ombre* en la vieille loy, contentons-nous en la nouuelle de faire ce que nous dicte Ioel de la part de Dieu, *Scindite corda vestra, & non vestimenta vestra.* *1. Cor. 10. Ioel 2.*

Mais admirez l'obstination de ce malheureux Pontife, qui ne s'enquiert pas plus auant de N. S.

O

redoutant sa doctrine, & se souuenant à l'aduenture de la merueilleuse science qu'il auoit fait paroistre au Temple, à l'âge de douze ans, car s'il fust entré plus outre en conteste, & luy & toute sa troupe eussent esté confondus, parce que nostre Seigneur leur eust monstré, commençant par Moyse, & suiuant par les Prophetes, la verité de sa diuinité humanisée : éuitant ce coup fatal, il se prend à crier, *à fermer ses oreilles comme vn aspic sourd*, à boucher les yeux au Soleil, qui les luy offusquoit, *se rendant rebelle à la lumiere, declinant les yeux pour ne voir le Ciel*, comme les faux accusateurs de Susanne, fuyant le iour comme vne choüette malencontreuse.

Psal. 57.
Iob 24.
Deut. 13.

Remarquez encores de cette action extraordinaire, combien la voix d'vn Capitaine est puissante sur ses soldats.

Celle du Maistre sur ses escholiers, tesmoing l'ἰῶς ἔφα, des Pythagoriciens.

Des Pasteurs, sur leurs oüailles, qui vont où ils les meinent, *quia vocem eorum audiunt*.

Quel le Chef, tels les soldats ; si lyon, lyons ; si cerf, cerfs, quel le Precepteur, tel le disciple ; pour ce Diogene frappa vn Maistre, duquel il voyoit l'escolier mal morigeré : Aussi volontiers *vt populus sic Sacerdos*.

Ils doiuent aller deuant auec l'arche de la deuotion, s'ils veulent que le peuple soit vertueux, qu'ils le soient ; *A senioribus, à presbyteris Israel egressa est iniquitas*, dit l'Escriture ; aussi en deriue la bonté, *Æquitatem vident vultus eorum* ; parce qu'ils gardent le scauoir, & on anquiert science de la voix. A la mienne volonté qu'ils eussent aussi tous

Ios. 4.
Malach. 2.

la conscience nette, & la vie exemplaire, l'heresie s'esuanoüyroit aussi-tost, & sortiroit par la mesme porte par où elle est entrée.

Le peuple est vne paste qui prend la forme que luy donne l'exemple des Grands.

Vn poulpe qui prend les couleurs des hauts rochers où il est attaché, par la subjection & l'obeyssance.

Vn sable de Lybie qui roule selon les vents, *il se change selon son Prince*, dit le Poëte, *& se compose selon son Roy*.

Herodes veut tuer les Innocés, il frappe la terre du pied, & en fait comme Pompée, bondir plus de satellites qu'il ne veut, *est-il troublé à la venuë des Mages, voyla quant & luy toute Hierusalem en trouble*.

Ce meschant Pontife crie, *blasphemant*, ses adherans, comme des Echos, disent le mesme, & adjoustent, *qu'ils le iugent digne de mort*: Et dicit omnis populus, fiat, fiat. *Matt. 22.*

Tant il est plus aisé d'amasser des freslons que des abeilles: est-il question de joüer, de battre, de dancer, de boire & gourmander, de monopoler, de tauerner, de faire la débauche, il ne faut qu'vn mot, voyla prou de compagnons; est-il question de deuotion, que d'artifices il faut pour induire vne seule ame à en faire quelque action : O doux IESVS ! chacun aboye contre vous, *Quæsiui consolantem te, & non inueni, non est qui faciat bonum, non est vsque ad vnum*. II.

Que de loups sur vn mouton.

Que de chiens apres vn pauure cerf.

Que de traicts contre ce *blanc & vermeil*.

Que d'artifices pour circonuenir ce *Iuste*. *Circum-*

dant eum sicut apes, circundant eum sicut aqua, c'est à dire de toutes parts : ô l'horrible circonference de cris & de coups.

Voyez en cette image ce que nous voyons en nos iours parmy les Heretiques diuisez entr'eux, & qui s'entremangent & deschirent par leurs escrits, s'vnir neantmoins contre *l'vnique Espouse* de N. S. qui est l'Eglise Catholique, comme vautours se voulans repaistre du deschirement de cette *Colombe sans tache*.

III.
Luc. 22.

Et alia multa blasphemantes dicebant in eum. Certes les execrables blasphemes de ces Errans contre la saincte Eucharistie, & les autres mysteres de la Religion Chrestienne, sont horribles, & neantmoins deplorables auec larmes de sang; d'autant que cette heresie començant presque à auoir l'âge d'vn hôme, & quelques-vns estans nés dans ces erreurs, *ils blasphement ce qu'ils ignorent*, faute d'estre bien esclaircis des veritez de nostre saincte foy, chargée, quoy que chaste Susanne, des impostures de ceux qui perissent en *la contradiction de Choré*.

Iud. 1.

Car c'est grande pitié comment on leur fait entendre que nous croyons tout autrement que nous ne croyons, i'ay conferé auec peu qui sçeussent rien de nostre creance, de laquelle leur disant des veritez, ils estoient tous esbahis, & blasmoient l'infidelité de leurs Ministres : plorons sur leur seduction, & prions Dieu qu'il les illumine. Amen.

Rom. 2.

Mais qu'entre les Catholiques la rage du jeu face pousser des iuremens si effroyables, que le recit en feroit scandaleux, c'est ce qui me creue le cœur, & c'est ce qui fait *blasphemer Dieu &*

noſtre Religion, par ceux qui en ſont dehors. Mes freres, ſi nos mauuaiſes mœurs ont par vn change miſerable, ſeparé ces pauures freres errans d'auec nous, en creance, hé! pour Dieu que la conuerſion de nos volontez excite celle de leurs entendemens, reuenons à la vertu, afin qu'ils embraſſent la verité de noſtre ſaincte foy, hors laquelle il n'y a nul ſalut.

Sur tout banniſſons *cet eſprit de blaſpheme*, qu'à affaire le nom de Dieu pris en vain parmy vos choleres & vos traffiques? ne ſçauriez-vous proſperer ſans l'offencer? ains penſez-vous proſperer en l'offençant?

Souuenez-vous de noſtre bon Roy ſainct Louys, qui ſouhaittoit d'auoir les léures marquées d'vn fer chaud, & que ſon Royaume fuſt purgé de ce crime.

Souuenez-vous de ce ieune enfant de cinq ans, qui blaſphemant fut deſchiré par le diable entre les bras de ſon pere, ainſi que rapporte S. Gregoire en ſes Dialogues.

l. 4. Dial. cap. 18. Vincent. Belluac. l. 25. c. 87. Diſcip. ſerm. 133.

Helas! malheureux, autrefois les bonnes loix & ordonnāces contre les blaſphemateurs, eſtoiēt ſi rigoureuſement obſeruées, à preſent elles ſont meſpriſées, nulle punition s'en fait, c'eſt le joüet & l'ornement du langage du monde, que de maugreer: *Dicunt linguam noſtram magnificabimus, labia noſtra à nobis ſunt.*

Des blaſphemes, ces bourreaux viennent aux illuſions, ô Roy de gloire, à qui les Anges chantent, *Sainct, Sainct, Sainct*, à qui tout *honneur eſt deu, qui eſtes jaloux de voſtre gloire*, quoy? meſpriſez-vous donc en fin pour moy, & pour

IV.

1. Tim. 1. Exod. 20.

O iij

confondre, mon orgueil, ce qui vous est comme *connaturel*, & deu en souueraineté par toute creature, voire & *par les astres du matin.*

Iob 38.

Samson, dont nous parlions hier, ayant souffert prou de maux, ne peut en fin supporter les ignominies; ny Elisée vne injure friuolle dite par des enfançons: & vous *Dieu des vertus, à qui on doit porter & apporter gloire & honneur*, vous serez estimé *omnium peripsema*, & *l'opprobre des hommes.*

Iud. 17.
4. Reg. 2.

I'ay reduit en ma Meditation, mes freres, ces Contumelies que ces Barbares font à nostre cher IESVS en la maison d'Anne, à cinq sortes, la 1. fut de luy voiler le visage, voyla nostre Moyse voilé, & pourquoy? pource disent les contemplatifs, que des beaux yeux de N. S. il sortoit quelquefois quand il haussoit ses langoureuses paupieres, des regards si doux, que ces felons pour n'en ressentir les attraits, capables de mitiger leur rage, les luy banderent, pour le bourreler auec plus de ferocité.

O Poëtes, que vous voilez de beaux secrets sous le bandeau des yeux de vostre feint Amour, mais nostre sainct Amour, a-il pas icy les siens bandez auec verité? & toutefois il ne laisse, ie m'asseure, deuotieuses ames, de frapper droittement vos cœurs d'vne saincte compassion de le voir en ce piteux estat.

Vous voilez vos yeux, cher Amant, pour ne voir nos defauts, car l'affection que vous nous portez vous aueugle, si est-ce que vous ne laissez pas auec vos yeux de Linx, qui percent non les murailles seulement, mais les abysmes de la terre, voire & *des cœurs*, de voir l'inhumanité meurtiere de ces Tygres alterez de voſtre ſang.

Vous eſtes cet Eſpoux regardant par des treillis & ialouſies, voyant ſans eſtre veu, Vos yeux ſont ſur les hommes, mais il n'y a que les iuſtes qui ayent des yeux pour vous.

Cant. 2.
Pſal. 140.
122.

Ils ſe mirent dans vos prunelles, comme dans les glaces embraſées d'où ſourdent les feux de leur amour, mais les meſchans ne les peuuent ſupporter, parce qu'ils y ſont effroyez des terreurs de voſtre Iuſtice.

Quelques deuots remarquent que ce fut auec vn ſale torchon que fut voilée cette diuine face, que les Anges adorent : ô laideur de mes pechez ! tu as ſally ce linge infame, car le peché eſt comparé *panno menſtruatæ*.

Eſth. 14.
Iſa. 64.

Preſtres qui eſtes ſi mal propres à l'Autel, qui tenez ſi peu de conte de la netteté des ornemens Eccleſiaſtiques, bien que l'on vous chante, *Mundamini qui fertis vaſa Domini*, Faites-vous point quelque choſe de ſemblable ? Soyez deſormais, mes tres-aymez freres, plus curieux de la proprieté des Autels, afin de pouuoir iuſtement chanter auec Dauid, *Domine dilexi decorem domus tuæ*.

Iſa. 52.

Ceux-là auſſi ne voilent-ils pas les yeux à noſtre Seigneur, qui penſent en cachant leurs ſales pechez du rideau de la nuict, les rendre incogneus à Dieu, comme aux hommes, diſans preſque comme ces impies, *Non videbit Dominus nec intelliget Deus Iacob. O ſtulti aliquando ſapite, &c.*

Ce voile me feroit volontiers faire icy vne exhortatiō aux fémes & aux filles, ſinon de ſe voiler entieremét, en quoy elles feroient tres-bien, ſelon

O iiij

l'ordonnance de l'Apostre estant à l'Eglise, *Propter Angelos Dei.* i. *Presbyteros*, disent les Interpretes, au moins de couurir plus modestement leurs testes : que dy-je, mais plus vtilement.

Quoy ? mais ne redoutez-vous point qu'en fin le froid les face fendre ? ce rigoureux hyuer que nous venons de passer a bien eu le pouuoir d'escarteler des arbres, de destacher des rocs, & de fendre des pierres, sinon de la seance, prenez soin de vostre santé, allez & de vostre saincteté encores. I'ay veu la France, & parcouru l'Italie, regions incomparablement plus chaudes que celle-cy, ce ne sont que masques d'vn costé, & voiles de l'autre, tous visages cachez ! & icy malgré le froid & les frimats, ce ne sont que testes descouuertes. Si vous pensiez destinément vaincre l'intemperie du pays, vous trouuerez à la fin que la glace de nos montaignes a encore la teste plus dure que vous. Ie vous exhorte à ces voiles. Et pleust à Dieu que mon admonition fust aussi efficace que celle du bon S. Charles, qui apporta cette saincte & honorable reformation és Dames de Milan.

La 2. illusion que ces cruels firent à N. S. ce fut de luy cracher au visage luy souffleuans ce sale voile. O beau Ciel, c'est donc ainsi que l'orage de la rage vous couure de ces sales & espesses nuées ! O sales pensées, vous estes ces sales crachats qui sallissez en mon ame l'image de cette face de mon Dieu ; car *elle est creée à sa semblance.*

Gen. 2.

Mais voyez-vous d'autre part ces maugreeurs & despiteurs de Dieu, comment ils leuent ce bouchon pour luy cracher au front, faisant quelque chofe, à ce qu'ils difent, en defpit de luy: O efprits perdus, ames abandonnées.

La 3. illufion fut de luy arracher la digne barbe. Affront qui eft infupportable entre les hommes, & capable de faire fauter la patience hors des gonds. Outre l'extréme douleur que c'eft de tirer ainfi le poil, comme qui efcorcheroit vn mouton, & plumeroit vn oyfeau vif.

O liéures paoureux (pareils à ceux de l'emblême) c'eft ainfi que *barbam vellitis mortuo leoni*, à celuy qui renuerfoit les milliers d'hommes auec trois cordelettes : qui de fa feule voix vous terraffoit. Et bien *hæc eft hora veftra & poteftas tenebrarum*.

Suiuez voftre fureur par la 4. illufion, qui fut de le fouffleter : fes jouës battuës & abbatuës font defia accouftumées à de pareilles attaintes. O temeraires! ô facrileges! ô prophanes mains, ofez-vous toucher cette Arche facrée ?

Vous, ô inferieurs! defobeyffans à vos fuperieurs, qui tiennent pour vous la place de Dieu en terre, que faites-vous par vos mutineries, & reuoltes, finon fouffleter noftre Seigneur ?

La 5. illufion que i'ay remarquée (las! ils en firent à milliers) fut que le tenans pour vn faux Prophete, ils luy difoient l'ayant frappé, *prophetiza nunc quis te percuffit*? Langage aucunement femblable à celuy de l'Euangile de ce iour, *Medice cura teipfum*.

O pauure Hercule, que l'Amour rend le joüet des filles d'Omphale.

Cher pere, que l'amour de fes Enfans fait rentrer en enfantillage, & joüer auec eux à ce petit

218 Homelies sur la Passion

jeu de l'aueugle. O bon IESVS, vous sçauez & voyez bien qui vous frappe : mais *vous dissimulez les pechez des hommes, les attendans à penitence.*

Sap. 11.

Retenez de cette Homelie, 1. à briser vos cœurs de douleur & de regret quand vous voyez offenser Dieu, à ne fermer les oreilles aux enseignemens de salut, à prier Dieu qu'il vous donne de bons Pasteurs, ou qu'il amende les vostres, afin que leur bon exemple vous edifie. Sur tout en ce temps priez Dieu pour la paix de l'Eglise, & pour le Pape, pour la paix de la France, & pour le Roy. 2. Destournez-vous des mauuaises conuersations. 3. Euitez les blasphemes. 4. Ostez ces pechez par lesquels vous illudez nostre Seigneur pirement que les Iuifs. IESVS soit à iamais au milieu de nos cœurs. Amen.

III. MARDY.

Du reniement de S. Pierre.

HOMELIE XVIII.

Matt. 26.
Marc. 14.
Luc. 22.
Ioan. 18.

Etrus negauit coram omnibus, dicens nõ noui illum, &c. I'allois espluchant sur ce reniement, 1. ses causes; 2. son enormité; 3. le regard de N. S. & le chant du coq; 4. les larmes de ce penitent Apostre. Et de tout cela i'espere que nous tirerons de bons enseignemens pour la conuersion de nos mœurs, s'il plaist à Dieu.

de nostre Seigneur. 219

Entre diuerses causes que les spirituels auancent icy, i'en ay tiré quelques-vnes que i'ay pensé vous estre de plus vtile desduite. La premiere donc fut la presomption : car (sans efflorer dauantage la narratiue du texte) il vous souuient des rodomontades de ce braue Pierre, protestant de mourir plustost que d'abandonner son maistre, lequel non content d'auoir quitté par vne honteuse fuitte en effect, il le laisse encores icy de parole par vn miserable reniement.

I.

O mes freres, que cela nous doit bien faire fuir cet orgueil Luciferien, qui a precipité le plus beau des Anges du plus haut des Cieux au plus profond des abysmes.

Helas ! que sommes-nous sans la grace, *Gratiâ Dei sum id quod sum, sed gratia eius in me vacua fuit*, dit l'Apostre. Il faut donc pour ne la laisser vuide, y cooperer, & y correspondre par vne iuste recognoissance. *Mais qu'auons-nous que nous ne l'ayons receu, & si nous l'auons d'ailleurs, de quoy nous glorifions-nous ? Mal-heur à ceux qui se confient en leur propre vertu, & qui se glorifient en la multitude de leurs richesses*, tant spirituelles que corporelles.

1. Cor. 4.

Psal. 48.

Sansom pour s'estre estimé en sa force, la perd.

Iud. 16.

Et Pharao pour auoir exalté sa puissance, est submergé en la mer rouge. *Aquæ operuerunt eum, submersus est quasi plumbum in aquis vehementibus.* Nabucadnezar s'estimant plus qu'homme, deuient beste. Sçauez-vous pas que le mestier ordinaire de Dieu est *d'exalter l'humble, & humilier le superbe*.

Luc. 2.

Quand Dieu souſtrait ſa grace, nous tombons ſoudain au vice, contraire à la vertu que nous donnoit cette grace. La Vierge n'eſt-elle pas humble, elle court riſque de perdre cette fleur, afin, dit S. Gregoire, *qu'elle ſoit deprimée par où elle s'eſt voulu eſleuer*. Le Gentilhomme ſe vante-il de ſa valeur, il eſt en danger de mourir ſur le pré, cimetiere des brauaches. L'exemple de Goliath y eſt formel. Vous voyez donc comme cette cheute fut la punition de la rodomontade de S. Pierre.

1. Reg. 17.

Comme auſſi l'humaine infirmité, helas! elle eſt ſi grande, que la moindre pierrette peut renuerſer le coloſſe de nos plus fortes reſolutions. *Quid ſuperbis terra & cinis?*

C'eſt comme le roc d'Elide qui s'eſbranſle auec le bout du doigt.

Apoc. 4. & 15.

Le monde eſt vne mer de verre & de criſtal, nous ne ſommes que labilité & fragilité. Si on ne manie le verre auec beaucoup de circonſpection, ou s'il tombe, le voila caſſé. Si la grace nous quitte d'vn pas, nous voila froiſſez *comme vaſes de poterie*.

Ierem. 18.
Thre. 4.
Rom. 9.

La troiſieſme cauſe, ie l'attribuë à laſcheté. O pecheurs, combien d'entre-vous renient N. S. ou blaſphement ſon ſainct Nom à la moindre parole qui les contrarie?

Mais voyez-moy ces tepides & pareſſeux, qui pour vne petite incommodité de froid, ou de mauuais temps perdent le ſermon, & ſouuent laiſſent d'ouyr la ſaincte Meſſe aux iours de commandement, n'eſtans detenus d'aucune maladie ſinon de l'infirmité d'vne pure poltronnerie. Ne iugez-vous pas bien que ceux-là renoncent Dieu pour leur ayse, comme S. Pierre pour se chauffer vn peu?

Le lieu où S. Pierre renia, qui fut vne cuisine, nous apprend encores que *la gourmandise qui tuë beaucoup de corps, tuë encores plus d'ames.* Ceux qui obligez par l'aage & la santé aux ieusnes du Caresme, ne le font pas, ne voyez-vous pas qu'ils renoncent Dieu pour la cuisine, *faisans vn Dieu de leur ventre?*

La personne qui fit pecher S. Pierre nous apprend combien la hantise des femmes est dangereuse aux Ecclesiastiques.

Heu fuge nate dea téque his aio eripe flammis.
Heu fugito inuisos scopulos. ———

Il n'y a point de seureté en ces conferences, dit sainct Hierosme, *non plus qu'au voisinage des serpens. Qui cherche le peril, y perira,* dit le Sage.

Apprenez en outre, que ce n'est pas sans raison que les Docteurs mettent *odium futuri sæculi* entre les filles de la Luxure, parce que cet abominable vice fait oublier Dieu, craindre demesurément l'enfer, & hayr le Paradis, parce qu'il fait mettre la felicité en l'impudicité. Lisez les Poëtes, vous verrez comment ils sur-encherissent ces brutales delices.

La 6. cause de cette cheute, ie l'attribuë à la mauuaise compagnie. Certes comme *nox possunt bene olere qui in culina habitant,* dit vn Canonique: Aussi est-il impossible d'estre bon conuersant auec des vaux-riens. Qu'vn honneste jeune homme s'enroolle à la guerre pour le seruice de son Prince & de son pays, parmy des soldats blasphemateurs, il apprendra aussi-tost à iurer, ou s'il s'en abstient il sera subject à dix mille affronts & algarades.

Voyla sainct Pierre auec des satellites, soudain *cœpit anathematizare, detestari, & iurare*, dit le texte. On ne peut demeurer en Ethiopie sans se bazaner, ny parmy des barbares sans corrompre son langage, ny viure parmy des meschans, sans deprauer ses mœurs. Aduisez donc, mes amis, à vous destourner des vicieux, comme des empestez, de peur que leur contagion n'infecte vostre ame de quelque peruerse habitude.

II. Pesons maintenant la grauité de ce reniement. Vous sçauez combien est recommandable la personne de sainct Pierre, sur lequel IESVS vouloit bastir son Eglise, qu'il destinoit pour son Vicaire, qu'il vouloit faire Pasteur vniuersel : & vous sçauez de plus ce mot si commun, que *le vice est de tant plus signalé qu'eminente est la personne où il est.* Car les fautes se mesurent à l'aulne des personnes qui les commettent. Les grands ne peuuent faire que de grandes fautes : & leurs defauts sont plus visibles que des particuliers cachez en la presse. De mesmes que les cicatrices du visage qui est descouuert, sont plus fascheuses, qu'en vne autre partie du corps qui seroit couuerte.

Ne iugez-vous pas que les taches sont plus odieuses sur vne estoffe precieuse que sur vne vile ?

Et ne conceuez-vous pas bien que le detraquement du premier mobile, troubleroit tout

l'ordre des cieux, *si Dieu qui les a faits en son enten-* Psal. 135.
dement, ne le maintenoit en sa route? Dites tout
cela des Grands, notamment des Pasteurs & Gouuerneurs des Peuples, O que leurs vices sont
notables, leurs desbauches scandaleuses. Ce sont
ceux-là qui renoncent bien pluſtoſt & plus souuent Dieu que les petits; car ils sont aux grandes
& dangereuses occasions.

Celuy qui chemine en lieux hauts, à chaque pas Psal. 130.
court-il pas risque de se rompre le col si le pied
luy tourne? Il n'appartient qu'à ceux qui ont le
cerueau fort, de grauir aux croupes des sourcil-
leuses montagnes. O que les basses conditions
sont asseurées, on y rase la terre, on ne peut tomber de haut, on n'est obligé qu'à l'acquest des
vertus simples, non des doubles & exemplaires,
comme ceux qui doiuent *estre la lumiere du monde,
les lampes d'Israël, & la chandelle sur le chandelier*
pour luire à tous les regardans.

Quand le clocher tombe, qui ne void que l'E-
glise en est escrasée. *Quand le roc Tophet tomba, il
roula deuant soy maintes pierres*, dit Iob, *& en at-* Iob 21.
traina apres soy d'innumerables. Ce qui aggraue
donc l'indignité de ce reniement est la dignité de
la personne.

Quoy du temps & du lieu? Helas, au mesme
temps que nostre cher IESVS enduroit pour cet
Apostre, en mesme temps il le payoit de mesco-
gnoissance: De maniere qu'il pouuoit dire, *Extraneus factus sum fratribus meis, & peregrinus filiis
matris meæ*. O ame peruerse qui communie indignement, fais-tu pas le semblable reniant en ton
cœur par le remords du peché mortel celuy que tu

reçois en ta mauuaise bouche : en mesme temps qu'il te gratifie, tu le crucifie!

Ne le prenez pas là, tout pecheur est vn renieur de Dieu : Car qu'est-ce le peché sinon *vne aversion de Dieu, & vne conversion à la creature ?* Miserable, qui pour des lentilles de vanitez ou voluptez, renonce à la diuine filiation *& à l'heritage du Ciel!* Gourmands qui ne ieusnez le Caresme : lubriques qui vous plongez dans la chair en vn temps de penitence : Paresseux qui ne daignez rien faire pour Dieu : Auaricieux, qui pour vne voirie jaunastre, vous mettez *à la seruitude des Idoles.* En fin tous-tant que vous estes de pecheurs, vous estes des renieurs de Dieu, outre ceux qui abominables, en blasphemant le renient tout à trac. O terre, tu as absorbé Abiron pour vne reuolte bien moindre. Comment ces execrables *ne descendirent-ils en Enfer tous viuans?*

Rom. 8.

Gal. 5.
Ephes. 5.

Celuy encore *renonce Dieu*, dit S. Paul, *qui n'a point de soin de ses domestiques.* Chose estrange, que manquer de charité vers le prochain, soit renier son Dieu : pensez-y bien.

1. Tim. 5.

Celuy le renie encores qui vit autrement qu'il ne croit. *Qui dicto Deum credunt, facto autem negant.* O grand malheur de la Chrestienté, oüy les infideles recognoissent la saincteté de nostre foy ; mais ils en sont reculez par nos mauuaises mœurs.

Que si nous pesons la triple reiteration de ce reniement, certes nous recognoistrons que ce pauure Apostre estoit par degrez roulé en l'abysme de l'Apostasie : *Car neme repente fit pessimus.*

Apprenez

Apprenez de là comme vn peché difpofe à vn autre, ainfi que la tentation à la delectation, la delectation au confentement à l'œuure, l'œuure à la reiteration, la reiteration à la couftume, la couftume à vne entiere peruerfion qui precipite à la damnation.

Ainfi le petit papillon voltige tant autour du flambeau, qu'en fin il s'y confomme; & le malfaicteur fe fait tant fleurdelizer, qu'enfin on le fait mourir.

Neantmoins admirez la bonté de Dieu *longamine*, qui pardonne autant de fois qu'on fe repent, voire *& feptuagies fepties*, dit le Texte de l'Euangile de ce iour, parce que *mifericordiæ eius non eft numerus*. *Matt.* 18.

Voire & il nous ayde à nous releuer; que feroit-ce autrement s'il ne nous preftoit la main à nous retirer de la foffe, *quafi Sodoma periremus*! S'il ne nous aydoit nos ames habiteroient dans l'enfer de tous maux. III. *Pfal.* 39.

On defcend, fur les entrefaites de ces reniemens, N. S. du Tribunal, pour le mener en vne prifon, ainfi que nous dirons demain. Paffant par la court, il vid fainct Pierre, fur ce regard le cocq chante; le voila touché, efmeu & foudain repentant & conuerty.

O bien-heureux regard, ouurier de tant de merueilles.

Quand le Soleil fe leue le cocq chante, voicy les beaux foleils des yeux de noftre Seigneur qui fe leuent pour efclairer *les tenebres* de l'infidelité de fainct Pierre, & le cocq de l'infpiration luy chante fi hautement dans le cœur qu'il eft ref-

P

ueillé du sommeil de son Apostasie. *Domine conuerte nos ad te & conuertemus, respice in me & miserere mei.* Beaux astres iumeaux de bon-heur & de calme, ne destournez pas nos cœurs, agitez des tempestes des passions, vos benignes influences; si vous vous eclypsez le naufrage nous est asseuré.

O rays, ô traits, ô attraits picquans, poignez nos cœurs des sagettes embrasées de vostre sainct Amour, ou du moins donnez-nous vne saincte compunction de nos fautes, *Monstrez-nous vostre beau visage, cher Amant, & vostre douce voix sonne en nostre interieur.*

Cant. 1.

O vray serpent d'airain par vostre constance, faites qu'en vous regardant nous soyons gueris de la morsure des tentations.

Num. 21.

Le Soleil se leuant chasse les tenebres, & voila que les yeux de nostre Seigneur paroissans à sainct Pierre, chasse de luy *opera tenebrarum*, & quelle tenebre est plus espaisse que l'infidelité.

Ainsi S. Paul fut conuerty par vn rayon & vne voix, doutez-vous que sainct Pierre esbloüy de ces rays amiables, n'aye pas ouy dans son ame cette voix, *Petre, Petre, cur me persequeris, cur me derelinquis fontem aquæ viuæ, & verba vitæ æterna habentem.*

Act. 22.

Ce chant de cocq est aussi allegorisé diuersement par les Spirituels, aucuns disent qu'il represéte les Predicateurs, ausquels il est dit, *clama ne cesses, &c. Propter Syon ne taceatis,* trompettes de l'Eglise, rondes de Hierusalem tousiours criantes, & qui esueillent les pecheurs du sommeil du peché,

Isa. 58. & 62.

de nostre Seigneur. 227

Autres disent que ces regards, & ce chant signifient les diuers degrez de la diuine grace.

Aucuns, que ce chant represente la synderese, ou remords de conscience qui iappe dans l'interieur, & crie bien haut, *Surdo quatiens verbere & occulto flagello.* Tesmoin perpetuel, & qui *en vaut mille.* Affreux resueillematin, *Conscientia mentem excitatam vexat non consummato tantum, sed & cogitato scelere,* dit cet ancien.

C'est ce *ver immortel & interne* du Prophete. *Isa. 66.*

Somme, tout cela frappe tellement nostre IV. Apostre, que tressaillant à ces attaintes, accablé de regret d'vne si lourde cheute, *Egressus foras fleuit amarè.*

Amarè, O larmes ameres en vostre origine, *Thre. 3.* qui est *la mer de la contrition & amertume de son Isa. 38. ame.* O que vous estes douces en ses yeux, passant par les conduits de son cerueau, semblables aux eaux des fontaines claires & douces, bien que troubles & ameres en leur origine, qui est la mer. Larmes de douleur, larmes de douceur. *Exitus aquarum deduxerunt oculi eius, quia non custodierunt legem Dei.* Oüy des desbordemens: car les sources des abysmes de son cœur s'ouurirent pour fournir *à ses yeux des torrens de pleurs.* *Iere. 9.*

Voyla vne pierre touchée d'vne *verge de dilection & direction, qui fluë des eaux.* O cœurs de ro- *Psal. 77.* che, n'en voulez-vous point distiller. Complices de son reniement, si vous vous voulez sauuer comme luy, pleurez comme luy.

Voicy Michas qui pleure, non ses idoles esga- *Iud. 18.* rées, mais les graces perduës de son vray Dieu. *O mon ame,* disoit-il, *pourquoy te troubles-tu, espere Psal. 42.*

P ij

Psal. 50. en ton Sauueur, confesse-luy ton forfaict, il est le salut de ta face, & ton vray Dieu. En ton humilité il se souuiendra de toy, il ne te chassera point de son visage, & ne t'ostera point son Esprit sainct. Prie-le qu'il te confirme de son esprit principal.

Doux deluge de pleurs, qui purifie ce Microcosme : saincte piscine des larmes qui gueris toutes les paralysies de cette ame banqueroutiere de la foy.

Psal. 109.
Rom. 4. Ayant beu de ce torrent, il releua sa teste, & espera contre l'esperance, sçachant qu'en Dieu, *superexaltat misericordia iudicium*, & que le plus grand de tous les pechez est de penser faire vn peché que Dieu ne puisse defaire.

Le Pegase de la grace ayant frappé le roc de son cœur, en fait saillir vne fontaine perenne, telle que la deuote tradition des contemplatifs tient
Thr. 2. que tousiours *Plorans plorauit in nocte, & lachrymæ cius in maxillis eius.*

Notamment à chaque chant de cocq ce Lyon entroit en frayeur, & tout tréblant rouloit de grosses larmes. Iusques-là a-on remarqué que ces goutes cauerent en fin la pierre de son visage, c'est à dire, y formerent des rides en forme de conduits. *Quia nunquam tacebat pupilla oculi sui.*

Apprenons, mes amis, 1. à éuiter la presomption, recognoistre nostre infirmité, estre plus actifs au seruice de Dieu, fuir la gourmandise, le luxe, & les mauuaises compagnies. 2. Que les pechez s'aggrauent par la qualité des personnes, & que tout pecheur renonce Dieu. 3. A reuenir
Is. 46. à nostre cœur & retourner à Dieu quand il regarde nos ames, en visitant de sa grace. 4. A plorer

nos pechez à l'imitation de ce glorieux Apoſtre, qui laua & leua la tache de ſa faute auec l'alun diſtillant de ſes yeux.

IV. MERCREDY.

Empriſonnement de noſtre Seigneur.

HOMELIE XIX.

L'Evangile de cette ferie parle des traditions, & nous ferons noſtre diſcours ſur vne qui eſt entre les Contemplatifs & les Deuots : ſçauoir, que depuis le premier interrogatoire de Caïphe, iuſques au lendemain matin, que fut faite la ſentence de condemnation, noſtre Seigneur fut empriſonné. Nous prouuerons donc en premier lieu cet empriſonnement. 2. Nous deduirons l'horreur du lieu. 3. Eſclairé des beaux yeux de noſtre cher Eſpoux, & 4. nous vous exhorterons à viſiter les priſonniers.

S. Bonauenture Docteur Seraphique, ſuiuy de pluſieurs autres ſpirituels, eſt de cette opinion, que N. S. fut mis vne partie de la nuict dans vn cachot. Et certes l'authorité d'vn tel homme, qui (comme ie ſuppoſe pieuſement) n'afferme pas cela ſans quelque ſorte de reuelation, ayant tant de familiarité auec Dieu, comme ſa vie nous enſeigne, doit doucement induire voſtre deuotion à ſe perſuader que noſtre Seigneur qui a

I.
S. Bonau. és Med. ſur la paſſion.

souffert toutes sortes de maux en sa Passion, n'a pas voulu obmettre d'endurer celuy si signalé de la perte de sa liberté. Ioint qu'il n'appartient qu'à ceux qui *font gloire de leur confusion*, de contredire des reuelations sainctes qui seruent à aduantager l'honneur & l'amour de nostre doux Sauueur.

Philip. 3.

Au moins ne sçauroit-on nier que ces bourreaux, *las, non saoulez* de ses peines, n'ayent voulu en quelque heure de la nuict prendre en leur repos de la force, pour le mieux bourreler le iour suiuant: & s'il fut laissé dans la sale du Tribunal sans lumiere, & auec gardes, n'est-ce pas vne vraye prison? mais il est plus aysé à croire qu'il fut vrayement tiré dans vn cachot, par vne raison inuincible que voicy.

N. S. ne peut auoir regardé S. Pierre qui estoit *foris in atrio* sinon en passant, sçauoir estant conduit du Tribunal en la geole: illation necessaire; car de transformer vn auditoire en prison, il est plus mal-aysé à penser.

I'adioulte cette autre induction, si en son corps mystic il a enduré, *& vincula, & carceres*, comme nous lisions tantost en l'Epistre de la S. Messe de ce iour, auquel tombe la feste des 40. Martyrs, liez & emprisonnez à Sebaste en Armenie. En son corps naturel il a souffert *vincula*, & pourquoy non encores *carceres* ?

Heb. 11.

Ioseph figure de nostre benit Maistre, a bien esté emprisonné, Sanson aussi, Daniel, & Ionas: de plus, S. Iean Baptiste, SS. Pierre & Paul; & quoy tant de milliers de Martyrs. Ces exemples induisent assez que nostre Seigneur peut auoir

de nostre Seigneur. 231

enduré le semblable.

Quoy ? en son Incarnation ne s'est-il pas bien emprisonné dans les entrailles d'vne Vierge. *Quem terra pontus æthera*, &c. chante l'Eglise. Et encores à la B. Vierge, *In tua se clausit visceri*, &c. Nous disons en nos graces iournalieres, *Beata viscera M. virginis*, &c.

Ce Dieu *que les cieux des cieux ne peuuent contenir*, s'est bien joignant son *verbe à la chair*, resserré dans la petite boule du monde. *Ioan. 1.*

Il s'est enclos dans vn iardin au commencement de sa Passion, à la fin il se renfermera dans vn autre, voire dans la plus estroitte prison d'vn sepulchre. Admirez la vision de sainct Augustin, l'Ocean dans vne coquille. Mais n'a-il pas comme emprisonné ou du moins voilé sa Diuinité sous nostre humanité. En fin, en fin que n'a-il fait pour se communiquer à nous; n'a-il pas resserré tout son corps sous la moindre parcelle d'vne Hostie consacrée. Allons plus outre : *N'est-il pas descendu iusques aux inferieures parties de la terre, pour liberer les ames qui estoient en prison*. O prisonnier des prisonniers, qui vous emprisonnez auec tous les miserables de cette condition, les rendans vos membres. *Ephes. 4.*

Il me semble, mes tres-doux freres, que ce que i'ay aduäcé suffit bien pour conuaincre tout esprit docile, & raisonnablement disposé à receuoir les semences de la pieté ; mais quant à la saincte simplicité de vos esprits, ie les voy tous disposez à cette ceance.

P iiij

Voila donc que l'on roule par les degrez de ce Palais nostre sainct Agneau, lié & garrotté, que sçay-je si on le traine par les pieds ou par le col, à ce cachot infame, dont nous allons en 2. instance considerer l'horreur.

II. O lieu abominable, entierement indigne de receuoir vne si adorable Majesté, ô plus que profonde humilité de mon Maistre ! dont le corps naturel, comme le mystique, *habitauit in speluncis & cauernis terræ* : Que pouuiez-vous dire, sainct Amant, sinon souspirer doucement auec Dauid, *Hei mihi quia incolatus meus prolongatus est*, &c. *Educ de custodia Deus animam meam:* Ou par anticipation ces mots que vous inspirates à sainct Paul, *Quis me liberabit de corpore mortis huius?* Et qu'est le corps, sinon la prison de l'âme ?

Psal. 101. O Passereau solitaire, ô hybou de la cauerne, c'est maintenant que vous ressentez les pointures & les coups meurtriers de ces assasins, *qui ont fabri-*
Psal. 128. *qué leur iniquité sur vostre dos* : ô que ce lieu relant & puant redouble la douleur de vos playes & meurtrisseures.

Voicy nostre Vestale dans vne mortelle fosse, auec la lampe de son Amour, luisante de l'huil-
Psal. 41. le de son sang, & auec ses larmes qui luy seruent de pain.

Voicy nostre Iob sur vn fumier, & pirement, car il est dans l'eau & la bourbe iusques aux ge-
Iob 4. noux, & qui peut dire auec l'autre, *Circundedisti me carcere*.

Aux Amphiteatres, comme on peut voir encores au Collisée de Rome, il y auoit des grottes basses, que l'on appelloit *caueas & carceres*, où l'on tenoit les animaux, ou les gladiateurs dediez aux spectacles, voicy nostre Hostie destinée au sacrifice du Caluaire, nostre Athlete qui doit terrasser l'Enfer & la mort, lequel est *in cauea & carcere*, attendant que *vexilla Regis prodeunt*.

Ame deuote, si vous voulez mediter ce mystere par l'application des sens, il vous sera bien facile, voyez la veuë de vostre Espoux bandée d'vn torchon, ou offusquée des tenebres de ce lieu, que le Soleil n'esclaira iamais : Considerez son odorat affligé d'vne puanteur intolerable, qu'exhale ce trou infernal, cette gueule de l'Auerne, ce puits abyssal de l'Apocalypse : icy *surgit pro suaui odore fœtor*. Pensez comme ses oreilles sont battuës des hurlemens des chats-huants, du cry des chauues-souris, du sifflement des serpents, du grondement des rats, du croassement des crapaux, icy *hæreditat serpentes bestias & vermes*. Representez-vous l'attouchement de sa tendre peau, affligée des attaintes de toutes ces bestes : ô Dieu ! on faisoit anciennement mourir ainsi les patricides.

Mais pense plus, chere ame, que ce sont icy les fleurs des fruicts que tu verras cy-apres, ce sont icy des roses, au regard des douleurs où demain il sera plongé, son Amour n'en veut pas demeurer à ces pointilles ; demain tu le verras hurlé, blasphemé, sifflé, de mille hyboux, serpents, chauue-souris, qui sont les bourreaux alterez de son sang, comme dragons ; tu le verras foüetté, picqué, battu, cloüé, crucifié, mené

Isa. 3.

aux puantes odeurs de la voirie du Caluaire, rendre en fin l'ame emmy mille destresses. Reseruez vos larmes, cheres ames, pour ces extremitez, ne les espanchez pas pour ces principes, quoy qu'horribles.

III. Allons, mon doux frere, en esprit consoler ce cher Pere, il n'y a Geollier qui nous puisse rebutter, la pensée va par tout, force les portes de fer, penetre les plus fortes serrures, *Quis continuit spiritum manibus*: allons cheres *Colombes*, *dans le trou de cette masure*, consoler nostre pair.

Que les tenebres ne vous facent point d'horreur, car ces beaux yeux de nostre Espoux les rendent plus clairs que mille & mille Soleils.

Il est la lumiere du monde: *Deus lux est, & tenebræ in eo non sunt vllæ, tenebræ non obscurantur ab eo, sed nox sicut dies illuminatur; tenebræ eius ita & lumen eius*, parce qu'il a bien voirement *mis sa cachette és tenebres*; mais aussi d'ailleurs, *il habite vne lumiere inaccessible*; *habillé de splendeur, comme d'vn vestement*, il est la lumiere de la lumiere, comme Dieu de Dieu, il est la vraye lumiere qui illumine tout homme.

Psal. 117. Allons voir nostre clair Soleil en ces Antipodes soubterraines; non, non, *Caligo sub pedibus eius*, ne craignans point d'obscuritez auprés celuy qui exprés est *venu illuminer ceux qui estoient assis en tenebres, & dans l'ombre de la mort*.

Luc. 2.

Voicy vn pauure ver (*vermis & non homo*) qui luist dans les tenebres. Voicy cette escarboucle du grand Prestre, qui brille & darde des coruscations és lieux plus sombres. Voicy ce Hybou, dont les yeux esclairent la nuict comme estincelles; mais que dis-je, ce sont des flambeaux d'Amour.

J'ay veu à Rome en ce dernier voyage vne certaine pierre, qui se fait lumineuse au iour comme vn charbon, & esclaire en des lieux sombres, s'amortissant peu à peu: Voicy nostre pierre angulaire, qui comme sur le Thabor permet quelquefois que la lumiere de sa diuinité s'espande sur son humanité, la voilant & monstrant quand il luy plaist.

Comment! la prison de S. Pierre fut bien remplie de lumiere; celle des 40. Martyrs, dont l'Eglise fait feste aujourd'huy, fut bien remplie de clarté; emmy les palpables tenebres de l'Egypte, *Vbicunque erat Israël lux erat*; & doutons-nous que la prison du Dieu d'Israël, *qui est nostre illumination, l'Illustrateur de nos tenebres, & la lampe de nos pieds*, ne fust pas esclairée. *Act.* 12. *Psal.* 20. *Psal.* 10.

Si est, mes amis, & quand elle n'auroit autre flambeau que celuy de ses beaux yeux, dont le flamber est si beau, que le moindre ray seroit capable d'illustrer dix mille Soleils, & vn monde de mondes.

Quoy? l'histoire nous apprend que les yeux de l'Empereur Tybere, qui recognoit lors que N. S. patit, luisoient pendant l'obscurité de la nuict, ce Prince faisant tousiours ses rondes sans flambeau, autre que la lueur qu'il auoit dans ses yeux: que deuons-nous penser de cet Agneau, *qui est la lampe de cette Hierusalem celeste & infinie, qui n'a que faire de Soleil ny de Lune*. *Apoc.* 21.

Apres auoir mandé nos esprits, consoler nostre doux Sauueur en ce puant cachot, allons de grace de corps, au sortir de cette Predication, consoler en la geolle les pauures prisonniers, qui sont en cette ville, ie les vous recommande, mes freres, par *les entrailles misericordieuses* de nostre Espoux emprisonné.

Luc. 1.

Ie laisse à dire, pour vous y exciter, que le bon Euesque de Nole, sainct Paulin, se vendit, pour rachepter des deniers de sa vente, le fils d'vne vefue qui se desesperoit.

S. Greg. l. 3. Dial. c. 1.

Que le sainct Patriarche de Hierusalem, Alexandre, rachepta de prison vn sien seruiteur domestique, qui l'y auoit desrobé vne grande somme, & perduë.

S. Aug. de Ciuit. l. 1. c. 10.

Que l'Euesque d'Amide, Acacius, vendit les vaisseaux sacrez, & les joyaux de son Eglise, pour rachepter les prisonniers.

Pra. Spiri. c. 14.

Qu'autant en fit Deogratias, Euesque de Carthage.

Nicep. Calix. l. 14. c. 22.

Que S. Bernardin appliqua à ce rachapt les aumosnes faites à son Conuent.

Vsuard. in ap. Mart. Vict. Vtic. l. 1. hi. Lõg. Sur. in vita S. Bernard. Senensis.

Voyez-vous le grand estat que ces grands Saincts faisoient de cette œuure de misericorde, puis qu'ils la preferoient à leur liberté, à leurs Eglises, & à leurs Monasteres.

Vous sçauez bien, mes tres-aymez, que cette espouuentable sentence, *Ite maledicti in ignem æternum*, sera donné sur ce *visú, esuriui & non dedistis mihi manducare*, &c. Et en fin, *In carcere eram, & non visitastis me*. Gardez de vous trouuer en ce redoutable tribunal du Dieu *viuant, és mains duquel il fait tant horrible de tomber* les mains vuides de ces bonnes œuures.

Matt. 2.

Hier. 18.

Vous aurez beau auoir *la foy, insques à trans-*

porter les montagnes, si vous n'auez la charité vous n'estes rien ; tout arbre qui ne fera fruict sera taillé, & ietté au feu.

Ce n'est pas assez de plorer entendant la Passion de N. S. *& de distiller des yeux la myrrhe pre-* *Cant. 5.* *miere, si on ne distille par les mains la seconde.* La preuue de l'amour, c'est de faire seruice, non en protestations, selon la commune cajollerie du monde, mais réellement & de faict, & d'effect.

Pour Dieu considerez que de toutes les miseres autour desquelles s'employent les œuures de misericorde, appellées corporelles, celles de l'emprisonnement est des plus grandes ; *car la liberté vaut mieux que tout l'or du monde.*

Ie laisse à dire, *qu'il n'est point de belle prison,* & que les oyseaux mesmes, sinon qu'ils soient duits de ieunesse aux geolles de leurs petites cages, veulent perdre la vie apres la liberté, se laissans mourir de faim, accablez de mangeaille.

N'est-il pas vray que la prison est le tombeau d'vn homme vif, & que de toutes les humaines conditions, celle de l'esclaue est la pire ?

Tout prisonnier est resserré, ou pour debte, ou pour crime, si pour debte, n'est-il pas doublement miserable de perdre deuant ses yeux ses biens, & de plus sa precieuse liberté ? souuent *lyens corpore, non habens æin re* : O Dieu ! si nous pouuions faire quelque cueillette ou recolte en ce sainct temps, afin de faire vne sacrée moisson, pour desgager quelqu'vn de ceux qui se treuueront endebtez, dans les prisons Royales, ou Episcopales.

Si vn homme est prisonnier pour debte, & que d'ailleurs la pauureté l'accable, n'est-il pas doublement greué, ne pouuant ny negotier, ny trauailler, ny demander; mon Dieu quelle pitié. Il y a le pain du Roy, disent quelques *durs de cœur* & ineptiables; helas! mes bons amis, ce pain n'a que le nom de Royal, mais c'est tout: car il est bien *mutatus ab illo*, que le Prince mange à sa table; c'est vn pain de douleurs, pair, noir, pain d'auoine, pain plein de buchettes & de pailles, pain miserable, en somme, & indigne d'vn si excellent nom que celuy que le mode luy donne; ils meurent de faim auprés *ce pain de cendre*, de soif, n'ayans que de l'eau, encore telle quelle; de froid, helas! où prendroient-ils du bois pour eschauffer leurs pauures membres transis & glacez, ou des estoffes pour se couurir: & vous sçauez combien la couuerture d'vn toict est peu de chose, pour repousser les intolerables froidures de ce rigoureux Hyuer, malades & langoureux, ils n'ont que la paille pour lict, pour couuerture que leurs haillons: direz-vous donc pas que la prison est vn pot pourry, & comme vn recueil de toutes sortes de calamitez. Visitez donc ces pauures, & ie m'asseure que leurs miseres vous feront exercer en eux toutes les œuures de misericorde: *Beatus qui intelligit super egenum & pauperem, in die mala liberabit eum Dominus, Dominus opem feret illi super lectum doloris eius.*

Psal. 101.

Que si vn homme est prisonnier pour crime, comme il y en a encores de cette sorte, helas! considerez leur transe, ayans le cousteau de Damocles sur la teste, n'attendans à chaque moment qu'vne sentence de mort.

Hos diri conscia facti.
Mens habet attonitas.

Ouy, & souuent la peur de la mort les trauaille plus que la mort mesme : allez les voir encores dans ces crotons, compatissez à leurs iustes langueurs, *Quia meritò hæc patiuntur*, consolez leurs cœurs, & soulagez leurs corps, faites-vous en eux des amis, *Ex iniquitatis mammona qui recipiant vos in æterna tabernacula*. Rapportez-leur quelque poinct que vous aurez remarqué en la Passion de nostre Seigneur, vnique tableau de douloureuse douceur, pour leurs extremes miseres.

Allez-y donc de ce pas, repensans 1. à la prison de IESVS, 2. à l'horreur du cachot où il fut mis. 3. à la splendeur de ses beaux yeux, lumieres de nostre Amour, & 4. aux miseres des pauures prisonniers, vous resoluans de les soulager chacun selon ses facultez & sa puissance.

IV. IEVDY.

Condemnation par le Pontife.

HOMELIE XX.

Matt. 27.
Marc. 15.
Luc. 22.

Ane facto conuenerunt omnes Principes sacerdotum aduersus Iesum, vt eum morti traderent: Nous deduirons icy quatre choses; la 1. cette assemblée, 2. l'interrogatoire; 3. la responce, 4. la condemnation. Venons.

1. C'est icy, mes tres-aymez, que s'accomplissent maintes Propheties : Escoutez-les, & les ruminez, si bon vous semble ; car la briefueté où je me resserre m'en interdit l'extension : *Deus iniqui insurrexerunt aduersum me, & Synagoga potentium quæsierunt animam meam,* encores, *Consilium malignantium offendit me* : derechef, *Sederunt principes, & aduersum me loquebantur.*

O S. Espoux des belles ames, que ces plaintes vous sont conuenables : *Operiantur pudore & reuerentia qui maligna loquuntur super me, Odiui Ecclesiam malignantium, &c. Quis stabit mecum aduersus malignantes, &c. Saluum me de ore leonis, &c. Ne perdas cum impiis Deus animam meam, &c. Iudica me Deus & discerne causam meam, &c. Iudica me secundum innocentiam meam, &c. Fac mecum signum in bonum, &c. Iniqui persecuti sunt me, adiuua me.*

Psal. 118.

Mais

de nostre Seigneur. 241

Mais voyons vn peu ce conciliabule de peruers tous preoccupez de passiō, & alterez du sang du Iuste, qui *conuiennent pour conspirer sa mort, & Sap. 2. mort tres-honteuse*: qu'ils fussent preoccupez de cette forcenerie, l'argent baillé pour prendre cet Agneau le monstre bien: Les voila donc agitez de ces violentes fiéures, bien autres que celles de la belle-mere de sainct Pierre, dont parle Luc. 4. l'Euangile de ce iour: car leur fiéure estoit en l'esprit, telle que la descrit S. Ambroise sur ce texte de sainct Luc; sçauoir d'orgueil, de courroux, *Ambr. l.4. in Luc. c.4.* d'enuie & de vengeance.

Ces vers qui leur rongeoient l'interieur leur donnerent cette inquietude la nuict, & vn tel resueille matin, qu'à la pointe du iour ils s'assemblent pour condamner l'innocent, *inutile à leurs yeux*, tant il est vray, *que l'esprit desordonné est bourreau de soy-mesme*, dit vn ancien.

Dauid courroucé & esmeu, disoit, *conturbatus est in ira oculus meus, anima mea, & venter meus*: vn Poëte à sa mode,

—— *Magnoque irarum fluctuat æstu*,
peinture des boüillans *de cette briefue fureur.*

O Iuges! gardez bien de vous embarquer en vn iugement, agitez de ces flots & vents de passions tyranniques, si vous ne voulez faire naufrage de vostre ame, & des biens, vie & honneurs d'autruy: ce sont des ardans qui vous porteroient en des precipices.

Ceux qui ont l'ophtalmie voyent toutes choses rouges, & iaunes ceux qui sont attaints de la iaunisse; le courroux de ces hommes *de sang* leur fait voir N. S. digne de mort: & souuent aussi

Q

l'auarice fait bien faire des injustices à l'appetit de ce metal jaunastre, qui corrompt les mœurs & perce les murs, *Qui munera super innocentem non accepit, habitabit in tabernaculo Dei.*

Remarquez, ie vous prie, comme ces enragez & injustes Iuges, pressez de leur mal-talent, ne peurent reposer, comme agitez des furies, *confestim, manefacto, vt factus est dies*, dit nostre texte, Dieu nous desliure de la tyrannie de ces passions violentes, qui nous font perdre, & repas, & repos : Aman ne peut reposer pressé d'enuie, & les freres de Ioseph pressez de cette mesme torture, *ne luy pouuoient dire vn mot paisiblement.*

Genef. 37.

Il ne faut donc pas s'estonner, *Si prodiit quasi ex adipe iniquitas eorum*, parce que, *transierunt in affectum cordis.*

Psal. 72.

Prenez garde, mes freres, selon le conseil Euangelique, *que le Soleil ne se couche sur vostre cholere* : car cela cuit la bile & l'endurcit, ne plus ne moins que la tuille molle se fait dure au four.

Ephef. 4.

Gardez-vous bien de dormir sur cette lethargie, ou sur cette fiéure chaude : car ou vous mourriez entierement, ou vous tomberiez en d'extremes frenaisies; si vous ne diuertissez ce catharre, il est pour suffocquer en vous la vie de la grace.

Et sur l'exemple de ces mauuais qui se leuent tant matin pour mal faire, apprenons, *ad Dominum orare mane*, parce que, *mane exaudiet vocem nostram, de mane vigilemus ad Deum*, afin que nous puissiõs châter, *Præuenerunt oculi mei ad te diluculo.*

Psal. 118.

P

Qu'est-il besoing, ô mauuais Iuges, que vous vous r'assembliez : n'est-il pas ja prejugé

sçachez, mes amis, qu'en toute faute iamais que rarement le pecheur s'arreste au premier peché : pensez-vous que ce malheureux, qui a sollicité si long-temps auec empressement, la pudicité d'vne fille n'aye dessein d'en abuser qu'vne fois ? ainsi de l'vsurier, ainsi du larron, non, ce premier pas n'est que la planche aux autres.

Cependant, durant ce que ces aueugles crient à pleine gorge, *dignus est morte*, chantons à pleine teste auec les Anges, *Viue* IESVS, & disons tout haut qu'il est *digne de vie*, puisse-t'il viure en nos cœurs eternellement. *Amen.*

II. Ils viennent à l'interrogatoire, *Si tu es Christus dic nobis.*

Matth. 4. Ainsi le diable disoit à N. S. au desert, *Si tu es Filius Dei*, que fait-il ce tentateur, sinon rendre par ses ministres cette suggestion que N. S. confondit par *l'esprit de sa bouche.*

2. Thess. 2. Mais dites-moy, tous les pecheurs qui sont *ex patre diabolo*, ne font-ils pas la mesme question infidele : il n'y a nul doute, que comme tout pecheur renie N. S. comme ie vous enseignois l'autr'hier ; aussi en tout peché il y a quelque infidelité meslée, ie ne dis point cette infidelité desloyale qui nous fait reuolter contre Dieu, car c'est l'essence du peché, mais ie dis manquement de foy.

Las ! est-il bien possible quand vn homme peche, qu'il aye vne viue apprehension de l'Enfer, qu'il espouse du Paradis qu'il laisse, & de la presence de Dieu, deuant les yeux duquel il se souille si honteusement ; ou s'il le croit, de quel front est-il offencé deuant vne telle Majesté, de quel

Q ij

cœur peut-il choisir des tourmens indicibles & renoncer des biens inenarrables. Certes il est pareil à Adam, qui se cacha dans l'espais du bois apres auoir peché, pensant à l'aduenture que les yeux de Dieu ne penetreroiét des feüilles: luy, *In cuius conspectu sunt omnes viæ nostræ, & à quo delicta nostra non sunt abscondita.*

Quelques pecheurs se representent N. S. espineux, douloureux, langoureux, & sa suite penible par vne rude penitence: miserables, qui ne sçauét pas combien *son ioug est suaue, & son fardeau leger.*

D'autres qui sont les scrupuleux se le figurent à leur mauuaise mode, terrible, austere, seuere, Iuge rigoureux, exact, espouuentable : pauurets qui ignorent combien *il est riche en misericorde, & volontiers pardonnant nos malices.*

Eph. 12.

D'autres encores pires se le representét si doux & debonnaire, que de sa facilité ils font planche à leur malice : mal-heureux, ils filent doucement le cordeau qui les estranglera d'vn lacq coulant, s'il n'y aduisent, *Nunquid quia Deus bonus, & hinequam*, dit la Parabole. Il est vray que *dulcis & rectus Dominus*, mais aussi, *propter hoc legem dabit delinquentibus in via, omnes viæ Domini misericordia & veritas*: mais oyez *requirentibus testimonium eius*. Il est vray, que *bonus Israël Deus*: mais *his qui recti sunt corde*. Il est vray qu'il faut *sperare in Domino*: mais aussi *facere bonitatem*. O mes freres ! *Vacate & videte, quàm suauis est Dominus, Spiritus eius super mel dulcis* : mais n'abusez pas de cette suauité non plus que du miel, *de peur de le vomir*, de peur d'en estre comptable.

Matth. 28.

Prou. 25.

Les errans de ce siecle, à vostre aduis, sont

ils pas encores de l'escot de ces interrogateurs, *Si tu es Christus dic nobis.* Ils ne font qu'enquester, & ne crient iamais, leurs inquisitions ne sont pas pour s'instruire ; mais pour disputailler & contenter par ce grattement la demangeaison de leurs ames inquiettes, & *flu-* Eph. 4. *ctuantes.*

Mais est-il possible, disent-ils sans cesse, que III. nostre Seigneur soit sur l'Autel en vne Hostie ? (cecy me preste la transition à mon troisiesme point) tres-possible, disons-nous à celuy, *Apud* Luc. 1. *quem non est impossibile omne verbum*, *Et que nous croyons & crions tout-puissant* : respondons leur auec nostre Seigneur aux Scribes, en termes semblables, *Si nous vous disons qu'ouy, vous ne le* Luc. 22. *croyez pas, si nous le prouuons vous ne respondrez rien: mais nous vous disons qu'il y est, substantiellement, reellement & de faict.*

Ces paroles plus claires que mille Soleils, *Cecy est mon Corps, ce pain est ma chair, ma chair est viande,* sont capables de conuaincre les demons mesmes, *qui les croyent & tremblent* : mais quoy, à vn homme charnel (comme cette nouuelle erreur est toute de chair & de sang) *toute la raison de croire est celle de voir*; pressez-les par là, les voila à huër, *loquuntur labiis, & mouent caput*: Que faire! plaindre leur cecité, & prier Dieu qu'il arrache cette taye qui leur bande les yeux de l'entendement, les empeschant de ioüir de la lumiere de la Verité.

N. Seigneur monstre par cette belle responce aux Iuifs l'endurcissement de leur cœur, indisposé à receuoir la doctrine de salut, pource desdaigne-il de les esclairer & de les instruire: car se-

Q iij

lon le Sage, *Il ne faut plus prescher, où n'y a point d'auditeur*: & N.S. instruisant ses Apostres à la Predication de l'Euangile, leur commanda d'aller en vne autre ville quand on ne voudra pas en quelqu'vne entendre leurs salutaires enseignemens. Ainsi la grace diuine ne veut pas estre mesprisée,

Qui non est hodie, cras minus aptus erit à la receuoir, l'inspiration passe comme le vent, aussi est-ce vn souffle de l'Esprit Diuin.

Les Poëtes peignent & feignent pour ce leur Occasion cheueluë deuant, mais rasée derriere, si vous ne la prenez quand elle vient, en vain courez-vous apres quand elle est passée.

Aux Cantiques, voyez combien l'Espouse a de peine à retrouuer son Amant, à qui elle auoit refusé la porte.

Cette responce de nostre Seigneur m'apprend encor vn autre secret, qui est, que le mestier de Prescheur est bien fascheux en vn point, de ce que la chaire estant le throsne de la verité, & le trepied d'où sort l'Oracle de la parole de Dieu, premiere verité; il faut de necessité, que de sa bouche sortent des veritez tousiours *odieuses* à beaucoup de gens, principalement à ceux, *Qui facti sunt inaniam prauam, & dati in sensum reprobum*, & encores le diray-je aux grands, qui accoustumez aux blandices des flatteurs qui les perdent & corrompent, ne sont pas trop stilez à prester l'oreille au langage rond, net & naïf d'vne saincte verité qui les reprend, afin qu'ils se corrigent & sauuent.

Ainsi se faschoit Achab des predictions de Michée, qui n'estoient pas à son goust, & il perit pour ne l'auoir creu.

Ezechiel s'affligea bien de celles d'Isaye : mais en se conuertissant il eut misericorde. *4. Reg. 3.*

Dauid se recogneut par la predication de Nathan. *2. Reg. 14.*

Et le Roy de Niniue auec tous ses subjects, à celle de Ionas. *Ioan. 2.*

Pharao n'auoit pas trop à gré les remonstrances de Moyse, & vous sçauez comment il luy en prit. *Exod. 6.*

Les Princes ne veulent que des paroles de soyes, plustost estre frottez qu'huillez : les esprits gastez comme les corps vlcerez ne peuuent souffrir de heurt pour petit qu'il soit.

La verité est comme la medecine, chacun la loüe, & pas vn, mesme le plus malade, ne la veut aualer.

Elle est si claire & brillante, qu'elle offence les yeux foibles, ou mal sains.

O Dieu! que les veritez sont diminuées parmy les enfans des hommes : O pecheurs iusques à quand, durs de cœur, cherirez-vous la vanité & chercherez-vous le mensonge? Le pauure Prescheur suspendu entre Dieu & son Auditoire est bien empesché, car il doit dire la verité, sous peine d'estre preuaricateur, & de desplaire à Dieu, & s'il la dit, le voila qui desplaist à son prochain ; que fera-il : s'il est sage il choisira la meilleure part, qui est de se ranger du costé de Dieu, disant, *Principes persecuti sunt me gratis, sed à verbis tuis formidauit cor meum : lætabor ego super eloquia tua, &c. Annutiabo populo scelera eorum, & Domino Iacob peccata eorum, Dominus dat verbum Euangelizantibus virtute multa ; lo-* *Psal. 11. Psal. 4. Psal. 118. Isa. 58.*

quia de testimoniis Dei in conspectu regum, & non confundar.

Dites-moy, ceux qui s'esleuent contre vn Predicateur pour la *saincte liberté Euangelique*, ne sont-ils pas impies de s'attaquer à la parole de Dieu, en se prenant à son organe? Si vn de ceux qui sonnent la trompette aux armées auoit sonné vne allarme extraordinaire, sans le commandemēt du Chef, puniroit-on l'instrument, ou celuy qui l'auroit sonné? sans doute celuy cy, & non l'autre. Ainsi le Predicateur n'estant que le canal du souffle du *sainct Esprit qui parle en luy*, dit le texte adorable, pourquoy est-ce, quand il plaist *au Dieu des armées, & au Roy des Roys*, de parler *aux Roys & aux Iuges de la terre auec hauteur* & grauité, *afin qu'ils ayent peur de ses iugemens, qu'ils le seruent auec crainte*, apprehendans la discipline de salut, de peur de perdre la voye de Iustice, & de perir sous le fleau de l'ire de Dieu: Pourquoy est-ce, dy-ie, que l'on detorque sur l'homme Ambassadeur de cette nouuelle, *qui pro Christo legatione fungitur*, l'indignatiō de la vengeance, que l'on n'ose tourner contre ce *Dieu terrible, & qui oste l'esprit aux Princes, effroyable aux Rois de la terre?* D'autres voyent, pour moy ie tiens que ce faict est, ou vn grand sacrilege, croyant que la predication soit la parole de Dieu, ou vne grande impieté de ne le croire pas.

IV. Sur cet interrogatoire & cette responce que nous venons de voir, voicy vne condemnation à l'auenant faite sans aucune, ny equité, ny formalité, vrayement sur l'equité, le iugeant sur cela seul, que cet innocent ne leur plaisoit pas.

Les tesmoins estans disparus, comme Mages

de nostre Seigneur. 249

à ce Soleil, & leur tesmoignages estans si friuoles, qu'ils n'auoient aucun poids en vne iuste balance, on les laisse sans les ouyr, sans les appeller, sans les confronter : car comment leur veuë ne se fust-elle esblouye & disgregée à la candeur plus blanche que la neige de l'innocence de nostre doux Agneau ? *Luc. 2.*

De contester auec luy, ils n'auoient garde : car à douze ans ils auoient ja senty les pattes de ce Lyonceau de Iudas.

Comme il estoit plus que Salomon, aussi estoit-il, & plus sçauant, & plus sage, que pouuoit ignorer celuy auquel estoit *caché le thresor de la Science du Ciel ? Coloss. 2.*

Ce ieune Hercule, en son enfance, en son berceau auoit si fort pressé ces vieux serpens, qu'il auoit presque reduit ces Rabbins au dernier periode de leur foible & superbe sçauoir. Aucuns d'entr'eux l'ayans ouy prescher maintefois, auoient dit iusques-là, *que iamais homme n'auoit parlé de la sorte;* c'estoit pour redouter sa Conference : luy-mesme les prouoquoit assez, disant, *Si interrogauero non respondebitis mihi. Luc. 22.*

Les voyla donc aux hurlemens au defaut de raisons & de preuues, & à crier que c'estoit vn blasphemateur, *& que se faisant Fils de Dieu il falloit qu'il mourust :* mauuaise Logique, fausse consequence : car pourquoy condamner à la mort l'autheur de la vie, & celuy qui est Fils du Dieu viuāt? admirez leur malignité aueuglée, & neantmoins aduisez comme la bonté de Dieu tire de ces serpens la theriaque vnique de nos maux.

Bonne est pour nous cette conclusion : car en

pure Theologie il falloit que la Diuinité se joignant à l'humanité fist vne personne qui peust endurer, comme homme Dieu estant impassible, & meriter infiniement comme Dieu, ce que l'homme ne peut faire comme homme : Beniste soit la diuine misericorde, qui a sçeu tirer nostre tres-grand bien du tres-grand mal des Iuifs : ce qui estoit tres-peruers en leur intention, estoit tres-salutaire en la diuine prouidence.

O esprit deuot ! si tu veux estre Fils de Dieu par adoption, comme nostre Seigneur l'estoit par nature, apprends d'icy qu'il te faut *non plus viure à toy, & à tes volontez;* mais mourir auec IESVS. Il faut mortifier toutes tes passions interieures, *& tous tes membres & appetits, crucifiant ta chair auec ses conuoitises,* t'attacher auec Iesus en croix, afin que l'on puisse dire, *mortui estis, sed vita vestra consepulta est cum Christo in Deo.*

2. Cor. 5.

Vous auez donc entendu par la suitte de ce discours, 1. cette assemblée de mauuais Iuges, 2. leur interrogatoire, 3. la responce de nostre Seigneur, & 4. leur inique condamnation. Dieu vous benisse.

IV. VENDREDY.

Desespoir de Iudas.

HOMELIE XXI.

S*uspensus crepuit medius, & diffusa* Matth. 27. *sunt omnia viscera eius.* Cette Homelie vous fera voir, 1. les ruses du diable pour nous attirer au peché, & du peché au desespoir, 2. la fausse & desesperée Penitence de Iudas, 3. sa mort infame, 4. l'horrible cheute de quelques grands personnages : & tout cela nous apprendra à bien viure & bien mourir.

Que le diable soit le pere de mensonge & d'il- I.
lusion, il est assez notoire, *Draco iste quem dedisti* Prou. 103.
ad illudendum ei. Prothée qui se varie en mille formes pour nous deceuoir.

Il est appellé *Belzebuth*, c'est à dire *Prince des mousches*, parce que ses tentations, qui au commencement ne paroissent que des mousches, se grossissent en elephans quand on y a succombé, des Athos ou des montagnes si grosses, qu'au iugement les montagnes semblerent plus legeres aux damnez que leurs propres pechez, & pource Luc. 23.
les inuiterent à *tomber sur eux.*

Le diable est vn maistre tres-expert en la spirituelle catoptrique, fabriquant des mirois de specieuses apparences, qui font paroistre les objects tels qu'il veut, les petits gros, les gros petits, les esloignez proches, les proches esloignez : & c'est merueille auec ces artifices combien il abuse d'amés, en tentant il amoindrit le peché, facilite le pardon, propose la Penitence aisée, estant perpecie, il l'enfle desmesurément, bouffit la diuine Iustice, cache la misericorde, le tout pour faire tresbucher au desespoir.

Les voluptez, il les propose *venantes auec vne face riante & gaye*, non *retournantes auec deshonneur & desplaisir*. Le subornement de la pudicité d'vne fille, il l'appellera faire l'amour: ô seducteurs! est-ce ainsi que vous pipez ces simples ames, pour les faire tomber en vne infamie pire que la mort, & cette turpitude porte souuent au desespoir.

Au cholerique, il fait paroistre la moindre contradiction pour vn grand affront, afin de le faire mourir sur le pied en vn abominable duel.

Iudic. 4. Il presente du laict, qui endort comme Iahel à Sisara, & puis il assassine l'ame.

Il propose vne mousche ou vn appast, pour apres deschirer l'interieur par le hameçon d'vn desesperé repentir, comme chez l'Emblematiste, il presente le pain & cache la pierre de l'autre: à l'vsurier il suggere la necessité de viure, & de faire profiter son argent, & puis en passant le corps il tuë l'ame.

Il donne du succre doux à la bouche, mais qui engendre des vers, & de la pourriture au dedans: *les presens de l'ennemy ne sont iamais presens*, dit la vieille Paroemie: ne regardez point la tentation, *Prou. 23.* son visage fardé vous deceura, *Ne intuearis vinum, quando flauescit, ingreditur blandè, sed in nouissimo mordebit vt coluber, & sicut regulus venena diffundes.*

L'eau ne pese rien en son centre; ce que sçauent

les plongeurs, mais dehors elle est fort lourde: quand on est enfoncé dans le peché on n'en sent pas le faix, mais bien quand on s'en veut tirer: Dauid en estant sorty, disoit que ses iniquitez, *sicut onus graue grauatæ erant super eum.*

Le miel veneneux d'Heraclée est plus doux que le commun: mais aussi il engendre vne fureur mortelle. Certes que les voluptez mondaines ne soient plus delicieuses au sens que spirituelles, nulle controuerse: mais en fin elles meinent *en l'amertume d'absynthe d'vn forcené desespoir.*

Le diable a encores cette ruse d'aueugler deuant le peché, & d'esguiser apres la veuë, pour recognoistre l'enormité de la faute. Ainsi fit-il voir la nudité à Adam quand il eut mangé du fruict prohibé, & recognoistre sa misere à Ionathas, apres auoir tasté du miel defendu: car quant à Caïn il le precipita en tel abysme de desespoir, *qu'il estima sa faute impardonnable.* Gen. 3.
2. Reg. 14.
Gen. 4.

C'est à ce point qu'il conduisit Iudas, auquel II. ayant soustrait l'espoir, luy laissa faire Penitence tant qu'il voulut, sçachant que sans cette piece toutes ces trois parties sont de nulle mise.

Car voyez-vous, mes freres, si Iudas eust esperé, & n'eust point precipité ses iours, sa Penitence eust esté complette, & il eust eu pardon comme sainct Pierre: Voulez-vous voir cela, entendez sa contrition, *Pœnitentia ductus*, sa Confession, *Peccaui tradens sanguinem iustum*, sa satisfaction, *retulit 30. argenteos*: ô Dieu! ce seul point de desespoir est cause de son eternelle ruine.

Il se lit seulement de sainct Pierre, *qu'il sortit dehors & plora*, & pour auoir esperé emmy sa contrition & repentance, il a pardon : heureuse & courageuse esperance : ô Dieu! ne permettez pas que nous la perdions iamais, *qui sperant in Domino assument pennas, vt Aquilæ volabunt & non deficient* : pource, *In te speraui, non confundar in æternum, in te sperabo donec transeat iniquitas* : car vous auez dit, *Sperauit in me, & ego exaudiam eum, &c. qui in me sperabit liberabo eum : cum ceciderit non colliditur, quia supponam manum meam* : pourtant, *Si exurgat aduersum me prælium in hoc ego sperabo, etiamsi occiderit me etiam in eo sperabo*. Il ne faut iamais mesesperer de l'infinité de la diuine misericorde : car le plus profond abysme du peché, voire le peché des pechez, c'est le desespoir.

Pourueu que nous ne perdions point l'ancre, le timon, & le voyle, tous symboles d'esperance, il y a tousiours moyen de trouuer le port de salut, nonobstant les bourrasques du peché.

Tenons tousiours bon auec Iob, & auec Abraham, *esperons mesmes contre l'esperāce & l'apparence*.

Rom. 4.

Blos.in Homil. Spirit.

Saincte Catherine de Sienne ouyt le tentateur, qui luy dit que toutes ses œuures ne valoient rien; Ie le croy, luy dit-elle, mais mon Sauueur est encores meilleur que ie ne suis mauuaise, pource i'espere en luy, & me confesseray, & il sera le salut de ma face, comme il est mon bon Dieu.

Psal. 42.

Au demeurant, afin d'auoir tousiours esperāce, il faut que nostre regret d'auoir peché soit *amoureux, non timoré*, filial non seruile : l'amour peut demeurer auec cette crainte, de laquelle il est escrit, *Timor Domini castus permanens in sæculum sæculi*.

Mais la seruile est fort panchante vers ce desespoir : ce fut l'excez de cette horreur, qui porta

de nostre Seigneur. 255

Iudas en cet abysme de desesperade, & le rendit cōme vn Penthée, agité des Eumenides, ou comme vn Oreste des furies de sa parricide trahison.

——— *Ingeminant curæ rursusque resurgens*
Fluctuat :

Comme vn autre Caïn meurtrier du iuste Abel, il iroit volontiers, *profugus super terram*. Genes. 4.

Sed quæ illum tellus miserum quæue æquora possunt,
Accipere.

Quo ibit à spiritu Dei, aut quo à facie eius fugiet, &c. Va-il point auec Dalila se repentant d'auoir liuré Sanson, mais trop tard ? certes nul temps est inepte à la penitence, neantmoins il arriue souuent que *pœnitentia sera non est vera*, estant comme forcée, au lieu que la contrition doit estre *vne douleur libre & volontaire, prise par amour, non par terreur ou frayeur de la mort, & de l'enfer* : Prenons donc ces extremitez, mes freres, & faisons de meilleure heure nostre penitence.

Cependant admirez en ce poinct le diuers sort de ces deux Apostres, l'vn comme *Esaü* reprouué, Rom. 9. l'autre esleu comme *Iacob*.

Ce sont les deux boucs de l'ancienne alliance, Leuit. 16. l'vn sacrifié, l'autre relasché, les deux passereaux & 14. de mesme, & les deux seruiteurs de Pharao, com- Genes. 40. pagnons de Ioseph en la prison, l'vn sortant pour aller aux honneurs de la Cour, l'autre pour estre trainé au supplice : *Vnus acceptus, alter re-iectus* : Ainsi s'est verifiée la Prophetie, *Cum iu-* Psal. 108. *dicatur exeat condamnatus, & Episcopatum eius ac-* Actor. 1. *cipiat alter.*

La malheureuse fin de ce traistre de l'Espoux, III. lequel *suspensus crepuit medius*, me conuie à vous faire ressouuenir de la fin malheureuse de ceux qui ont trahy l'Espouse, qui est la saincte Eglise: vous sçauez comment il en print à Arrius, ce miserable Trinitaire, qui vuida tous ses intestins dans les lieux infames, *Et diffusa sunt omnia viscera eius.*

Vous n'ignorez pas que Luther mourut comme vn pourceau, surchargé ains suffoqué de sa graisse, aussi *prodierat quasi ex adipe eius iniquitas.*

Psal. 72.

Quant à Caluin, il est mort si proche de ce lieu, bien que par la grace de Dieu le venim de son erreur ne s'y soit point espanché, que vous dire qu'il mourut mangé de poux, de gouttes, & affligé d'extraordinaires hemorroïdes, & auec vn vlcere dans les parties infames, si puant, que l'on ne le pouuoit approcher; ce que Beze dissimule, attribuant cela à chagrin, qui est vne autre humeur, receptacle des demons; vous dire cela, ce n'est pas vous apprendre, mais vous reciter ce que vous m'auez appris : mais ceux qui sçauent pourquoy il s'enfuyt de Noyon, se refugiant en cette voisine de Babel, remarquent de plus en cette sorte de mort infame, comme la iustice diuine l'a puny par où il auoit delinqué ; & cette rongerie de poux, qu'estoit-ce sinon le symbole de la vermine des opinions dont il a infecté quelques esprits, pour la conuersion desquels ie vous conjure de prier sans cesse.

Bolsec. in eius vita.

Admirez encores comme ce creuement de Iudas monstre en euidence la cachée duplicité de son cœur perfide, de sorte que *operitur sicut diploïde confusione sua*, son forfait traine en tenebres, se mettant en euidence & en lumiere par cet espanchement

Psal. 108.

Luc. 12.

ment d'entrailles.

Ce qui me fait souuenir de l'escartelement que les Romains firent faire de Metius Suffectius, traistre de la Republique, afin que le partage de son corps monstrat la diuision de son esprit. *Tit. Liuius l. 2.*

Et encores de cette histoire que rapporte le miroir des Exemples, d'vn auare, dont le cœur en mourant bondit sur son thresor, vn crapault se subrogeant à sa place.

Pour Dieu, mes freres, gardez que par des indigens Communions vous ne participiez comme à la faute, aussi à la fin desastrée de ce malheureux : Sainct Paul rapporte les morts subites de son temps : à cette cause, *Propterea inter vos dormiunt multi*, tant d'apoplexies, de catharres accablans, de suffocations soudaines, de morts impreueuës, prouiennent ordinairement de là : car il est raisonnable, dit le grand sainct Augustin, *que celuy mourant s'oublie soy-mesme, qui viuant a oublié Dieu*. *1. Cor. 11.*

Prenez-y garde, & sçachez que la peine suit le peché, comme l'ombre le corps, comme la chaisne l'esclaue.

Somme nostre Iudas meurt de cette ancienne malediction, par laquelle on disoit au meschant, *Infœlici arbori suspendaris* : Que les pecheurs gardent donc de tomber en de pareils inconueniens, car la mauuaise mort est l'interest & l'apport ordinaire d'vne meschante vie.

Mais aussi ie crie tout haut à ceux qui ont desja quelque petite vertu en fleur, & quelque deuotion en bourre, qu'ils se gardent bien de la **presomption**, car c'est l'autre extremité de

IV.

R

l'esperance, le desespoir se forme sur la grauité des fautes, & la trop bonne opinion de soy sur l'apparence de quelque pieté & probité: ô le dangereux estat! que de penser valoir quelque chose, c'est la pointe d'vn roc sourcilleux, qui monstre voisine vne grande cheute.

V. Vincēt. Lyrinens. adu. proph. hæres. noui. Euseb. hist. Eccles. l. 6. c. 15. Socrat. l. 2. c. 25. Sozom. l. 4. c. 5.
* Ezech. 11.

Helas! nous plorons & déplorons encores les ruinés de ces grands hommes, Origene, Tertulian, & Osius, qui ont fait vn Triumuirat de scandale en l'Eglise, pour auoir voulu *ambulare in magnis, & in mirabilibus super se*, verifians les feintes temeritez de Phaeton, d'Icare, & de Prométhée: quel * *sapin ne craindra, voyant tomber ces cedres du Liban*, tant il est vray que les foudres de la reprobation frappent ordinairement les plus hautaines montagnes. *Omnis mons humiliabitur.*

Salomon doüé d'vne sapience admirable, nous laisse pour son idolatrie en doute de sa saluation.

Ce Docteur de Paris, qui mourant auec vne pensée presomptueuse, à cause de la pureté de sa vie passée, declara apres sa mort publiquement, lors que l'on faisoit ses obseques, que *iusto Dei Iudicio condamnatus erat*, sert d'vn espouuantable exemple à ceux qui pensetoient voler au Ciel auec leurs foibles aisles: cet accident suscita en l'Eglise de Dieu, le S. Ordre des Chartreux par la retraitte que sainct Bruno fit du monde auec ses compagnons, touché au cœur de cet horrible spectacle.

Quoy? & ne fut-ce pas ce presumer qui fit tresbucher le plus beau de tous les Anges, auec ses complices, du Ciel dans les Enfers?

Certes si vous pesez exactement la qualité &

dignité de Iudas, vous trouuerez que son exaltation a rendu sa cheute d'autant plus lourde, comme sa faute plus griefue. *O hauteur de la sagesse & science de Dieu, que ses iugemens sont incomprehensibles.* Rom. 1.

Tremblons, mes tres-doux freres, *& operons nostre salut auec crainte*, car outre que personne en cette vie *ne sçait s'il est digne d'amour ou de haine*, quand ce vient à la mort, l'homme *nescit quo vadit*, lors le diable fait tous ses efforts, *sciens quia modicum tempus habet*, il n'y a pierre qu'il ne remuë. Philip. 2. Eccles. 9. Ioan. 12. Apoc. 12.

Taschons de mourir en Dieu, afin que nostre course abboutissant en sa grace, nous couronne de sa gloire, *la mort des bons luy est precieuse.* Prions le qu'il nous face finir *de la mort des Iustes, & que nostre doctrine soit pareille à la leur*: car helas! quelle autre chose auons-nous affaire en cette vie, sinon à apprendre & nous preparer à bien mourir? Num. 23.

Singlons en ce destroit iustement entre Scylle & Carybde, euitans ces deux escueils de la presomption & du desespoir, *mais nous endormans en paix & en repos du sommeil de la mort*, auec vne humble confiance en la misericorde du doux IESVS. Psal. 4.

Apprenez, 1. à euiter les ruses de nostre commun aduersaire, 2. à faire penitence, auec espoir de pardon, 3. à abhorrer la vie & la mort de ce traistre, & 4. à fuir toute presomption.

R ij

IV. DIMANCHE.

Renuoy à Pilate.

HOMELIE XXII.

Mat. 27.
Marc. 15.
Ioan. 18.

DDVCVNT *ergo Iesum à Caypha in Prætorium ad Pilatum Præsidem.* Voicy donc nostre Agneau renuoyé du Tribunal Ecclesiastique, au bras Seculier, pour estre victimé à la furieuse enuie des Scribes & Pharisiens : & cettecy est la 4. Station de la Passion, en laquelle nous considererons 1. ce Renuoy, & le rencontre de la saincte Vierge : 2. l'interrogatoire du President : 3. la responce de nostre Seigneur : & 4. son innocence declarée par la bouche mesme qui apres iniquement le condamna. Venons

1. Comme nostre Seigneur estoit descendu en

Ioan. 3.
Matth. 21.
Luc. 20.
Act. 10.
Rom. 2.
2. *Cor.* 1.
Galat. 2.
Ephes. 6.
Coloss. 3.

terre, pour *sauuer tout le monde par sa mort, n'estant point accepteur de personnes, & ne faisant aucune distinction du Iuif ny du Grec, mais desirant indifferemment espandre son sang pour tous les pecheurs* : Aussi voyons-nous qu'en sa Passion son Sang estant espanché, tant par les Hebrieux que par les Gentils, il a esté offert au Pere Eternel, pour le rachapt des vns & des autres, l'vn & l'autre Tribunal, & Iuif & Payen, ont conclu sa mort, & il est mort pour ceux-là mesmes qui l'ont fait mourir.

Vous voyez donc en ce Renuoy aux Gentils, *Pſal. 107.* verifiée cette Prophetie, *In Idumeam extendam calceamentum meum, mihi alienigenæ amici facti ſunt*. Et cette autre, *Extraneus factus ſum fratribus meis, & peregrinus filiis matris meæ. Filii matris meæ pugnauerunt contra me*. *Pſal. 68. Cant. 5.*

Il est bien vray, que principalement il estoit venu *pour les oüailles de la maiſon d Iſraël*, car dans les cahiers de l'ancienne alliance, *in capite libri ſcriptum erat de eo*, mais neantmoins vous voyez qu'il ne laiſſe de faire des graces aux Chananées, aux Centurions, aux Mages, aux Abagares; pour teſmoigner *qu'il a encores les gens pour ſon heritage, & pour poſſeſſion les bornes de la terre*. *Matth. 15. Pſal. 2.*

Tous hommes portent en l'ame l'image de Dieu, & c'est ce pourtraict deffiguré par le peché d'Adam, qu'il estoit venu refaire.

Voicy donc Iacob qui croiſe les mains, pour benir Ephraim & Manaſſe, c'est à dire l'vn & l'autre peuple, Iuif & Gentil, *& leur rendre bien pour mal, benediction pour malediction, dilection pour haine*. *Gen. 48.*

Ainſi depuis, à ſon imitation, Paul & Barnabas rebuttez par les Hebrieux en leurs Predications, leur dirent, *Vobis opportebat primum loqui verbum Dei, &c. Sed ecce conuertimur ad Gentes, ſic enim præcepit nobis Dominus, poſui te in lucem Gentium, vt ſis in ſalutem vſque ad extremum terræ*. *Act. 13. v. 46. Pſal. 46.*

Remarquez vne choſe en ce Renuoy, c'est que ces Phariſiens *ne voulurent pas entrer dans le Pretoire, de peur de ſe ſoüiller*, dit le texte : ô hypocrites, qui *conſeruez les puces, & aualloz les chameaux* : ô malheureux, vous violez la foy & l'equité; *Matth. 23.*

R iij

vous voulez homicider l'Innocent, & vous faites les scrupuleux sur ie ne sçay quelle ceremonie, ainsi sont les superstitieux, qui s'amusent à certaines chimagrées, qui en l'exterieur ont quelque apparence de pieté, & neantmoins au fonds infiniement contraires à la vraye Religion, & par là l'homme *ennemy seme mille zizanies dans le champ de la vraye* creance.

Matth. 13.

Il y en a qui pour mourir ne tremperoient pas leur langue dans l'eau, à certains iours que leur capricieuse deuotion leur a dicté de ieusner, & cependant auront ces qualitez que leur donne S. Paul, en la seconde à Timothée, *Erunt homines elati, cupidi, superbi, &c.* Et met en fin, *Speciem quidem pietatis habentes, virtutem autem eius abnegantes, & hos deuita.* Ce dernier mot me fait souuenir qu'encores nous pouuons tirer vn bon enseignement de cette superstition des Iuifs, qui est, de fuyr la conuersation des Errans, ne frequentant point chez eux, & les admettant rarement chez nous, car il ne se peut dire combien leur commerce est pestilent & contagieux.

2. Tim. 3.

Vous verrez encores de ces superstitieux qui seront auares, vsuriers, vindicatifs, detracteurs, malings, desquels on pourroit dire, *In diebus ieiunij vestri inuenitur voluntas vestra, ad lites & contentiones ieiunatis.*

Isa. 58.

Il y en a d'autres quand ils veulent Communier, qui se preparent par vn culte externe, prenans leurs beaux habits, leurs collets blancs, se tintans & tirans comme pour aller à vn bal, au demeurant qui ne feront pas vne reflexion sur leur ame, ne sçauent que c'est de parer, ny mesmes de preparer leur conscience, se presentans au Confessional, à peine sçachans dire leur *Confiteor*. Ie ne blasme pas la decence & netteté exterieure, mais ie trouue mauuais de ce qu'on laisse l'ame, piece principale, pour s'amuser à blanchir son sepulchre, qui est ce miserable corps.

D'autres qui sont en seruice, croyent que le iour de leur Communion est vne feste pour eux, & qu'ils ne doiuent rien faire, qui m'a introduit ces resueries? voirement si c'est vn iour de feste, il se faut abstenir d'œuures seruiles, selon l'vsage commun; mais si c'est vn iour ouurier, trauaillez de plus beau, puisque vous auez *le pain vif, le pain des Anges, seruant sans cesse Dieu, & le pain des forts.* Qui vous a dit que la saincte Communion doiue fomenter vostre faineantise? Les Prestres aux Religions plus austeres & reformées celebrent-ils pas tous les iours la saincte Messe, & cependant laissent-ils de faire les plus vils seruices de la maison, selon qu'il leur est enjoint par l'obedience?

Or ce fut en ce poinct de la conduite de N. S. de Caïphe à Pilate, qui fut de bon matin, selon le Texte, que les Contemplatifs disent que la B. Vierge accompagnée de son troupeau de Bethanie, & de plusieurs autres personnes deuotes qui s'estoient en Hierusalem jointes à elle, rencontra N. S. sortant de la maison du Pontife pour aller au Pretoire. O Dieu quel rencontre, pensez-le, & pesez-le bien, mes cheres ames; car la briefueté de ces pages m'empesche d'en faire vne plus ample deduction.

Quand l'Arche de Noé fut preste le deluge arri-

R iiij

ua. Voyla nostre Arche IESVS, preparé aux eaux des tournés, & voicy que *les sources des abysmes* du cœur de la Vierge, *& les cataractes des Cieux* de ses yeux commencent à desbonder vn deluge de pleurs.

Cette pauurette auoit attendu longuement à la porte du Palais Episcopal, dont on luy auoit rudement refusé l'entrée, maintenant qu'elle void par cette issuë la condamnation à mort de son cher fils que l'on ennoye à Pilate pour l'executer & la confirmer; O Dieu! quelles furent les agonies de cette mere. Ie ne les sçaurois dire, mes freres, à peine y peux-je penser sans creuer de douleur.

Oserois-je dire le rencontre des yeux de ce fils & de cette mere, comment la collision de leurs rays poignit mortellement leurs cœurs ; oserois-je dire comment ces regards parloient en silence & en penser du langage des Anges? ie l'oserois, si ie le pouuois, mais ie ne sçaurois.

Quantes fois pasma cette douce Vierge entre les bras de sainct Iean & des Maries ? quantes fois ce mesme excés de douleur qui la faisoit defaillir, vaincu par la vehemence de son amour, la pressoit-il à suiure celuy qu'on luy rauissoit, & que l'on entraînoit de deuant sa face ? Elle mouroit d'vne mort renaissante, elle viuoit d'vne viuante mort. La voylà donc qui supportée par sa petite troupe, se traine apres son cher fils iusques au Pretoire, où il luy fut interdit d'étrer, demeurât à la porte auec cette tourbe enragée de Iuifs, dont la fureur augmentoit sa douleur : *& qui se resiouyssant de ses maux*, se mocquoient de sa peine.

de nostre Seigneur. 265

11.

Pilate leur vient au deuant sur le perron de la salle d'audience, lieu eminent & releué, basty de grandes pierres, pour ce appellé Lytostrotos, & receut là leurs accusations, qui se peuuent reduire à trois chefs: qu'ils luy amenoient vn seducteur de peuples, vn homme qui enseignoit de ne payer le tribut à Cesar, & qui se vouloit faire Roy. Trois calomnies plus fausses que la mesme fausseté, & qui se renuersent sur leurs propres testes.

Estoit-ce seduire le peuple que de guerir tant de malades, refectionner tant de milliers de gens és deserts, leur prescher d'obeyr aux enseignemens des Scribes & Pharisiens, bien que leur vie discrepast de leur doctrine, & prescher si bien que plusieurs d'entre les Scribes estimoient *sa science surhumaine?*

Estoit-ce dogmatizer contre les Tributs de Cesar, l'ayant payé luy-mesme, & enseigné *à rendre à Cesar ce qui luy appartenoit?*

Estoit-ce se vouloir faire Roy que de s'enfuir quand les tourbes eurent conceu cette pensée de le constituer sur eux pour Roy, selon l'Euangile de ce iour, fuyant plus la Royauté que la desloyauté, & cherchant plustost les douleurs que les honneurs: il y paroistra tantost quand tout court il dira à Pilate que son Royaume n'est pas de ce monde. *Ioan. 6.*

Est-ce doncques *mentir iniquement & se clorre la bouche à soy-mesme* que d'alleguer ces faussetez en la face de la Iustice? O enfans du Diable, dont le nom veut dire *Calomniateur!* O engeance viperine de ce pere de mensonge, *qui a esté homicide dés le* *Psal. 26.*

commencement. Voyla comment ils vont *cherchans des nœuds en vn jong,* & *delictum oris eorum sermo labiorum ipsorum comprehenditur in superbia sua & in execratione & mendatio consumuntur.*

Ainsi fait le monde quand quelque Predicateur luy dit rondement ses veritez : & pour ce luy déplaist, ne trouuant que remordre à sa vie *d'vne langue trompeuse* il se porte à des paroles de precipitation, à des clameurs de Haro, à murmurer que c'est vn seditieux, vn seducteur, vn perturbateur du repos public, vn ennemy de l'Estat. O les chatoüilleuses propositions, elles sont aussi tost creuës que dites, plustost asseurées qu'examinées. Car n'estant rien de plus ombrageux que les couronnes & les affaires du siecle, les soupçons sont soudain pris pour veritez, & les conjectures pour argumens irrefragables.

O monde tu es tousiours *maling,* c'est vn accident inseparable de ta substance que la malice : tu prends tousiours de la gauche ce que l'on te presente de la droite, à cause de ta sinistre intention. Consolons-nous, mes freres, quand le monde nous blasmera. Car que doit-il faire *aux Disciples, puis qu'il a osé appeller le Maistre Belzebuth?* Si les tant belles & sinceres actions de N. S. ont peu estre mal interpretées du monde, helas! que ne trouuera-il à sindiquer és nostres si imparfaictes ?

C'est ce qui consoloit sainct Hierosme lors qu'il estoit calomnié sur sa direction *de Paula & Eustochium. Tandis qu'elles ont esté mondaines,* dit-il, *le monde n'a dit mot, depuis qu'elles ont commencé à embrasser la deuotion & la penitence par mes persua-*

de noſtre Seigneur. 267

ſions, les langues médiſantes ont vomy ſur moy leur venim. Ainſi ſe verifie ce mot : *Si vous eſtiez du* Ioan. 15. *monde, il vous aymeroit comme ſiens ; mais n'en eſtans pas, ne vous eſtonnez point s'il vous hayt. Bien-heureux ſerez-vous quand il dira tout mal de vous, quand vous ſeruirez Dieu ; car voſtre recompenſe en ſera tres-grande aux Cieux.*

Pilate voulant interroger N. S. ſur ces accuſations, commence par le dernier chef de la Royauté, comme plus important au ſeruice de Ceſar ſon maiſtre. A cela noſtre Sauueur reſpond ouuertement que *ſon Royaume n'eſt point de ce monde.* Ouy Seigneur, *bien que la terre fuſt à vous, & ſa plenitude, tout l'vniuers, & ſes habitans :* bien que vous en ſoyez le Createur & le maiſtre, neantmoins pour l'amour de moy vous y renoncez, & à cette couronne qui vous appartenoit naturellement comme fils de Dauid. O cher Amant, donnez-moy que ie meſpriſe pour vous toutes les choſes creées, les honneurs, les biens, les plaiſirs, les croſſes, & les couronnes encores, quand bien ie les aurois, *faites que i'eſtime toutes ces choſes comme fumier, afin que ie vous aye : car auſſi bien que ſeruiroit à l'homme d'acquerir tout le monde, & de perdre ſon ame ?* Ouy, car vne ſeule ame vaut mieux que tout le monde, & vne ame ne vaut rien ſans l'amour de Dieu, & cet amour diuin ne peut ſubſiſter auec celuy de la terre, d'autant que *l'amitié du monde eſt ennemie de Dieu.*

III.

Pſal. 23.

Philip. 3.
Matth. 16.

Iacob. 4.

Noſtre S. adjouſte qu'il eſtoit ſeulement venu pour rendre témoignage à la verité, à ce mot *de verité,* Pilate luy demanda que c'eſtoit, & ſoudain ſort.

Voyla comme les mondains tournent le propos quand on les veut admonester de leurs vices, & leur parler de deuotion. Car comme le Prouerbe dit, *que la musique est importune parmy le duéils* ainsi la penitence est desagreable à ceux *qui ducunt in bonis dies suos, & agunt dies lætitiæ* : ils veulent entendre choses plaisantes, & à leur goust.

2. Tim. 4. *A veritate autem auditum auertunt, & ad fabulas conuertuntur*, parce que naturellement *omnis homo mendax*.

Ioint que c'est l'humeur ordinaire des gens du siecle, lesquels *meditantur inania*, de quitter volontiers des entretiens serieux pour des amusemens friuoles, s'arrestant plustost à des bagatelles qu'à des choses solides. Cela se remarque en tant de sottes pointilles d'honneur, en tant de changeantes façons d'habits, en tant de nouuelles inuentions de despence & de desbauche, fort peu differens des enfans qui s'empressent apres des papillons.

N. S. est *la mesme verité, & de plus la voye & la vie*, au contraire les mondains *cherchent le mensonge, à decliner leurs voyes, & l'ombre de la mort*, qui est le peché.

Celuy *in cuius ore dolus non est inuentus, sermoni-*
3. Esdr. 4. *bus odii circumuenitur*: Et n'est pas icy que *fortis veritas præualet* : mais le mensonge & l'imposture ont l'aduantage.

En cette action legere de Pilate demandant que c'est que *verité*, & s'en allant, remarquez encores comme son cœur n'est pas vne mesche disposée à ces estincelles: & pour ce preparez vos cœurs aux lumieres des diuines inspirations.

C'est grand pitié ! il y en a quand il se presente

de noſtre Seigneur. 269

vn pauure qui n'ont iamais de monnoye pour luy faire l'aumoſne; donnez doncques quelque iour vne groſſe piece pour reparer tant de defaults.

Notez de plus en cette action de Pilate l'eſprit *d'inſtabilité* qui poſſede les errans de ce ſiecle, ſi toſt que vous entrez en conference auec eux ſur vn poinct controuerſé, les voyla incontinent qui parlent de pluſieurs, afin de ſe ſauuer dans ce change: ſi vous tenez le pied ferme à vn, ils s'en vont ſans vouloir entendre la verité.

Quant aux deux autres chefs d'accuſation N. S. ne daigne y reſpondre, comme eſtant des pures calomnies forgées à plaiſir, & qui ſe ruinoient d'elles-meſmes. Sage ſilence qui fit eſtonner Pilate de voir la conſtance de noſtre IESVS, ne voulant employer ſa langue pour la defenſe de ſa vie & de ſon honneur. Il pouuoit bien dire, *Obmutui & humiliatus ſum, & ſilui à bonis.* Et encores, *Pſal. 38. factus ſum ſicut homo non audiens, &c.* Et derechef, *Poſui ori meo cuſtodiam cùm conſiſteret peccator aduerſum me.*

Qu'en arriue-il, ſinon que les aiguillons de ces gueſpes calomnieuſes ſe rebouſchent contre ce cœur de bronze impenetrable à leurs pointures.

IV. Pour ce pilate ſortant ſur le perron, declare hautement aux Iuifs, *qu'il ne trouuoit aucune cauſe digne de mort en cet homme.* Voyez vous comme l'innocence eſt forte, puis qu'elle ſemble tirer *ſalutem ex inimicis & de manu odientium.* Luc. 1.

Icy vous noterez comme ſes mots ſe verifient, *Odio gratis me habent, gratis me perſequuntur, gratis abſconderunt laqueum mihi.*

Quel ſera l'innocent qui oſe deſormais viure

auec seureté emmy les aueuglemens des hommes & les perilleuses tenebres de cette vie? Ce pitaut qui condamna Aristides n'auoit autre raison, sinon qu'il luy desplaisoit de l'entendre appeller Iuste. Et doutez-vous que cet *Ozanna in excelsis*, & ces acclamations populaires ne fussent les principaux motifs qui aiguillonnerent la maudite enuie des Scribes à procurer par tous moyens la mort de nostre Seigneur?

O vous qui recherchez la gloire & l'applaudissement du monde, en quel labyrinthe d'enuie vous engagez-vous? vous auez beau auoir de la vertu & du merite, c'est l'aliment de cette enuie qui vous accablera, si par prudence vous ne l'euitez.

Pilate *ne trouue aucune cause en* N. S. mais quand à nous, nous en remarquerons deux pour lesquelles il falloit qu'il mourust, la grauité de nos fautes qui auoit besoin d'vne telle expiation, & son extreme charité qui le porte à cette mort volontaire: detestons l'vne de ces causes qui est en nous, & benissons l'autre qui est en nostre benit & amoureux Espoux.

Sur cette protestation d'innocence les Iuifs craignás que cette proye ne leur eschapast, commencerent à crier qu'il auoit esmeu le peuple depuis la Galilée iusques en Hierusalem. Sur cette mention de Galilée, Pilate s'estant enquis, & ayant appris que Iesvs estoit Galiléen, pensa de se défaire de l'importune clameur de ces furieux, le renuoyant au Roy de Galilée Herode, qui se tenoit lors en Hierusalem.

Ce balottage me faict souuenir de ces larguissantes longueurs des procez qui consomment ainsi le monde, & bruslent à petit feu. Helas! c'est vne rouë d'Ixion, vne vis sans fin, on y vse & vie, & biens, & amis, & ame aussi quelquefois, de sorte qu'il seroit beaucoup plus expediét de perdre tost, que de gagner tard, le principal s'esuanoüissant parmy les despens.

O Iuges, c'est vne grande piece de la bonté de vostre Iustice que la briéueté. Hastez-vous donc d'expedier les differends : vous sçauez que *odia restringenda*, & dans les altercats processifs, il y a tousiours quelque rancune.

Caligula par cruauté faisoit languir ses criminels, dilayant de iour à autre leur supplice, afin, disoit-il, *qu'ils se sentissent mourir*. Et à quelqu'vn qui le supplioit par requeste de haster sa mort, *il il n'est pas encores*, fit-il, *rentré en mes graces*.

O Iuges, *quod facitis facite citiùs, bis dat qui citò dat*, Ioan. 13. voire ie diray que c'est presque donner que d'oster bien vne chose dont l'injuste possession, comme le cheual Sejan apporte plustost dommage qu'vtilité.

Au sortir du Pretoire pour aller chez Herode, voicy encore vne autre rencontre de IESVS, & de sa douce Mere. O nouueau Antipheron qui voyez tousiours vostre image deuant vos yeux. Car, mes freres, comme *in diuinis, qui videt Filium videt & Patrem* : Ainsi en l'humanité, le Fils & la Mere auoient vne grande ressemblance.

O beau Soleil tenebreux! voicy vostre ombre qui vous suit, *Omnibus vmbra locis adest*. Quelquefois la presse de ces satellites s'entr'ouurant ce bel Astre comme par l'entre-deux des nuées dardoit quelques pitoyables œillades à sa chere mere & à sa troupe; mais œillades qui faisoient distiller ses nuages en pleurs.

Mon Dieu quelle cruauté! Il estoit en l'ancienne loy defendu de prendre ensemble és nids des oyseaux la mere & ses petits: & voicy contre cete ordonnance, que le Fils & la Mere sont suppliciez en mésme temps, celle-cy de cœur, & celuy-là de corps.

Deut. 22.

La loy prohiboit encores d'immoler l'agneau & la brebis ensemblement, & n'est-elle pas violée icy? Helas! mais qu'est-ce cette passion douloureuse, sinon vn continuel violement des loix diuines & humaines. Prodigieuse prouidence de Dieu, qui tire de ces desordres l'ordre & l'œconomie de nostre Redemption.

Apprenez de cette Homelie 1. le renuoy à Pilate, 2. l'interrogatoire, 3. la responce, & 4. Benissez hautement l'innocence de IESVS, de laquelle *& inimici sunt iudices.*

IV. LVNDY

IV. LVNDY.

Enuoy à Herode.

HOMELIE XXIII.

Preuit autem illum Herodes, & illusit Luc. 23. *indutum veste alba, & remisit ad Pilatum.* Sur cette saincte Station de la Passion, i'ay remarqué comme nostre Seigneur & le Prince des tenebres, représenté par Herode dressent dans le monde deux Academies diametralement contraires. 1. Cettuy-cy dresse ses sectateurs & academiques à vne sagesse mondaine, & N. S. à vne saincte folie, qui est la deuotion. 2. A la curiosité, & N. S. à la simplicité. Ce qui se remarque en la curiosité d'Herode, qui estima N. S. pour fol. 3. Il apprend le babil, qu'il nomme eloquence, & N. S. le silence, comme il monstre icy, ne respondant rien aux friuoles demandes d'Herode. 4. Il porte à la pompe des vestemens, & N. S. au mespris de ces vanitez. C'est ce que ie vous vay deduire, afin que vous remarquiez en quelle Academie vous estes enrollez.

La premiere leçon de l'Academie du malin, c'est I. la sagesse du siecle. Il faut apprendre à viure, disent les prudens, & pour ce alleguent que,

Nullum numen abest si sit prudentia.

Et croyent en outre que

S

Ad summum sapiens vno minor est Ioue fœlix,
Pulcher, honoratus, diues, Rex denique regum.

Voyez-vous là le premier jargon des peres à leurs enfans quand ils les enuoyent estudier : il faut paruenir & estre quelque chose au monde. *Grand soin de la vanité, nul de la vertu.* S'ils apprennent bien le Latin, le Grec, la Poësie, la Rhetorique, la Philosophie, les voyla contents : de la vraye sapience, qui consiste en l'obseruance de la loy de Dieu, nulles nouuelles. On a plus de soin d'apprendre Ciceron, Aristote, Platon, que les preceptes du Decalogue. Enfin le monde comme le ciel a tous ses yeux au dedans de soy, *tous visent à leur interest temporel, non au spirituel, comme si nous auions icy bas vne cité à iamais permanente, on songe peu à la future.*

C'est cette veine science qui donnoit anciennement le nom de Sophes ou Sages à ceux qui en auoient quelque teinture. Mot superbe, & que Pythagoras tempere de celuy de Philosophes, qui veut dire amateurs de sagesse.

Il y en a d'autres sages mondains beaucoup plus malings que ces sçauanteaux, qui sont les gens d'Estat, appellez *les prudens enfans du siecle:* Hyboux clair-voyans és tenebres des gouuernemens terrestres, mais aueugles à la lumiere des choses celestes, & ignorans en toute pieté & probité.

Machiauelistes en somme, qui font des vertus de mentir bien dextrement, de tromper & seduire bien à point, dissimuler excellemment, plumer l'oyseau sans le faire crier, faire leur profit à tort & à trauers, se joüer des sermens comme des

de nostre Seigneur. 275

osselets, à l'imitation de Lysander, trahir auec souplesse & accortise, attraper auec mattoiserie & finesse : regner en fin sur la simplesse des oüailles, qui se laissent innocemment conduire & escorcher à ces loups traueſtis en chiens fideles. Ils font mestier de preferer la terre au ciel, le temps à l'eternité, la vie presente à la future, la religion à la police, & en somme, *le Prince des tenebres, au Pere de lumieres.* Gens dangereux *vestiti duplicibus.*

L'Academie de N. S. est toute contraire à ces sçauans & à ces rusez, car elle contrepointe leur folle sagesse par vne sage follie, qui consiste en ignorance & en sincerité. Icy les Aristotes & les Platons sont des impertinents : cettuy-là a comme vn genie percé beaucoup de secrets de nature, mais és choses surnaturelles, il aduouë *auoir des yeux de chouette.* C'est l'Euripe où il se perd, voire mesme és naturelles, il a souuent failly, quand ce ne seroit qu'en ce lourd choppement de l'eternité qu'il attribuë au monde.

Cettuy-cy, à ce qu'on dit, estoit imbu de la doctrine des Hebrieux : mais il l'a sophistiquée de tant de resueries, qu'elle semble ne luy auoir seruy que d'achoppement. Il a bien conté que de l'accouplement d'Olympe & de Rhée estoient nés les Amours : mais il n'eust pas penetré que de l'alliage du ciel & de la terre, de la diuinité & humanité se fust fait *en temps vn Iesus-Christ,* l'amour du ciel & de la terre. Comment donc eust-il peu pousser dans la sage folie de la croix, qui est, *Gentibus stultitia, nobis autem sapientia* ? 1. Cor. 2.

S ij

Ainsi nostre Dieu a voulu, mes freres, *per stultitiam fidei saluos facere credentes* : car *quod stultum est Dei sapientius est hominibus*. Au contraire, *Sapientia humana stultitia apud Deum, stultam fecit Dominus sapientiam huius mundi* : pour ce, *quæ stulta sunt mundi elegit Deus, vt confundat sapientes, quæ infirma sunt, vt confundat fortia*.

1. Cor. 1.

Quelle merueille de la diuine prouidence de vaincre *la force des forts* par la foiblesse. Toute l'Egypte auec vne baguette de Moyse, des cincenelles, des sauterelles, des grenouïlles, des ombres, des moufcherons ; faccager les Philistins auec vne maschoire d'asne ; multiplier les enfans d'Abraham, luy commandant de tuer son fils; descouurir la vraye mere par Salomon, ordonnant de partager vn enfant, vaincre les loups par les brebis, *Ecce ego mitto vos sicut oues, &c.* Les serpens par les colombes, donner la vie par la mort. *Verè tu es Deus faciens mirabilia, tu es Deus solus.*

1. Reg. 2.
Exod. 7.
Iud. 14.
Genes. 15.
3. Reg. 3.

Il choisit l'ignorance des pecheurs pour terrasser & conuaincre l'arrogante science des Philosophes : Iudith pour tuer Holoferne : Dauid estimé *tanquam vnus ex histrionibus*, & il est sage deuant ses yeux : sainct Paul est appellé fol par l'excez de son zele. *Nos stulti propter Christum, &c. Supportate modicum quid insipientiæ meæ, vt minus sapiens dico.* Les Apostres sont estimez ou yures ou incensez.

1. Cor. 1.
Actor. 2.

S. François est reputé fol par son propre pere, & le voyla vn des sages pilliers de l'Eglise.

Qui n'eust pris pour fol le B. Ignace le voyant aller de Montserra à Mauresse vestu d'vn sac vn baston à la main, vn pied chaussé & l'autre nud,

& le voyla *veu en vne grande gent*, & Pere de la plus sage & sçauante Compagnie qui soit sous le Ciel. *Genes.* 153

Comment pensez-vous que le monde parle des deuots ? comme de personnes qui sont frappées au cerueau & *pauures d'esprit*. Mais vn iour ce ton sera bien changé quand ces mocqueurs chanteront là bas dans les eternelles flammes, *Nos insensati vitam illorum æstimabamus insaniam, &c.* *Sap.* 5.

Et que disent les Heretiques des Religieux reformez, au lieu de les admirer ils les appellent des fols, des homicides d'eux-mesmes, des bezaciers, des gueux : & quoy? non, *Beati pauperes spiritu, quoniam ipsorum est regnum cœlorum.*

Ie clorray ce poinct auec ces deux beaux mots, l'vn du Sage, *Nescis sapiens apud temetipsum*; l'autre de l'Apostre, *Si quis videtur inter vos sapiens esse in hoc sæculo, stultus fiat vt sit sapiens*. Ainsi fit sainct Denys Areopagite: ainsi tant d'autres. Choisissez donc, ou d'estre sages selon le monde, & fols & reprouuez deuant Dieu; ou fols selon le siecle, mais sages & pieux selon Dieu, & rengez-vous à la meilleure Academie. *Prou.* 3. 1. *Cor.* 3.

La seconde leçon des Academiques du siecle, c'est la curiosité, principalement aux affaires du monde. Et certes ils semblent auoir quelque raison : car comme il est tenebreux, comment peuuent-ils cheminer sans tastonner & enquester sans cesse ? Voyez quelques mondains en visite ou en compagnie, quel est leur premier mot : Mais que dit-on de nouueau? en quel estat sont les affaires du monde ? Diriez-vous pas qu'ils se desplaisent

II.

en leur estre, ne demandant que nouueauté? Certes Iob auoit raison de mettre pour le comble des miseres de l'homme ce qui ne demeure iamais en vn mesme estat. Ainsi roule la roüe perenne de sa vicissitude, ainsi *mutat terra vices*, & les cieux ne font que tournoyer.

Iob. 14.

Et de quelles choses conferent plus communément ces curieux mondains que des deportemens d'autruy? *actifs à sindicquer les actions des autres, negligens à se corriger eux-mesmes*, dit vn Ancien.

Quant aux sciences, on n'estime que les curieuses, on ne trouue beau que ce qui est rare, il faut dire choses extrauagantes & inoüyes pour satisfaire les delicates oreilles des gens du siecle, autrement vous ne feriez pas à leur goust ny le bien venu. *Il leur faut chanter choses agreables.* O Auditeurs, *prurientes auribus*, iusques à quand verserez-vous la contagion de vostre vaine humeur dans les esprits de ceux, qui fols ne desirent en leurs discours que vos applaudissemens? Est-il possible que cette vanité se soit mesmes intronisée ou plustost intruse en la chaire de verité? O Predicateurs, *Ne sitis sicut plurimi adulterantes verbum Dei, sed ex sinceritate, sed sicut ex Deo, coram Deo, in Christo loquamur. Non ambulantes in astutia, neque adulterantes verbum Dei, sed in manifestatione veritatis commendantes nosmetipsos.* C'est ce que le mesme Apostre dit encores de soy : *Sermo meus & prædicatio mea non in persuasibilibus humanæ sapientiæ verbis, sed in ostensione spiritus & virtutis fuit.*

Isaye 30.
2. Tim. 4.

2. Cor. 2.
2. Cor. 4.

1. Cor. 2.

N. S. ne respondant rien deuant Herode, nous

enseigne comme il ne faut point chercher tant de curiositez & affetteries quand il conuient parler deuant les Rois & Grands de la terre, ains leur dire la verité simplement, *non auec sublimité de lan-* *gage.* Helas! sainct Paul *ne vouloit rien sçauoir que* *Iesus, & iceluy crucifié.* 1. Cor. 2. Coloss. 2.

Cette curiosité rebuttée par N. S. nous apprend aussi si nous auons quelque peu de cognoissance des choses sprituelles & de deuotion, de n'en parler par auec affetterie & par maniere d'agencement & d'entretien, il ne faut traitter les choses de Dieu que serieusement & ponde-reusement.

Aussi de n'en parler que deuant des personnes qui en soient capables, ne prodiguant *les perles* *aux animaux immondes* qui en feroient litiere, & *blasphemeroient ce qu'ils ignorent.* Matth. 7. Iud. 1.

Dauantage, vous voyez qu'Herode, comme autrefois les Iuifs, *demande vn signe*, mais N. S. n'en veut point faire, parce qu'il ne le iuge pas digne de ses graces, & ne le void pas disposé à en faire son profit. Apprenons à nous mettre en bon estat, pour estre dignes des faueurs celestes, & aussi à n'estre aucunement curieux en nos speculations, de profonder les mysteres, ny de visions ou reuelations en nostre deuotion, croyans que *sicut audiuimus sic videbimus;* autrement celuy qui veut sonder la diuine Maiesté court risque d'estre opprimé de sa gloire. Matth. 12. Prou. 25.

Vne autre leçon de l'academie du siecle, c'est la cajollerie, qu'il nomme eloquence, mais pluftost ie l'appelle babil, tirant son origine & son nom de la confusion de Babel.

S iiij

L'eloquence sans la probité est vne loquence importune, aussi les Rheteurs definissent leur Orateur, *Virum bonum dicendi peritum*, la belle chose qu'vne langue diserte, qui a sa racine en vne bonne conscience, c'est ce qui a rendu les Peres de l'Eglise si faconds & feconds, *Ex bono thesauro cordis proferentes noua & vetera*.

Quelle la racine, telles les fleurs, les fueilles & les fruicts, vn homme de bien dit tousiours bien, car il dit rondement & nettement ce qu'il pense, *Eructat cor suum verbum bonum*, parce que *dicat opera sua Regi Regum*, mais l'eloquence mondaine en vn homme de mauuaise vie, est vn glaiue en des mains furieuses, *Linguæ eius gladius acutus, & linguam suam magnificat*.

Psal. 44.

Psal. 11.

C'est vne miserable chose de vouloir bien dire, & ne sçauoir bien faire, c'est neantmoins vn des estudes plus serieux de l'academie du monde, que de bien arranger des mots, arrondir des periodes, & enfiller des paroles, occupation vaine & inutile, *Quis enim accurate loquitur, nisi qui vult putidè loqui*, & surtout messeant à la chaste parole du Ciel : ô que les Commentaires de l'Escriture sont beaux, qui se conforment au stil, à la frase, & à l'esprit de ce sacré Texte.

Les mondains en leur eschole loüent les diserts, & ceux qui causent le mieux à leur gré, & N. S. en la sienne loüe comme vn autre Pythagoras ceux qui se sçauent bien taire : le silence, par les enfans du siècle est tenu pour lourdise & bestise, & par N. S. pour vn indice de perfection : oyez comme il passe declaration par S. Iacques, *Qui non offendit verbo, hic perfectus est vir*.

Iacob. 3.

de nostre Seigneur. 281

Aussi lisons-nous auec admiration le grand silence des Peres du desert; celuy-là, ce fut Agathō, tint vne pierre dans sa bouche trois ans, pour apprendre à se taire, l'autre fut dix ans à ruminer ce Verset, *Dixi custodiam vias meas, vt non delinquam in lingua mea.* Vn autre se laissa engendrer des vers dans les dents à force de ieusner, & de se taire, ce qui me remet en memoire ce Lacedemonien, qui aduerty de la mauuaise odeur de son haleine, Ie croy bien, repartit-il, car il m'est pourry bien des mots en la bouche. Mes freres, puisque le silence est tant agreable à Dieu, qu'autrefois dans le *Sancta Sanctorum* il vouloit estre adoré en silence: de grace, fuyons la cajollerie de l'academie du mōde.

IV.

Et aussi detestons ses pompes & vanitez, voyez-moy és compagnies & assemblées du siecle, on ne fait conte que des mieux vestus: diriez-vous pas que les corps de ces braues sont des tombereaux de boüe, & de fumier, couuerts de broderie, de clinquāt, & de soye; ô que nos corps sont encores plus puants au dedās, que ny la boüe ny le fumier?

Pareils à ces *sepulchres reblanchis*, ou agencez de marbre & de porphire, nous ne recelons que pourriture au dedans & au dehors, ce ne seront que brillans & pierreries. *Matth.* 23.

Mais de quoy se parent ces delicats, *qui mollibus vestiuntur*, sinon de la soye, qui n'est que la baue & l'excrement des vers, en cela moins honorable que la laine, de ce que ces animaux si vils cedent en dignité aux moutons; mais c'est la rareté qui fait estimer dauantage l'autre. *Matth.* 11.

Or comme il est indifferent à vn fuseau d'estre enuironné de soye, de laine, ou de fil, aussi quant au vestir il me semble qu'il importe peu au corps de quoy il soit couuert, pourueu que ce soit

— — — *Togâ quæ depellere frigus*
Quamuis crasse queat. — —

Quand la mort vient, elle nous despoüille tout pour *r'entrer nuds en la terre, sur laquelle nuds nous sommes entrez*. La Scene de la vie finie, le corps d'vn Roy est semblable à celuy d'vn faquin, qui neantmoins estoit si braue sur vn theatre.

Sainct Iean Baptiste estoit vestu pauurement, Herode qui le fit mourir, superbement, celuy-là est glorieux, l'autre meurt mangé de poux, & malheureusement : ainsi arriua-il du Riche gourmand, & du Lazare.

Et en ce Texte, qui n'admirera de voir le fils & successeur de cet Herode Teste, pompeusement auec toute sa Cour, & N. S. reuestu d'vne meschante robbe blanche, comme vn pauure idiot, fol, & innocent.

O belle blancheur de la robbe de mon Maistre, en monstrant la saincte folie de l'excez de son amour, que tu esleues nos ames à de bien plus hauts secrets, tu declare son innocence immaculée, sa pureté, sa douce simplicité, la candeur de son ame : O robbe de sa Transfiguration ! vous estiez blanche comme la neige, & voicy encores blanche celle de sa deffiguration, n'est-ce point de cet excez que parloient Moyse & Elie.

Matth. 17.

Ames pieuses, voyez icy comme *dilectus vester est candidus & pascitur inter lilia*. *O Iesus couronne des Vierges*, ne sera-ce pas auec cette robbe blanche que les Vierges vous suiuront là haut ?

O pureté d'ame ! recommandée par les surplis

& les Autels des Prestres, n'est-ce pas cette robbe blanche que vous representez ?

Ou bien cette candeur & simplicité enfantine, sans laquelle on ne peut aller à N. S. & estre partici- Matth. pant de son Royaume.

Ce fut cette robbe blanche sur laquelle S. Bruno, S. Bernard, S. Romuald, façonnerent leurs habits religieux, afin que cet exterieur leur recommandast sans cesse la pureté interieure.

O quand la tres-beniste Vierge vid sortir en cet equipage son cher Fils de ce Palais Royal, pour estre remené à Pilate, quelle douleur devoit-elle avoir, de voir la sagesse eternelle bafoüée comme vne folie : ces rencontres, mes freres, blessent estrangement ma pensée, incapable de conceuoir l'extremité de ce desplaisir !

Quant le Soleil regarde l'iris, le Ciel distille en pluye, & les yeux languides se tournans vers cette Mere, *nuée legere & tenebreuse*, doutez-vous Isa. 19. que ses yeux ne se fondissent en pleurs ? Psal. 17.

La Lune blanche fait pleuuoir, & la robbe de N. S. faisoit larmoyer cette Mere, plus pure & moins maculée que la Lune.

Elle est vne manne qui se surfond aux rayons de ce Soleil, qui l'embrase d'amour & de douleur, *O amor, à amaror.* Exod. 16.

L'yuresse d'absynthe espreint des larmes des yeux, & cette saincte Dame pouuoit bien dire, *Inebriauit me absynthia.* Thre. 3.

Colligez de cette Homelie 4. enseignemens; le 1. à quitter la sotte & pernicieuse sagesse du monde, pour suiure la saincte & salutaire folie de la Croix, qui est la deuotion. Le 2. à renoncer aux curiositez seculieres, pour embrasser la simplicité. Le 3. à fuyr la cajollerie, & aymer le silence. Le 4. à rejetter la pompe & fast des habits superflus, & vous vestir auec modestie & humilité. Ainsi vous quitterez la fausse academie du siecle, pour vous inscrire en celle de nostre Seigneur : il vous en face la grace.

IV. MARDY.
De Barrabas.

HOMELIE XXIV.

Luc. 23.

V E M *vultis dimittam vobis Barrabam an Iesum, qui dicitur Christus?* Cette 6. Station de N. S. commence par la tres-indigne preference de Barrabas à nostre doux Sauueur. Surquoy ie meditois 1. que nous deuons auoir compassion des miserables, sur celle que Pilate auoit de nostre innocent Agneau, 2. que nous deuons mespriser les inconstans & injustes iugemens des hommes, 3. ie pesois la grande indignité faicte à N. S. en ce choix, & 4. qui sont ceux qui spirituellement luy preferent Barrabas.

I. Pilate voyant reuenir nostre Sauueur auec vn habit blanc, recogneut bien qu'Herode l'auoit pris pour vn Innocent simple, ou idiot, plustost que pour maling, tel que le despeignoit la malicieuse enuie de ses aduersaires, pource il s'aduisa d'vn autre stratageme, ou deffaite, qui fut de leur proposer le choix de sa deliurance, ou de Barrabas, vn homicide, & le plus scelerat qui fust dans les prisons, selon la coustume des Iuifs, de liberer vn prisonnier la veille de Pasques, en recognoissance de leur deliurance de la seruitude d'Ægypte; ce qui nous enseignera 3. documens: le 1. que les subterfuges en Iustice aboutissent tousiours à mal: le 2. qu'il ne faut iamais oublier les bienfaicts de Dieu, tant generaux que particuliers, puis qu'il veut de nous cette recognoissance, en signe de quoy il met le souuenir de cette liberation en teste de son Decalogue; & 3. que nuls conseils ou expediens peuuent arrester le cours furieux d'vne ame determinée au mal. ——— *Quid delubra iuuant Quid vota furente.* ———

Cette deliurance me faict encores souuenir de quelques priuileges semblables, qui sont en quelques Eglises & Eueschez, & aussi de cette pieuse coustume des Roys, de liberer des prisonniers en leurs solemnelles entrées. Ie vous ay ia presché & recommandé, qu'en ce sainct temps vous ayez souuenance des pauures prisonniers, ie vous en r'afraischis de nouueau la memoire, en consideration de cette coustume Iudaïque.

Iuges, apprenez de plus sur le Procedé de ce President Pilate, lequel, bien qu'injuste, ne laisse d'auoir compassion d'vn pauure Innocent & abandonné. *Deiuger gratis & fauorablement la vefue, le pauure, & l'orphelin.* Psa.10.86

En l'Euangile, ne voyez-vous pas qu'vn Iuge Luc. 18. inique est encores contraint par importunité de faire droict à vne pauure femme, rendez la distribution de vostre Iustice plus meritoire, la faisant par charité & pieté, ou du moins par pitié ayez compassion Aduocats, de ces pauures parties, imitez S. Yues voſtre Patron, qui a acquis le threſor de l'eternelle gloire, entreprenant la cauſe des pauures, *Huic derelictus erat pauper, orphano erat adiutor.*

<small>Pſal. 9.</small>

Medecins & Pharmaciens ayez auſſi pitié des pauures malades, ſecourez-les de voſtre ſçauoir, & Dieu ſera *voſtre remunerateur, & tres-grande recompenſe.*

<small>Luc. 6.</small>

A vous tous en general, de quelque condition que vous ſoyez, ie vous dy, ayez compaſſion des miſerables, & comme Procureur *miſerabilium perſonarum*, qui eſt vne des charges des Eueſques, ie vous en aduertis, car il eſt eſcrit, *Vnicuique mandauit Deus de proximo ſuo*, & encores, *Beatus qui intelligit ſuper egenum*, autrement, *Cor durum malè habebit in nouiſſimo.*

Ayez pitié de voſtre prochain, luy aydant non ſeulement de voſtre bourſe, mais auſſi de voſtre cœur, *luy remettant l'offence qu'il vous aura faite, du bon de voſtre cœur*, & pardonnant volontiers à tout le monde, pour l'amour de IESVS, *Nulle malum pro malo reddentes.*

<small>Matth. 18.</small>

<small>1. Theſſ. 5.</small>
<small>1. Pet. 3.</small>

Ayez encores compaſſion de vous-meſmes, ie dy de vos ames, ô pecheurs ! qui ſont en ſi mauuais eſtat : helas ! Pilate a pitié d'vn Innocent, & pourquoy n'aurez-vous pas pitié de voſtre ame, coulpable & criminelle ? ſi tu voyois, toy qui es en peché mortel, l'horrible precipice, ſur la pointe duquel tu dors laſchement, ie m'aſſeure que tu tranſſirois d'horreur. Prions Dieu, mes freres, pour ceux qui ſont en ce damnable eſtat de peché mortel, & entre les pattes du diable : car certainement de tous les miſerables, ce ſont les plus dignes de compassion.

Mais que dirons-nous, mes freres, contre l'instabilité inconstante & iniquité des iugemens de ce faux monde, vn de nos ennemis capitaux : ne seroit pas impertinent vn Capitaine qui tascheroit de dresser son esquadron au gré de son ennemy, & de luy donner de l'auantage ? & combien sont imprudens ceux qui dressent leurs estudes, discours & intentions pour plaire au monde, qui ne cherche qu'à nous perdre dans ses vanitez ?

Et faire de nous comme des vapeurs, dont l'exhalation est la dissipation.

Plus la Lune est claire vers la terre, moins l'est-elle vers le Ciel, & au rebours : ainsi plus souuent sommes-nous estimez du monde, moins sommes nous prisez de Dieu, *Beati estis si mundus vos odit*.

Il faut negliger les opinions & iugemens du monde, comme ceux des premiers Iuges, desquels il y a appel, quand il nous calomniera, releuans nostre appel deuant le tribunal souuerain de la diuine Majesté, qui sçait tout, à qui rié n'est caché, & où ne peut tomber l'injustice, pour ce disoit l'Apostre, *Mihi pro minimo estis, à vobis iudicer, aut ab humano, qui me iudicat Deus est.*

1. Cor. 2.

Quand vn pauure seruiteur nous a trompez vne fois, on a peine de se fier en luy par apres : Helas! combien en a trompé le faux & inique iugement du monde !

Demetrius Phalereus se void eriger cent statuës en huict iours, honneur excessif, & huict iours apres les void trainer à la voirie, deshonneur extreme.

Iules Cesar est proclamé Empereur des Ro-

III.

mains, qui auoient lors subjugué la plus grande partie du monde, & vn moment apres le voila en plein Senat poignardé cruellement.

Ioseph ce matin commande absolument en la maison de Putifar, aymé de son Maistre extraordinairement, le soir il se void hay à mort, & detenu en vne prison.

Dan. 14. Daniel est aujourd'huy esleué en Babylone, & demain ietté dans vne cauerne de Lyons.

Ioan. 1. Sainct Iean Baptiste est recherché de tout le monde dans le desert, & va sa reputation iusques à tel poinct, que la Synagogue luy enuoye des Ambassadeurs pour sçauoir s'il estoit le Messie; Herode mesme l'estime: & neantmoins pour auoir dit la verité le voila emprisonné, & sans estre soustenu d'aucun, voila qu'on luy tranche la teste, pour en faire le joüet d'vne balladine, & la victimer à la vengeance d'vne adultere incestueuse.

Act. 14. Les Lystrenses prennent saincts Paul & Barnabas pour Apollo & Mercure, & comme tels les veulent adorer: ces biens-heureux Apostres refusans cette idolatrie, voila qu'ils prennent des pierres pour les lapider.

—— *Tantum mortalia pectora cæcæ,*
Noctis habent.

Pourquoy allons-nous ramassant ces exemples? l'histoire est toute pleine de pareils, & ce qui arriue icy à N. S. n'est-il pas tout semblable, il y a six iours qu'on luy crioit *Ozanna*, maintenant *crucifige eum*, lors on l'appelloit Roy, maintenant ils ne veulent autre Roy que Cesar; lors *benedictus*, maintenant ce sont des maledictions.

Les

Les Grands, les Prelats, les Gouuerneurs, ausquels on fait ainsi de solemnelles entrées, feront bien de se mirer icy, & de ne se fier ny glorifier des vains applaudissemens du monde: il ne faut qu'vne mouche, qu'vn rien, ceux qui vous ont loüé vous diffameront: c'est acte de peu de iugement que de faire cas de ces iugemens populaires; si le peuple te prise, crains; s'il te mesprise, sois asseuré d'estre de la part de Dieu, pourueu que tu ne sois point diffamé pour ton vice.

Cependant en cette mutabilité des Iuifs se void verifiée cette Prophetie, *Peccatum peccauit Hierusalem, ideo instabilis facta est.* *Hierem. Thr. 1.*

Examinons maintenant ce grand affront que souffre icy N. S. d'estre mis en conference auec vn brigand & meurtrier, pour accomplir cette prediction, *Et cum iniquis reputatus est.* A la verité ie tiens ce poinct pour vne des plus horribles indignitez que patit N. S. en toute sa passion, de se voir côparé, puis postposé au plus scelerat qui fust pour lors en toute la Iudée, homme detestable à la terre & au Ciel? icy pouuoit dire nostre benit Espoux, *Posuerunt me abominationem sibi?* *Isa. 53.*

Psal. 87.

Quoy, si vne honneste femme se hontoye de se voir en la compagnie d'vne autre de mauuais renom, quelle honte sera-ce à nostre Innocent de se voir accarré à vn si scelerat, voire estimé pire? certes cecy est digne de grande consideration: pource l'Eglise luy fait dire, *Popule meus, quid feci tibi, vt Barrabā eligeres, me autē crucifigeres?*

Ce Barrabas estoit vn meurtrier d'autruy, ô mon IESVS! & pour ma redemption n'estesvous pas homicide de vous-mesmes, comme vn

III.

T

Isa. 59.

autre Sanson? n'auez-vous pas *esté offert à la mort, parce que vous l'auez voulu?* Cettuy-là auoit esté seditieux & rebelle à Cesar; & vous n'auez-vous pas, nouuelle Arche, supplanté Dagon, & persecuté à outrance *le Prince des tenebres,* & destruit le Royaume de Beelzebuth, qui par le peché & la mort s'estendoit par toute la terre?

O grand Dieu! que vous estes bon *de tirer mesmes le bien du mal?* Vray est que l'election des Iuifs estoit maligne & peruerse en leur intention; mais tres-vtile pour nous dans le sein de la Prouidence diuine: car voirement, que nous eust seruy la mort de ce miserable Barrabas, duquel le sang n'eust pas esté capable d'expier aucun peché: mais bien celuy de nostre cher Agneau plus suffisant de rachepter d'vne goutte dix mille mondes: ô malice des hommes! ê bonté de Dieu!

Anciennement en Israël, les homicides auoient en leur fuitte des villes de refuge, & à la mort du grand Prestre ils pouuoient reuenir de cet exil: N. S. estoit grand Prestre selon l'Ordre de Melchisedech, la mort duquel deuoit rappeller Adam (qui auoit homicidé toute sa posterité en sa faute) du lieu de son refuge, qui estoit le Lymbe, azile des Peres auant la venuë du Messie.

Mais qu'apprendrons-nous pour nostre regard de cette indignité, sinon à ne nous offencer point quand quelqu'vn nous sera preferé, qui en apparence n'aura pas tant de merite que nous: mais qui peut-estre sera de plus de valeur deuant les yeux de Dieu. Pericles se consola debouté de la Preture, de ce que sa patrie auoit plusieurs hommes plus meritans que foy.

Cherchant comme le vray baume le deſſous des autres liqueurs, non pas le deſſus comme l'autre huille plus legere & plus ſale, & puante.

L'Euangile nous enſeigne, és compagnies, és feſtins, és aſſemblées, de prendre touſiours la derniere place : & quand vn autre nous ſera preferé, reſiouyſſons-nous en N. S. de cette humiliation, *Subiecti ſimus omni creaturæ propter Chriſtum.*

Nous diſons ſi gentiment, que nous ne ſommes rien, que nous ſommes les plus grands pecheurs du monde, que nous meritons tout opprobre; mais neantmoins nous penſons le contraire, ainſi qu'il appert quand ſe vient au faict & au prendre.

Bon Dieu! que le monde eſt faſcheux, où chacun iouë à qui mépriſera ſon compagnon, à qui s'eſleuera pardeſſus les autres, à qui ſupplantera ſon voiſin, à qui mettra chacun derriere ſoy ſans penſer à humilité, à charité, à humanité, ny meſmes à la ciuilité: & on maſque ordinairemét ſon orgueil de ſa qualité, laquelle on dit vouloir honorer: mais c'eſt pour ſoy qu'on le veut. Mes amis, entre Chreſtiens, la vraye gloire conſiſte au meſpris de la gloire, comme nous enſeigne le S. Euangile, *Ioan. 7.* que nous liſons aujourd'huy à la ſaincte Meſſe.

Regardons ores de plus prés, qui ſont ceux IV. qui imitent les Iuifs en ce mauuais choix de Barrabas pluſtoſt que de N. Seigneur. Le diray-ie en vn mot : Tout pecheur ; car puiſque le peché eſt vn delaiſſement de Dieu pour aller à la creature, qui ne void que pecher, c'eſt crucifier IESVS, pour choiſir Barrabas ?

T ij

Ainsi le superbe quitte la gloire du Ciel, pour courir apres l'ombre de celle de la terre : Le choleric blesse l'honneur de Dieu pour se venger d'vne offence; l'auaricieux renonce aux richesses eternelles pour les temporelles ; le voluptueux pour vn plaisir deshonneste & momentanée abandonne sa part du Ciel. Bref tous les pecheurs, comme les Israëlites, laissent Dieu pour vn veau d'or, ainsi que nous lisions en l'Epistre de ce iour, *laissent la fontaine de vie pour les eaux relantes des creuassées cisternes* du siecle.

Ierem. 2.

Les heretiques aussi font ce mauuais choix, laissant la doctrine vniuerselle de l'Eglise, pour suiure leurs propres & capricieuses opinions.

Les mondains aussi font cette mauuaise election, preferans leurs commoditez au seruice de Dieu, & à la saincte deuotion.

Aussi quand on void les indignes esleuez, & les dignes raualez, les incapables auoir les charges, & les capables obeyr, les meschans gouuerner, & les bons gemir sous les fers d'vne dure seruitude, qu'est-ce tout cela, sinon le monde qui prefere Barrabas à IESVS, le vice à la vertu, *Ponendo lucem tenebras, & tenebras lucem ?*

Phryné, femme infame, reprochoit vn iour au Philosophe Xenocrates, qu'elle auoit plus de poursuiuans, que luy d'escoliers : Ie croy bien, dit-il, car tu conduits tes sectateurs par la voye des delices, & moy mes Disciples au rude chemin des vertus : ne vous estonnez pas, mes freres, si tant de gens choisissent Barrabas, & laissent IESVS ; car cettuy-cy meine aux espines, aux Croix, aux Caluaires, mais celuy-là aux desbauches, & aux dissolutions.

Ce ne sera pas neantmoins mon choix, ô cher Espoux de mon ame, car ie crieray tousiours, Fy du monde, de ses plaisirs, & de ses pompes, *desirant qu'il soit crucifié à moy, & moy à luy*, & mille & mille fois *Viue* IESVS.

Ce mot pourra donner quelque sorte de consolation au creuecœur de vostre dolente Mere, qui est à la porte de ce Pretoire, toute transie d'vn tel choix : Est ce donc, peut-elle dire icy, le contr'eschange de cette excessiue ioye que ie receus, voyant les Mages adorer mon Fils nouueau-né ?

Quoy ? ie m'estonnay quand la Synagogue pensa plustost que S. Iean fust le Messie, que mon miraculeux enfant, & ie le voy maintenant postposé à vn brigand ?

Que Cesar luy soit preferé, ie m'en estonne moins, puis qu'il a renoncé aux Empires du monde.

Qu'il aye esté liuré pour 30. deniers d'argent, encore estoit-ce quelque chose, en l'estime du traistre.

Mais d'estre postposé à vn brigand, à vn scelerat, à vn meurtrier, à vn vaut-rien, c'est vn abysme d'humilité imperscrutable : Cette douleur fut telle au cœur de cette saincte Mere, qu'elle se peut admirer, mais non pas exprimer.

Receuez 4. enseignemens, le 1. auoir compassion des miserables, le 2. à mépriser la reputation du môde, le 3. à supporter des indignitez pour l'amour du doux IESVS, le 4. à rejetter le monde de vos cœurs, & choisir N.S. *pour vostre part eternelle.*

V. MERCREDY.

La flagellation.

HOMELIE XXV.

Ioan. 19. *Pprehendit eum Pilatus, & flagellauit.* Nous mediterons, 1. les causes de cette flagellation, 2. combien elle fut ignominieuse, 3. douloureuse, & 4. en quoy nous la pouuons imiter. Plaise à nostre Seigneur illuminer *Ioan. 9.* nos entendemens, comme il fit les yeux de l'aueugle né en l'Euangile de ce iour, pour bien penetrer ce mystere.

La 1. cause, mes freres tres-aymez, qui esmeut Pilate à faire foüetter à outrance N. S. cache vne extreme injustice sous vne monstre d'equité : car quelle raison y a-il d'offencer vn innocent tel qu'il le recognoissoit & publioit, pour contenter l'enragée animosité de ces hommes *Psal. 34.* de sang, alterez de sa mort, *& qui se vouloient rassasier de sa chair, gratulantes malis suis.*

Neantmoins il le fit pour appaiser ces loups, *Ioan. 10.* battant deuant eux ce chien fidele, ains ce *bon Pasteur.*

Et pour accoiser la fureur de ces Elephans *1. Petr. 1.* par le deschirement de cet *Agneau sans macule.*

Ainsi iadis Denys le Tyran exposa sa fille à la furie des Syracusains.

Et Agamemnon pour amortir vne sedition & esmotion militaire, fust contraint de liurer sa fille Iphigenie, pour estre sacrifiée à Diane.

Ainsi Penthée fut victimé à la fureur des Bacchantes. Horrible chose que la fureur d'vn populas, coure à la vengeance. Pilate fit donc fouetter N. S. proportionnément à la felonnie de ses aduersaires, & comme il appartenoit à vn homme postposé à Barrabas, le plus scelerat de Iudée.

Et en outre outrageusement pour esmouuoir ce peuple à pitié (2. cause) mais cause, qui sous vn masque de pitié cache vne horrible impieté : la pieté sembloit estre au regard de Pilate, qui auoit enuie par ces excez de tourmens de sauuer la vie à N. S. comme le Chirurgien qui est cruel en taillant vn bras : mais pieux en ce qu'il desire tirer son patient de la mort.

Aussi comme les pauures se mettent au plus miserable estat qu'ils peuuent, monstrant leurs maux & leurs playes en la plus horrible forme qu'ils peuuent excogiter, de mesmes Pilate mit nostre pauure Espoux au plus sanglant equipage qu'il peut, afin de cōpassionner ces cœurs, s'il leur fut resté tant soit peu de sensibilité : mais quelle offence auoit commis contre ces malins, ce bon IESVS, pour leur faire vne si cruelle satisfaction?

Ie remarque encores deux autres causes de cette flagellation de la part de N. S. l'vne pour accomplir les Propheties, qui disent, *Et fui flagellatus tota die, & castigatio mea in matutinis*; & encores, *Ecce ego in flagella paratus sum*; & derechef, *congregata sunt super me flagella*.

T iiij

L'autre, pour esloigner de nous les fleaux de son Pere, les prenant sur soy comme vn autre Moyse, & disant auec Dauid, *Auertatur furor tuus super oues pascuæ tuæ, auertatur furor tuus: & dixi conuertimini filij hominum*: Benit soit ce bon Sauueur, *qui a ainsi vrayement porté nos langueurs*.

Exod. 32.

Isa. 53.

Mais la cause essentielle & principale de ce cruel traittement, elle est en nous: car ce sont nos pechez, qui l'escorchent & deschirent ainsi. Plorons donc sur nous-mesmes, & sur la mauuaise cause d'vn si barbare effet.

II. Et tant ignominieux: car voyez comment se multiplient ses opprobres, entre lesquels ce vilain soufflet de la maison d'Anne, cette indigne conference auec Barrabas? & à present cette vile fustigation tiennent de notables rangs, & nous monstrent par leur gradation, comme la *superbe* monte, & l'humilité descend tousiours.

Psal. 73.

Cette sorte de chastiment a tousiours esté pour des personnes abjectes, & de la plus basse lie: vn Gentilhomme aimeroit mieux mille fois mourir que d'estre fustigé par les carrefours. O l'ancien des iours! ô noble de la Tribu de Iuda! ô Roy des Roys! à quel poinct de neant vous reduisez-vous, d'estre ainsi traitté en faquin?

Dan. 7.

Ce n'est pas encores là le dernier periode: car vous noterez qu'outre que cette correction ne s'exerçoit que sur les petites & miserables gens, encores gardoit-on distinction entre le libre & l'esclaue, fouettant celuy-là de verges: d'où vient que S. Paul dit, *ter virgis cæsus sum*, & cettuy-cy d'escourgées ou estriuieres; & N. S. *formam serui accipiens*, a voulu estre traitté de cette

de nostre Seigneur. 207

dernière & plus ignominieuſe façon ? vous penſez que ce ſoit là le comble de l'ignominie, mais ie le loge encores plus bas.

En ſa honteuſe & vergoigneuſe nudité : ô maudite engeance de Cham ! eſt-ce ainſi que vous vous mocquez du deſmenement de voſtre Pere, yvre de l'amour qu'il vous porte ?

O pauure Iob ! vous voyla tout nud, bien pirement que ſur vn fumier, flagellé de toutes parts par ces demons incarnez, & acharnez ſur voſtre peau delicate.

O pauure ver tout nud, *& non pas homme ! l'opprobre & l'abjection du peuple.* O beau ieune homme ! plus pur & chaſte que la meſme pureté & chaſteté ? *en quel ſpectacle eſtes-vous* à ces prophanes Payens, à cette inſolence ſoldateſque ? *Tota die verecundia tua contra te eſt, & confuſio faciei tuæ cooperuit te :* car deſpoüillé de ſa robbe ce Roy des Vierges, dequoy pouuoit-il eſtre couuert, ſinon de honte & de pudeur ? *Pſal.* 21. 1. Cor. 4. *Pſal.* 43.

Preſſez bien cecy, pudiques ames, & contemplez ſans aucune couuerture celuy qui habille les lys des champs d'vn ſatin ſi beau, que Salomon n'en peut eſgaler la ſplendeur auec toute ſa gloire, celuy qui reueſt de plumes les oyſeaux, & de poil les animaux de la terre ; celuy qui en ſa Diuinité a vn habit de ſplendeur, & qui couure la terre de neige comme de laine : ô Dieu quelle indignité !

Ne ſçauez-vous pas que les vierges Mileſiennes redouterent plus la nudité que la mort, puis qu'elles ceſſerent de ſe tuer, pour euiter la honte d'eſtre traînées nuës ?

Au moins, pour continuer cette nudité de noſtre Eſpoux, deueſtons-nous de tant d'habits ou habitudes vitieuſes, *Expoliantes veterem hominem, & induentes nouum, expurgantes vetus fermentum, renouantes nos ſpiritu mentis noſtræ.*

Ouurons nos cœurs par la ſaincte Confeſſion, qui nous donnera vne douce confuſion & regret de nos pechez, *Aperite mihi portas iuſtitiæ, & ingreſſus in eas confitebor Domino.*

Auſſi bien ſon œil perce-il tous nos redoublemens, & les replis de nos conſciences, *Omnia nuda & aperta coram oculus eius*, rien ne luy eſt clos, de toutes parts nous luy ſommes deſcouuerts.

III. Examinons maintenant par le menu les circonſtances qui aggrauerent cette tres-ſenſible douleur de la flagellation de noſtre Seigneur. Premierement donc de la part des bourreaux, leur multitude nous doit eſpouuenter: car le texte dit que Pilate, *Congregauit in eum vniuerſam cohortem*, laquelle, ſelon que nous apprend l'hiſtoire, eſtoit 666. ſoldats, nombre qui denote le nom de l'Antechriſt, qui ſur la fin du monde auec ſes fleaux & perſecutions, affligera le corps miſtique de Iesvs, qui eſt ſon Egliſe.

Or ſelon la loy des fuſtigations, il falloit que chaque ſoldat miſt la main ſur le patient, comme quand on paſſe vn ſoldat par les armes, nul eſt exempt de tirer ſon coup, comme auſſi és lapidations des Iuifs, tous les aſſiſtans du peuple deuoient lancer vne pierre au condamné. De ſorte que le mot du Prophete viendra bien icy, *Circundederunt me ſicut apes*; car nul de ces bourdons manqua de peindre au vif noſtre Seigneur, transportez tant de leur propre rage & fureur, comme de l'instigation du diable, qui voyant l'innocence de nostre Sauueur, ne demandoit qu'à les faire pecher en le persecutant.

Admirez encores comme leur despit s'augmente par la patience de cet Agneau, lequel se taisoit à tant de coups, & ne sonnoit mot à vne si sanglante escorcherie, il auoit plus de force à souffrir qu'eux à frapper, ils se lassoient à le tourmenter, luy nullement d'endurer.

Adjoustez à cela vne double recommandation pour augmenter leur furie, celle de Pilate qui vouloit qu'on le bourrelast, en sorte qu'il fist grande pitié: l'autre des Scribes & Pharisiens, qui craignans que Pilate ne le condamnast à mourir, les instiguoient de le foüetter iusques à la mort: pareils à ces cruels Iuges, qui par leurs gesnes ordinaires & extraordinaires, estropient souuent des pauures innocens, faussement accusez, leur faisant filer vn reste de vie pire que mille morts.

A cet excessif nombre d'hommes, si vous joignez vne autre circonstance de la quantité des coups: quel cheueu ne vous dressera à la teste, quand vous entendrez qu'il a daigné reueler à plusieurs Saincts, en auoir receu iusques à 5400.

En quoy fut bien trapassée la loy des Iuifs, qui deffendoient en la flagellation de passer quarante coups; pource S. Paul dit, *Quadragenas vna* 2. Cor. 11. *minus accepi*: Aussi faut-il considerer que s'estoiet des soldats Gentils, qui fustigeans nostre Seigneur, ignoroient les termes de cette loy.

Vne autre circonstance est en la forme de cette punition : car ils attacherent nostre Sauueur à vne colomne, & luy lierent les pieds & les poings d'estreintes si serrées, qu'il ne se pouuoit mouuoir de part ny d'autre, & puis apres l'auoir entierement decoupé & deschiré d'vn costé, ils le tournerent de l'autre, afin d'accomplir la Prophetie, qui disoit, *que depuis la plante des pieds iusques à la sommité de la teste, il n'y auroit rien d'entier en luy.*

Isa. 58.

O fort Sanson ! comment ne croulez-vous la colomne de cette salle, vous accablant auec ces insolens Philistins ?

Quant à la façon des foüets, c'est vne autre circonstance, qui nous fait bien entendre l'extremité de cette douleur : car les contemplatifs tiennent qu'ils ont esté de trois sortes, les vns d'espines & ronces, les autres de nerfs, les autres de cordes & de chaisnes, ayant des hameçons ou des picquans au bout : tout cela, mes freres, ne frappe coup sans emporter plusieurs pieces, de peau, de sang, de chair, de cartilage.

O Dieu ! que vous estes bien plus doux : car vos foüets, desquels paternellement vous nous chastiez sont, *ex funiculis*, de petites cordelettes, petites maladies, disgraces, pertes, tristesses : mais ceux dont nous vous affligeons, qui sont nos maudits pechez, vous deschirent le cœur, & le touchent d'vne douleur interieure.

Ioan. 11.

Genes. 6.

Si nous considerons d'abondant la merueilleuse delicatesse de la belle complexion de nostre Seigneur, & de ce tendre corps, composé par l'œuure du sainct Esprit d'vn sang virginal ; cer-

de noſtre Seigneur. 301

tes, il ne nous ſera difficile de penetrer combien cette douleur luy eſtoit ſenſible.

Qui a iamais veu vne horrible cheute de greſle, frapper en bourre les tendres bourgeons des vignes, hacher les eſpics à la campagne, battre les fleurs, & abbatre les fueilles des arbres? Bref porter la mort à la plante quant & le coup. Il a veu noſtre arbre du Paradis, noſtre fleur des champs, noſtre fruict de vie, accablé d'vne multitude innombrable de coups de foüets, qui luy emportant la chair & la peau, luy faiſoient monſtrer *& nombrer tous les os*. *Pſal. 21.*

Ces bourreaux laſſez, non ſaoulez de ſes peines, le deſtachent; mais il ſe treuue ſi exangue & extenué, que tombant tout à plat contre terre, à peine ſe peut-il remuer ſans reſſentir mille douleurs : l'Amour neantmoins, ſa ſeule vie, entre tant de maux & de morts, & l'Amour de la pudeur luy donne encores le courage de couurir de ſes habits cette vergoigneuſe nudité qui luy eſtoit vn ſupplice plus inſupportable que celuy qu'il venoit d'endurer : il me ſouuient, ſur ce pas, de Ceſar, qui mourant ſous les fers des conjurations eut encores ce ſoing de replier ſa robbe, *vt honeſtè caderet*, dit l'hiſtorien. *Sueton. in eius vita.*

C'eſt icy, ma chere ame, qu'il faut dans le vaſe d'vne ſaincte affection recueillir ce beau ſang tout vermeil & ces morceaux de chair precieuſe, dont tu vois la place jonchée? Voicy la myrrhe ſeconde & eſgratignée de ton Eſpoux, & la ſeconde eſtreinte de ſon douloureux preſſoir.

O que n'auons-nous la grace que fit N. S. à ce ieune Religieux, dont parle le Promptuaire des *Diſcip. in promp. ex vit. Paſſio.*

exemples, qui au iour du Vendredy Sainct ressentit inuisiblement en son corps toutes les poinctures de cette flagellation cruelle.

IV. Mais dites-moy, ie vous prie, à quoy tiendra-il, sinon à nostre lasche paresse & peu d'affection, que nous ne facions aujourd'huy sentir à ce nostre miserable corps quelque idée de cette douleur par vne bonne mortification & saincte discipline? Mes freres, ie vous crie auec Dauid, *Ap-*

Psal. 2. *prehendite disciplinam, nequando irascatur Dominus, & pereatis de via iusta*: à ceux qui desdaigneront cette proposition, ie diray auec le mesme Chan-

Psal. 49. tre, *Tu vero odisti disciplinam, proiecisti sermones meos retrorsum, si videbas furem currebas cum eo, & cum adulteris portionem tuam ponebas.*

Vn bon Religieux fit vn iour cette resolution determinée, que si son corps ne quittoit ses titillations la troisiesme fois qu'il diroit *caue* de le discipliner à outrance: Qu'arriua-il? ie vous asseure qu'il s'estrilla si bien au commencement, que seulement quand il lisoit ce mot, ou qu'il le proferoit de sa bouche, quoy qu'à autre propos, son corps trembloit & fremissoit, & sa chair transissoit.

1. Cor. 9. C'estoit bien comme S. Paul, *chastier son corps, & le reduire en seruitude.* Voyez aux Galeres comme les forçats craignent la corde, & comment les coups les assouplissent: ainsi deurions-nous ranger nostre chair rebelle, pour la rendre subjette à l'esprit.

Vous sçauez comme le bon Pere S. François appelloit son corps *frere l'asne*, & le regentoit à l'equipolent, de peur qu'il ne regimbast.

Tous les plus grands Saincts & Sainctes ont esté excessifs en cette sorte de mortifications: S. Catherine de Sienne fort ieune & tendre s'affligeoit auec vne chainette de fer; ainsi le B. Ignace de Loyola, & mille autres.

Et nostre bon Roy S. Louys, ô François, tout Roy, tout Grand, tout Courtisan, tout delicat, tout marié, tout empesché, tout martial qu'il fust, ne manquoit iamais tous les Vendredis de l'année, & trois fois la sepmaine, pendant l'Aduent & le Caresme, de receuoir la discipline par les mains de son Chapelain.

O quel exemple! pour confondre ces delicats mondains, *qui perissans en la contradiction de Choré, & s'arroutant au train de Balaan,* & s'abandonnans aux mortifications de Moab, semblent à leur jargon mocqueur symboliser desia en ce poinct auec l'impertinente risée des Heretiques, *O enfans de Belial!* c'est à dire *sans ioug, la discipline de paix n'est pas faicte sur vous.* Isa. 53.

Vn petit mot, mes tres-doux freres, de la compassion de la S. Vierge en cet acte sanglant, elle eut ce miserable priuilege de voir par vn coing de la porte du Pretoire, cet horrible spectacle, voire, dit quelque Deuot, de conter ce prodigieux nōbre de coups de fouets: O pauure cœur de la Mere! comment auois-tu assez de place pour loger en toy 5400. coups: ô vrayement c'estoit à ce poinct que le Seigneur l'auoit mise, *Quasi signum ad sagittas.* Ces coups faisoient des Thren. 3. retentissemens dans les cauernes noires de tristesse de l'interieur de cette douce Mere.

Insonuere caua gemitumque dedere cauerna.

Actor. 2.
Apoc. 6.

C'est icy que *Luna vertitur in sanguinem*, hier elle estoit blanche, *Quia dilectus erat candidus*, aujourd'huy rouge, parce qu'il est *rubicundus*. La Lune rouge signifie des vents: ô! que de souspirs au cœur de cette mere? soufflets embrasans la fournaise de son amoureuse douleur.

Exod. 34.
Deut. 14.

En la Loy, il estoit prohibé de faire boüillir le chéureau au laict de la mere, & ces barbares ne font point de scrupule de faire boüillir le cœur de cette Mere dans le sang de son Fils. Somme,

> *Pro peccatis suæ gentis,*
> *Vidit Iesum in tormentis,*
> *Et flagellis subditum.*

O pauure corps du Fils! ô pauure cœur de la Mere; puissent faire ce cœur & ce corps, que

Psal. 83. *Cor meum & caro mea deficiant in Deum viuum.*

Colligez d'icy, 1. les causes de ce tourment, 2. sa honte, 3. sa douleur, & 4. de grace, quelque ressentiment de corps ou de cœur. Allez en paix.

V. DIMAN-

V. IEVDY.

Couronnes d'espines.

HOMELIE XXVI.

Et plectentes coronam de spinis posuerunt super caput eius. Contemplant icy nostre Seigneur, 1. despoüillé de ses habits, puis reuestu d'vne robbe de pourpre, 2. couronné d'espines, 3. auec vn roseau en main, 4. mocqué. *Matth. 27. Marc. 15. Ioan. 19.*

I.

Le premier despoüillement que nous examinasmes hier, fut cruel en sa vergongne; mais ce second d'aujourd'huy est vergongneux en sa cruauté. Hier nostre Seigneur auoit honte de voir sa beauté & blancheur, exposée à la veuë de ces contumelieux gens-d'armes, aujourd'huy il est encores plus honteux de se monstrer, *Non habentem speciem, neque decorem, quasi leprosum.* *Isa. 53.*

Il despoüille donc son innocence, pour reparer le reuestement que fit de soy le coulpable Adam, quand son peché luy eut fait recognoistre sa nudité.

O que ce pauure corps tout escorché fait mal au cœur à voir! O vous *qui operis cœlum nubibus, & qui operiebas nube tabernaculum, qui ponis nubem ascensum tuum, & tegis aquis superiora*, que n'espaississez-vous l'air en tenebres Egyptiaques, *Exod. 40. Exod. 16.*

V

pour souftraire à nos yeux l'humble spectacle de voftre Corps ainfi fanglant!

Mais las! quelle douleur est-ce que ie remarque en ce despouïllement fecond! representez-vous quand vn Chirurgien leue le premier appareil d'vne enorme playe, combien fouffre le patient: & dites que cette imagination eft baffe, pour exprimer la douleur que nous confiderons.

Ne fçauez-vous pas que pour faire de fort ciment on y mefle du fang? representez-vous comme la robbe de N.S. deuoit eftre collée à fes os, cimentée auec fon fang, & fa chair decoupée.

O fainéte Vierge! *quis tibi nunc cernenti talia fenfus?* voyant en mefme temps defpoüiller voftre Fils de la double robbe que vous auiez donnée, l'vne tiffuë dans vos entrailles de voftre propre fang, qui eft fa peau; l'autre qui eft fa tunique, l'ouurage de vos mains : car helas! la peau & la chair s'en alla quant & cette robbe, laiffant les os à defcouuert, deforte, ô chere Mere! qu'il n'eftoit plus prefque chair de voftre chair, mais feulement l'os de vos os.

Æneid. 4.

Chlamydem coccineam circundederunt ei. l'aduoüe auec l'Efcriture & les Contemplatifs, qu'ils luy mirent deffus quelque mefchante robbe de pourpre; mais i'allois remafchant deux penfées pieufes: l'vne que quelque robbe qu'on luy baillaft, deuoit foudain eftre de pourpre par la teinture de fon fang; l'autre, que peut-eftre retournans fa propre robbe, qui eftoit toute rouge, & enfanglantée au dedans, ils luy en firent vne mante empourprée.

Horrible fpectacle! la peau a de couftume d'estre sous la robbe, & icy la robbe est sous la peau! car l'escorchement est au dessus, & la robbe couchée sur les os descouuerts.

C'est icy que le vestement de nostre Roy *est rou-* Isaye 63. *ge, comme de ceux qui foulent la vandange* : voicy ce raisin de la terre promise, escrasé, & celuy qui s'appelle vigne, baigné dans sa propre liqueur, *Lauauit in vino stolam suam, & sanguinem vuæ bibit* Deut. 32. *meracissimum.*

Sa robbe est pareille aux courtines du Tabernacle, rouge de double teinture, *Ex cocco bis tincto.* Exod. 26. La premiere fois en la sueur sanglante du jardin, qui fut la premiere couche, & la seconde en sa flagellation.

O Vierge! voicy ton bien-aymé blanc & rouge, non pas *electus*, mais *eiectus ex millibus* : car il fait comme vn meseau.

Regardez, ô Mere, la robbe de vostre fils Ioseph, que *la mauuaise beste*, sçauoir la rage des Gen. 37. bourreaux, a deschiré : la voicy teinte, non dans du sang de cheureau, mais dans le sien propre.

Mais que sert de monstrer à Calphurnia la robbe de son Cesar, sinon pour eterniser ses douleurs?

La robbe contumelieusement Royale, est accompagnée d'vn couronnement pareil, sçauoir d'espines, mais quelles espines? ils tissent & entortillent des joncs marins, dont les pointes tres-aiguës & dures, percent plus viuement que des aiguilles, & sont presqu'aussi longues que les doigts; voila pour la matiere.

II.

Quant au lieu où ils plantent ce fascheux diademe, c'est la teste, partie la plus sensible de tout le corps, & n'y a crane ny os qui resiste à ces pointures, toute la teste en est trauersée & penetrée, martyre inoüy, & si grand, qu'il en fust mort cent fois, si la diuinité n'eust soustenu l'humanité.

Vous que les distillations & catharres incommodent, que les migraines affligent, c'est icy où vous trouuerez la mitigation de vos douleurs; elles disparoistront, si vous les faites entrer en conference auec ce supplice.

O soucis cuisans, compagnons inseparables des couronnes & des mitres, se faut-il estonner si vous estes si penetrans, puisqu'au dehors vous monstrez les roses, & cachez les espines au dedans ?

N'admirez plus, ames deuotieuses, de ce que le pauure IESVS *non habet vbi caput suum reclinet*, il y a peu de cœurs qui veulent seruir d'oreillers à cette teste espineuse, & embrasser des austeritez pour son sainct amour.

Cant. 5. Vous qui estes instruites en vne meilleure eschole que les mondains, ouurez à cet Espoux, tandis que *caput eius plenum est rore*, & mesnagez
Apoc. 10. bien ces grumeaux de sang que ces espines luy tirent du Chef, pour en purifier vostre interieur.

Admirez *cet iris que ce bel Ange a en sa teste*, diuersifié des couleurs bleuës des meurtrissures, vertes de ces roseaux, & rouges de son sang: O bel arc celeste, *tesmoignage de nostre alliance & re-*
Genes. 9. *conciliation auec Dieu!*

Contemplez Elie sous cet espineux genesure.

Dieu dans ce buisson ardant, car que sont les gouttes de son sang, si non des estincelles flambantes, *Ignis oritur de Rhamno.* Iud. 9.

L'espine, au liure des Iuges, emporta la Royauté sur les arbres, que sont les hommes, sinon des arbres renuersez & fructifians, & IESVS arbre de vie, espineux, n'est-il pas le Roy des hommes? ô Roy des cœurs espineux, Prince des personnes austeres, Empereur des ames mortifiées, vous soyez beny à iamais. Amen. Iud. 9.

Cheres espines, poignez mon cœur insensible des iustes ressentimens d'vne telle douleur. Sus choisissons ces espines, pour le refuge de nos tentations, tissons-nous-en des couronnes icy bas, comme la B. Catherine de Sienne, reseruant les roses pour l'immortalité.

Ce fut dans les espines que sainct Benoist esteignit les mauuaises ardeurs de sa chair refractaire, comme aussi sainct François.

Les rosiers espineux nous font paroistre des belles fleurs blanches & vermeilles emmy leurs picquans, voyez vous icy en mesme temps cette épineuse couronne, entournant le cœur de la blanche Marie, & le Corps sanglant du rouge IESVS.

Cette couronne est suiuie d'vn sceptre de semblable estoffe, ils luy font empoigner vn tronçon de ces roseaux sauuages, ou cannes marines, & picquantes, qui luy percent la saincte main de part en part: icy les gouttes de son sang, *sicut scintillæ in arundineto discurrunt.* III.

Voicy nostre Prescheur d'hommes auec sa ligne ou canne, qui voudroit bien en cet Audi-

V iij

toire, attraper quelque cœur, amorcé de son sainct Amour.

Voicy nostre Caton, nostre grand Pere, folastrant auec ses enfans, *Equitansque in arundine longa.*

Aussi le principal dessein de ces mocqueurs estoit, par cette enseigne, de le declarer & fol & Roy des insensez, comme certes il l'est de ceux qui sont *stulti propter Christum*, de la pieuse & mesprisée folie de la deuotion.

Ils le declarent par là Roy des palus & marais, & des crapaults & des grenoüilles, il le monstra bien aux marescages de l'Egypte, domptant ces peuples par la playe des grenoüilles.

Exod. 8.

O ames marescageuses & larmoyantes, à cause des crapaults de vos pechez; courage esprits penitens, voicy vostre Roy.

O fol amour! ô amoureuse folie! ô saincte folie, & amour, voyez-vous icy le mol fuseau entre les mains de nostre Hercule.

Quem nullus potuit vincere, vicit amor.

L'autre reproche tacite que luy faisoient ces mal-heureux par ce sceptre, estoit de luy monstrer, par ce symbole de legereté, la vanité de son empire qu'ils estimoiét fantastique & imaginaire.

Mais que cela nous represente bien mieux la foiblesse des sceptres de la terre. Ils sont agitez de tous vents, la moindre reuolte les trouble.

Le roseau est gros & vert en la monstre, mais foible & vuide de moëlle au dedans, tel est l'honneur vain du monde. Pource est-il escrit *de ne s'appuyer sur vn baston de roseau.* Tant de sceptres abbatus & brisez, dont l'histoire conserue les

4. Reg. 18.
Isa. 36.

pitoyables reliques, enseignent aux Rois de la terre à se desfier de leur grandeur.

IV. Voicy pour corollaire de ce martyre que ces bourreaux commencent à vomir de leurs bouches impures mille mocqueries & contumelies, & à porter leurs mains à plusieurs malicieuses inuentions. *Genu flexo*, dit nostre texte, & par derision ils le saluent. Ce qui apprend à ces orgueilleux qui saluent N. S. aux Eglises auec vn genouil en terre qu'au lieu de le loüer ils se mocquent de luy ; en cela imitateurs des Iuifs, & bien dissemblables à sainct Estienne, lequel prioit, *positis genibus*, comme aussi tous les autres Saincts, & vrays adorateurs. *Act. 7.*

Ceux-là font encores vne derision pareille qui mettans vn genouil en terre piroüettent des yeux çà & là, & font des regards mal-heureux & deshonnestes *adulterans en leurs cœurs*, & transformans *la maison de saincteté & d'oraison en cauerne de brigands*. *2. Pet. 2. Matth. 21.*

Apres ces reuerences ils luy prennent la main, & du roseau mesme qu'il en tenoit luy battent la teste pour faire enfoncer la couronne dans son cerueau. Inuention diabolique & qui nous apprend 1. que les sceptres & les couronnes donnent commencement du martel en teste. 2. Nous monstre le procedé des Heretiques qui ruinent l'Escriture par l'Escriture mesme, s'en seruans comme d'vn baston à deux bouts pour escrimer contre la verité qui est le vray sens, & comme la teste de cette mesme Escriture.

Ils adjoustent des soufflets; helas! les precedens

estoient sur les joües, mais ceux-cy sont sur les os des joües qu'il a toutes deschirées des coups de foüet.

Quant à ceux qui le souffleterent spirituellement, ce sont les mauuais Catholiques que leurs aueuglemens auoisinent fort de l'heresie, *engeance de vipere* qui rongent les flancs de la mere qui les esleue en son sein.

Matth. 3.

Ils luy vomissent des sales crachats qui font vn horrible meslange de couleurs auec son sang tout caillé ; ô que ces vilennies luy estoient de pregnantes espines, au cœur ! les blasphemateurs luy font tous les iours le semblable, & ceux qui prient Dieu auec des volontaires & deliberées distractions, *dont les prieres tournent en peché.*

Psal. 108.

En fin comme Semeï à Dauid ils luy chantoient mille injures & opprobres.

Et entre autres derisions entonnent celle-cy *Aue Rex Iudæorum.* O patient & debonnaire IESVS, vous ne respondez rien à tout cela ; *non habes in ore tuo redargutiones* : ô doux Agneau, *Non increpas feras arundinis & congregationem taurorum* : puis que *Circundant te vituli multi, tauri pingues obsident te aperientes super te os suum.* Il fait comme Dauid, ne voulant pas empescher ces Semeï de le maudire.

Psal. 67.

2. Reg. 16.

Rex Iudæorum, c'est à dire, *laudantium* : ce qui nous apprend, ô mon ame, à loüer ce cher Espoux, puis qu'il est le Roy de ceux qui le louent : pource *Lauda anima mea Dominum, &c. Lauda Hierusalem Dominum, &c. Laudate Dominum de cœlis, &c. Laudate Dominum omnes gentes, &c.*

Et au lieu de cet *Aue* d'impropere, chantons-luy

auec l'Eglise, *Aue, Rex noster, tu solus nostros miseratus errores, hæc suffers dolens quæ commisit Adam.*

Emmy ces ignominieuses douleurs, las! O saincte Vierge, quel estoit vostre sentiment! vous estiez *cet oyseau qui vous plaisez sur l'spine.* Baruch. 6.

Pourroit-on point vous appliquer ce mot d'Ezechiel *quasi parturiens dolebit Pellusium.* Que peut Ezech. 30. enfanter vn buisson sinon des espines? & celles-cy qui entournent la teste de celuy que vous auez engendré, sont-ce pas des tranchées en vostre cœur qui furent espargnées au iour de sa naissance?

On dit que la femelle du herisson ne fait iamais qu'vn petit en sa vie, parce que ses espines luy deschirent la matrice. Voicy vostre vnique, ô saincte mere, *Dilectus quemadmodum filius vnicor-* Psal. 103. *nis*, il est la pierre de refuge des herissons : se faut-il esbahyr si maintenant ces espines vous deschirent les entrailles d'interieures douleurs?

Nous lisions aujourd'huy, mes freres, en l'Euangile de la S. Messe l'histoire de la veufue de Naim, les regrets de laquelle esmeurent N. S. à Luc. 7. luy resusciter son fils vnique qu'elle ploroit de larmes irremediables. O saincte mere *quis medebitur* Thren. 3. *tui?* puis que la cause de ta douceur est celle mesme de ta douleur, & ton Medecin est celuy qui te rend malade?

Pour ce semble-il que vous nous disiez aujourd'huy comme cette ancienne veufue reuenant de Moad en Iudée, *Nolite vocare me Noëmi,* Ruth. 1. *id est pulchram, sed vocate me Mara: quia amaritudine repleuit me Dominus.* O douce Mere.

Virgo virginum præclara.

Mihi iam non sis amara,
Fac me tecum plangere.

Ruminez, 1. ce second defpoüillement ou pluftoft efcorchement, 2. ce couronnement, 3. ce fceptre, 4. ces indignes irrifions & blafphemantes mocqueries.

V. VENDREDY.

Ecce Homo.

HOMELIE XXVII.

Ioan. 19.

T *dixit eis Pilatus : Ecce Homo.* Sur ce myftere nous peferons 1. la parole admirante, *Ecce*, 2. celle de *Homo*, 3. nous ferons vn acte de compaffion, 4. vn autre d'adoration.

I. Cette particule, *Ecce*, mes freres tres-chers, ne fe couche pas volontiers en l'Efcriture fans enclorre quelque chofe de grand, & denoter des fignalez myfteres; pource il nous la faut ruminer. Adam ayant peché, & comme c'eft le propre des pecheurs de chercher les tenebres, s'eftant caché, Dieu l'appelle, & le reprenant de fa temerité luy dit : *Ecce Adam quafi vnus ex nobis*; & ne pouuons-nous pas dire à

Genef. 3.

noftre fecond *Adam, ecce quafi vnus ex iniquis, quia cum iniquis reputatus eft* : celuy-là voulut eftre comme Dieu, *eritis ficut dij*, & cettuy-cy fe fait homme, *Ecce homo.*

Les Cherubins du Propitiatoire semblent-ils *Ex. 2.* pas à leur regard estonnez, & pleins d'admiration dire vn *Ecce*; considerons la manne, la verge, & la loy, figures de l'humanité sacrée de celuy duquel on dit *Ecce homo.*

Ecce euangelizo vobis gaudium magnum, dit l'An- *Luc. 1.* ge aux Pasteurs, leur annoçant le mystere de l'Incarnation, duquel Isaye auoit auparauant prophetisé auec vn *Ecce virgo concipiet.* Et l'An- *Isa. 7.* ge, *Ecce concipies & paries, &c.*

Le mystere du baptesme de nostre Seigneur par sainct Iean, est declaré par vn *Ecce* : car comme il baptisoit, *Ecce vox de cœlis audita Matth. 3.* est, &c.

En la transfiguration, *Ecce vox de nube audita Matth. 17.* est, &c.

Du triomphe des palmes, il est escrit, *Ecce rex noster venit mansuetus & mitis.*

Les principaux miracles de N. S. sont pream- *Matth. 9.* bulez de ce mot, du Paralytique, il est dit, *Ecce adducunt ei Paralyticum.*

Du fils de la vefue de Naïm resuscité, *Ecce defunctus efferebatur filius vnicus matris suæ.*

En la resurrection du Lazare, qui est l'Euangile d'aujourd'huy, oyez la lettre de ses sœurs, *Ecce quem amas infirmatur.*

De la derniere venuë du Fils de Dieu, il est dit, *Ecce veniet Dominus cum potestate magna.* Des nopces de l'Agneau, *Ecce sponsus venit.* Des Mages, *Ecce Magi venerunt.*

Les reprouuez s'estonnans de la gloire des iustes, disent, *Ecce quos habuimus aliquando in derisum,*

David prophetisant les monopoles des Iuifs contre N. S. chante, *Ecce reges terræ congregati sunt, conuenerunt in vnum.* Et dit de la Synagogue, *Ecce parturit iniustitiam, concepit dolorem, & peperit iniquitatem.*

Psal. 2.   Le mesme dit vn *Ecce homo*; mais il nous le faut prendre pour l'appliquer icy, non au sens litteral, mais en l'allegorique, *Ecce homo qui non posuit Deum adiutorem suum.* Car N. S. en toutes ses douleurs semble auoir comme sequestré l'aide de la diuinité, de son humanité, la laissant souffrir *in puris naturalibus*, qu'ils disent.

Psal. 112.   Admirons donc auec cette parole, mes doux Auditeurs, la bassesse extreme de celuy *qui habite és lieux hauts*. Raualement bien plus bas que ce-
Ruth. 1. luy de cette Noëmi, qui reuenant miserable du territoire de Moab faisoit estonner les Israëlites de son deschet.

II. *Ecce* doncques *Homo*. Tu fais bien, cruel Pilate, de declarer par ta voix que tu monstres vn homme : car à le voir si barbarement equippé, qui l'eust iamais pris pour tel, pareil à ces mauuais peintres qui sont cōtraints par leurs inscriptions de faire cognoistre plustost que par les traicts de leurs pinceaux leurs portraicts miserables.

L'escorchement de S. Barthelemy estant plus vniforme, luy laissoit encores, la peau leuée, quelque forme de corps remply de chair, de nerfs & de veines, mais le deschiquettement de 5400. coups de foüet auoit tellement decoupé à lambeaux en nostre Seigneur & sa peau, & son sang, & sa chair, & ses veines, & ses cartilages, qu'il estoit encores moins recognoissable qu'vn squelette : *Videte eum despectum & virum dolorum.*

Non le Lazare de nostre Euangile d'aujourd'huy, lequel *quatriduanus erat*, n'estoit point plus horrible à voir. — Ioan. 11.

O cœurs des Iuifs plus que diamantins, le sang tout boüillant de ce cabril *emissaire* chargé de vos execrations ne vous pourra-il amolir ? non : car — Leuit. 8.

 — *duris genuit vos acutibus horrens*
Caucasus, hircanæque admorunt vbera Tygres. — Æn. 4.

Icy se verifie tout le chapitre 53. d'Isaye, s'il vous plaist de l'examiner par le menu.

Ecce homo, ô quel reproche aux Chrestiens si peu *conformes à cette image* : ie vous asseure, mes freres, que Pilate Gentil semble auoir en cela prophetisé le rebut ordinaire que nous font les mescreans & infidelles, nous aduoüans que nous auons la plus saincte de toutes les loix qui furent iamais, mais que nous en sommes tres-miserables obseruateurs, car qu'elle conference icy entre ce *chef espineux*, & nous *membres delicatissimes*.

Il embrasse les ignominies, nous voulons les vanitez & les pompes: il prend les douleurs, nous les douceurs : il veut la pauureté, nous les richesses : le mesaise est sa part, & nous prenons nos aysés : nous nous retirons en nos palais contraires à Vrie, tandis *que l'arche est sous les tentes & que Ioab couche sur la dure*: ô que nous sommes de malheureuses copies d'vn tel & si sanglant original, il semble que nous l'imitions à contrepied. — 1. Reg. 11.

Nostre Seigneur est bien nostre miroir en ce poinct, que nous nous voyons en luy tout au rebours, le gauche à droit & le droit à gauche : car *au lieu de cheminer selon ses voyes, nous allons par* — 1. Ioan.

vne route toute contraire.

Or en cette production qui fut faicte de luy sur ce perron ou paruis de la porte du Pretoire, ie remarque vne des plus grandes ignominies qui se puisse imaginer, *estant faict en spectacle au monde, aux Anges, & aux hommes.*

1. Cor. 3.

Il n'y a mort qu'vn Gentil-homme ne souffrist plus volontiers que d'estre pilorizé & attaché à vn carquan, exposé à la risée & opprobre du vulgaire: neantmoins nostre Sauueur a voulu pour nostre amour patir cette contumelie, qui estoit à son noble cœur, de bien plus dure digestion que la mort.

III. Formons donc en nous, mes cheres ames, vne douloureuse & amoureuse compassion, considerans ce piteux estat auquel est reduit ce Roy des personnes mortifiées. Helas! quand nous voyons des playes sur le corps d'autruy, cela nous fait horreur, nos yeux naturellement se destournent du sang, que sera-ce si nous regardons les playes & le sang de celuy qui est nostre Espoux & nostre Dieu? Serons-nous pas ensemble saisis de deux commiserations, naturelle & surnaturelle?

Certes toutes les miseres humaines, quelles on les vueille figurer, ne sont que des ombres conferces aux siennes, non plus que les escarlates Romaines n'estoient que bifferie à comparaison de ce lambeau d'escarlate Indienne, mandée à l'Empereur Aurelian, & qu'il appendit au Temple d'Apollon.

Quelque soldat Romain, vieil & cassé, presenta plusieurs requestes à Cesar, pour estre renuoyé chez soy auec recompense, lesquelles ne furent point respondües: il s'aduisa, Cesar sortant de son Palais, de ietter sa casaque bas, & luy faire monstre de cinquante cicatrices: marques honorables de son courage & de ses cōbats, lesquelles veuës, l'Empereur le recogneut & congedia honorablement; n'ayant peu iusques à cette heure mesnager gueres de volontez pour N. S. voicy maintenant que ie le vous presente, vous disant, *Voyla l'homme playé de* 5400. *playes pour vostre seruice*: ô cœurs de bronze, desirez-vous point recognoistre son amitié de quelque reciprocation?

Recognoissez au moins que *eius liuore sanasti estis*, & qu'il a refait l'image defigurée de vostre ame auec les couleurs de son sang, & de ses meurtrisseures broyées sur son propre corps, colées auec les crachats, & appliquées auec les pinceaux des cloux, des bastons, & des lances. Isa. 53.

Que si le spectre de la playe de Clytemnestra qui se representoit tousiours à son meurtrier & parricide Orestes, le mit en fin hors du sens; que ne sommes-nous saisis d'vn sainct transport regardant en cet *Ecce homo*, les coups que nos pechez ont empreints sur nostre Maistre?

Car comme en vn miroir nous voyons les taches de nos visages, quoy que le miroir soit de soy net & poly, ainsi N. S. est *vn miroir sans tache*: mais ce sang, ces crachats, ces mains troüées, ces pieds percez, ce chef herissé d'espines, ce sont les figures hydeuses de nos crimes, sur le cristal de son innocente personne.

On dit qu'en certaine ville d'Afrique, les femmes immondes impriment par leur veuë certaines taches sur les miroirs plus terses, ô que nos impuretez soüillet d'horribles playes le beau corps de nostre Espoux.

Du moins regrettons d'estre cause par nos coulpes de sinistres effets: & comme la belle Helene.

Fleuit vbi in speculo rugas conspexit aniles, ainsi lamentons sur la laideur exterieure nostre interieure deformité: *& emendemus in melius quæ ignoranter peccauimus.*

<small>Discip. in ex. verbo Passio.</small>

Nostre Seigneur apparut vn iour, dit le Promptuaire des exemples, à vn ieune Clerc assez vain & licentieux: & se monstrant en la forme que Pilate le produisit, luy reprocha combien par ces folles frizeries, bobances & delicatesses il imitoit peu, sa dure couronne, sa nudité & ses douleurs; & ce ieune homme par cette vision fut tout soudainement conuerty.

<small>Ibid.</small>

Vne autre fois quelque adolescent estant entré de nuict dans vn verger auec des femmes débauchées, rencontra le Diable, qui sous la semblance d'vn de ses compagnons, l'excitoit à se perdre: mais plus auāt N. S. luy apparut en habit de Religeux de S. Dominique, & l'appella par ce nom: Mon fils. L'autre courroucé qu'il interrompoit ses malheureux desseins, luy respondit qu'il n'estoit point son pere; lors N. S. rebroussant sa cappe, Voy, dit-il, comment ie le suis, & quelles douleurs i'ay souffertes pour te regenerer: lors à l'aspect de tant de playes, ce ieune enfant se prosternant à terre dit auec S. Thomas, *Dominus meus & Deus meus*, & se conuertissant, mena par apres vne vie fort saincte.

Ce sont

Ce sont là de signalées faueurs, mais qui ne sont pas faites à chacun: car *spiritus vbi vult spirat, & dat singulis prout vult*. Moyse, les Prophetes, & l'Euangile, nous doiuent suffire, estans indignes de semblables apparitions.

La meilleure compassion que nous puissions auoir pour les playes de N. S. est de chasser de nos cœurs le maudit peché qui en est la cause. Car *propter scelus populi sui percussus fuit, & posuit in eo Dominus iniquitates omnium nostrum*. Isa. 53.

Ecce Homo. Voicy, Chrestien, cet Homme-Dieu que tu dois adorer, comme ton Createur & ton Redempteur. Pour ce à cette production en contr'eschange des maledictions des Iuifs, nous deuons multiplier des actes de benediction & d'adoration. *Pauete ad sanctuarium meum*, disoit Dieu autres fois. Comment estoit veneré le *Sancta Sanctorum* par Israël? ce ne sont neantmoins que des figures & des ombres de nostre *Ecce Homo*. IV.

Les Bethsamites pour auoir veu l'Arche, furent frappez de playes. O comment deuons-nous estre frappez au cœur, voyant nostre Arche en si piteux estat. O Dieu de la playe de mon cœur, naurez puissamment mon ame des poignans esguillons de ces espines qui vous couronnent, *in misericordia & miserationibus*. 1. Reg. 6.

Manüé disoit à sa femme Anne: *Moriemur quia vidimus Dominum*: mais ce n'estoit qu'vn Ange, mourez-vous iamais en moy, pechez abominables qui me rendez ennemy de Dieu, à l'aspect de cet *Ecce Homo*, de cet *Ange de grand Conseil. Sus Exurgat Deus & dissipentur inimici eius & fugiant*. Iud. 13.

Psal. 67.

X

qui oderunt eum à facie eius.

Sainct Iean ayant veu vn Ange en sa splendeur se prosterna, comme pour l'adorer : adorons nostre Espoux sanglant tout rayonnant d'amour, & nostre foy en aura d'autant plus de merite.

Apoc. 22.

Posons nos couronnes aux pieds de cet Agneau, comme les vieillards de l'Apocalypse, & luy chantons, *qu'il est digne d'honneur, de gloire, & de benediction.*

Apoc. 5.

Nous auons eu ce bon-heur en ce voyage de Rome de faire quelquefois nos deuotions sur cette *eschelle saincte*, ou escalier de pierre sanctifié en plusieurs endroits du sang du Sauueur, lequel estoit au perron du Pretoire d'où il fut produit aux Iuifs : nous l'auons prié & adoré sur cet escabeau de ses pieds : *In loco vbi steterunt pedes eius.*

Mais-vous, mes tres-aymez, pouuez tous les iours *adorare scabellum pedum eius*, en la saincte Eucharistie, selon l'interpretation que fait sainct Augustin de ce passage de Dauid. Voire & l'y adorer & odorer luy mesmes.

De maniere que quand le Prestre en la saincte Messe esleue l'Hostie sacrée & consacrée vous deuez vous representer qu'interieurement on vous dit *Ecce Homo*, & adorer ainsi vostre Redempteur en esprit d'humilité.

Ne voyez-vous pas quand on dit le Symbole és sacrez mysteres que l'on se prosterne à ces mots, *Et homo factus est*, en recognoissance du bien-faict de son Incarnation.

C'est vn priuilege ancien des filles miserables de pouuoir retirer vn patient de la mort le demi dant en mariage. Helas! ne trouuerons-nous point icy d'ame qui vueille receuoir ce sãglant espoux, bien qu'il soit *despectus & nouissimus virorum*?

O sacrée mere de cet Agneau, tu ne recognois plus cet enfant desfiguré; car il n'a pas de semblance d'homme, & à peine le croiroit-on tel sans le certificat & declaration de Pilate. Seroit-ce bien ce bel enfant qui sortit insensiblement de vos pures & virginales entrailles, qui fit rire le ciel à son aspect, & chanter & caroler les Anges, rauis en le contemplant. O belle fleur, fanée & flestrie! quelle impiteuse main vous a terny vostre belle blancheur! *Isa. 53.*

S. Alexis apres de longs pelerinages reuint si changé & desfait, qu'il fut mescogneu en sa maison paternelle, où il mourut comme vn pauure à qui on donnoit le dessous d'vn degré pour charitable retraitte. O doux IESVS, vous estes ainsi, & plus mescognoissable!

Qui vous monstreroit le test d'vn mort que vous eussiez hanté en sa vie, iamais vous ne le recognoistriez: Representez-vous que la viuante mort de N. S. estoit encores moins cognoissable. O sacrileges mains des Iuifs, où est cette beauté de nostre espoux, que vostre impiteuse impieté a si tyranniquement deschiré? O chaste Spurina, auez-vous donc permis que vostre beau visage fust ainsi deformé?

Ce beau Soleil eclypsant, doutez-vous que la Lune sa chere mere, n'en deuint tenebreuse? Sçauez-vous pas que ces deux Astres sont tant conjoints, que les impressions de l'vn passent soudain en l'autre.

X ij

L'histoire du Genese nous apprend que la co-
Genef. 8. lombe de Noé ne sçachant où se reposer au deluge vniuersel, fut contrainte de reuenir à l'Arche. Ainsi en ce cataclysme du sang du Sauueur,
nostre *vnique Colombe*, ne sçachant seulement où
Psal. 79. asseoir la pointe de son regard, *les torrens de douleur inondans son ame*, elle fut forcée de faire essor
à l'Arche. Constante resignation à la volonté de
l'eternel Pere, *changeant de force naturelle en sur-
Isa. 40. naturelle, volant sans defaillir auec des aisles de Colombe pour reposer* dans le sein de la diuine Prouidence : plus son cœur estoit accablé de ces eaux
Gen. 8. d'amertume, plus comme l'Arche il s'esleuoit
vers le ciel. C'estoit-là son seul refuge emmy les
oppressemens qui l'estouffoient de douleur. O
chere Mere :

  Tui nati vulnerati
  Iam dignantis pro me pati
  Pœnas mecum diuide.

Et vous mes freres 1. Admirez 2. cet homme
Dieu. 3. Compatissez & 4. l'adorez. La paix de
nostre Seigneur soit auec vous. Amen.

V. DIMANCHE.

Clameurs furieuses des Iuifs.

HOMELIE XXVIII.

Lli autem clamabant : tolle, tolle, cruci- Ioan. 19.
fige eum. Nous traitterons aujourd'huy de l'importune violence, & violente importunité auec laquelle les Iuifs extorquerent de Pilate l'iniuste condemnation de nostre Seigneur, vsans de mutineries & menaces. Vous deduisant 1. combien sont vehements les derniers efforts : 2. l'extremité de la fureur de ces criailleurs : 3. qu'ils disoient vne verité en mentant, alleguans que *selon la loy il deuoit mourir.* 4. La vaine crainte de Pilate redoutant la disgrace de Cesar.

I.

N'estes-vous point saisis d'vne secrette horreur, mes tres-chers freres, oyant les hurlemens de ces loups, les rugissements de ces lyons qui se rappellent & ramassent pour la proye, *si-* Psal. 103.
cut catuli leonum rugientes vt quærant escam sibi. Les Echos de vos cœurs caverneux & empierrez n'ont-ils point, sinon des ressentimens, du moins des ressentimens interieurs à ces cris furieux & desesperez ?

A l'heure de nostre mort il est escrit que *descendit diabolus habens iram magnam, sciens quia mo-*

Apoc. 12. dicum tempus habet. Redoublant sur nous les efforts de ses illusions & tentations, parce qu'il est sur le poinct auquel il espere nous gaigner en nous perdant, & de nous perdre en nous gaignant, & puis qu'il est tout certain que

——— *Et fractis rebus violentior vltima virtus.*

C'est vne prudente maxime en l'art militaire de ne reduire iamais son ennemy à l'extremité d'vn desespoir : s'il s'en va, il luy en faut donner le loisir, voire luy faire vn pont d'or, disent les experts. Il fait dangereux aborder des hommes qui n'ont *que ce salut de n'esperer point de salut.*

Le sanglier enclos dans les toiles, se precipite hardiment dans les fers, hazardant librement sa vie pour la sauuer.

Ne voyez-vous pas que le flambeau élance ses plus grandes flammes, quand il est proche de s'esteindre ?

Et les hommes qui sont aux agonies de la mort, n'ont-ils pas lors des plus violens élancemens ?

La pierre lancée en haut, descend auec d'autant plus de roideur qu'elle auoisine son centre; chasque chose se porte precipitamment à sa fin.

Les Iuifs craignans que Pilate meu par la manifeste innocence de nostre Seigneur, ne le relaschast, joüent à quitte ou à double, ne laissent aucune pierre sans la remuer, reseruent leurs plus puissans efforts en cette arriere-garde, & leurs plus puissans argumens, & preignantes persuasions vers Pilate, en cette closture du Procez. Ils s'vnissent en ce mauuais desseing, se r'allient ensemble, & font vn monopole, afin que leurs clameurs jointes eussent plus de terreur, pour effrayer ce timide Iuge. Ainsi plusieurs grains de sable amassez dans vn vaisseau, le font couler à fonds.

Nam quæ non prosunt singula, multa iuuant.

Ainsi les Satrapes de Babylone monopolerent si puissamment contre Daniel, que le Roy fut contraint de le victimer à leur fureur, dans vne fosse de Lyons: mais Dieu les chastia par apres, selon leur merite: car *obturauit ora leonum*, pour Daniel, mais mis à sa place, ils en furent soudain deschirez. *Dan. 14.*

Apprenez de là, peuple, à fuyr *cane peius, & angue*, toutes ces mutineries & monopoles, car *qui potestati resistit, Dei ordinationi resistit*. *Rom. 13.*

Voyez comment il en prit mal aux rebelles monopoleurs, Choré, Dathan, & Abiron, que la terre engloutit tous vifs, pour s'estre reuoltez contre Moyse. Marie mesmes, sa sœur, pour auoir murmuré, fut punie de lepre. *Num. 26. & 12.*

2. Reg. 18.

Considerez la fin miserable du bel Absalon, qui alloit par ses monopoles, brigues, & menées, seduisant le peuple d'Israël, & le soustrayant par specieux pretextes de l'obeyssance de Dauid: Malheur & anatheme à tous ces rebelles & monopoleurs.

Comme aussi aux mutins, seditieux, & perturbateurs de la tranquillité publique: helas! il est si aisé d'esmouuoir, & si difficile d'accoiser: la mer agitée des vents, quoy que ces autans cessent, ne laisse de retenir long-temps apres, le branle de ses flots mutinez; imaginez-vous qu'vne sedition populaire est toute semblable à vne tempeste marine,

X iiij

ô que de vaisseaux ! ô que de familles se perdent par ces orages : aussi *aquæ multæ, populi multi.*

Psal. 91. N'entendez-vous pas les mugissemens de cette mer courroucée, *Voces aquarum multarum*, & leurs grondans tonnerres, *Vocem dederunt nubes?*

O Dieu ! l'espouuentable chose que la fureur d'vn peuple esmeu & aueuglé de passion, c'est vn Briarée ou Geant à cent mains, c'est vn foudre, c'est vn torrent enflé, c'est vne gresle, c'est vn vent impetueux.

Iamque faces & saxa volant, furor arma ministrat.

Nous le voyons en l'Euangile de ce iour, auquel nostre Seigneur disant les veritez à beau-
Ioan. 8. coup qui leur estoient odieuses : *Tulerunt lapides vt iacerent in eum.*

Mais quelle est la clameur vniuerselle de cette tourbe ? ne disons pas auec Moyse, descendant quant & Iosué de la montagne, *Vocem cantantium*
Exod. 22. *ega audio*; mais auec cettuy-cy, *Vlulatus pugnæ auditur in castris* : oyez l'allarme, & comme ils crient, Tuë, tuë : Tolle, tolle, crucifige eum.

Fel draconum in labiis eorum venenum aspidum
Deut. 32. *insanabile*. Deux animaux alterez infiniment de sang, & dans lequel si tost que par leur morsure ils ont glissé le venim, c'est vn poison irremediable, ces dragons icy n'ont autre raison, sinon qu'il faut crucifier cet Innocent : aussi quelle raison sçauroit auoir la rage.

Prou. 30. Voyez-vous ces mal-heureuses sang-suës qui crient tousiours, apporte, apporte, & ceux-cy disent, Oste, oste, iamais saouls du sang & du martyre de nostre Agneau.

Ains comme les chiens de chasse s'excitent à

courir, & à clabauder, ayans senty le train ou le sang de la beste qu'ils poursuiuent.

Et comme les soldats s'animent au combat, voyant le sang de leur ennemis.

Et les Elephans & les Taureaux s'eschauffent à l'aspect de la couleur rouge. *Matth. 6.*

Ainsi ces Barbares, au lieu de se satisfaire du piteux traittement de nostre Seigneur entrent en plus forte frenesie à la veuë de la double pourpre de son manteau & de son sang, disans à l'aduenture comme les ennemis de Iob, *Quis det de* *Iob. 31.* *carnibus eius vt saturemur, dicunt, euge, euge, deuora-* *Psal. 34.* *bimus eum.*

Ceux qui sont mordus des bestes enragées, pensent tousiours voir dans l'eau la figure de l'animal qui les a blessez, & ceux-cy dans le sang de nostre Seigneur semblent voir des furies qui les agitent, & comme on guerit ceux qui sont attaints de semblables morsures, en les plongeant en la mer, ceux-cy ne veulent accoiser leur rage, qu'en se baignant dans la mer rouge du sang de l'innocent IESVS.

Mais admirez comme Dieu permet qu'ils disent, *Tolle, tolle, crucifige*, pour accomplir ce mot: *Sicut exaltauit Moyses serpentem in deserto, ita exaltari oportet filium hominis*: mais d'où vient que l'aspect de ce pauure serpent escorché, qui est nostre Seigneur, ne guerit ces frenetiques de la morsure enuenimée de leur mal-talent, c'est leur deprauée volonté qui obstacle la grace du Ciel, voire ils deuiennent serpents eux-mesmes, voyez comment

Attollunt iras & cærula colla tumescunt.

Voyez-les sifflans au Soleil, & dreſſans leurs veneneuſes langues:

Qualis vbi in lucem coluber mala gramina paſtus
Arduus ad ſolem linguis micat ore triſulcis.

De ſorte qu'à ces homicides clameurs, on peut dire, *Aperuit super cum puteus os ſuum*: ils crient, *Eradamus eum de terra viuentium, & nomen eius non memoretur amplius*: A conteſter auec eux, *Nihilo plus agas quàm ſi inſanias cum ratione*, parce que *gladium euaginauerunt peccatores, intenderunt arcum rem amaram, vt ſagittent immaculatum.*

Apprenez de là, mes freres, combien c'eſt vn grand mal qu'vne mauuaiſe langue, *Mors & vita in manibus linguæ*: Auſſi voyez comme la langue autant meſdiſante que friande du mauuais Riche, eſt cruciée dans les Enfers d'vne ſoif inexpugnable: ſage celuy qui donne vn frein à vne piece ſi labile & gliſſante.

Prou. 18.

Comme le B. Iunipere, vn des premiers Religieux du Seraphique S. François, lequel apprit le ſilence vn iour pour l'amour de Dieu, vn autre pour celuy de la ſaincte Vierge, vn troiſieſme pour l'honneur de quelque Sainct, & ainſi par cette deuote inuention eſtoit ſouuent les mois entiers ſans parler, *Et ſicut mutus non aperiens os ſuum.*

Le grand S. Antoine de Padouë eſtoit grand Predicateur, & hors de la Chaire grand obſeruateur & amateur du ſilence, en faueur de quoy ſa langue ſe conſerue encores fort entiere & freſche. Que ces beaux exemples nous apprennent à cherir la ſalutaire taciturnité!

Apprenons encores de cette mauuaiſe ſoif qu'auoient ces fieureux frenetiques du ſang du Sauueur, à engendrer en nos ames vne ſaincte

& amoureuse alteration de ce sang, qui nous presse à frequenter la sainête Communion, afin que nous puissions chanter auec Dauid, *Sitiuit in* Psal. 62. *te anima mea, quam multipliciter tibi caro mea.*

A ce *tolle*, ils adjoustent pour colorer leur manie, *Secundum legem debet mori, quia filium Dei se fecit*: Voyez-vous ces malheureux, qui alleguent *& contournent l'Escriture à leur perdition*, & qui la font seruir à leur parricide dessein. 2. Pet. 3.

III.

Ainsi le diable qui est homicide, *dés le commencement* persuadoit à N. S. de se ietter du haut en bas, pour lay faire, s'il eust peu, rompre le col. Matth. 4.

Aduisez icy la mode des Heretiques, qui targuent tousiours de l'Escriture leurs peruerses intentions, & en colorent leurs fausses opinions.

Ils disoient vray selon le son des mots, car toute la Loy & les Prophetes n'estoient que les figures de la mort du Messie; mais ils mentoient en leur cœur: *Cor eorum non erat rectum, nec fideles habiti sunt in testamento Dei.* Oyez vn passage de l'Escriture, cité par l'Heretique, vous le prendriez pour vne piece de verité, mais profondez le sens qu'il luy donne, & vous trouuerez que c'est tout le rebours de la lettre: oyez-leur alleguer ces paroles, *Cecy est mon corps*, & joignez-y leur significat, vous en verrez sortir ce beau contradictoire reformé, *Cecy n'est pas mon corps*: mais, las! que faire à l'acerée opiniastrise de ceux *qui firmauerunt sibi sermonem nequam*, il faut plorer sur la dureté de leurs cœurs, pour essayer si nos larmes pourront point amollir leurs courages, & les flechir à condescendre à la doctrine de salut & de verité. Psal. 77.

Vous cependant, ames pies, regardez que la vraye cause de la mort de nostre Seigneur est, parce qu'il estoit Fils de Dieu, *& que son Pere l'auoit donné au monde, afin que le monde fust sauué par luy*, & que nous tirassions nostre rachapt de ses souffrances; & nostre eternelle vie, de sa temporelle mort.

Ioan. 3.

Et apprenez de là vn beau secret spirituel, que nul est digne d'estre adopté pour fils de Dieu, *& estre frere de nostre Seigneur & son coheritier*, sinon celuy qui *meurt à sa chair en la crucifiant auec Iesus en la Croix de la Penitence, Qui meurt au monde en cachant sa vie en Christ*, & qui meurt à sa propre volonté, pour se soubmettre à la diuine.

Rom. 8.
Galat. 5.
Coloss. 3.

C'est desia vn grand indice de cette conformité, que d'estre rebutté *& hay du monde*, à l'instar de celuy *qui estant au monde n'en a pas esté recogneu, ny mesmes receu des siens: mais ceux qui l'ont receu ont esté faits enfans de Dieu, en croyant en luy, ne faisant plus la volonté de la chair, ou de l'homme, mais celle de Dieu.*

Ioan. 1.

Disons du parfaict Chrestien, ce que le glorieux Pere sainct François disoit du vray Religieux, qu'il doit estre mort, & aussi peu sensible aux opprobres & injures, qu'vn Squelete.

Ce qui me fait souuenir de cet ancien Hermite, qui enquis par vn ieune nouice ce qu'il feroit pour se perfectionner, il l'enuoya trois fois en vn cimetiere là prés dire des loüanges aux os & carcasses qui y estoient, la seconde des contumelies, la troisiesme leur ietter des pierres; & luy ayant rapporté qu'à toutes les fois ils n'auoient eu aucun sentiment: fais ainsi (luy dit-il) mon fils, quand on te loüera, blafmera, ou frappera, & tu feras parfaict : c'eſt donc l'entiere mortification qui confiſte en l'accomplie imitation de noſtre Archetype.

IV.

Voicy en fin la derniere & groſſe piece de batterie, que les Iuifs flanquent contre le foible cœur de Pilate, & qui fait vne telle bréche, qu'en fin ils l'emportent à ſentencier iniquement à la mort noſtre Seigneur, *Si hunc dimittis, non es amicus Cæſaris* : à cette ſimple menace, comme ſainct Pierre à la voix d'vne chambriere, le voyla vaincu.

Que ne commettent d'injuſtices les Courtiſans pour gaigner, ſe conſeruer, & ne perdre les bonnes graces du Prince qu'ils ſeruent comme eſclaues attachez auec les fers dorez de leurs aduantages & pretentions; à la mienne volonté que Dieu fuſt auſſi bien ſeruy pour le Ciel de l'eternelle vie, que les Princes le ſont pour la terre.

O malheureuſe venalité d'offices, (& ne doutez point que Pilate ne fuſt entré par cette porte d'or, à celuy de Preſident en Iudée) tu es cauſe de la ruine des Eſtats, & de toute equité, que ne fait-on pour les achepter ? acheptez, que ne fait-on pour ſe rembourcer? que ne fait-on de peur de les perdre !

Bonne la raiſon d'Eſtat, quand elle eſt conforme aux preceptes de la vraye Religion, mais quand celle-là ſuſpendit celle-cy, & que Agar veut gourmander Sara, ô quel bouleuerſement !

Il faut accommoder la pierre ondoyante à la reigle droitte, & les maximes inconſtantes du ſiecle, aux irrefragables axiomes de la vraye foy, il faut au gouuernement du monde se conduire par l'aspect du Ciel, comme en celuy d'vn nauire: ceux qui perdent cette boussole, tombent tousjours dans des syrtes & escueils, il faut, *quæ sursum sunt sapere non quæ super terram.*

<small>Coloss. 3.</small>

O si on auoit autant de crainte d'offenser *le Pere des lumieres que les recteurs des tenebres*, que tout iroit bien: mais il en prend comme iadis, que c'estoit vn plus grand crime de iurer le genie du Prince, que le Nom de Dieu: des mysteres de la Religion, secrets augustes & adorables, on en parle par les cabarets & carrefours; mais des mysteres d'iniquité qui sont dans le monde, on n'oseroit sonner mot, & faut souffrir cette douleur? miserable, à qui la plainte est interdite.

Soyons encores enseignez par cette apprehension de Pilate, combien l'interest particulier fait offencer Dieu? combien il aueugle l'entendement, & prejudicie à l'equité.

Que dis-je: mais seulement la sotte honte du monde, combien retire-elle d'esprits, mais minces & peu resolus, de s'adonner à la saincte deuotion, condamnans tacitement le seruice de IESVS, pour ne perdre la vaine estime des mondains, qui baffoüent les personnes pieuses, & en disent *tolle.*

Combien de fois fait-on mal pour complaire à ceux de qui on pense se preualoir? combien de miserables seconds se vont-ils esgorger en duel pour satisfaire seulement à vne vaine espece d'amitié, preferans, *l'amitié du monde à celle de Dieu.*

<small>2. Reg. 11.</small>

Dauid mande qu'on se defface d'Vrie: Ioab ne manque pas d'executer cet inique mandement,

de noſtre Seigneur. 335

Balaam ſans ſujeƈt, mais ſeulement pour aggreer à Balac, va-il pas maudire Iſraël ? *Num. 11.*

Combien de pauures filles ſe marient ou ſe cloiſtrent contre leur gré : ―― *altum retinentes corde dolorem*, ſeulement pour aggreer à la volonté de leurs parens, ou de peur de leur deſplaire : ô monde ! monde, que tu es vn violent tyran, puis que tu rauis à tant d'eſprits la franchiſe de leur arbitre, d'où Dieu leur donne l'entiere liberté.

Ce fut donc la rapidité de ce mobile intereſt, qui entraina enfin la timide & laſche iniquité de Pilate, qui de peur d'eſtre accuſé de ſouſtenir vn homme, que cette populace diſoit contredire à Ceſar & pretendre à la Royauté, laſcha contre l'innocent IESVS, cette injuſte condemnation que nous examinerons demain.

Cependant parmy ces orages, voyez la pauure Vierge, qui comme vn autre Ionas eſt aggrauée de douleur, & qui diroit volontiers qu'on la jet- *Ion. 1.* taſt dans la mer de la mort, pour ſauuer la vie à ſon cher enfant : ces clameurs ſont ſi grandes, que noſtre Agneau, emmis ces cris confus, n'entend que par les oreilles de ſon cœur les gemiſſemens de ſa douce Mere.

O ! quels glaiues pointus pour ſon cœur eſtoient ces mots barbares, *Tolle, tolle, crucifige, crucifige*, mots de Mammelus & Anthropophages. Les Poëtes content que les Nymphes faiſoiét du bruit en eſleuant Iupiter, de peur que Saturne entendant ſes cris ne le vinſt deuorer : & ces Iuifs au rebours vont criaillás, de peur que Pilate ne rende cet innocent Fils entre les bras de ſa Mere.

Les Prestres de Cybele faisoient de grands tintamarres, tandis qu'ils immoloient des petits enfans à leur idole, afin que leurs gemissemens entendus ne fissent pitié : ces miserables Scribes en font tout de mesme, crians & hurlans, de peur que Pilate ne prist pitié du Fils, & compassion de la Mere.

Exod. 10. O vent chaud! qui d'vn souffle puissant poussas autrefois toutes les sauterelles de l'Egypte en la mer rouge, que ne viens-tu d'vne bruslante halenée de charité plonger toutes ces bruyantes Cigales, dans la mer rouge du sang de mon Sauueur : ô ces obstinez sont determinez *à mourir en leur peché.*

Que ce discours vous apprenne, 1. à fuyr les violences & les monopoles, 2. à euiter les choleriques criailleries, 3. à vous mortifier, & 4. à ne preferer iamais l'interest terrien au seruice de Dieu; & allez en paix.

V. LVNDY

V. LVNDY.

Condamnation de N. S. à la mort.

HOMELIE XXIX.

Anguis eius fit super nos, & super filios nostros. En cette Homelie nous traitterons, 1. de l'aduis que Pilate receut de sa femme, 2. comment il laua ses mains, 3. de cette imprecation des Iuifs que nous venons de reciter, 4. de ce qu'il le liura à leur volonté.

Matth. 27.

Les spirituels sur ces visions qu'eut en songeant la femme de Pilate se trouuent partagez en opinions differentes; les vns tiennent qu'elles luy furent causées par vn bon Ange, qui desireux que Pilate ne commist cette grande iniustice de condamner l'Innocent, luy suggera de demander à son mary qu'il le relaschast? office pitoyable, & qui semble conforme à l'equité Angelique.

I.

Mais la bande de ceux qui tiennent le contraire est, & plus grãde, & cõme ie pense plus forte, que ce fut vn mauuais Ange qui la troubla ainsi : car les bons sont tousiours messagers de paix, & portent quand & eux l'asseurance, la douceur & la consolation.

Et ne faut s'estonner, que *celuy qui est homicide dés le commencement* aye changé de resolution : car commençant desia à ressentir des efforts & ef-

Ioan. 8.

Y

fects du sang precieux de nostre Seigneur, & l'ombre de la saincte Croix commençant à menacer ces cruels, joint la mansuetude, patience & suffisance prodigieuse de nostre Seigneur auec les violens indices des actions miraculeuses de sa vie, auec sa déroute au desert, luy faisoient grandement soupçonner qu'il estoit le Messie, duquel sçachant par les escritures & Propheties, que la mort deuoit estre la sienne, le rachapt des hommes & la destruction de l'Enfer : il tascha de la destourner par l'aduis de cette femme, faisant euiter vn peché, pour empescher vn bien infiny, & parer au coup de sa totale ruine, comme le diable forcé dit quelquefois des veritez, mais malignes, soy taschant de les corrompre : ainsi suggere-il souuent des biens apparens, pour faire tomber en de grands maux.

Ne sçauez-vous pas qu'vn meschant Lacedemonien donna vn bon conseil, qui fut rejetté pour la mauuaistié de sa personne.

Ceux qui tiennent que ce fut vn bon Ange qui inspira cet aduis pourroient soustenir leur opinion, de ce que l'Ange des Perses resista bien à celuy qui vouloit deliurer Israël.

Mais les autres peuuent respondre que les bons Anges sont trop vnis à la volonté de Dieu, pour la cõtrarier & tõber en la faute de S. Pierre, qui dissuadoit à N.S. de pâtir, pource l'appella-il Sathã:

Marc. 8. peut-estre pour noꝰ apprẽdre, que par l'artifice de cette fẽme il s'essayeroit de destourner sa Passiõ.

Genes. 2. Comme jadis à la naissance du monde, il glissa le peché par la piperise & eductiõ d'vne fẽme: ainsi se voulut-il seruir d'vne autre, pour empescher

de nostre Seigneur. 529

la reparation de la faute d'Adam : lors il fit mourir faisant manger du fruict deffendu, & maintenant il veut empescher nostre spirituelle resurrection, par la manducation du fruict de vie.

Autant de mortifications que ce malin nous empesche de faire, sont-ce pas autant de fois qu'il met obstacle à nostre mort spirituelle, en quoy consiste nostre conformité auec le Fils de Dieu.

Mystiquement par cet aduis de la féme de Pilate on peut prédre la Synderese ou remords de consciéce, qui nous retire souuét de faire des injustices prédre vengeáce, battre, dérober, injurier, pecher.

Pareille au serpent Saura Philanthrope, qui esueille l'homme endormy en vn champ, afin qu'il euite la morsure d'vn autre serpent veneneux & Mysanthrope.

Apprenez encor de là, ô maris! à receuoir benignement ses charitables & humbles remonstrances de vos femmes, quand elles vous reprennent quelquefois de vos blasphemes, vsures, gourmandises & desbauches.

Est etiam olitor sæpè oportuna locutus.

Ne voyez-vous pas que toute Samarie fut conuertie à la Predication d'vne pecheresse conuertie par nostre Seigneur? *Ioan. 4.*

Prenez en bonne part leurs exhortations amiables qui regardent vostre salut : ne le prenez pas là, & n'en faites pas les suffisances : car elles sont, sans doute, plus vertueuses que vous : & que seroit-ce du monde, bon Dieu, si les femmes estoiét autant desbauchées que les hommes!

Elles sont incomparablement plus deuotes : pource l'Eglise prie, *pro deuoto fœmineo sexu*,

Y ij

pource les deuez-vous escouter de bon cœur, quand elles vous parlent de vostre salut : Car comme S. Paul dit, *que le mary infidelle est sanctifié par la femme fidelle*; aussi le mary indeuot euite souuent beaucoup de malheur par la pieté de sa femme.

Et n'allez point leur reprochant ie ne sçay quelle foiblesse que vous imaginez en elle : Sçachez qu'Adam ne fut fait que de boüe, matiere molle & lasche : mais Eue d'vne coste matiere plus noble, & plus ferme que de la terre destrempée; que si les hommes sont plus robustes de corps, ils sont beaucoup plus fragiles au peché.

Notamment en celuy de la chair : car la femme qui a son honneur annexé à sa pudicité, resiste bien plus puissamment aux tentations sensuelles.

Vous estes en cela predominans, ô hommes, & comme vous imaginez plus excellens de ce que vous estes plus libertins, plus deshonnestes, plus gourgands, plus grands blasphemateurs que les femmes, qui sont de miserables prerogatiues.

Voicy neantmoins Pilate qui fait aussi mal pour soy, de ne croire l'aduis de sa femme, comme plusieurs s'en sont trouuez d'auoir suiuy le conseil des leur : comme Adam, Sanson, Salomon, Achab & beaucoup d'autres.

II.

Sed acceptâ aquâ lauit manus coram populo dicens, Innocens ego sum à sanguine iusti huius. O hypocrite! plus curieux obseruateur de la ceremonie que de l'équité, tu vois lauer tes mains inutilement, mais plustost, *laua à malitia cor tuum.*

Gen. 3. & 4. Voyez comment par cette chimagrée il veut pallier & excuser son peché : comme jadis Adam & Cain.

O quelles convulsions! quels bourreaux internes, quels cruciemens spirituels sentoit en soy ce pauure Iuge, de se voir contraint de condamner vn Innocent.

Heu quis agat, quònam populum placare furentem
Audeat affatu, quæ prima exordia sumat? Aen. 4.

Il va derechef leur declarer qu'il *ne trouue aucune cause* sur quoy asseoir vn iugement de mort: il adiouste pour les persuader de le liberer, *Regem vestrum crucifigam?* ils hurlent & crient de plus beau, il a beau prier & conjurer qu'on ne luy face pas commettre vne si manifeste injustice.

Ire iterum in lachrymas iterum tentare precande
Cogitur, & supplex animos demittere amaros,
Nequid inexpertum hic intentatumque relinquat.

La priere ne peut flechir ces courages imployables: de sorte que lauant ses mains il se dit *innocent du sang de ce Iuste?* Peut-on declarer plus hautement l'innocence d'vne personne que de l'appeller Iuste? Beny soit nostre Seigneur, qui a voulu que son innocence fust tant declarée par tout ce procez, pour m'apprendre qu'en se chargeant de mes crimes, il me rendroit par son sang l'estole blanche de mon innocence premiere.

Accepta aqua: ô que nous auons de ces sectateurs de Pilate, qui laissent la moëlle de la vraye Luc. 15. pieté, pour empoigner l'escorce & l'exterieur: tel seroit bien marry de sortir de sa maison sans se bien friser & gaudronner, qui ne pense à son ame qu'vne fois l'an; encores comment?

Tel tiendroit à grande inciuilité de se mettre à la table sans lauer ses mains, qui mangera brutalement sans faire la benediction, & se leuera de la refection sans rendre graces : ie diray plus, qui sera fort peu soigneux de lauer sa conscience, allant à la table de la saincte Communion.

D'autres iront à tant de processions & pelerinages qu'il vous plaira, mais de restituer le bien d'autruy, de se confesser & communier nulles nouuelles : Helas ! ie vous l'ay dit tant & tant de fois, dequoy vous seruent les bonnes œuures si vous estes en peché mortel, la racine pourrie quelles fleurs ou fruicts peut-elle produire !

Pauures gens, qui ressemblent à ceux, qui en resuant (aussi le vulgaire grossier, *& vigilans stertit*,) espluchent des noix, mettans la coquille dans leur bouche & iettans le bon, ils s'attachent à l'exterieur de la deuotion, laissant l'interieur, qui consiste en la pureté de l'ame, sans quoy toutes les actions exterieures sont inutiles pour la gloire.

Telle fera scrupule de filer vn Samedy, qui en son oisiueté ne fera que detracter, murmurer & mesdire : telle aura prou de soing de se lauer le visage de fards, de se parfumer les mains d'eaux odorantes, qui aura l'ame tres-sale.

Tel viendra de blasphemer en vn brelant, qui entrera en vne Eglise pour patenostrer, & prendra bien reueremment de l'eau beniste, faisant des grandes Croix, qui de là s'en retourne yurogner, paillarder, se desbaucher : parlez-luy de Confession, ô ! il l'a fuit comme le coupe-gorge de ses delices, & s'imaginera peut-estre que l'eau beniste effacera ses pechez mortels.

Que sert à Pilate ce lauement, sinon à le condamner vn iour, luy dit sainct Leon, *qui à con-*

de nostre Seigneur. 343

damné l'Innocent auec les mesmes léures qui publioient S. Leo. ser.
son innocence. 3. Pass.

Que cette eau nous apprenne à plorer sur nos Psal. 50.
cœurs, les blanchissant auec l'Aspersion de cette hysope salutaire.

Sur cette mention de *Sang iuste* que fait Pilate, ces malheureux font cette solemnelle imprecation, que ce sang *tombe sur eux & leurs enfans*. Ainsi ils ont fuy *la benediction*, & elle s'est escartée d'eux : ils ont voulu *la malediction*, & elle leur est suruenuë : ils s'en sont reuestus comme d'vn vestement, & comme l'huille elle a penetré en leurs os.

III.

En sanguis Ioseph requiritur, en ce flux de sang qui continuë en ce miserable peuple, qui comme des Caïns fratricides errent, *profugi super terram*.

O! que ce sang sera bien encor recherché des mauuais Chrestiens qui l'auront negligé, ou qui en auront abusé par des indignes communions! Genes. 42. Gen. 4.

Remarquez aussi en ce souhait sanguinaire, combien est violente la furie de la vengeance, laquelle, pourueu qu'elle satisface à son appetit forcené, ne regarde, ny aux repentirs, ny aux accidens, ny à la perte de l'honneur & des biens, ny à la ruine de la famille.

Voyez-vous encores en ce procedé des Iuifs, celuy de ceux, qui pour embarquer les simples à pecher se disent prendre la faute sur eux, & de ces muuais confesseurs, qui ignorans leur puissance, ou l'excedans malicieusement, se chargent de la conscience des idiots penitens, qui aueuglez se laissent conduire par ces autres aueugles, lesquels, *cœci sunt & duces cœcarum*, & *omnes in foueam ca-*

Y iiij

dunt : comme aussi de ces pernicieuses gens, qui pour empescher les bonnes ames, & timorées de se releuer aux fulminations des monitoires, se chargent, disent-ils du peché : Et il est bien vray qu'ils s'en chargent, mais il n'est pas pourtant vray qu'ils en deschargent les pauures abusez, qui se laissent piper & amuser à telles protestations friuoles & malignes.

Psal. 5. & 138. Cette sanglante imprecation me fait aussi souuenir *combien les hommes de sang sont abominables à Dieu, viri sanguinem declinate à me.*

Dauid disoit, *Libera me de sanguinibus, Deus Deus salutis meæ*, on peut dire de ceux-cy que, *veloces* *Sap. 21. pedes eorum ad effundendum sanguinem*, & les appeler auec le Sage, *Necatores absque misericordia & comestores viscerum hominum, & deuoratores sanguinis, effuderunt sanguinem Agni, tanquam aquam in circuitu Hierusalem* : pource, dit-il, *sicut aquæ effusus sum, & dispersa sunt omnia ossa mea.*

Cette imprecation qui engage la posterité à la malediction, me remet en memoire celle de cette Royne desesperée, chez le plus grand des Poëtes.

Littora littoribus contraria, fluctibus vndas,
Imprecor, arma, armis pugnent ipsique nepotes.

Imprecation qui eut lieu en ces guerres si fameuses que les Romains eurent auec les Carthaginois, & en ses sermens d'execration qu'Asdrubal exigea de son fils Annibal, de n'auoir iamais paix auec les Romains.

Aussi est-il à croire, que cette malediction que nous voyons auoir continué sur les Iuifs depuis la mort de nostre Seigneur, estans esclaues par tout où ils habitent, prouient de cette source & de leur propre demande : la misericordieuse Iustice de Dieu n'ayant accoustumé selon les termes du Decalogue, de punir les pechez des peres sur leurs descendans, iusques à la quatriesme generation.

Ce qui vous apprendra, peres & meres, à vous abstenir de ces malheureuses maledictions, que la cholere sans jugement vous fait à tout propos lancer contre vos enfans : ô Dieu ! que les histoires nous fournissent de tragiques exéples de cela.

Voila vne mere, qui importunée de son enfant fiéureux de luy donner à boire, en luy baillant le verre : Va, dit-elle, & auale le diable auec : ce qui aduint, & voila ce pauure enfant tourmenté extraordinairement, au grand creue-cœur de cette maudissante mere. *Sur. in vit. S. Zenonis Episc.*

Vn pere chassant son fils desbauché de sa maison : va, luy dit-il, meschant, n'y puisses-tu iamais r'entrer que mort : à cinquante pas de la porte il est tué par vn de ses ennemis.

Vn fils ayant esté si desnaturé que de frapper sa mere en vne place publique, cette femme le souhaitta pendu en vn gibet qui y estoit : le voila accusé le lendemain d'auoir commis vn meurtre qui se fit la nuict, duquel, quoy qu'innocent, il fut condamné comme coulpable, & se vit attaché à cette potence, non pour l'homicide, mais pour l'outrage fait à sa mere, par iuste jugement de Dieu, & en suitte de cette malediction. Ces deux derniers exemples sont tirez de deux grands Predicateurs de saincte vie, qui ne les eussent pas inserez en leur Sermons, sans *Iuo Magistri. & Vincent. à Villanoua.*

estre bien informez de la verité.

Gardez-vous donc de faire telles imprecations, de peur de tomber en tels inconueniens & accessoires : Ie sçay que telle mere desire la mort à son enfant qui l'importune, qui seroit bien faschée que cela arriuast ; mais neantmoins souuent on est pris au mot, & telle fois, lors qu'on n'y pense plus.

Disons bien auec ces Iuifs : mais d'vne plus saincte intention, que *ce sang de Iesus-Christ soit sur nous & nostre posterité, non in iudicium & condemnationem*, comme dit l'Eglise au sacré Canon, *Sed ad tutamentum mentis, & corporis, & ad medelam percipiendam* : ô Dieu ! & que ferions-nous sans ce sang, souuerain prix de nostre rachapt ? Venez donc, beau lauoir de Galaad, blanchir les sales toisons de nos consciences ; allons boire à ces viues sources *& fontaines du Sauueur*, c'est l'Euangile de ce iour, *Qui sitit, veniat ad me & bibat.*

Cant. 4.
Isa. 12.

En fin voila Pilate vaincu, & qui esclaue de la crainte rend son innocent prisonnier, *voluntati earum vt crucifigeretur* ? Las ! quelle extraordinaire sentence d'vn procedé tant extraordinaire, quand il seroit le plus criminel du monde ? qui a iamais veu que l'on liurast vn patient à l'injuste volonté de ses parties ! Les hommes se doiuent sous-mettre à la volonté de Dieu, afin que, *fiat voluntas eius, sicut in cœlo & in terra*, & voila Dieu qui s'abandonne à celle des hommes, non de ses amis, desquels il est escrit, *voluntatem timentium se faciet*, mais de ses plus forcenez aduersaires : icy toute raison, non plus que toute equité, est bouleuersée.

Ioan. 7.

Voicy donc l'innocent Naboth livré à la sanguinaire volonté des enfans de Belial. *3. Reg. 21.*

Ce Cerf donné à la curée de ces desesperez, lesquels, *famem patiuntur vt canes* : mais faim canine & insatiable.

Representez-vous l'insolence & les insultes de ses gens, ayans emporté cette victoire de leur ruine, en l'image d'vn torrent, qui a faussé ses digues, & qui se met au large pour gaster tout.

Non sic aggeribus ruptis cum spumeus amnis   *2. Æn.*
Exijt, oppositásque euicit gurgite moles,
Fertur in arua furens cumulo, camposque per omnes,
Cum stabulis armenta trahit.

Quels outrages ne firent-ils en ce poinct à nostre Seigneur, puis qu'ils en pouuoient faire à leur volonté !

O Dieu ! ne permettez-pas que j'abandonne iamais mon cœur à ma propre volonté : car tout peché n'est autre chose que propre volonté, que sainct Bernard appelle *la pire de toutes les lepres*, *Bernard.* rien qu'elle ne bruslant en Enfer, *Tolle volunta-* *Serm. 3. de* *tem propriam, & infernus non erit : quid enim odit,* *Resurrect.* *& punit Deus præter eam ?*

Vn vieux & sainct Religieux, au rapport du *L. 5. c. 28.* B. Cassian, estant proche de son trespas, & enquis *de Instit.* par ses freres de quelque brief precepte pour *Cœnob.* tendre à la perfection, *ne faittes*, dit-il, *iamais vostre propre volonté.*

Comme c'est le propre du vray Catholique de ne croire iamais sa propre opinion : mais se sousmettre humblement à la creance de l'Eglise : aussi est-ce la marque du vray deuot, de ne faire iamais sa propre volonté, mais celle de son directeur spirituel : car outre le merite, il y a plus de seureté, chacun estant *aueugle en son fait propre.*

Mais que dirons-nous de cette pauure Mere, qui voyoit ainsi enleuer son plus precieux thresor, & tout son bien aux mains sacrileges de ces rauissantes harpies.

Quand elle vid lauer les mains à Pilate, comment baigna-elle son beau visage de pleurs, quand ils firent cette imprecation de son sang, Helas ! comment tout le sang luy mesla, voire comment en ietta-elle par ses yeux meslé auec ses larmes ?

Quand elle pensoit qu'autrefois elle l'auoit destourné des mains d'Herodes, qu'à l'aage de douze ans elle l'auoit enleué du Temple, & soustrait à l'enuie de ces mal-heureux : & qu'en fin tombé entre leurs sanglantes pattes, en cette derniere occasion elle ne l'en pouuoit retirer : ô Dieu ! quel desplaisir.

Mais d'ailleurs, considerant que son Fils s'estoit soubmis à la volonté des hommes, soudain elle se refugioit à l'azyle de sa resignation, à la volonté de Dieu, pressée neantmoins de douleur indicible ?

Quis est homo qui non fleret,
Christi matrem si videret,
In tanto supplicio.

Ce discours vous apprendra, 1. ô maris, à ne mespriser les pieux & humbles aduertissemens de vos vertueuses femmes, 2. à lauer vostre interieur auec l'eau de la Penitence, 3. à ne maudire vos enfans, ô peres & meres, 4. à renoncer vostre propre volonté pour embrasser celle de Dieu: car il est escrit, *Vita in voluntate eius*; & en cela consiste le plus haut faiste de la vie spirituelle. N. S. soit auec vous.

V. MARDY.

Port de la Croix.

HOMELIE XXX.

Et baiulans sibi crucem, exiuit in eum, qui dicitur Caluariæ, locum. Vous entendrez icy, 1. le despoüillement de la robbe de pourpre, 2. la Croix chargée sur les espaules de nostre Sauueur, 3. l'ayde contrainte de Symon le Cireneen, 4. que nous deuons porter la Croix apres luy par la penitence. *Matth. 27. Marc. 15.*

Tant de despoüillemens de N. S. mes freres tres-aymez, me semblent autant de deschiremens & d'escorchemens: ô Dieu! que ces douleurs sont sensibles? iugez-le par cette simple importunité que vous fait vostre chemise, quand la sueur la cole à vostre dos? que seroit-ce donc si elle y estoit attachée par vostre propre sang, tiré par vne forte discipline.

Mais si faut-il que ie vous aduoüe que ie tiens la honte de ces despoüillemens, autant insupportable que la douleur, d'autant que l'ignominie est vne flagellation de cœur, plus outrageuse

& sensible qu'aucune du corps.

Gen. 9.   Voyez-vous donc nostre bon Noé enyuré de son amour, mocqué par cette maudite race de Cham, insolente & impudente.

Gen. 37.   C'est-cy nostre Ioseph despoüillé, pour estre liuré à ces Ismaëlites, *gent bastarde & adultere*: no-
Matth. 21. stre patient Iob, exposé nud à la risée de ces
Iob 1. truants: nostre Dauid demy nud, & pieds des-
1. Reg. 15. chaux, qui s'en va hors de Hierusalem, au de-
Genes. 2. sert du Caluaire: nostre second Adam qui par sa honteuse nudité repare le vergongneux peché du premier.

Les anciennes Vierges Martyres, dont l'histoire Ecclesiastique nous fait feste, despoüillées nuës en public, pour estre foüettées & suppliciées, souffroient plus malaisement cette nudité, qu'aucun autre mortel supplice: O Roy des Vierges! la mesme candeur, pudeur, & chasteté, combien vous estoit-il dur d'estre ainsi exposé en spectacle, fait *risée & parabole*.

La vie des Peres fait mention d'vn Hermite fort chaste, lequel iamais ny pour changer d'habits, ny mesmes pour remedier à quelques incommoditez corporelles, ne regarda aucune nudité en son corps.

O vous qui en vn sexe si pudique & delicat, vous portez neantmoins à de si sales estalemens de vostre chair, est-il possible que l'on vous iuge chastes auec de si deshonnestes monstres, & si messeantes nuditez?

Apprenez encore de cette nudité que vous plaignez en N.S. à vous exercer, selon vos facultez, à reuestir les pauures que vous verrez nuds:

que si c'est vne grande charité que d'ayder les necessiteux honteux, qui sous vne bonne apparence couurent mille extrémes incommoditez: Combien sera plus grande celle qui en couurant vne pauure personne, honteusement nuë, & l'obligera en particulier, & conseruera encore la decence publique, *Cum videris nudum, operi eum, & carnem tuam ne despexeris.* Vous sçauez l'exemple du bon S. Martin.

Comme aussi de la B. Catherine de Sienne, qui donna presque tous ses habits à N. S. qui les luy demandoit, sous la forme d'vn pauure: & celuy tout semblable de la B. Elizabeth, fille du Roy d'Hongrie.

Considerons maintenant comme N. S. reuestu de ses propres habits, afin qu'il fust mieux recogneu du vulgaire, & pource plus vilipendé, fut surchargé, auec vne inhumanité extréme, du pesant fardeau de la Croix: vous vous pouuez representer si à peine se pouuant trainer soy-mesme, comment il luy estoit possible de porter ce faix énorme. Vous voyez Isaac, qui porte sur ses propres espaules le bois sur lequel il deuoit estre immolé. *Genef. 22.*

II.

O Croix! tu n'es plus cette eschelle de Iacob, *Genef. 28.* sur laquelle s'appuyoit le Seigneur, puis qu'au cōtraire tu t'appuyes sur le dos de mon Sauueur.

O force affoiblie pour me renforcer! vous qui *Isa. 40.* soustenez toute *la machine de la terre sur trois doits,* comment succombez-vous sous le faix de cette Croix? ô mes cheres ames! considerez que ce qui aggrauoit ce bois, estoit le *talent de plomb* des pe- *Zach. 5.* chez de tout le mōde: or le peché est biē si pesant, qu'il cherche touſiours le plus bas centre, le plancher des Cieux ne le peut pas ſupporter, commis par les Anges rebelles.

Notez d'abondant, la barbarie de ces bourreaux, qui ayans perdu toute pitié pour N. S. au lieu que l'on cache, tant que l'on peut, ou l'eſpée ou le gibet aux criminels, luy font au contraire, monſtre de ſa Croix, voire la luy impoſent ſur le dos; choſe qui ſe pratiquoit rarement ſinon és plus execrables, que pour ce on nommoit *portes fourches*, *Abi furcifer in malam crucem*, dit ce Comicque: ne iugez-vous pas que touſiours l amour de noſtre Eſpoux va cherchant les extremitez, & de douleur, & d'infamie, & qu'en luy *modus diligendi eſt ſine modo*?

Auſſi n'eſtoit-ce pas à ſon courage inuincible, ny à luy, à qui tout eſt preſent, qu'il falloit cacher la mort : c'eſt aux eſprits minces & floüets, à qui on bande les yeux, & ce ſont les delicats qui ferment les paupieres pour aualer la rubarbe.

Il charge donc ce peſant faix ſur ſon dos, pareil à l'oyſeau du Ciel, que le vulgaire appelle de Paradis, lequel fait ſon nid ſur ſon dos, & y eſcloſt ſes petits; car n'eſt-ce pas en la Croix qu'il a eſpouſé l'Egliſe, noſtre commune Mere, & qu'il nous a engendrez en ſon ſang : pource (dit-il) par vn Prophete : *Portabam eos in humeris meis*, comme *des Benjamins*, *il nous fait repoſer ſur ſes eſpaules*.

Deut. 33.

Voyez noſtre Phœnix qui ſe charge de ce bois, qu'il rendra aromatique par l'onction de ſon ſang : il ſe va ſur le Caluaire embraſer au feu de ſon

de nostre Seigneur. 369

son amour, pour ressusciter à vne vie immortelle, *In nidulo suo morietur, & sicut Phœnix multiplicabit dies.* Iob 29.

Voicy *nostre bon Pasteur*, qui nous porte tous auec cette Croix sur ses espaules, *il charge cette clef de Dauid*, clef du Ciel, *Et factus est principatus super humerum eius.* Isa. 9.

Cette Prophetie nous enseigne vne belle difference qui est entre les sceptres Royaux, & les crosses Pastorales, en ce que ceux-là se portent à la main, estant d'autant plus legers qu'ils ne sont que pour le gouuernement des choses temporelles & passageres; mais celles-cy estant sur le spirituel, les ames & l'eternité, ô que leur charge est pesante, il faut des espaules Angeliques pour la supporter: beny soit N. S. qui a donné vne si vtile & exemplaire leçon aux Pasteurs des ames, afin qu'ils se chargent de toutes les infirmitez des oüailles qui leur sont confiées.

Nottez d'abondant, mes freres tres-chers, qu'en ce port de Croix se voit vne des plus agreables formes, en laquelle N. S. vueille estre consideré, comme il le tesmoigna à sainct Pierre, luy apparoissant en cette façon, en ce lieu proche de Rome, appellé communément, *Domine quo vadis*.

Et depuis au B. Ignace, grandement deuot à sainct Pierre, allant à Rome pour obtenir la confirmation de sa Compagnie, il apparut en cette mesme sorte.

Vn deuot Hermite ayant instamment prié N. S. de luy enseigner la contemplation qui luy Discip. ser. 48. de tẽp.

Z

estoit plus agreable, il se presenta à luy en mesme façon qu'il estoit quand la Croix luy fut chargée sur les espaules, pour estre conduit au Caluaire.

III.
Isa. 1.

Pensons donc souuent à ce sien fardeau, & taschons de l'en soulager, *nous repesans de mal faire*, & allons au secours de ses membres, fracassez & abbatus, qui sont les pauures, plus volontiers que ne vint le Cyreneen Simon, à l'ayde de nostre Redempteur, car ces satellites voyans qu'il succomboit si souuent au faix, qu'il pourroit deffaillir en chemin, & les frustrer d'assouuir leur entiere rage, le Texte dit, *qu'ils contraignirent* ce bon homme, qui se treuua par rencōtre sur le chemin, à porter vne partie de ce fardeau : Heureuse contrainte pour luy, car par l'attouchement de ce bois sacré & consacré par le sang du Sauueur, il deuint non seulement Chrestien, mais encores grand Euesque & Martyr.

Il me souuient de ces pionniers, que par force on fait aller aux tranchées, qui en fin dressez à la guerre, & accoustumez aux fatigues, aux coups, & aux perils, deuiennent bons soldats.

Pareils à ces Religieux & Religieuses, qui quelquefois violentez par la maudite contrainte des parens, de se cloistrer, ayans en fin recogneu que Dieu a permis ce moyen pour les conduire en vne vie si saincte, douce, & desirable, rendent par leur affection, ce qui estoit contraint au commencement, volontaire par apres.

Le monde dit quelquefois, voyant vn grand pecheur qui se rend Religieux, que c'est par quelque despit, car ce sont de ces iugemens & faueurs ordinaires, qu'ainsi soit, ô le bon despit! cette humeur passe legerement, & puis on se treuue engagé dans les liens d'or & de soye de la saincte Religion, cela se rendant familier, & toutes austeritez ayées, que le monde croit tant fascheuses, *Quæ prius nolebat tangere anima mea, nunc præ angustia cibi mei sunt*, peut dire le delicat mondain, qu'vne saincte ferueur a poussé dans vne Religion austere.   Iob 6.

Il en prend icy tout au rebours des contracts, qui sont au *commencement de volonté, apres de necessité*; car Simon de Porte-Croix par contrainte, se rend & porteur, & Predicateur, & tesmoin de la Croix, de corps, de cœur, & de volonté, *Hæc mutatio dexteræ excelsi*.

Ainsi en prend-il quelquefois à ceux qui s'estans escartez du sentier de la vraye Religion, sont pressez par des voyes vn peu dures & rigoureuses, à changer leur accariastrise en condescendance, aux enseignemens de la verité, deliurez de leur erreur, ils remercient ceux qui ont vsé vers eux d'vne saincte seuerité : comme les insensez, que par les corrections on a r'amenez en leur bon sens, sçauent bon gré de la pitoyable cruauté dont on a vsé en leur endroit.

I'aduouë qu'il n'est rien si volontaire & libre que la creance, & que nul peut estre forcé à croire contre son gré, ce fut la premiere opinion du grand S. Augustin, au commencement de sa conuersion; mais ayant en fin en prou de rencontres recogneu que les Manicheans ne pechoient que par pure opiniastrise, pouuans estre vaincus, & non persuadez, il changea d'aduis, comme on peut remarquer en ses posterieurs ouurages.

Sur cette contrainte de Simon, i'allois encores remarquant, que ces anciens Peres luy estoient aucunement semblables, bien que differans en intention, qui fuyoient les Prelatures & Eueschez, qui à present se recherchent auec tant d'auidité & d'ambition; voyez-vous, ils les regardoient comme des Croix penibles & laborieuses, & on les considere maintenant comme des dignitez, pleines de richesses & d'honneurs: Sainct Ambroise esleu par voye toute extraordinaire, Euesque de Milan, s'alla cacher en vn bois, proche de cette ville, où l'on a basty vne Eglise, qui s'appelle encore, *S. Ambrosij ad Nemus.*

S. Gregoire fait Papé, s'alloit mussant dans les Monasteres, pour éuiter cette charge, autant onereuse qu'honorable.

S. Anthelme, ô citoyens de Belley, ne fut-il pas au temps des sainctes & sacrées elections, tiré violemment de la Chartreuse de Portes, pour manier vostre Crosse, qu'indigne ie tiens apres luy: ces bonnes gens *estoient appellez comme Aaron,* {Hebr. 5. Exod. 27.} aussi *leur verge estoit fleurissante,* c'est à dire, leur gouuernemēt plain de douceur & de benedictiō.

C'estoient des Hercules qui aydoient à nostre Atlas à porter & sa Croix, & le faix du Ciel de son Eglise.

En fin pressez de la contrainte, ils submettoient leur col à ce joug laborieux, esperans que le Sauueur les en soulageroit de la moitié, sinon du tout: vn homme qui s'embarquera en ces fonctions auec autre dessein, que de trauailler à bō escient à la vigne de Dieu, quand ce viendra à la mort, se treuuera bien loin de son compte; helas! encores apres tous nos efforts, sommes-nous pas des *seruiteurs inutiles?* Luc. 17.

Bien-heureux ceux, mes bons freres, qui portent leur Croix apres le Sauueur, car c'est là le poinct, chacun porte sa Croix, qui d'vne façon, qui d'vne autre, & les vicieux la portent plus lourde que les gens de bien, voire & les diables portent la leur, & leur enfer par tout, mais non apres N. S. ceux là seuls sont ses champions, qui chargent leur Croix, & le suiuant la portent en charité pour son amour. IV.

La Croix sans le Crucifié est vne chose bien dure, car c'est vn mal sans consolation, mais auec ce c'est vne onction pareille à celle qui se fait sur les Croix, à la consecration des Eglises, & qui dedie nos cœurs à Dieu, les faisant *Temples du S. Esprit*, appellé par l'Eglise, *Spiritalis vnctio*.

Or ce port de Croix se fait en endurant patiemment les maux qui nous suruiennent, par permission diuine, qui est le propre Tau des Esleus. Ezech. 9.

Ou bien par la mortification, *Mortificationem Christi in corpore habentes*, chose contraire à la nature, pource se faut-il faire à soy-mesme vne violéce pareille à celle qui fut faite au bō Simō.

Elle est interieure & exterieure, ce qui nous est representé par les deux bois de la Croix.

Mais le principal moyen de bien porter la Croix est d'embrasser à bon escient la penitence, en despoüillant, à l'imitation du desuestement

Z iij

de noſtre Seigneur, toutes affections au peché, & meſpriſant les habits pompeux, comme fit l'Empereur Heraclius, quittant les ornemens Imperiaux pour porter ſur ſes eſpaules la ſaincte Croix depuis le Caluaire iuſques en Hieruſalem; les liurées anciennes de la penitence ſont le ſac & la cendre, auec leſquelles les Niniuites & maints autres ont accoiſé d'ire de Dieu.

Trois clouds attacherent noſtre Seigneur à la Croix, & par les trois parties de la Penitence nous pouuons eſtre, *Chriſto Cruci confixi.*

Serons-nous pas bien ayſes, comme des Benjamins de mettre cette couppe de noſtre cher Ioſeph en noſtre ſac, & de nous rendre *comparticipans à ſes peines.*

Geneſ. 44.
Epheſ. 3.

O Apoſtres, où eſtiez-vous pour ſoulager voſtre pauure Maiſtre, agoniſant ſous ce faix, *& preſſant, ou pluſtoſt oppreſſé en ce preſſoir tout ſeul.*

Iſaye 63.

O s'il euſt eſté permis à la ſaincte Vierge, combien volontiers euſt-elle porté ſur ſon dos ce grand bois, & encore cet enfant en ſes bras que ſi longuement elle y auoit tenu.

O Vierge, tandis que le corps de voſtre Fils ahanne ſous ce fardeau, voſtre cœur eſt eſcraſé de cette charge, ô que voſtre douleur luy ſurcharge le pauure cœur.

Iob 2.

La femme de Iob en ſes miſeres, au lieu de le cõſoler l'affligeoit, ainſi N. Seigneur eſtoit tourmenté exterieurement de corps par les bourreaux, & interieurement de cœur voyant les deſtreſſes de ſa pauure Mere. *Quæ mœrebat & dolebat & gemebat cùm videbat nati pœnas inclyti.*

de noſtre Seigneur.

Que ce diſcours vous enſeigne, 1. à auoir compaſſion de la nudité des pauures, 2. à condouloir à l'oppreſſante charge de noſtre Seigneur, 3. à l'en ſoulager par imitation, 4. à rechercher la mortification & la penitence.

VI. MERCREDY.

Allée au Caluaire.

HOMELIE XXXI.

Vcebantur & alij duo nequam cum eo vt interficerentur. Nous traicterons, 1. de l'arroy de ce conuoy funeſte, 2. du rencontre des femmes larmoyantes, 3. de ce que N. S. leur dit & predit, 4. comment à ſon abord au Caluaire il fut abbreuué de vin meſlé de myrrhe & de fiel. *Luc.* 23.

O Dieu quelles lamentables funerailles, quelle funeſte proceſſion, dont la banniere pareille à la mortelle de Tamberlam eſt toute rouge de ſang, & le Porte-Croix eſt le Sauueur du monde.

I.

Il s'achemine au lieu de ſon ſupplice, ainſi à l'Autel où il ſe deuoit immoler en holocauſte ſanglant, & faire vn ſacrifice de ſoy-meſme pour la remiſſion de nos pechez, *qui ne pouuoient eſtre effacez ſans effuſion de ſang.* Mais en quel equipage? ie vous l'ay ja deſpeint, voicy l'ordre, enuirōné de bourreaux, & au milieu de deux *Heb.* 9.

Z iiij

larrons & meurtriers, ô Roy de gloire, faites-vous ainsi litiere de vostre honneur pour mon salut? honneur incomparablement plus precieux que les biens ny la vie, & neantmoins nous voyons tous les iours vne aueuglée Noblesse par la rage des duels mespriser les diuines & humaines ordonnances, pour vn poinct, ou plustost poinctille d'honneur imaginaire; poinct qui n'est point non seulement indiuisible, mais inuisible; & poinct qui les traine aux enfers mourant en cet estat d'excommunication, *& in puncto ad inferna descendunt.*

N'apprendrons-nous iamais à mespriser sainctement cette vaine & friuolle reputation mondaine, que nous sur-encherissons par de là les biés & le corps, & l'ame; si est-ce qu'il est escrit *cuncta quæ habet dabit homo pro anima sua*, & puis n'est-il pas tout constât, & n'est-ce pas vn principe en nostre S. Religion que l'on ne va aux douceurs que par les douleurs, aux delices que par les austeritez, en l'eternité bien-heureuse, que par la Croix, à la gloire eternelle que par le mespris du monde & l'infamie temporelle.

Deux gentilles raisons pourquoy nostre Seigneur est conduit au supplice entre deux larrons & meurtriers: la 1. parce qu'il alloit souffrir pour tous les pecheurs ; or tout pecheur est larron, desrobant la gloire à Dieu, & assassin de son ame, *os quod mentitur occidit animam.* La 2. parce que luy-mesme estoit vn bon larron & meurtrier; ô combien a-il volé de cœurs ! voila pas les femmes qui plorent parce qu'il leur a desrobé les affections, & ces larmes qui coulent de leurs yeux font-elles pas vn tesmoignage irreprochable qu'il a fait des playes en leurs cœurs, car la pleur est le plus pur sang des playes de l'Amour.

Qu'il soit larron, oyez l'Escriture, *Dominus tanquam fur in nocte veniet*, aux nopces de l'Agneau, *Ecce sponsus venit*, c'estoit de nuict surprenant les vierges folles sans lumiere, *Nomen eius est accelera, festina prædare. Beniamin lupus rapax mane capiet prædam, ad prædam ascendisti fili mi*.

Qu'il soit vn doux meurtrier, escoutez, *Non veni pacem mittere, sed gladium, cùm occideret Dominus eos conuertebantur, Dominus mortificat & viuificat*.

De ce conuoy tirez ce bel enseignement, mes freres, de n'auoir iamais de honte de frequenter auec les plus grands pecheurs & pecheresses, pourueu qu'ils *soient conuertis de leur mauuaise voye & vie*; car Dieu ne se souuenant plus de leur peché, pourquoy nous en voudrons nous scandaliser? le diable mesmes ignore leurs pechez confessez, oublions-les doncques si nous ne voulons estre pires que diables. *Isa. 33.*

Les cheuaux retirez du loup sont plus genereux, dit-on, que les autres, & les soldats qui ont fuy pressez de la honte, plus genereux au second combat, les fruicts becquetez des oyseaux sont souuent les meilleurs & plus meurs, & les plus grands pecheurs sont volontiers, estans repentis, les plus aspres à se mortifier.

Nostre B. Mere Terese disoit qu'elle prenoit vn grand goust spirituel à lire la vie de ces Saincts ou Sainctes qui auoient beaucoup failly auant leur conuersion, comme de S. Augustin, de la Magdelaine, de S. Marie Ægyptiaque, de S. Cyprian, de S. Paul, & tant d'autres, parce qu'en eux reluisoit la grande misericorde de Dieu ; souuenez-vous qu'il y a plus de Publiquains que de Pharisiens au Ciel.

Ie vous aduoüe que comme les abeilles fuyent les charroignes, qu'il faut aussi euiter la conuersation des pecheurs scandaleux, & qui pourrissent obstinement en leur iniquité ; mais si vne fois ils viennent à resipiscence, c'est à eux les premiers qu'il nous faut tendre la main, *nous faisans tout à tous, pour les gaigner tous à nostre Seigneur* ; seruons d'œil à l'aueugle, de pied aux boiteux, soyons malades auec les infirmes, bruslons de zele auec les scandalisez.

1. Cor. 9.
Iob 29.
2. Cor. 11.

Nostre Seigneur n'a point desdaigné la conuersation des peagers & des Magdeleines, il laisse nonante-neuf iustes pour chercher vn pecheur esgaré, & le ramener au bercail : ayons aussi grande compassion des malades spirituels comme des corporels, aydons à leur conualescence.

Luc. 15.

Ecclesiastiques aprenez encores de ce conuoy, combien est vne œuure de grand merite de conduire des pauures criminels au supplice, & leur seruir de sage-femme pour leur faire enfanter leur ame à Dieu, *parturiendo spiritum salutis* ; non, non qu'on ne face point les delicats d'approcher les executeurs de la Iustice, voicy nostre Seigneur qui se laisse bien manier par 666. bourreaux.

II. Ainsi conduit, voicy qu'à la sortie de la ville la tourbe se mettant plus au large, il aduise vne troupe de femmes & de filles de Hierusalem, qui se joignans à la compagnie de sa chere mere, qui toutes ensemble font vn chœur de plorantes sur ce pauure Agneau que l'on traine à la boucherie. *Contemplamini*, dit le lamentable Prophete, *& vocate lamentatrices, festinent & addu-* Ioan. 9. *cant super nos lamentum, deducant oculi vostri lachrymas, & palpebræ nostræ defluant aquis, quia vox lamentationis audita est in Sion.* C'est icy voirement que *vox in Rama audita est, ploratus atque vlulatus multus, Rachel plorans filium suum*; ô chants lugubres, dignes d'vn si triste conuay.

Quis posset non contristari,
Piam matrem contemplari
Dolentem cum filio?
Eia mater fons amoris
Me sentire vim doloris
Fac vt tecum lugeam.

Les larmes de cette Mere ne se peuuent representer, ny celles de Marthe, des Maries, & de sainct Iean.

O desesperée Magdeleine, qui pourroit dire Disc. in les tiennes! à ce propos il me souuient d'vn bel prompt. exemple; vne Religieuse fort deuote plorant exempl. aux pieds d'vn Crucifix, demanda à son bon Ange si ses larmes estoient plus agreables à Dieu: Ouy, luy fit-il, & plus que les premieres de la Magdeleine, parce qu'elles furent espanchées pour ses pechez, mais celles-cy viennent de pur amour: Ouy, mais les secondes, bel Ange, quelles seront-elles, sinon celles-cy, prouenantes du desplaisir de voir tant souffrir celuy que son ame ayme & adore? ô excellentes larmes, huile de la lampe du divin Amour.

Tous les Saincts ont generalement esté fort tendres à plorer sur l'Amour & la mort de nostre Redempteur ; S. François fut surpris par frere Leon gemissant & larmoyant sur ce mystere.

La premiere leçon que sa chere sœur saincte Claire donnoit à ses filles Novices, estoit de leur monstrer vn IESVS, Espoux ensanglanté, & les faire tendrement plorer. *O quis dabit capiti meo aquam & oculis meis fontem lachrymarum vt amare fleam ! Sus fleamus cum flentibus.*

Tandis que ces plorantes se noyent dans leurs larmes, & que Cedron se grossit des torrens de leurs pleurs, en voicy vne à qui l'amour donnant le courage (*quid non audet amor, quid non speretis amantes*) la porte à estendre sur la face deffigurée de nostre cher IESVS, vn mouchoir tout moüillé de ses pleurs, & voila par miracle que ce visage sacré y reste empraint, & se void tous les ans à Rome.

Que mon cœur n'est-il vn linge blanc, trempé dans l'eau de mes pleurs, pour y former cette divine Image ; venez, chere penitence faire cette lexiue, venez sainct Amour, y tracer ce portraict, que si tu es d'acier ou de glace, mais pourquoy, ô mon cœur, ce beau visage ne se represente-il en toy ?

Que n'es-tu *tanquam cera liquescens*, pour recevoir les sainctes impressions de cette face bien-heureuse, des espines de son Chef sont poignantes, mais regarde que son sang en est la suaue onction.

N'auez-vous iamais veu vn Graueur ayant

tracé sur du cuiure vne figure auec son burin, jetter dessus vne fueille moüillée, la presser, & en retirer vne image : & voyez ce front *de diamant* & d'airain en constance, cizelé, graué, & buriné par les foüets, sur lequel la Veronique jettant vn linge baigné de ses larmes, vous estonnez-vous si ce portraict en sort ?

O larmes, vous estes ces belles fontaines dans le crystal desquelles se mire & admire nostre Narcisse.

C'est assez consideré sa face deffaicte, escoutons sa voix, elle dit à ces deuotes & pitoyables Dames, *Filiæ Hierusalem nolite flere super me, &c.* Helas ! il est vray, tant de gens plorent ces effects qui n'ont aucune larme pour la cause, qui sont les pechez; on plore sur l'innocent, & non sur le coulpable.

III.

On plore les corps dont l'ame se separe, non les ames dont la grace, leur vie spirituelle, se retire ; on plaint vn criminel que l'on voit mener au supplice, on entend vn blasphemateur & on n'y pense pas, & toutefois celuy-là ne va mourir que temporellement, pour estre peut-estre bien-heureux, & cettuy-cy tuë son ame, & s'il ne vient à penitence luy donne vne eternelle mort.

Alexandre Tyran de Pheres, ploroit sur le theatre voyant representer les regrets d'Hecuba, non quand il faisoit bourreler des hommes pour repaistre ses yeux sanguinaires; cruel de cœur & tendre des yeux, pareil à ces rochers qui bien que durs ne laissent de fluer des sources; ce n'est pas tousiours indice de cœur pitoyable que de plorer; les damnez plorent, & neantmoins sont endurcis au mal: il y en a quelques-vns qui jettent des larmelettes entendans ces tragicques discours, qui neantmoins n'ont aucune resolution à la penitence, cela c'est plorer la passion, non ses fautes; i'aymerois mieux les voir au pied d'vn Confessional qu'au pied de ma chaire, *nolite flere super Christum, sed flete super vos*, & sur la malheureuse engeance de vos cœurs, qui est le peché, ce vipereau qui tuë celuy qui luy donne naissance.

Venient dies in quibus dicent, beatæ steriles, &c. cette prediction se verifia au siege de Hierusalem sous Tite, où tant de meres Medees se repurent de leurs propres enfans; remettans, dit vn Pere ancien, dans leurs entrailles ceux qu'auparauant elles auoient poussé de leurs flancs.

Et ceux qui spiritualisent ces mots, disent que par là nostre Seigneur a loüé la saincte Virginité, & le sacré Celibat, *comme donnant moins d'empeschement à seruir Dieu*, estant le propre des Vierges de plorer toute leur vie, comme des vefues la mort de leur celeste Espoux, attendant le iour *de la bien-heureuse esperance* de leur trespas, qui sera celuy de leurs nopces: ô sages Eunuques, qui vous serez retranchez pour le Ciel, vous serez ceux qui *ad cœnam agni prouidi, & stolis albis candidi. Post transitum maris rubri Christo canetis principi.*

1. Cor. 7.

Tit. 2.

Mais ne voulez-vous pas bien, mes benits freres, que nous meslions nos doleances auec les plaintes de ces deuotes femmes, lesquelles

2. Æneid. ——— *atra seu tempestate columbæ, Condensæ.*

coulent des accents piteux sur la mort du Sauueur, ne pourrions-nous pas bien dire auec cet autre,

Venit summa dies, & ineluctabile fatum   *Ibid.*
Dardanidæ, fuimus Troës, fuit ilion.

O larmes que vous estes precieuses deuant Dieu, puis qu'au milieu de ses tourmens nostre Espoux les va recueillant si benignement, en faisant comme vn vnguent à ses playes : ô que vostre voix est puissante, puis qu'elle passe les cris & hurlemens de ces Tygres enragez, *Dominus audit vocem fletus, & auribus percipit lachrymas nostras.*

Arriué au Caluaire, voila pour le restaurer   IV. de ses langueurs qu'on luy presente vne mixtion diaboliquement malicieuse de vin meslé de myrrhe & de fiel, ainsi fut reparée la faute de la friandise d'Adam.   *Genes. 2.*

Vous pouuiez bien dire lors, ô S. Espoux, *messui myrrham cum aromatibus meis, bibi vinum cum lacte*; car vous auiez là voisines ces douces mammelles de vostre chere mere, desquelles *vous vous souuenez mieux que du vin.*   *Cant. 1.*

On dit que le vin myrrhé & d'absynthe purge, vous aualez donc en cette potion la purgation de mes pechez; ô charitable Medecin, qui vous chargez des maux de vos malades, & prenez les remedes de leur guerison; va mon ame à ce diuin Archiatre, *qui propitiatur omnibus iniquitatibus tuis, qui sanat omnes infirmitates tuas, qui redimit de interitu vitam tuam.*   *Psal. 102.*

Que ce breuuage mixtionné vous apprenne, mes freres, à ne donner l'aumosne à regret, car cela c'est donner du vin & du fiel à N. Seigneur, donnez-là gratieusement & courtoisement.

Apprenez encore de là à n'auoir point tant d'esgard au manger & au boire, on ne parle quasi d'autre chose par le monde, il semble que l'on adore encore Ceres & Bacchus, ou que l'on *diuinise son ventre*, on ne s'entretiendra que de la diuersité des vins, de la delicatesse des viandes, c'est le fait d'esprits truans & grossiers.

Philip. 3.

S. Bernard beut de l'huile pour du vin, sans penser aucunement à ce qu'il prenoit.

Et Cesar inuité à souper, beut du vinaigre pour du vin, sans en faire semblant, pour ne contrister son hoste.

Et Artaxerxes ayant beu de l'eau bourbeuse en vne grande soif, protesta que iamais il n'auoit gousté de meilleur breuuage.

2. Reg. 23. Il y en a au contraire, comme Dauid, qui ne veulent que de l'eau de la Cisterne de Bethleem, c'est à dire des viures exquis & rares, gens qui ne semblent pas manger pour viure, mais viure seulement pour manger.

Et cùm gustasset noluit bibere. C'est qu'il nous a laissé le reste à boire, pource, disoit-il, *potestis bibere calicem quem ego bibiturus sum*; & Dauid, *Calix in manu Domini vini meri plenus mixto: veruntamen fæx eius non est exinanita, bibent omnes peccatores terræ.*

Tous les Saincts ont beu à cette couppe, qui d'vne façon, qui d'vne autre, *vt socij Passionum, sic & consolationis*; c'est pourquoy S. Paul disoit, *Adimpleo ea quæ desunt Passioni Christi*, c'est à dire en s'en appliquant le merite, & beuuant sa part

du

du resid̃u de cette couppe.

Couppe en laquelle boiuent les Martyrs par la constance, les Confesseurs par la patience, les Vierges par la Chasteté, les esleuz *par ces tribulations qui introduisent au Ciel.* *Act.* 14.

Sus hardiment prenons cette couppe, & si le monde par ces attraits nous en veut empescher disons luy, *va arrjere Sathan, ce calice que me tend mon Espoux veux-tu pas que ie le boiue?* *Matth.* 6.

Cette Homelie vous enseignera, 1. à faire litiere de l'honneur mondain pour l'Amour de Dieu, 2. à aller au rencontre de IESVS portant la Croix par de bons desirs de souffrir pour luy, 3. à plorer sur vous-mesme & pour vos pechez, 4. *à viure sobrement, pieusement, & iustement en ce monde.* *Philip.* 3.
Allez en la garde de Dieu.

Aa

VI. IEVDY.

Le Crucifiement.

HOMELIE XXXII.

Luc. 23.
Matth. 27.

ET venerunt in locum Golgotha, & ibi crucifixerunt eum. Nous considererõs 1. la montaigne de Caluaire, 2. le despoüillement dernier de nostre Seigneur, 3. son attachement à la Croix, 4. son esleuation.

Cant. 8.

Ecce venit saliens in montibus transiliens colles, dit l'Espouse parlant de son bien-aymé, & c'est maintenant qu'il vient du mont de Sion à celuy du Caluaire, & de la douceur paisible de Hierusalem à cette montaigne de douleur.

La montaigne, mes tres-aymez, a tousiours esté le symbole de la perfection, les Poëtes mesme ne l'ont pas ignoré, qui ont colloqué leurs Muses sur le Parnasse de difficile accez, où ils feignoient cette onde Aganippide qui fertilisoit les cerueaux des verificateurs: cela se pourroit dire bien plus vrayement de la perfection Chrestienne, puis qu'elle a *ses fondemens és sainctes*

Psal. 86.
Matth. 19.

montaignes, que son abord est malaisé, tesmoing le jeune adolescent qui se contrista de n'y pouuoir tendre, mais aussi sur son faiste elle *a vne*

Ioan. 4.

source d'eau viue rejallissante à l'immortalité, & la

quelle seule peut desalterer nos appetits, & nous rendre abstemes du fade vin des delices terrestres.

Ce n'est donc pas sans raison que nostre Seigneur pour nous enseigner qu'il auoit guindé son amour pour nous à la cime de la perfection, qui est de donner sa vie & son ame, a voulu mourir sur vne montaigne. *Eccles. 29.*

Il peut maintenant te dire, ô ame, *veni ad montem myrrhæ & ad collem thuris*: vous entendistes hier le breuuage de myrrhe, & vn de ces iours vous entendrez les encens de ses oraisons, quand il dira *Pater ignosce illis. Pater in manus tuas &c.* que si tu le veux suiure au Caluaire il te faut embrasser la mortification & l'oraison, deux pieces de necessaire accouplage.

C'est donc icy *le mont auquel il a pleu à nostre Seigneur faire sa derniere demeure, & y estendre son pauillon & tabernacle, comme au faiste des autres monts.* *Psal. 67. Isa. 22. Mich. 4.*

Helas! autresfois du temps de la loy de rigueur, *montes sicut cera fluebant à facie Domini*, & ores en celle de grace, *Dominus sicut cera fluit à facie montium*: le voyez-vous pas surfondu en eau & en sang au ramper de cette montaigne.

O monts de Gelboé que la rosée ny la pluye ne tombe plus sur vous, puis que sur vos cimes ont esté deffaits les forts d'Israël, ainsi disoit Dauid plorant la mort de Saul & celle de son cher Ionathas: nous en dirons volontiers de mesme sur ce Caluaire, mais quand nous le voyons arrosé de la pluye du sang de nostre Seigneur, nous n'osons pas auoir en horreur ce qui a esté si precieusement consacré par cette huile sanglante. *2. Reg. 1.*

Iadis le mont Oreb pour auoir vn buisson *Genes. 3.*

ardant fut appellé *lieu S.* voyez-vous en cettuy-cy vn hallier espineux plein de sang tout ardant d'amour.

Exod. 16. La loy seuere fut donnée sur Sina auec feux, & celle de grace est baillée sur le Caluaire auec des flammes d'amour.

Matth. 17. Mais d'où vient, ô doux IESVS, que sur le Thabor lors que vous manifestiez vn échantillon de vostre gloire, vne voix fut entenduë qui vous declara fils de Dieu, vostre visage lumineux, vos vestemens candides, le pourparlé de Moyse & Helie le tesmoignoient assez : que ne reseruiez vous cette voix de la nuée pour conuaincre maintenant sur le Caluaire tant de gens qui en vostre humanité deffigurée blasphement vostre diuinité! O mon frere, cela m'apprend quand ie te voy és bombances, és prosperitez & és grandeurs de la terre, qu'il faut vne speciale reuelatiõ pour me faire croire que tu sois au nombre des enfans de Dieu ; mais quand ie te voy mocqué, deschiré, persecuté, lors ie commence à en-

Tob. II. tendre *qu'estant acceptable à Dieu cette tentation t'espreuue.* C'est icy, ô Pierre, qu'il falloit bastir trois Tabernacles non sur le Thabor : ô mon Espoux, permettez que ie vous embrasse sur le Caluaire en cette vie, afin qu'en l'autre ie participe à la veuë de vos diuines beautez.

Mais d'où vient ce mot de Caluaire sinon à *Caluitiis,* lieu où estoient les crins, les tests, les carcasses des suppliciez, en bon François vne voirie. O Dieu permettez-vous qu'vn Agneau si tendre, si vif, si delicat, *dont la chair est vne viande eternelle & vn mets Angelique,* soit trainé au lieu destiné aux charroignes puantes ? *Ioan. 6.*

Pour l'Amour de nostre Seigneur, mes freres, aduisez à nettoyer si bien vos consciences qu'en la saincte Communion vous ne trainiez pas nostre Sauueur en vn Caluaire, vostre interieur peruerty estant pire qu'vne voirie, car comme ses delices sont d'habiter auec les belles ames *estant à elles & elles à luy*, ainsi luy est de vn grand supplice *& vn autre crucifiement* que d'estre receu par ces ames impures, qui taisent malicieusement des pechez en leurs confessions, & qui prennent *ce pain vif* pour estre de leur eternelle mort. *Cant. 2.* *2. Tim. 3.* *Ioan. 6.*

Aucuns disent que ce mont de Caluaire estoit le lieu où fut enterré nostre premier pere Adam, & que son test fut rencontré au pied de la Croix en creusant la terre, *vt vnde mors oriebatur, inde vita resurgeret*.

Autres disent que ce fut en cette montaigne qu'Abraham voulut sacrifier son fils Isaac, vraye figure du sacrifice de nostre Seigneur.

Bref quelques-vns tiennent ce mont pour le nombril ou milieu de la terre, suyuant cette prophetie, *operatus est salutem in medio terræ*. Ie m'en rapporte, ce sont curiositez, mais neantmoins deuotes.

Arriué au Caluaire, les bourreaux despoüillent pour la derniere fois nostre Seigneur, que dis-je, mais le desuestent la 4. fois, & l'escorchent la 3. car ils le despoüillerent la premiere pour le foüetter, & sa robbe ne tenoit lors à sa peau que par sa sueur sanglante, pource ce desnuëment fut moins sensible, la 2. quand ils le voulurent

II.

A a iij

couronner d'espines & emmanteler de pourpre, qui fut la 1. escorcherie, la 3. quand ils le voulurent reuestir de ses propres habits pour aller au Caluaire, qui fut se 2. escorchement, la 4. c'est maintenant qu'en luy tirant la robbe de dessus les espaules collée à son dos, par le port pesant de la Croix, ils luy enleuerent la peau iusques à faire voir les os tout à nud.

Or vous remarquerez que l'année en laquelle nostre Seigneur fut crucifié, il faisoit fort grand froid au iour de sa Passion, tesmoing ce qui est escrit que sainct Pierre *calefaciebat se in atrio, quia frigus erat*, & froid tel que peut estre pour se chauffer s'emporta-il au reniement : iugez donc de la douleur que deuoit sentir nostre Seigneur, estant tout nud sur la cime du Caluaire, son corps tout playé *depuis les pieds iusques à la teste*, son sang gelé par grumeaux, sa chair decoupée de 5400. coups de foüets, cette douleur est bien telle que iamais l'humanité sans le soustien de la diuinité ne l'eust peu supporter.

Isa. 53.

Ie laisse à dire celle du renouuellement de ses playes, telle que peuuent imaginer ceux qui ont experimenté les aigres pointes que donnent les blesseures, quand les Chirurgiens leuent leurs premiers appareils, les playes r'ouuertes & les rencheutes des maladies sont tousiours pires que les premieres, le corps affoibly en supportant moins ayſément l'effort.

O douleur du cœur, & tu es encores plus sensible, c'estoit celle que souffroit nostre benist IESVS, se voyant tout nud & si deffiguré deuant l'insolence impiteuse de ses barbares, nud en plain iour à l'aspect du Ciel & de la terre, & presque de toute la Iudée, qui abordant en Hierusalem pour la feste de Pasques estoit accouruë à ce spectacle : icy s'accomplit la Prophetie, *ostendam gentibus nuditatem tuam*.

Vn bon deuot si va representant que la Vierge, qui en sa naissance *pannulis eum inuoluerat*, ietta vn couure-chef pour voiler sa nudité.

Vincent. Bruno. med 36. de la Pass.

Mais S. Bonauenture, dont l'authorité est tres-grande, suiuy de plusieurs autres, tient que N. S. a esté tout nud tel qu'il sortit des entrailles virginales de sa mere attaché à la croix.

Sainct Bernard mesme semble auoir eu cette creance, quand il nous exhorte, *vt nudi nudum sequamur*, & certes mystiquement, il est impossible de voler à la croix, si on ne quitte la robbe des terrestres affections.

II.

Despoüillé, ains plustost escorché, ce doux Agneau, s'estend de soy-mesme sur le dur lict de la Croix, où il alloit consommer son mariage mortel & sanglant auec son Eglise, & se baptiser de ce baptesme que son corps redoutoit, & que son ame desiroit : à son imitation tant de Martyrs se sont eux-mesmes lancez aux supplices, comme saincte Agathe, sainct Ignace, sainct Laurens.

N'auez-vous iamais veu ces charpentiers, pour escarrer leurs bois, les marquer par des ficelles teintes ? ainsi nostre Seigneur va traçant de son sang, les longueurs & les dimensions pour attacher les clouds, nous enseignant par là tant à subir volontairement les aduersitez qui nous suruiennent, comme à mesurer la Croix

Aa iiij

des mortifications que nous entreprenons à nos forces, fuyans les extremitez immoderées d'vn zele peu discret, vn *seruice raisonnable* estant plus aggreable à Dieu, qu'vne temeraire entreprise.

Nostre Seigneur ainsi couché & estendu sur la Croix, semble tracer par cette forme le plan de son Eglise & en ietter les fondemens, & de faict vous voyez que la commune architecture des grandes & celebres Eglises se moule sur ce desseing, estant basties en croix.

Matth. 21.
Marc. 21.
Luc. 20.
I. Petr. 2.

C'est icy que nostre pierre angulaire est taillée & martelée pour estre colloquée au plus haut de la celeste Sion.

Oyez comme les clouds la picquent, comme les marteaux la frappent, ô cauernes de mon cœur empierré, retentirez-vous point au son de ces coups! ô clouds poignez mon cœur, ô marteaux froissez-le, tirez des estincelles de ce caillou pour en embraser mon ame, ô croix que ne suis-je attaché à toy d'vn cloud diamantin & infrangible, ô sang precieux qui en descoulez comme d'vn arbre de myrrhe, distillez sur les playes de mes imperfections.

Ie laisse à vos meditations à ruminer sur cette tres-sensible douleur de l'attachement des pieds & des mains en des lieux si tendres & nerueux: ce ne sont pas icy des clouds desquels nostre Samson vueille destacher sa cheuelure, qui est son humanité, mais plustost des clouds de Sisara qui le meneront à la mort.

C'est vne des resueries des Poëtes, que dans le mont Ætna soit la forge de Vulcan: mais c'est bien la verité que sur le Caluaire est la forge d'Amour, d'où se tire ce feu *qui doit embraser l'vniuers.*

Contemplez comme la main droite attachée à cause du retirement des nerfs, la gauche se trouua esloignée du trou que l'on auoit fait pour asseoir le coup, de maniere qu'à force de cordages il la falut faire joindre, autant en fit-on aux pieds: cette poignante douleur se peut mieux ressentir par la Meditation, que retentir & reciter par le discours.

N'auez-vous iamais veu monter des cordes sur vn instrument de musique pour luy faire rendre vne suaue harmonie: helas! il ne restoit que les nerfs & les os à nostre bon IESVS, & voyla que *dinumerantur omnia ossa eius*, & que ses nerfs sont bandez, & nous entendrons cy-apres les gracieux raisonnemens de cette diuine Harpe en ses derniers accents.

IV.

Voicy vn accroissement de douleur incomparable, car pour vne qu'il souffroit tiré & estendu contre-bas, voicy mille pointes qu'il va souffrir en l'eleuation de la croix, estant non plus couché sur son dos, mais suspendu sur ses mains trauersées & ses pieds trouez & clouez.

Mais si vous aduisez à cette horrible secousse & rude esbranslement quand ces bourreaux laisserent tout à coup tomber le pied de la Croix dãs la fosse qu'ils auoiét preparée pour la planter, certes il n'y a poil qui ne nous en herisse à la teste.

Voicy donc nostre bel Absalon pendu en vn arbre, trauersé non de trois lances, mais de trois clouds, voicy nostre Iob en spectacle, nous deuons maintenant entonner à haute voix, *Vexilla*

2. Reg. 18.

regis prodeunt, &c.

En fin nostre serpent est esleué.

Nostre arche apres le deluge de son sang, se repose sur la cime d'vne montaigne.

Voicy nostre Soleil cabré sur son plus chaud midy.

Le voyez-vous fixe comme au temps de Iosué.

Et retrogradant comme és iours d'Ezechiel, car ce n'est pas assez de dire, *qu'il est au dessous des Anges*, mais il semble au dessous des hommes, *non homo, sed opprobrium hominum*.

Est-il pas temps à present qu'il *attire tout à soy puis qu'il est esleué de terre*, ô cœurs plus lourds & durs que le fer, volerez-vous à cet Aimant?

Pourquoy pensons-nous qu'il aye voulu estre ainsi souslleué, sinon pour arracher nos affections de la terre, & les attacher au Ciel, & nous conuier à *y conuerser* & y amasser *des thresors d'eternelle durée*.

Souuenez-vous, mes freres, de cette esleuation en la Croix, toutes les fois que vous adorez le sacré corps de nostre Espoux en l'eleuation de la saincte Hostie, qui se fait au diuin sacrifice de la Messe, & humiliez-vous profondement en cette pieuse pensée.

Hausse maintenant tes yeux, ô pecheur, & voy cette exaltation humiliée de ton Sauueur, si tu l'as admiré aux pieds de sainct Pierre, vn pecheur & qui se disoit *pecheur*, qu'estoit ce lauement de pieds au prix de ce baing de sang?

Si iamais tu as conceu des indignations contre Iudas, qui nonobstant cette submission du laue-

de noſtre Seigneur. 395

ment de ſes pieds, ne laiſſa de paſſer outre en ſon mauuais deſſein; las! que ne conçois-tu vne iuſte haine contre la dureté de ton cœur, qui ne laiſſe de perſeuerer en ſes pechez, qui ont attaché à ce bois ton Redempteur, voy qu'il te conjure par les entrailles de ſa miſericorde enuentrée de ceſſer de pecher : toy, ô mon ame ingrate, rebelle, ſourde à ces douces prieres, non ſeulement tu continuës en tes iniquitez, mais tu les multiplies, allant d'abyſme en abyſme, & faiſant vn amoncelage de fautes : ſus à la penitence, conuertis-toy de ta coulpe, repens-toy, propoſe de te corriger & de mieux faire à l'aduenir, retourne à Dieu debonnaire, *quia miſericors eſt, & multus ad ignoſcendum*. Voy comme il a les bras ouuerts pour t'embraſſer ſi-toſt que ta conuerſion aura deſtaché les clouds de tes pechez, qui le cramponnent à cet arbre funeſte.

O! S. Vierge, quel ſpectacle eſt-ce icy pour vous? comment vous ne paſmez pas? non vous eſtes debout, *Stabat iuxta crucem mater Ieſu*, icy nous pourrons bien chanter, *Stabat mater doloroſa, &c.*

Iadis l'horreur d'vne ville embraſée chan- *Geneſ. 19.* gea la femme de Loth en ſtatuë de ſel, mais ſeroit-ce point la douleur qui empierrant cette Mere la fait tenir debout comme vn ſimulachre.

O mon ame, voy comment elle imite ſon Fils, il eſt en pieds & elle auſſi, il eſt eſleué de corps, & elle de cœur; voyez comme cet aigle mire fixement ſon Soleil. O Giroſol touſiours tourné vers ce bel Aſtre.

Retirez-vous ruminant, 1. au Caluaire, 2. au dernier defpoüillement de noftre Seigneur, 3. à fon cloüement, & 4. elleuation en croix.

VI. VENDREDY.

Iour de l'Annonciation.

Titre de la Croix.

HOMELIE XXXIII.

Matth. 2.
Luc. 1.

IEfus Nazarenus Rex Iudæorum. Et vocabis nomen eius Iefum. En ce iour par vn heureux rencontre pour nous tombe la fefte de l'Annonciation de la faincte Vierge : & bien que cette matiere de l'Incarnation foit joyeufe & celle de la Paffion douloureufe, nous tafcherons neantmoins de les atteler à mefme joug en ce char de quatre roües, que ie vay faire rouler deuant vous, la 1. defquelles fera de contempler noftre Seigneur pendu entre deux larrons, la 2. d'examiner les paroles du titre de la faincte Croix, & les paralelles auec celles de l'Ange, la 3. de la triplicité des langues qui eftoit en cette fuperfcription, la 4. de pefer ces mots de Pilate, *quod fcripfi fcripfi*.

Ce fut en vain que les Iuifs tafcherent d'vne malicieufe enuie d'obfcurcir la gloire que noftre

Seigneur auoit acquise par ses sainctes & vertueuses actions, le faisant mourir au milieu de deux larrons, comme vn chef de bannis & le plus insigne de tous, car au contraire au lieu de mettre *sa lampe sous le boisseau*, ils la mirent sur le chandelier de la Croix, & cette Croix sur l'eminent mont de Caluaire, où fut formée la seconde Eglise du mortel assoupissement du second Adam, Eglise appellée cité située sur la montagne. *Matth. 5.* *Marc. 4.* *Luc. 11.* *Genes. 2.* *Matth. 5.*

La verge de Moyse fut recogneuë vray serpent, en deuorant les verges des Mages qui ne representoient que des serpens imaginaires: ainsi nostre Seigneur a bien sçeu malgré les efforts de ses aduersaires distinguer sa Croix de celle des autres, & tirer sa gloire du milieu de l'infamie de ses hayneux. *Exod. 7.*

Ainsi le Soleil rayonnant fait disparoistre les estoilles.

Ainsi la florissante verge d'Aaron se distingua des autres & luy acquit la grande Prestrise. *Num. 17.*

O Dieu des vertus, que vous sçauez bien prendre tousiours vostre place, qui est l'entredeux ou le milieu. *Psal. 83.*

Virtus est medium vitiorum vtrique redactum.
Comme vn arc accomply par son recourbement, ce n'est autre chose que mediocrité, dit Aristote, qu'vn Poëte appelle *dorée*, pour denoter sa perfection. Ainsi la valeur est entre la temerité & la poltronnerie, & la liberalité tient ses assises entre l'auarice & la prodigalité.

O Dieu de verité! que ce milieu nous dicte bien que le mensonge est aux extremes, mais le vray mitoyen: miserables ces heretiques anciens, qui *Psal. 30.*

mesdisoient du mariage, malheureux ceux de ce siecle qui declament contre la sacrée virginité & la saincte continence: vraye l'Eglise qui prise le Mariage comme vn grand Sacrement, & honore le Celibat comme vn estat Angelique; faux ces heretiques qui donnans tout à la grace, luy font forcer nostre vouloir; vains ceux qui donnent tout à nostre libre arbitre sans ayde de la grace; vraye l'Eglise qui nous enseigne ce beau concours de la grace diuine, & de la franchise de nostre arbitre.

Gen. 39. 40. Voyez-vous nostre Ioseph, non emprisonné, mais crucifié entre deux malfaicteurs, dont l'vn se sauuera, l'autre se perdra, comme jadis l'eschanson & le panetier.

Exod. 28. 37. Voyez-vous nostre Arche *in medio annulorum*, & portée *au milieu de deux leuiers*; voyez-vous entre deux Cherubins nostre Propitiatoire.

Vozez-vous le raisin prodigieux de la terre promise, porté au milieu de deux espions.

Voyez-vous ce fer entre deux calamites, ou plustost entre deux calamiteux.

Le centre de nostre Seigneur & sa place ordinaire, c'est le milieu dans les lieux, il est entre le Pere & le S. Esprit.

Comme homme il est mediateur de nature & de grace, de redemption & d'intercession entre Dieu & les hommes, *in se reconcilians ima summis*.

S'il vient en terre, c'est en la pleinitude des temps, *in medio annorum viuificaberis*.

En la feste d'auiourd'huy le voyez-vous entre vn Ange virginal, & vne Vierge Angelique.

D'où est tirée sa chair precieuse du milieu de la Vierge, qui est du plus pur sang de son cœur.

Où est-elle colloquée? *au milieu* des flancs virginaux.

Perfusa cœli gratia, Gestant puellæ viscera.

En sa natiuité, voyez-le premierement entre deux natures, la diuine & humaine, *Verbum caro*, vnies iusques à la communication des idiomes; apres le voyez-vous entre les deux bras & les deux mammelles de Marie, le voyez-vous entre Marie & Ioseph, le voyez-vous entre le bœuf & l'Asne, *in medio duorum animalium cognoscetis*; s'il va en Egypte, c'est en ce mesme equipage, l'heure de sa naissance c'est le milieu de la nuict, *Dùm medium silentium tenerent omnia & nox in cursu suo medium iter ageret*.

Le manifestant à 12. ans au Temple, on le treuue *in medio doctorum*.

Amassant des Disciples, il se tient *au milieu d'eux pour les seruir* & instruire, comme vn Roy au milieu de son peuple, comme vn Soleil au milieu des Planettes, comme le cœur au milieu des parties nobles, comme l'arbre de vie au milieu du Paradis celestement terrestre de son Eglise saincte, comme vn Pasteur au milieu de ses oüailles.

Conuersant auec les hommes sainct Iean dit de luy, *medius vestrum stat quem vos nescitis*.

S'il se transfigure, c'est *entre Moyse & Helie*.

S'il triomphe c'est entre l'asnesse & l'asnon.

Sa vie est partagée entre Marie & Marthe.

Emmy ses Disciples il est volontiers entre

Pierre & Iean, l'vn le bien-aymant, l'autre le bien-aymé.

Vous eſtonnez-vous donc s'il veut mourir entre deux larrons, *crucifixerunt cum eo duos latrones, vnum à dextris, alterum à ſiniſtris, medium autem Ieſum.*

Deſcend-il de la Croix, le voila entre Ioſeph & Nicodeme.

Enſeuely entre deux ſuaires, mis au tombeau entre deux pierres.

Reſuſcite-il, c'eſt à l'aube, qui partage le iour & la nuict, *exurgit diluculo.*

Apparoiſt-il, c'eſt entre deux diſciples allans en Emaüs, puis apres les portes cloſes *ſtetit in medio diſcipulorum.*

Où fait-il l'œuure de noſtre ſalut, ſinon *in medio terræ*?

D'où s'eſleue-il au Ciel, ſinon du *milieu* de ſes Apoſtres?

Apparoiſt-il à ſainct Iean, c'eſt *in medio candelabrorum.*

Deux ou trois ſont-ils *congregez en ſon nom*, le voilà *au milieu d'eux.*

Mais quand il viendra au dernier iour iuger les viuans & les morts, ce ſera lors qu'il paroiſtra *in medio*, ſeparant *oues ab hircis*, ô mon bon Dieu! *Inter oues locum præſta, & ab hædis me ſequeſtra, ſtatue me in parte dextra.*

Prions-le, mes cheres ames, que lors il nous mette à ſa droitte auec le bon Larron, & il le fera ſi dés cette vie nous le logeons au milieu de nous, & luy donnons noſtre meilleure piece que tant il deſire, qui eſt noſtre cœur, que tant amoureuſement

de noſtre Seigneur. 401

ſement il nous demande : *fili, præbe mihi cor tuum,* c'eſt là ſon centre, c'eſt le cabinet de ſes delices: *enſerculum Salomonis.*

Venons maintenant à peſer les mots de cette inſcription que Pilate mit en la Croix, ce que nous ferons, ſi premier en general vous remarquez la diſconuenance de ce titre ſelon les Iuifs, & ſa conuenance ſelon nous. Car s'il eſt IESVS, c'eſt à dire Sauueur, pourquoy procurent-ils la mort à celuy qui leur venoit donner la vie? Si Nazareen, c'eſt à dire floriſſant, candide & innocent, pourquoy le trainent-ils au ſupplice comme coulpable? ſi leur Roy, ô quelle horreur, que des ſubjects mettent leurs mains impies & ſacrileges ſur leur Prince? veu que l'acclamation commune eſt, *viue le Roy,* quel changement *d'oſanna in excelſis?* que s'ils les rejettent pour Ceſar, touſjours eſtoit-il Iuif, leur ſang, leur chair & leur frere, comme diſoit Ruben à ſes freres pour les empeſcher de polluer leurs mains du ſang de Ioſeph.

Vincent.
Bruno.
Med. 38.
ſur la paſſ.

Mais auſſi quant à nous, comme IESVS, il deuoit mourir, *parce que ſans le ſang ne ſe fait point de remiſſion des pechez* : comme Nazareen & Innocent, il falloit qu'il enduraſt pour nous coulpables : comme Roy, il nous deuoit preceder en cette guerre contre la mort & l'enfer : & Roy des Iuifs, c'eſt à dire de ceux qui confeſſeront, qu'il eſt le *Chriſt fils de Dieu viuant, venu au monde* pour nous ſauuer.

IESVS, c'eſt le premier mot de ce titre, mot qui remplit le Ciel & la terre d'harmonie & de ſuauité, helas! ô beau nom & cette annoncia-

Bb

tion est vn huile espanché sur le cœur de la Vierge, par l'entremise du sainct Esprit, appellé *spiritualis vnctio*. Mais en cette Croix, c'est vn sang aneanty, selon vne autre lecture: car il ne se reserue en ce piteux estat aucune goutte de sang pour rendre nostre *redemption copieuse*: ô beau sang! ô beau nom adorable par tout, *Domine propitius esto peccatis meis propter nomen tuum*.

Nazareen, c'est à dire *flory*, O Vierge *verge de la racine de Iessé*, voicy *la fleur de vostre racine, sur laquelle repose l'esprit du Seigneur*, qui comme vne abeille en espraint le miel de la reconciliation du genre humain.

C'est la fleur des champs & le lys des valées. O grand Pontife, selon *l'ordre de Melchisedech*, voicy vostre verge fleurie, *verge de fer pour* vous, *verge de direction* & dilection pour nous.

C'est icy *le lict florissant de l'Espoux*.

C'est icy la fleur du lys qui chasse les serpens du peché.

C'est icy la fleur fructifiante, *flores mei fructus honoris*; & la saincte Croix est semblable à l'Orenger qui porte la fleur & le fruict en mesme instant.

Roy, ô! humilité de nostre Sauueur, il a rejetté cette qualité sureminente entre les hommes, quand les troupes du desert minutoient de le couronner, & maintenant que ce titre luy est baillé par ignominie, il le reçoit: apprenez de là, ô mes cheres ames, si vous voulez *qu'il regne sur vous*, à embrasser volontiers les opprobres & fuir les vanitez, afin que vous puissiez dire, *Dominus regit me, & nihil mihi deerit, exaltabo te Deus meus*

Psal. 22.
Psal. 4.
Psal. 14.

de noſtre Seigneur. 403

rex Domine virtutum, rex meus & Deus meus.

Le Roy des abeilles eſt ſans eſguillon, mais le noſtre, ô ames pieuſes, eſt tout heriſſé de pointes: mais dites-moy en voyant ſa couronne douloureuſe qui cache la roſe ſous tant d'eſpines, ne vous ſentez-vous pas eſguillonnez à l'aymer?

Des Iuifs, c'eſt à dire *de ceux qui ſe confeſſent,* aduiſez donc, mes amis, à vous confeſſer ſouuent, ſi vous voulez eſtre bons & fidelles ſubjects du Roy Ieſvs, *Confitebor tibi Domine in toto corde meo in concilio iuſtorum & congregatione, Confiteantur tibi populi Deus, confiteantur tibi populi omnes, confiteantur tibi omnia opera tua.* *Pſal. 2*
Pſal. 99.

I'ay leu vn bel exemple dans vn bon Docteur, qui par humilité ſe nomme *Diſciple,* d'vn deuot Religieux, qui diſoit frequemment cette Oraiſon, *Ieſu Nazarene Rex Iudeorum, miſerere mei,* lequel en ſa mort obtint indulgence de ſes fautes par cette deuotion. *Diſcipl. prompt. exempl.*

Mais en quoy, me direz-vous, comment ce titre auec la feſte que nous ſolemniſons, grandement, mes freres, car le nom de Iesvs eſt apporté du Ciel par l'Ange, comme il appert par ces mots de l'Euangile, *& vocabis nomen eius Ieſum,* celuy de Nazareen, en ce que l'Ange eſt dit enuoyé *en la ville de Nazareth,* celuy de Roy en ce que l'Ange dit, *dabit ei Dominus ſedem Dauid patris eius, & regnabit in domo Iacob in æternum,* celuy des Iuifs en cette manſion de la maiſon de Iacob. *Luc. 1.*

O admirable inſcription, qui graue la gloire de noſtre Eſpoux au plus haut faiſte de ſon ignominie: voulez-vous, mes bien-aymez, que ie vous monſtre cette piece de monnoye, auec laquelle nous *Matth. 22.*

Bb ij

payons le tribut de nostre rachapt, regardez ce Crucifix, cette *image & cette superscription*! ô image de mon Redempteur, ô qualitez de mon Sauueur!

Heureuses les ames, qui en mourant portent auec elles ce sacré viatique! ô la copieuse rançon! ô le digne rachapt de nos pechez! ô que l'on passe aisément en l'eternité, auec cet incomparable peage!

III. *Erat autem superscriptio scripta litteris Græcis, Latinis & Hebraïcis*, trois langues meres & maistresses de toutes les autres, lesquelles ont esté sanctifiées en la Croix du Sauueur: pource l'Eglise son Espouse les a choisies pour celebrer par icelles les langues de son Espoux, tant en ses offices publics qu'és sacrez mysteres.

I'ay dit offices publics, car quant aux prieres particulieres chacun les peut faire en sa langue & selon sa deuotion.

Mais l'Eglise estant vniuerselle & n'ayant autres bornes que la circonference du ciel, elle desire estre *d'vne leure* & garder vne saincte vniformité au culte diuin, afin que par tout le rond de l'Vniuers chacun puisse dire, *Amen sur la benediction* du Prestre.

1. Cor. 14.

Ces langues me font encores souuenir que le don des langues a esté le premier doüaire de l'Eglise, car les Apostres parloient toutes langues.

Act. 2. *Audiuimus eos loquentes nostris linguis magnalia Dei*, dit le Texte des Actes.

Quand le sainct Esprit leur departit ses dons, apparut en forme de langues de feu; priez Dieu, mes freres, qu'il continuë le zele au Predicateurs de son Eglise, car c'est ce feu qu'il veut voir flamber continuellement sur l'Autel de son Tabernacle; *Declaratio sermonum illuminat*. *Psal.* 118.

O Esprit tres-pur, c'est vous qui en cette sainte iournée auez seruy à la saincte Vierge de colomne de nuée, en *l'ombrageant*, & de feu en l'embrasant & illuminant : c'est aujourd'huy que le Verbe incarné par l'operation du sainct Esprit, a esté inclus dans les entrailles d'vne fille sacrée ; comme en la Pentecoste, ce mesme Verbe spiritualisé, *la parole & la voix du Pere*, fut infus en l'ame des Apostres, par ce mesme Esprit, pource est-il escrit, *Repleti sunt Spiritu sancto, & cœperunt loqui : Spiritus Domini repleuit orbem terrarum, & hoc quod continet omnia scientiam habet vocis*.

O Cieux ! c'est aujourd'huy que vous auez distillé vostre rosée en la toison de Gedeon, *Que les nuées ont pleu le Iuste, que la terre s'ouurant a engendré le Sauueur*. *Iud.* 16. *Isaye* 45.

Les Iuifs lisant ce titre, prierent Pilate de le corriger, & y adjouster, *Soy disant Roy des Iuifs*, il leur respond, *Ce que i'ay escrit est escrit* : deux causes principales firent tracer cet escriteau à Pilate ; l'vne pour monstrer qu'il ne condamnoit pas nostre Seigneur sans quelque cause, voulant pallier, & comme iustifier son impieté, *mais son iniquité descendra sur luy* : l'autre comme par risée, ou pour se mocquer des Iuifs, disant, qu'il auoit fait crucifier leur Roy.

VI.

O ignominie du Roy de gloire ! qui a voulu estre traitté comme les plus signalez malfaicteurs, ausquels on attache des escriteaux, pour deterrer le monde de pareils crimes : Il ne se lit point qu'aux deux larrons fut fait semblable vitupere : iusques en quel abysme s'approfondit vostre humilité, ô bon IESVS !

Apprenons cependant de bons enseignemens de ces mots, le 1. à perseuerer fermes en nos bons propos, *& a resister fortement en la foy*, en nos sainctes resolutions, que le diable par ses tentations ne manquera pas de trauerser auec tout son possible.

Ce n'est pas le tout que de commencer, il n'est rien de plus facile, mais le principal gist à bien parfournir la carriere, *Car celuy sera sauué, qui perseuerera iusques à la fin.*

Le principal soing des Peintres, est, de sçauoir si bien broyer & mesler leurs couleurs, que leurs portraicts soient de durée.

Mon Dieu que nous voyons de ces *roseaux agitez des vents*, que le moindre souffle de tentation ploye comme il veut.

Psal. 144. Où aboutit la deuotion, sinon à *vn Royaume qui n'a point de fin, ou Royaume de tous les siecles ?* Il faut donc aller iusques au terme de la vie pour y paruenir.

Voyez-vous, les Royaumes de la terre finissent quant & la trame de nos iours, mais celuy du Ciel ne commence qu'à l'heure de nostre mort : Bien-heureux celuy qui *en cette vallée de*

Psal. 83. *pleurs y dispose des montées en son cœur, par l'escalier des vertus.*

Vn autre enseignement est, si nous auons voüé de garder jalousement ce que nous aurons promis à Dieu, *Vouete & reddite, vota mea Domino reddam, votum voui Deo Iacob* : O Ecclesiastiques, ô

de noſtre Seigneur. 407

Religieux, gardez ſoigneuſement les promeſſes que vous auez faites à Dieu, car Dieu les exigera vn iour de vous auec grande ſeuerité.

La treſſaincte Vierge teſmoigne bien en noſtre Texte, comme elle eſtoit jalouſe de ſon vœu de Virginité, puis qu'elle ſe trouble d'eſtre ſaluëe Mere de Dieu, bien que *celuy à qui rien n'eſt impoſſible* aye peu la rendre Mere, & la conſeruer Vierge. — *Luc.* 1.

Apprenez encores, ô Catholiques, vne autre leçon, *a eſtre forts en la foy*, & à vous tenir fermes à l'Eſcriture entenduë & interpretée par l'Egliſe, *colomne & firmament de verité* : quãd l'hereſie vous viendra cajoller & becqueter auec ſes interpretations, ou pluſtoſt illuſions, dites luy, *Quod ſcripſi ſcripſi, quæcumque ſcripta ſunt ad noſtram doctrinam ſcripta ſunt*, & en vn mot, ie croy ce que l'Egliſe croit. *Hic murus aheneus eſto.*

Quãd elle vous viendra alleguer ſes petites raiſonnettes, ou pluſtoſt ſornetes naturelles, pour exemple touchant le bapteſme des petits enfans, reſpõdez, il eſt eſcrit, *Qui nõ fuerit renatus ex aqua, & Spiritu ſancto, non intrabit in Regnum Cœlorum.* — *Ioan.* 3.

Quand, comme les Iuifs, les Errans veulent que l'on adjouſte *vn ſignificat, vn trope, vne figure*, à ces mots exprés & energiques, *Hoc eſt enim corpus meum*, dites leur, que *ce qui eſt eſcrit eſt eſcrit*, & que les 84. opinions qu'ils ont baſties & forgées ſur ces mots, ſont autant de traicts menſongers, eſloignez du blanc de la verité. — *Cl. de Sanctis. Epiſ. Ebroiceſ. de Euchariſt.*

Mais remarquez, ie vous prie, que comme la conſecration Euchariſtique ſe fait par ces cinq paroles, *Hoc eſt enim corpus meum*, auſſi que le my-

Bb iiij

stere de l'Incarnation s'est operé en la Vierge, soudain apres son contentement declaré par ces cinq mots, *Fiat mihi secundum verbum tuum*, qui ont seruy comme de sceau & de ressort à la consommation de ce grand mariage de la nature diuine auec l'humaine, pource disons auec saincte Elizabeth, *Beata quæ credidisti, quia perficientur ea quæ dicta sunt tibi à Domino.*

Colligez de cette Homelie, 1. que nostre Seigneur a esté crucifié entre deux larrons, & qu'il s'est aujourd'huy incarné entre vn Ange & vne Vierge, 2. que ce titre de la Croix correspond à l'Euangile, qui parle de son nom, du lieu de Nazareth, & de son Royaume, 3. que cette diuersité de langues marque en l'Eglise le don du sainct Esprit, qui a aujourd'huy *ombragé* la saincte Vierge, 4. que cette determination de Pilate nous apprend à estre fermes en nostre foy, en nos bons propos, & sur tout en nos vœux, comme estoit la B. Vierge en celuy de sa saincte virginité. La paix de nostre Seigneur soit auec vous.

DIMANCHE DES RAMEAVX.

Veſtemens diuiſez.

HOMELIE XXXIV.

ACCEPERVNT *veſtimenta eius, & fecerunt quatuor partes*: 1. nous conſidererons cette honteuſe diuiſion de veſtemens en ſoy : 2. ce que myſtiquement elle ſignifie; 3. nous dirons vn mot contre les jeux de hazard : & 4. nous parlerons de la modeſtie des habits, matieres vtiles, & qui requierent voſtre attention. *Ioan. 19. Matth. 27.*

L'Euangile de ce iour, mes freres tres-aymables, eſt bien different du ſujet que nous traittons, car on y void les Iuifs mettans leurs propres habits ſous les pieds de N. S. en ſon entrée triomphante en Hieruſalem, & icy ils mettent par deriſion les habits de noſtre Seigneur ſous leurs pieds, les deſchirant & les joüant, en quoy vous remarquerez en paſſant l'inconſtance du monde, & apprendrez à faire peu d'eſtat de ſes honneurs, qu'il change ſi ſoudainement en ignominies. **I.**

Matth. 27.

Et ce fut vne des ſignalées ignominies que ſouffrit noſtre beniſt Redempteur en ſa Paſſion, de voir deuant ſes yeux deſchirer les habits de ſon corps, comme on auoit auparauant deſchiqueté son corps, qui estoit l'habit de son ame.

En Perse, on fustigeoit les habits des enfans nobles deuant leurs yeux, & les ignobles sur leur propre peau : & nostre Seigneur apres auoir esté traitté comme vn facquin en sa flagellation, est icy traitté en Roy de mocquerie, en la laceration de ses habits.

Le Tygre est vn animal si mysanthrope, qu'il se ruë impetueusement, ou sur les statuës humaines, ou sur les vestemens des hommes; & ces loups sont tellement enragez, qu'ils nespargnent pas mesme les habits de nostre benist Sauueur.

Vn Empereur fut vn iour taxé de sacrilege, pour auoir osté à vne statuë d'Apollo, vn manteau de pourpre; & à celle d'Æsculape vne barbe d'or: combien sont plus sacrileges ces bourreaux, qui apres auoir arraché ignominieusement la barbe au Medecin de nos ames, despecent encores le manteau à celuy qui est *vn Soleil d'Orient, & la lumiere du monde.*

1. Reg. 10. Dauid extermina Hannon, Roy des Ammonites, pour auoir rasé la barbe, & escourté les robbes de ses Ambassadeurs : que ne doit faire le Dieu du Ciel pour vn pareil affront fait à son Fils vnique?

Gen. 37. Les freres de Ioseph ayans reserué sa tunique, qu'ils teignirent de sang, se partagerent entr'eux ses autres habits, figure de cette action des Iuifs.

Qui *diuiserent ses vestemens en quatre parts*, par où il estoit signifié que l'Eglise denotée par cette robbe, seroit estenduë aux quatre parties du

de noſtre Seigneur. 411

monde, & l'Euangile eſcrit par quatre Secretaires du Ciel, publié *par toute la terre.*

Quelques Rabbins tiennent, que Dieu priſt la terre, de laquelle il forma Adam, des quatre parties du monde, ſelon meſmes les quatre lettres de ſon nom, que S. Cyprian dit denoter les quatre parties de l'Vniuers, l'Orient, l'Occident, le Midy, & le Septentrion. *Tract. de Mont. Sina & Syon.*

Voicy donc la laine de noſtre Agneau, partagée par ceux qui l'ont, non tondu, mais eſcorché, *Et purpura Regis iuncta canalibus* de ſon ſang. *Cant. 7.*

Ainſi voyons-nous quand quelque pauure vefue eſt chargée d'enfans & d'affaires, que les auares, comme harpies, taſchent par mille ſupercheries & chiquaneries, de faire curée de ſi peu de bien qu'elle a, pour ſubuenir à ſes neceſſitez & de ſes pauures enfans, n'eſtans iamais raſſaſiez *du ſang des pauures & innocens pupilles.* *Hierem. 1.*

Mes freres, quand les procés ou autres deſaſtres diſſiperont voſtre ſubſtance, conſolez-vous ſur ce partage des habits de noſtre doux Eſpoux, & ſouuenez-vous *que l'ame eſt plus que la viande, & le corps plus que le veſtement.* *Luc. 12.*

Iettez vos yeux ſur la nudité de *celuy qui reueſt les lys des champs, qui ne filent ny trauaillent :* qui emmante le Ciel d'vn azur ſi vif, & le recame d'vne ſi brillante broderie que celle des Aſtres, qui jonche la terre de fleurs, qui habille les oyſeaux de ſi diuerſes peintures, & les animaux de peaux tant bigarrées. *Mat. 6. Luc. 12.*

Et vſurpons iuſtement ces mots que Dauid pouſſoit autresfois, touché de douleur, ſur la mort de Saül, & de Ionathas, *Filiæ Iſraël ſuper Saül* *2. Reg. 2.*

flete, qui vestiebat vos coccino in deliciis, qui præbeb. ornamenta aurea capiti vestro.

Mais entre toutes les ames affligées d'vn tel spectacle, combien deuoit estre outrée la sacrée Vierge, voyant *la tunique de son fils Ioseph*, tissuë de ses mains virginales, ainsi tirée au sort, c'estoit cette tunique tant parfumée de la sueur odorante du Sauueur, de laquelle elle auoit peu dire autrefois comme Isaac, *Odor filij mei sicut odor agri pleni.*

Tunique qui croissoit quand & le Sauueur: miracle, bien que non escrit, tres-facile à croire à celuy qui se souuiendra, que pendant les 40. ans qu'Israël fut au desert, il n'vsa point ses habits, voire les robbes des enfans leur seruoient estant venus à l'aage de virilité, croissans par consequent quant & leurs corps : & qui ne voit tous les iours l'escorce, habit des arbres, croistre quant & leurs troncs ? & qui ne sçait que la multiplication des pains au desert fut vne merueille plus signalée ?

[marginal: *Deut. 29.*]

Repensez, mes freres, au regret que deuoit auoir cette douce Mere, de voir, outre la misere de son cher enfant, traitter si indignemeut ses habits, ouurages de ses mains : que si vn excellent Peintre ancien, pensa mourir de douleur, voyant brusler deuant ses yeux vn de ses portraicts, qu'il auoit par vn long-temps élabouré de toute sa suffisance : O quel creue-cœur a cette beniste Vierge, de voir en des mains tant impies les precieuses Reliques des vestemens de son Fils, desquels au moins elle deuoit estre heritiere, pour leur pouuoir dire :

Dulces exuuiæ, dum fata deusque sinebant, — Æneid. 4.
Excipite hanc animam, meque his exoluite curis.

II.

Mais passons à vn sens plus sublime, & qui nous apprendra de grandes choses : tous les Interpretes entendent communément par ces vestemens de nostre Seigneur son Eglise saincte, & par leur diuision les Schismes & Heresies.

Or le Schisme differe de l'Heresie, comme la volonté de l'entendement : car celuy-là est dans celle-là, & celle-cy dans cettuy-cy. Le Schisme est comme vne guerre interne & ciuile, & l'Heresie comme vne estrangere & foraine. — D. Th. 2. 2. qu.

Le Schisme est quand quelques Catholiques tenans tousiours la Foy se desbandent de l'obeyssance, & se detraquent de la Hierarchie, se reuoltant comme Choré, Dathan & Abyron, comme ces sursemeurs de zizanies, qui respectans le siege de Rome, en blasonnent neantmoins la Cour.

Scinditur interea studia in contraria vulgus.

Car quand on met ces discours en jeu il en naist beaucoup de murmures, de iugemens temeraires, de mespris des Superieurs : & le respect leué, qui ne void que tout va en desordre.

Pour Dieu, mes freres, humilions-nous, vnissons-nous, aymons-nous, respectons-nous les vns les autres, *Soyons sujets à toute creature, pour l'Amour de Iesus-Christ, qui s'est humilié & fait obeyssant iusques à la mort de la Croix* : N'allōs point par nos discordes, contestations & intelligences, prestant le flanc à l'ennemy ? ne deschirons point la robbe inconsutile de nostre Seigneur, qui est son Eglise, par des opinions diuerses & prerogatiues, — 1. Petr. 2.

Heb. 13.

Serrons-nous, attachons-nous, rangeons-nous dans les bataillons de celle qui en son vnion est appellée, *Terribilis vt castrorum acies ordinata*; autrement nous perdrons l'heritage de Dieu.

Impius hæc tam culta noualia miles habebit,
Barbarus has segetes en quo discordia ciues,
Perduxit miseros, in quêis conseuimus agros.

Le temps qui se pert en ces debats, & altercats internes, & apres des pointilles de questions & friuolles & vaines, seroit bien mieux employé à combattre & extirper l'heresie. O! combien on gaigneroit d'ames errantes, combien estendroit-on le Royaume de Dieu, tandis que l'on s'amuse à contester au dedans:

Heu quantum terræ potuit pelagique parari,
Hoc quem ciuiles fuderunt sanguine dextræ.

Comme l'heresie s'attaque à la Foy, le Schisme ruine l'obeyssance, qui est *l'auant-mur*, & celuy est autant ennemy qui assiege la contr'escarpe, que celuy qui bat le rampart: ne le prenez pas là, les Schismatiques sont ennemis de l'Eglise, & en voye de perdition, aussi bien que les Heretiques, ils sont ennemis couuerts, qui taschent de la sapper par tranchées, mines & menées, & ceux-cy descouuerts, & pourtant moins dangereux, bien que plus furieux.

Les Schismatiques sont comme les vipereaux, qui demeurans dans la Foy de l'Eglise, rongent neantmoins son sein, peruertissans son ordre, troublans sa Hierarchie, & ruinans sa discipline.

Les heretiques rompent entierement la paille, se separent du corps de l'Eglise, & en la Roy-

& en la Police font bande à part, dreſſent *Autel contre Autel*:

Littora littoribus contraria fluctibus vndas
Opponunt, atque arma armis:

Tels ont eſté tant d'heretiques anciens & modernes, comme les Arriens, Manicheens, Neſtoriens, & tant d'autres en l'ancien temps, & en ce ſiecle les Lutheriens, les Caluiniſtes, les Anabaptiſtes, & pluſieurs autres ſectes, *qui ſuiuent le train de Balaam.*

Tels eſtoient en Iſraël les Samaritains, qui s'eſtoient des-vnis, & de la croyance, & de la Religion des Iuifs, & tellement alienez, que meſme ils fuyoient la frequentation les vns des autres. *Ioan. 4.*

Ces Schiſmes & Hereſies ſont autant de diuiſions des habits de noſtre Seigneur, lequel auoit deux robbes, l'vne ſuperieure ou exterieure, l'autre interieure, qui eſtoit ſa tunique, celle-là qui eſtoit couſuë de diuerſes pieces fut deſchirée en lambeaux, & celle-cy qui eſtoit d'vn tiſſu, fut jettée au ſort; ce qui me repreſente d'vne part les biens & richeſſes de l'Egliſe, qui ſont diuiſibles, & de l'autre la Foy qui eſt indiuiſible.

O Dieu l'horrible deſchirement que nous voyons eſtre fait des reuenus Eccleſiaſtiques, tiraillez & deſmembrez comme Orphée ou Panthée par les Bacchantes du ſiecle : En voulez-vous voir les quatre parts, les heretiques affamez & ſitibonds de ces biens en tiennent vne notable : les enfans, femmes & hommes mariez Catholiques, l'autre : par le public & toleré abus des confidences ; les mauuais & faineants beneficiers l'autre : les decimes l'autre : & en fin le diable a le tout, & le patrimoine des pauures est ainsi offert à Moloc & Baal, *Et singularis ferus depascitur vineam, vulpesque demoliuntur eam?* Horrible confusion ! abominable desordre, *abominatio desolationis quæ est in loco sancto*, dilapidation sacrilege.

Ainsi, *hæreditas nostra versa est ad extraneos*, par ce que, *pupilli facti sumus absque patre*, & nous pourrions bien chanter auec Dauid, *Deus venerunt Gentes in hæreditatem tuam, &c.* I'ay leu en Hieremie vne ample description de cette calamité, que ie vous prie de reuoir au long, & la ruminer pondereusement, *reliqui domum meam, dimisi hæreditatem meam, &c.*

Hier. 12.

La deuotion de nos anciens Peres auoit autrefois engendré tant de richesses en l'Eglise : mais comme *Aetas parentum pejor auis tulit nos nequiores*, ces richesses, mauuaise & viperine engeance, ont esteint & suffoqué leur mere, la pieté perissant dans l'abondance.

Genes. 14.

Loth fut chaste dans la pauure petite bourgade de Segor, mais il pecha sur la montaigne en l'abondance des viandes & du vin : La pauureté est le principal fondement de l'Eglise, elle donne l'humilité & la continence : mais la richesse engendre la vanité & luxe, qui ruinent & peruertissent les bonnes mœurs.

Renonçons volontiers, ô Ecclesiastiques ! à ces miserables reuenus, qui nous remplissent de vices, *pereant ne pereamus*, comme disoit Crates des biens de la terre.

Quittons-les comme Ioseph son manteau entre

de nostre Seigneur. 417

tre les pattes de ces mondains Harpies, *quèis vngues vnceque manus, & pallida semper ora fame*, laissons-leur cette sacrilege jouyssance pleine d'anatheme & malediction, pour eux plumes d'Aigle, cheual Sejan, & de vray qui les portera aux malheurs de l'eternelle destruction de leurs ames, & temporelle subuersion de leurs maisons : aussi ne voyons-nous que familles d'ancienne noblesse bouluersées, pour l'abus du bien d'Eglise.

Laissons encores volontiers *ces dominations sur le Clergé du Seigneur*, prohibées par le Prince des Apostres, la vraye authorité de l'Eglise consiste en l'humilité, l'abjection, l'opprobre, la patience, l'ignominie & la douleur : Laissons librement empieter ceux, qui riches de nos despoüilles se parent de nos plumes, *& gratulantur malis nostris, & lætantur cum malefecerint, & gloriantur in rebus pessimis, sed erit gloriam in confusione illorum*, pourueu que, *expectemus Dominum, & viriliter agamus, confortetur cor nostrum, & sustineamus Dominum*. 1. Pet. 2.

Exposons librement, & de bon cœur ces biens exterieurs en proye, pour conseruer entiere la tunique interieure, qui est la saincte Foy ; prudens en cela comme les serpens, qui exposent franchement leurs corps aux playes, pour mettre leur testes où est toute leur vie à couuert.

Cette Foy est le tronc & la racine dont les richesses ne sont que les pampres & rejettons, qui se peuuent tailler & emonder selon l'occurrence des temps, pour entretenir la plante en vigueur.

Foy qui est tout d'vn tissu, & comme vn ouurage de reseuil, duquel si vous rompez vne maille

Cc

le vous le débiffez tout.

La Foy de l'Eglise est comparée à la Nef, laquelle, comme disent les Iurisconsultes, *si diuidas perdas*.

3. Reg. 3. Ceux qui en matiere de Foy disent *diuidatur*, auec la mauuaise courtisane deuant Salomon, sont faux freres, comme celle là fausse mere: Anatheme à ceux qui choquent tant soit peu l'vnion de la Foy, laquelle qui touche blesse nostre Seigneur en la prunelle *de ses yeux*.

Soyons tous bien vnis en la Foy de la saincte Eglise, mes tres-aymez freres, que ce soit là nostre azyle, nostre havre de grace, nostre port de salut: sauuons-nous en cette arche du deluge de l'erreur, & des escueils de perdition. La B. M. Terese en mourant se consoloit d'exhaller sa saincte ame en cette vnion, *au moins*, disoit-elle, *Seigneur ie suis fille de vostre Eglise*.

III. *Les soldats jetterent au sort à qui escherroit la tunique inconsutile de N. S.* vice soldatesque que le jeu de hazard, entre cette maniere de gens on n'est pas estimé braue ny galand qui ne joüe tout, c'est vn beau joüeur, disent-ils par forme de loüange, comme les basteleurs, qui prennent à titre glorieux d'estre excellens bouffons.

Et de là les picorées, voleries, brigandages, blasphemes enormes, querelles & meurtres.

Ludus enim genuit trepidum certamen & iram,
Ira, truces, inimicitias & funebre bellum.

Pource les jeux de hazard, sont-ils prohibez par toutes les loix, non seulement diuines, mais encores humaines, & les brelans ont tousiours esté tenus pour lieux infames & deshonnestes;

combien donc deuez-vous estre soigneux peres de famille de ne souffrir que l'on iouë aux cartes ou aux dez en vos maisons, puis que vous y faite profession d'honneur & de vertu ? pour Dieu ne les trans-formez pas en brelans.

S'il y a rien en quoy paroisse la foiblesse humaine, c'est aux jeux de hazard, amusement moins qu'enfantin, & qui saisinent par vne indigne raualement la raison à l'incertitude, encores,

— *Pueri ludentes, rex eris aiunt,*
Si rectè facies :

Et en leurs jeux meslent certaines souplesses & dexteritez meslées de gentillesse raisonnable: mais les hommes plus desraisonnables & brutaux confondent leur raison dans le hazard des cartes & des dez.

Quelle difference pensez-vous qu'il y aye entre tre iüoer aux barres ou aux echets, sinon que l'vn est vn exercice plein d'habilité, de disposition & de gaillardise, & l'autre est vn amusement sedentaire, chagrine, sombre & melancholique, ce qui se peut.

Courir apres des papillons bigarrez est le propre des enfäs, & feüilleter des cartes peinturées, de mesme est l'entretiē des vieillards radotteux, qui selon le Prouerbe *sont doublement enfans.*

Iouër aux noix auec dexterité est le plaisir des enfans, & le hazard des dez est l'amusoir aueugle & furieux des hommes.

Dùm pueros juglans homines mala tessera fallit, *Alciat, præ-*
Detinet & seqnes cartula picta senes : Voyez l'Is- *fat.Emble.*
suë, les enfans mangent leurs noix apres en auoir passé le temps, & les autres souuent s'y el-

Cc ij

gorgent & estranglent d'vne balle de dez apres auoir perdu tout leur bien, reduits à la bezace & au desespoir.

Outre que le jeu de hazard est vn entretien tout diabolique, Dieu y estant griefuement offencé; ie ne peux mieux le comparer qu'à l'idolatrie du veau d'or: car outre qu'il est escrit, *cœpit populus manducare & bibere, & surrexit ludere* : ces jeux forcenez n'ayans pour but que l'auarice, s'y addonner & assubjettir, n'est-ce pas vne vraye seruitude des idoles?

Exod. 32.

O Dieu! que de gens perissent malheureusement par cet exercice, tesmoing entre vn monde d'exemples, ce jeune nepueu de sainct Cyrile, qui exempt d'autres taches, pour cette seule imperfection d'auoir esté adonné au jeu, reuela apres sa mort sa damnation à son oncle.

Ioan. Herols. serm. 12. de tempore.

Fuyez donc, mes freres, sur tout les jeux de hazard: helas! vous auez tant d'autres passe-temps, & recreations honnestes & licites, sans asseruir vostre raison à vne aueugle incertitude, & vous mettre en risque de perdre, comme le chien de la fable le solide pour l'ombre.

IV. Soyez aussi fort modestes en vos habits, à l'exemple de nostre Seigneur, que vous voyez n'auoir eu en toute sa vie qu'vne pauure robbe, & vne petite tunique.

Genes. 3.

Souuenez-vous que les habits furent donnez à nostre premier Pere, pour punition & marque de sa faute, & que se parer d'iceux est pareille ineptie, que celle d'vn forçat qui se glorifieroit de la chaisne, qu'ils soyent plustost les enseignes de nostre dueil, & les indices de nostre honteuse misere, & vn memorial, combien c'est vn abject animal que l'homme honteux de sa nudité, pour auoir seul peché entre tous les autres animaux.

Remarquez combien les simples habits de deüil releuent auantageusement vne beauté naturelle, & combien sont friuolles les pauures, à celuy ou celle qui se veut orner de beautez empruntées, comme la corneille de la fable.

Considerez qu'en soy la laine est plus excellente que la soye, celle-cy n'estant que la baue & l'excrement du plus vil de tous les animaux, qui est le ver, lequel en la filant se va tissant vne prison & vn tombeau, comme beaucoup qui se fabriquent des prisons & des pertes, par la vanité de leurs despenses en habits superflus.

Voire & plus la Lune est grossiere, meilleure & plus chaude est elle, les estoffes plus fines, morfondent souuent ceux qui les portent par ostentation : soyons de l'escot de celuy qui disoit,

— *Toga quæ defendere frigus,*
Quamuis crassa queat.

Benit soit Dieu, mes tres-aymez freres, qui nous a logez en cette petite ville, loing des pompes de ces grandes Citez, où l'on mesure les gens à l'aulne de leurs habits. Icy nous nous cognoissons tous, & nous contentons de nostre simplicité. *Nemo quippe,* disoit, Hom. 40. sainct Gregoire le grand, *Vestimenta preciosa nisi* in Euang. *ad inanem gloriam quærit, vt honoratior cæteris esse videatur, nemoque vult ibi preciosis vestibus indui vbi aliis non possit videri.*

Ie loüe Dieu, d'auoir pluſtoſt à vous congratuler de la ſimpleſſe de vos veſtemens, qu'à redarguer voſtre profuſion: ſeulement vous ſuppliay-ie, ô vertueuſes Dames! de vouloir vn peu dauantage couurir vos teſtes à l'Egliſe, ſelon le conſeil de l'Apoſtre, *propter Angelos Dei.*

I. Cor. 11.

Rememorez-vous que ſainct Iean Baptiſte Patron de cette Egliſe, a eſté loüé de noſtre S. pour la pauureté de ſes veſtemens.

Matth. 11.

Et que le mauuais riche a eſté damné pour la vanité des ſiens.

Luc. 16.

Mettez-vous touſiours deuant les yeux les exemples des grands Saincts, qui ont aymé cette modeſtie au veſtir, comme noſtre bon Roy ſainct Loüys, la bonne Royne Blanche, digne mere d'vn tel enfant: la B. Elizabeth fille du Roy d'Hõgrie, le B. Amé Duc de Sauoye, le B. Elzear Comte d'Arian en Prouence, ſaincte Helene mere de Conſtantin, & en noſtre ſiecle cette pieuſe & deuote Princeſſe de Parme, qui en prenant ſes atours ſouloit dire ces belles paroles de la Royne Heſter, *Tuſcis Domine neceſsitatem meam, quod abominer ſignum ſuperbiæ, & gloriæ meæ, quod eſt ſuper caput meum in diebus oſtentationis meæ, & deteſter illud quaſi pannum menſtruatæ, & non portem in diebus ſilentij mei*, paroles digne d'eternelle memoire.

Que ſi les exemples prophanes ſont de quelque poids, ſouuenez-vous que la ſimpleſſe des habits d'Aſpaſia aggrea plus au grand Alexandre que les ſuperbes paremens de Roxane. Reſſouuenez-vous de la modeſtie de l'Imperatrice Liuia, femme d'Auguſte, tant loüée en l'hiſtoi-

re, & de la superfluité de sa fille Liuia en ses vestemens, tant denigrée par les Escriuains.

Representez-vous comme les habits, ou plu- *Esth. 14.*
stost lambeaux rapetassez du glorieux sainct *Macrob. l.*
François, sont tenus pour venerables Reliques, *2. Saturis*
& plusieurs mantes Royales gisent pourries & *c. 5.*
mesprisées.

Somme les premiers Chrestiens, *circuibant in* *Hebr. 11.*
melotis in pellibus caprinis, puis que, *filij sanctorum*
sumus, ne degenerons point de la simplesse de
leurs habits, & de la candeur de leurs mœurs,
pour paruenir à mesme but par mesme route.

Et apprenez de ce discours, 1. l'ignominie faite
à nostre Seigneur en cette diuision de ses vestemens, 2. ce que mystiquement elle signifie, 3. à
abhorrer les jeux de hazard, & 4. à aymer la modestie au vestir. Allez en paix.

Cc iiij

LVNDY SAINCT.

Blasphemes des Iuifs.

HOMELIE XXXV.

Matth. 27.
Marc. 15.
Luc. 23.

Ranseuntes autem blasphemabant eum. Entre les innombrables opprobres que ces bourreaux firent à nostre Seigneur pendãt en la Croix, le texte nous marque sept blasphemes, que nous allons examiner l'vn apres l'autre: Oyez.

La premiere fut, *Vah! qui destruis templum Dei, & in triduo reædeficas illud*: par lequel, en ce mocquant de ces Predications, ils s'attaquent à sa diuine toute puissance, comme si ce *Verbe, par lequel le monde a esté fait* en six iours, ou comme disent les Interpretes en six instans, ne pouuoit pas rebastir vn Temple, qui n'est qu'vne imaginable petite partie du monde en trois iours, *à*

Luc. 1.
Marc. 9.
Matth. 17.

Dieu nulle parole est impossible, voire mesme celuy peut tout qui croit en luy, voire auec vne petite diagme de foy les montagnes sont transportables.

Mais remarquez en ce langage blasphematoire, les discours ordinaires que vont faisant les mondains parlant des personnes deuotes, ils font les empressez à les exhorter, & les charitables à leur remonstrer, qu'en faisant quelques mortifications elles prejudicient à leur santé,

& destruisent leurs corps, qui sont *les temples viuans du sainct Esprit* : mes tres-cheres ames, croyez-moy, ces gens disent cecy à mauuais dessein, le moindre de leurs soucis est vostre conseruation, c'est seulement vn instint diabolique qui les pousse à vous retirer de bien faire, marris qu'ils sont de vous voir aspirer à la pieté : ne prestez point l'oreille au chant pipeur de ces trompeuses Syrenes, qui ne demandent qu'à vous faire faire vn triste naufrage dans les escueils du monde.

Non non, en chastiant ce corps, & *le reduisant en seruitude*, vous ne faites aucun mal, ains vous imitez les grands Saincts, *qui par la ferueur de leur esprit ont mortifié les faits de la chair : La prudence de la chair est mort; mais celle de l'esprit vie & paix, la sagesse de la chair est ennemie de Dieu, n'estant point sujette à sa loy, ceux qui viuent selon la chair ne peuuent plaire à Dieu.* Rom. 2. Rom. 8.

Le corps trop gras, trop mignardé & chery n'est point le Temple de Dieu, mais plustost du maling, *qui en fait sa maison de retraitte*, estant vn repaire de tous vices; pource est-il dit, que la Magdelaine emmy ses vanitez estoit possedée de sept demons, sçauoir les sept pechez capitaux, & cependant le diable se *traueſtiſſant en Ange de lumiere*, fait croire par ces supposts, qu'en destruisant les redondances charnelles, où il fait sa retraitte, l'on abbat le Temple de Dieu, qui est nostre corps, entant qu'il est souple & obeyssant à l'esprit. Marc. 3. Marc. 2.

Et pour vous monstrer de quel esprit sont portez les mondains en parlant contre les discrettes & raisonnables austeritez, voyez quand on les croit pas comment ils se iettent à la mocquerie & à la médisance, ils se gaussent des disciplines, des scilices, des ieusnes, appelleront l'humilité le retirement des conuersations, bestise, stupidité, manquement de courage, folie, & quoy non ?

Si on pratique des austeritez, qui semblent trop dures à leur lascheté, ils diront que faire pareilles choses est se rendre meurtrier de soy-mesme, & entreprendre sur sa propre vie, *tournans ainsi le iugement en absynthe*, & prenant le tison par où il brusle.

Amos 5.

Mes amis, ne les escoutez point, ce sont organes & instrumens de Sathan, qui comme il tenta Adam par sa femme, desirez-vous retarder de bien-faire par ces effeminées propositions, dites pluſtost auec Dauid, *Propter te mortificamur, tota die æstimati sumus sicut oues occisionis.*

Psal. 45.

II. Le deuxiéme blaspheme est, *si filius Dei es descende de cruce*. Virez-vous là vne periphrase, de ce que le tentateur disoit au desert à N. Seigneur, *si filius Dei es mitte te deorsum* : Iugez-vous pas que ces gosiers ne sont que les tuyaux, mais que le souffle est de Sathan ; il tasche par tous moyens d'empescher la closture de nostre redemption.

Matt. 4.

Mais au contraire, parce qu'il est fils de Dieu il ne faut pas qu'il en sorte, ains qu'il y mene : car son testament de sang ne peut estre validé que par sa mort, ny nous entrer en possession de son heritage, qu'il n'aye ouuert la porte du Ciel auec *la clef de Dauid*, qui est sa Croix.

Il est ce grain de froment qui doit, non pourrir, mais mourir pour fructifier amplement, son sang est la se-

Ephes. 4.

mèce de son Eglise, & duquel *il laue ses taches pour la rendre immaculée & specieuse.*

Comme donc ce Fils naturel de Dieu est mort en la Croix: ainsi, *si vous voulez estre freres de nostre Seigneur, en faisant sa volonté, ses coheritiers & en-* fans adoptifs *du tres-haut*, il faut *mortifier ses membres qui sont sur la terre*, ne descendre point de la Croix de Penitence, mais y mourir à tous les pechez, voire & toutes les affections de peché, *afin d'estre crucifié auec nostre Seigneur, & qu'il viue en nous, mourans en luy, & enseuelissans nostre vie auec la sienne.* O Seigneur! *clouez nostre chair* & nostre esprit *de vostre crainte*, & de vostre Amour, à vostre saincte Croix, & nous *rendez conformes à vostre Image*: moulez-nous sur le modelle des douleurs de vostre mort, afin que nous participions à vos douceurs en l'eternité. *Coloss. 3.*

Coloss. 3.
Psal. 118.

III. Le troisiesme blaspheme estoit, *Alios saluos facit, & seipsum non potest saluum facere.* Mot qui arrache à nostre Espoux le sacré Nom de IESVS, qui est à dire Sauueur. Vous souuenez-vous point à ce propos de ce *medice cura teipsum*, que luy reprochoient ses compatriotes? Mais la malice aueugle ces injurieux: car ayant à nous sauuer il se deuoit perdre, comme Codrus & Curtius, & d'vn exemple plus exprés, comme Ionas le Prophete, pour faire cesser la tempeste, dit librement aux Nautonniers qu'ils le lançassent en mer, *& plusquam Ionas hic*: car pour nous sauuer, voyez comme il se plonge dans la mer de son propre sang.

O Phœnix, ô Pelican, *in te mors, in me vita*: aussi l'Eglise luy chante, *Qui mortem nostram moriendo destruxit, & vitam resurgendo reparauit.*

O sages Pasteurs, qui à l'imitation de ce grand Pasteur trauaillent & peinent beaucoup, pour l'edification & seruice des oüailles que nostre S. leur a commises, voyez comme le monde corne qu'ils doiuent se démettre de la rigueur de leurs austeritez, afin de se conseruer pour les autres, ausquels ils sont vtiles: mais qui ne voit que ce sont des voix flatteuses, *qui allaitent pour deceuoir*, & qui ne tendent qu'à faire cesser vne forme de vie exemplaire, & propre à l'aduancement de la gloire de Dieu.

Isa. 3.

C'est le propre du bon Pasteur, d'exposer volontiers sa vie pour ses oüailles, & du genereux Capitaine de se presenter à la teste, sans crainte des dangers, *Forma factus Gregis ex animo.*

1. Petr. 2.

Nostre Seigneur loüe sainct Iean de ses austeritez, & en tire sujet de le rendre recommandable aux Iuifs.

Ioan. 1.

Par là Helie & Helisee acquierent grande creance sur Israël.

4. Reg. 1.

IV.

Le quatriesme blaspheme estoit tel, *Si Rex Israël est, descēdat de cruce*, par lequel apres luy auoir rauy la gloire de sa diuinité, ils vouloient encore luy arracher celle de sa naissance, qui, selon son humanité, le rendoit fils de Dauid, & iuste successeur de son Empire, en quoy ils vouloient ternir & effacer ces acclamations qui luy furent faites au iour des Palmes, ou de son entrée en Hierusalem, lors que chacun l'appelloit *Fils de Dauid, & Roy d'Israël.*

Matth. 21.

Chose indigne, de voir vn Roy en vn lieu pa-

tibulaire, seruir de risée à ses ennemis: mais com- *Rom. 11.*
bien *sont inuestigables les routes de Dieu, & incom-*
prehensibles ses iugemens, tirant son honneur de ces
opprobres: car *comme Moyse exalta le serpent,* aussi
son crucifiement est l'exaltation de son extréme *Psal. 95*
amour.

Sa Croix est son Trosne, duquel il ne pouuoit descendre, sans renoncer à cette Royauté,
que le Prophete disoit, *qu'il deuoit acquerir par le*
bois; pource, comme Roy d'Israël, il n'en deuoit
pas descendre, son honneur est en sa souffrance,
& sa force se renforce par la douleur, *Dominus re-*
gnauit decorem induit, Dominus fortitudinem & præ-
cinxit se.

Ne sçauez-vous pas que la paix fut renduë à
Israël, par la mort du Roy Achab, ainsi *Christus*
innocens Patri reconciliauit peccatores.

Il y en a prou, qui desireux de participer à ce
Royaume qui n'a point de fin, commencent à em- *Matth. 27.*
brasser la Croix, mais ayans commencé à *gouster*
ce calice, ne le veulent pas acheuer, interrompäs leurs
bons propos par de vaines distractions, *comme ro-*
seaux agitez des vents, se laissans emporter aux *Ioan. 1.*
moindres titilations, & se rendans laschement
aux plus petites difficultez: pauures gens qui ne
sçauent pas que la couronne est en la seule perse-
uerance, & *que celuy-là sera sauué qui fera bien iuſ-* *Matth. 10.*
qu'au bout.

Le cinquiesme des blasphemes vomis par les **V.**
Iuifs contre nostre Seigneur, est démesurément,
outrecuidé, *Confidit in Deo, liber & eum nunc si vult,* *Psal. 73.*
voyez comme leur superbe monte tousiours. *Extollunt* *Psalm. 30.*
in altum cornu suum, & loquuntur aduersus Deum

iniquitatem in superbia, & in abusione : Iusques où va l'aueugle temerité de ces desesperez, de croire que Dieu mesme ne peust enleuer de la Croix, ny de leurs mains, celuy qu'ils hayssoient si mortellement : Ainsi disoit Holofernes, qu'il n'estoit point en aucune puissance diuine, ny humaine, d'arracher de ses prises, les habitans de Bethulie, qu'il tenoit assiegée, & voila que Dieu au milieu de son camp luy auale la teste par la main d'vne femme : *Confidebat in virtute sua, & in multitudine diuitiarum suarum gloriabatur hic in curribus & in equis.*

Iudith. 6.

Tout pecheur en son iniquité a ainsi *la bouche ouuerte au blaspheme,* qui se deffiat de la Iustice, qui de la puissance, qui de la prouidence, qui de la misericorde de Dieu, *Dixit insipiens in corde suo, nō est Deus, &c. Et dixerunt, si est Deus, aut si est scientia in excelso, non videbit Dominus nec intelliget Deus Iacob.*

Dites-moy, l'orgueil ne s'attaque-il pas à la puissance diuine ? comme il appert és exemples de Lucifer, & de Nabucadnezar.

L'auarice, qu'est-ce autre chose qu'vne pure deffiance de Dieu, comme si la prouidence n'estoit pas suffisante pour l'entretien de ses creatures.

Faut-il que nostre raison soit enuoyée à l'eschole de la brutalité ? voyez si les animaux s'empressent de ces cuisans soucis d'amasser, & s'embarassent en ces espineuses solicitudes de l'aduenir ? Ne sont-ils pas heureux en leur irraison, de se reposer dans le sein paternel de la bonté de Dieu, *Qui dat iumentis escam ipsorum, & pullis coruorum inuocantibus eum.* Ie vous asseure qu'il n'y a que deffiāce de Dieu au monde, & croyans comme fideles,

de noſtre Seigneur.

on amaſſe comme meſcreans : vous diriez que la terre doit manquer à la pluſpart des hommes.

Mais vous, tres-cheres ames, *penſez de Dieu en plus de bonté, jettez voſtre penſée ſur luy, & il vous nourrira, cherchez ſon Royaume celeſte, & tout vous proſperera en terre, confiez-vous en celuy qui a vaincu le monde:* ceux qui ſe confient en Dieu ſeront benits comme le mont de Syon, celuy ne ſera point esbranlé qui habite en la Hieruſalem de ſa prouidence, il peut tout ce qu'il veut, & donner le man & la chair au deſert, & changer les pierres en pain, & en enfans, il ne laiſſe iamais le Iuſte, & ſes enfans ne mandient point : ſi les hommes qui ſont mauuais ſcauent nourrir leur progeniture, combien plus vous nourrira celuy-là ſeul qui fait les fleurs & les fruicts, & qui nous raſſaſie de la graiſſe du froment ?

VI.

Le 6. blaſpheme fut d'autant plus ſenſible au cœur pitoyable de noſtre Seigneur, qu'il voyoit ſon Autheur ſur le pendant & precipice de ſon eternelle ruine, ce fut la malheureuſe bouche du mauuais larron, qui le profera : *Si tu es Chriſtus ſaluum fac teipſum, & nos :* vous ſçauez que les coups ſont de tant plus forts, qu'ils ſont ruez de prés, ceux qui viennent de loing ne touchent pas auec tant de vigueur ; la proximité de ce larron, rendit ſon blaſpheme & plus intelligible & plus grief, on luy pouuoit dire, *Quare dilectus meus in domo mea fecit ſcelera multa :* il alloit rendre l'ame, & le voilà aueuglé d'infidelité, *Si tu es Chriſtus,* & preſſé de deſeſpoir, *ſaluum fac te ipſum, & nos.*

Ce qui nous apprend, que ſur le pas de la mort, c'eſt lors que le diable nous preſſe plus fort, pour nous eſcarter de la foy & de l'eſperance, nous suggerant des pensées & paroles blasphematoires, pour nous troubler.

Ce miserable qui blaspheme ainsi sur le poinct de son trespas, vous fait-il point souuenir de la fin ordinaire de ces furieux duelistes, qui meurent quelquefois en reniant, le jurement en la bouche, & la haine dans le cœur, pareils à l'Empereur Apostat, qui vomit son ame maudite, despitant contre nostre Seigneur.

Il y en a d'autres qui ne valent guere mieux, lesquels ayant vescu en libertins, meurent en Athees, rians & gaussans à l'article de la mort, *Prou. 14.* que les austeres Hilarions estimoient si espouuentable; ne sont-ce pas là proprement des martyrs du diable, *dont le ris sera bien tost guerdonné d'vne eternelle douleur* : oyez ces Sardanapales, *Edamus & bibamus, cras enim moriemur.*

VII. Le 7. & dernier des blasphemes que i'ay remarquez, est cettuy-cy, lequel estoit proferé auec subsannation, *Dixit, quia Filius Dei ego sum:* Ironie sanglante, qui nioit absolument que nostre Seigneur fust ce qu'il estoit, sçauoir fils de *celuy qui* *Exod. 3.* *est*, neantmoins nostre patient Redempteur, plus tolerant que Samson, ny Elisée, endure cette negatiue, sans sonner mot, comme tous les autres blasphemes, pour nous apprendre à *ne nous defendre point des injures & conuices, mais à donner place* *Rom. 12.* *au courroux.*

Considerez neantmoins les esclattans & bruyans échos que ces voix Sathaniques deuoient faire, *in cauernis maceriæ* du corps & des oreilles de nostre benist Sauueur.

Non les fouëts, non les clouds, non les espines,

ne deschiroient point tant son corps, que ces blasphemes son cœur; car les conuices lancez à vn calamiteux, luy sont plus insupportables que sa calamité; les insultes & insolences sont de fascheuses attaintes à vn courage bien né.

A ces opprobres, ces meschans adjoustoient des huées, des mouës, des grimaces, pour adolorer encores ses yeux languissans, & abbatus du voisinage de la mort, pour accomplir ces Propheties, *Omnes videntes me, deriserunt me, locuti sunt labiis & mouerunt caput, plauserunt super me manibus omnes transeuntes per viam, opprobria exprobrantium ceciderunt super me* : mais pourquoy, ô doux Agneau, *non operiuntur pudore & reuerentia qui maligna loquuntur super te.*

O malheureux blasphemes! harmonie miserable & maudite des Enfers! où les Demons & les damnez ne font autre mestier que de vous vomir sans cesse! que ne demeurez-vous dans ces cachots sousterrains ? Pourquoy puants puits de l'abysme ouure-tu ta gueule sur la terre, pour en exhaller cette espaisse nuée, qui espaissit & offusque l'air ? car quelle est à vostre aduis, cette vapeur Apocalypsique, sinon le blaspheme qui voile l'honneur de Dieu, & luy vole sa gloire, s'opposant directement à sa grandeur ? Fuyez, mes freres, cet infame peché, qui n'a ny profit, ny plaisir que sa pure malignité, peché infernal & diabolique. *Apoc. 9.*

N'imitez pas ces rebelles Semei, qui maudissent nostre innocent & desolé Dauid, car en fin Dieu *retribuit abundanter facientibus superbiam.* 2. Reg. 20.

Dd

Et pour contrecarrer ces sept voix blasphematiques, 1. aymez la mortification, 2. ne quittez point cette Croix, 3. donnez bon exemple, 4. faites que nostre Seigneur regne sur vostre cœur crucifié, 5. confiez-vous en luy, 6. affermissez-vous en la foy, & 7. *Laudate & superexaltate Deum in sæcula. Amen.*

MARDY SAINCT.

Les sept Paroles de nostre Seigneur en Croix.

HOMELIE XXXVI.

Luc. 23.
Ioan. 19.
Matth. 27.
Marc. 15.

IEsvs *autem dicebat; Pater ignosce illis, quia nesciunt quid faciunt.* La matiere que nous allons traitter seroit infinie, à qui la voudroit manier diffusement, nous nous contenterons de gouster & sucçer vn peu chacune de ses paroles, comme autant de cellules d'vn rayon de miel, & cela selon leur ordre.

I.

La premiere demande à l'eternel Pere, pardon pour ses ennemis, & pour ceux-là mesmes qui le crucifioient : prodigieuse bonté, misericorde, & patience de nostre Espoux, moindre

Psal. 21.

en cela *qu'vn ver*, qui replie bien sa queuë pour picquer celuy qui luy escrase la teste : ô combien il est *præstabilis super malitia, longanimis, &*

Ioel. 2.

multùm misericors : ô combien volontiers il leur

pardonnoit, puis qu'il prioit si affectueusement son Pere de leur pardonner.

Pesons bien ces mots l'vn apres l'autre, *Pater*, nom d'amour & de dilection, le conjurant par le tiltre le plus aymable qu'il pouuoit exprimer, par l'vnion & identité de leur substance & essence, *Ego & Pater vnum sumus*, obsecration puissante, & qui ne pouuoit estre sujette à refus : *Per caput hoc iuro*, grande conjuration parmy les Anciens, & vous sçauez que *Caput Christi Deus*, & 1. Cor. 11. comme s'il eust dit,

Per si qua est Cœlo pietas, quæ talia curet.

Aussi certes, *Exauditus fuit pro sua reuerentia*: Hebr. 5. car il y en eut plusieurs de ceux-là mesmes qui le crucifioient, qui creurent en luy, comme le Centurion & ceux de sa suitte, qui *frappans leurs* Luc. 23. *poitrines, se repentans*, disoient, *Verè Filius Dei erat iste.*

Pater, comme s'il eust dit, *O mon Pere, me recognoissez-vous bien que ma voix soit d'vn Iacob esleu*, couuert neantmoins des ordes & sales peaux des pechez des reprouuez Esaüs, & en cet equipage, mes freres, *In similitudinem carnis* Rom. 8. *peccati*, il a attiré sur nous les benedictions du Ciel, *nous reconciliant en vne viue esperance, d'estre* 1. Petr. 1. *faits participans & coheritiers de sa gloire.*

Dimitte illis, voyez comment il met en pratique cette saincte Oraison qu'il a daigné nous apprendre, où nous disons, *Dimitte nobis debita nostra, sicut & nos*, &c. Où vous remarquerez, que si nous ne remettons de bon cœur les offences qui nous sont faites, ains si gardans la rancune dans le cœur, nous osons proferer cette Priere, au

Dd ij

lieu d'orer nous blasphemons, & attirons sur nous la malediction, au lieu de benediction, puisque nous domandons à Dieu qu'il ne nous pardonne pas, non plus que nous ne pardonnons à nos ennemis. *Peccatori dixit Deus, quare tu*

Pfal. 49. *enarras iustitias meas, & assumis testamentum meum per os tuum.*

Sicut. Helas ! ce bon Maistre n'a pas mis *quantum*, sçachant combien est grande la disproportion entre les fautes que nous faisons contre Dieu, & celles qui sont commises contre nous : & que seroit-ce s'il falloit que nous pardonnassions, & remissions autant que Dieu nous remet ?

Quia nesciunt, quid faciunt. O admirable & inimitable Aduocat de ses parties aduerses, Patron de ses mortels ennemis, qui ne pouuant les descharger entierement de peché, au moins il l'excuse tant qu'il peut, & le pallie d'ignorance,

1. Cor. 2. *Si enim cognouissent Dominum gloriæ, nunquam crucifixissent.*

1. Ioan. 2. *Filioli hæc dico vobis, vt non peccetis, sed & si quis peccauerit Aduocatum habemus apud Patrem Iesum Christum iustum.* O Patron sans Patron ! quelle prodigieuse misericorde que d'interceder pour ceux qui vous offencent auec tant d'indignité & de cruauté : *ipse enim est propitiatio pro peccatis nostris, non pro nostris tantum, sed & pro totius mundi:* Beny soit à iamais vn tel Mediateur, & de redemption, & d'intercession, loüée soit *sa misericorde, & son rachapt copieux.*

La 2. parole fut addressée au bon Larron, auquel il dit, apres luy auoir inspiré la foy, & co-

de nostre Seigneur. 437

gnem sa repentance, *Amen dico tibi hodie mecum eis in Paradiso.* Contemplez le bel ordre de la charité de nostre Seigneur, *Vere Domine, tu semper majori occurris necessitati*, dit S. Leon.

Il prie premierement pour les pecheurs en general, puis descend au particulier, pour nous enseigner à prier generalement, auant que specialement : aussi voyez comme l'Oraison Dominicale est dressée pour prier en communauté, par ces mots de nostre, nos, nous. Vn Ancien disoit, que *Respublica salua priuatas res saluas præstat* : Aussi en priant pour le corps de l'Eglise, tous les Fideles, comme membres, y sont compris; car *nous sommes en ce corps*, dit S. Paul, *membres l'vn de l'autre*. *Eph. 4.*

Dauantage, ceux qui crucifioient N. S. comme plus aueuglez en leur malice & iniquité, auoient plus de besoin de sa priere, que ceux qui estoient suppliciez auec luy, pource il prie premierement pour ceux-là, puis vient à ceux-cy.

Entre lesquels en voila vn reprouué, comme Esau, l'autre esleu, comme Iacob. *Rom. 9.*

L'vn rendu vase d'honneur, l'autre d'ignominie. *Rom. 9.*

L'vn esleué en dignité, fait comparticipant du Royaume & de la gloire de N. S. l'autre enuoyé aux supplices eternels, comme les deux compagnons de Ioseph en sa prison. *Genes. 40.*

Ainsi se verifie ce qui auoit esté prophetisé de nostre Seigneur, *Qu'il seroit vne pierre d'achappement aux vns, & d'edification aux autres, en ruine & en resurrection à plusieurs*. *Matth. 21. Luc. 2.*

Admirez encore comme nostre Seigneur est

Dd iij

vrayement celuy *qui fait & enseigne, qui effectuë & dit*, dont la parole & le faire sont iumeaux : voyez en cette seconde parole comment il met la premiere en execution, pardonnant à ce Larron, qui en sa vie, par ses larcins & brigandages auoit esté son ennemy iuré, ainsi *fidelis est Dominus in omnibus verbis suis, & non tardat Deus promissionem suam* : nous serons heureux, mes treschers, si nous consolons & consolidons nostre esperance sur les promesses infaillibles de nostre Espoux, *qui nous promet la paix, si nous aymons & observons sa loy.*

Psal. 148.

2. *Petr.* 9.

Psal. 118.

Es hommes, promettre & tenir plus que souuent sont deux, mais en Dieu c'est presque vne mesme chose, il promet de resusciter le Lazare, & il le fait; il dit au jeune Adolescent, *Leue-toy*, & le voila resuscité ; au Lepreux, *Volo mundare*, & soudain il fut net de lepre : le Centurion auoit bien raison de luy dire, *Dic tantum verbo, & sanabitur puer meus.*

Ioan. 11.

Luc. 7.

Matth. 8.

Luc. 7.

Ce n'est pas assez de dire, ie feray, si on ne met la bonne œuure à execution : *Tous ceux qui disent, Seigneur, Seigneur,* c'est à dire, qui font de bonnes propositions, sans les effectuer, n'entreront pas au Royaume des Cieux, *ce sont les violens, & ceux qui trauaillent qui l'emportent, & rauissent.*

Matth. 11.

Nostre Seigneur prie en premiere instance, son Pere, de pardonner à ses ennemis, comme de faict, il va pardonner à ce Larron, qui auoit esté son ennemy, c'est vn bon moyen d'obtenir promptement pardon de nos offences, si nous pardonnons volontiers à ceux qui nous ont offencez.

III. La 3. parole de nostre Seigneur fut addressée à sa benitte Mere: & ne vous estonnez point de la voir posterieure en ordre aux meurtriers & aux larrons, car vous sçauez que comme en vne blesseure, le sang y court aussi-tost, comme pour soustenir la partie affectée, abandonnant les plus saines & entieres, ainsi les bourreaux & les larrons, comme plus necessiteux d'assistance, sont les premiers au Catalogue des miserations de nostre doux Sauueur.

Voirement, mais n'est-il pas bon Pasteur, qui laisse nonante neuf oüailles au bercail, pour rechercher la centiesme esgarée?

N'est-il pas ce Medecin charitable, venu pour guerir les malades, non pour les sains? *N'est-il pas venu appeller les pecheurs, & non les iustes?* S'il ne garde l'ordre de la dignité, si fait-il celuy de la charité, qui commence par les plus miserables: Ainsi l'enfant indisposé est celuy dont la mere a plus de soin. *Marc. 2.*

Mulier, ecce filius tuus. Il ne l'appelle point mere, de peur que ce doux nom ne luy fist fendre le cœur de regret; comment? il a bien appellé Pere son eternel Progeniteur, mais c'estoit pour adoucir son courroux, le voyant animé à la vengeance, armé de mille foudres, & gros d'indignations.

Bien plus courroucé contre les Iuifs, qu'il n'estoit, lors que leurs peres idolatrerent après le veau d'or au desert, & les voulant exterminer, voila que nostre Moyse obstacle ces iu- *Exod. 32.*

stes chastimens, en disant, *Ignosce illis.*

Mais las ! quant à sa douce Mere, elle estoit tant adolorée, & outrée de compassion, qu'il n'osa la toucher par vne partie si sensible que celle de sa maternité, craignant d'aggrauer encores son mal, si celuy se pouuoit agrandir, qui estoit paruenu à son periode extréme.

Admirez encore comme ce prudent Medecin ne pouuant arracher son mal, tasche de le destourner sur vne moins tendre partie, *Ecce filius tuus,* subrogeant S. Iean en sa place, comme luy disant, qu'elle ne perdroit pas entierement son Fils, mais seulement qu'elle le changeroit.

Heureux, mes freres, celuy qui ayme Dieu, ou que Dieu ayme, comme S. Iean, car il va representant Dieu en soy, comme le miroir fait le Soleil, par vnion d'amour, *Qui adhæret Deo vnus spiritus est, qui manet in charitate, in Deo manet, & Deus in eo.* Aymons bien IESVS, ô mes amis, si nous voulons estre enfans adoptifs de Marie.

IV. La 4. parole fut vne espreinte, & comme vne quintessence de toutes les douleurs sensibles de N. S. lors que sa diuinité donna son humanité comme en proye aux souffrances, la laissant intensiuement, disent les Theologiens, endurer toutes les pointures & martyres imaginables, & tels que tous les Martyrs ensemble n'en patirent iamais de semblables ; aussi est-ce ce point qui couronne nostre *Roy glorieux des Martyrs.*

Dauid pressé d'angoisses, & outré de douleurs, disoit autrefois, *Nam & si ambulauero in medio vmbræ mortis, non timebo mala, quoniam tu mecum es: Virga tua & baculus tuus, ipsa me consolata*

Psal. 22.

de nostre Seigneur. 441

sunt : Et encores, *Prouidebam Dominum in conspectu meo semper, quoniam à dextris est mihi ne commouear, propter hoc lætatum est cor meum.* Et derechef, *Si consistant aduersum me castra, non timebit cor meum : quia in Deo meo transgrediar murum.* Sainct Paul assisté de Dieu, se facilite l'impossible, *Om-*   Phil. 4. *nia possum in eo qui me confortat : Si Deus pro nobis, quis contra nos ?* Voirement nous pouuons tout auec Dieu, mais sans luy, rien, *Non pas seulement penser,* dit l'Apostre.

Ne vous estonnez point si les Martyrs ont esté si resolus en leurs tourmens, puis qu'vn Sainct Estienne, & tant d'autres, auoient Dieu deuant ou dedans soy.

Mais d'auoir enduré, & estre delaissé, c'est vn priuilege qui n'appartenoit qu'à celuy qui s'escrie, *Heli, Heli, lamasabatani :* Mon Dieu, mon Dieu, pourquoy m'auez-vous delaissé ! O doux Agneau ! c'est donc à cette heure, que *dereliquit te virtus tua, & lumen oculorum tuorum, & ipsum non est tecum.*

Dauid disoit autrefois, *Auertisti faciem tuam* Psal. 29. *à me, & factus sum conturbatus :* Et l'eternel Pere destournant sa face d'vn si tragique spectacle, que celuy de son enfant, pendant en croix, se faut-il estonner si les conuulsions & les douleurs de la mort le troublent.

O pauure pupil, sans Pere ! ô enfant desolé ! he- Thren. 5. las Seigneur ! il est escrit, *Tibi derelictus est pau-* Psal. 9. *per, orphano tu eris adjutor : contere brachium peccatoris & maligni :* Helas ! verifiez icy cette Pro- Psal. 83. phetie, *Protector noster aspice Deus, & respice in faciem Christi tui.*

Sitio. C'est la 5. parole de nostre Seigneur, en cet estat pitoyable, parole briefue, mais qui en sa briefueté serre vne grande energie, comme vne goutte d'essence alambiquée, qui en peu de monstre contient vn puissant effet.

En fin nostre Cerf aux abois, les Iuifs Chasseurs furieux & impitoyables, l'ont reduit à tel poinct, qu'il s'est plongé dans le lac de son propre sang, ou encores, comme vn Tantale, il meurt de soif emmy tant de liqueurs, icy joint bien la Prophetie du Roy Chantre, *Quemadmodum desiderat ceruus ad fontes aquarum, ita desiderat anima mea ad te Deus: Sitiuit anima mea ad Deum fontem viuum, &c. Sitiuit in te anima mea, &c.*

Mais qui cause cette alteration à nostre Maistre, sinon le grand desir qu'il a de nostre salut, car c'est de cette eau qu'il auoit soif, ainsi qu'entendent tous les Contemplatifs en ce lieu.

Ecclef. 5.
Cant. 7.

Que tardons-nous donc *de nous conuertir à luy, & à luy donner à boire à nos mammelles*, qui sont nos saines & sainctes affections?

Ierem. 9.

Quis dabit capiti nostro aquam & oculis nostris fontes lachrymarum, pour luy donner à boire de cette eau cordiale & alambiquée, qu'il cherit & ayme par dessus toute autre liqueur, c'est son Nepenthe, son ambrosie.

Cant. 4.

C'est la rosée de laquelle il *baigne son Chef*, au Cantique des Cantiques.

Iud. 1.

O grand Caleb, donnez-nous comme autrefois, celuy-là à sa fille Axa, *Aut irriguum superius, aut irriguum inferius, velociter exaudi nos, quia terra nostra sicut terra sine aqua tibi.* Baillez-nous

de nostre Seigneur. 443

ou les larmes interieures, ou les exterieures, espreintes du regret de vous auoir offencé, ô beauté sans pair! ô bonté incomparable!

Quoy? la pierre du desert donna bien autrefois des eaux à Israël, & nos ames seront-elles plus desertées? & nos cœurs plus durs que des cailloux? ô cailloux, si vous ne pouuez fluer des eaux, bluettez au moins des estincelles d'amour.

VI.

La 6. parole fut, *Consommatum est*: Helas! voicy nostre flambeau qui pousse ses dernieres flammes, tant il est vray que, *Deus noster ignis consumens est*.

La Cire vierge de ce flambeau estoit sa sacrée humanité, *Erat cor eius tanquam cera liquescens in medio ventris sui*, & le feu du sainct Amour deuoroit ce sacré holocauste. *Leuit. 9.*

Vray Agneau rosty & consommé, *Etenim Pascha nostrum immolatus est Christus*.

Voicy nostre Espoux de sang, qui consomme son sanglant Mariage auec son Espouse l'Eglise, sur le lict mortel de la Croix, *faciens de tumulo thalamum*: O que d'enfans seront & engendrez & regenerez de la semence de ce sang precieux.

Par l'immolation de cet Isaac, la semence du grand Abraham sera multipliée par dessus les estoilles du Ciel, & les sables de la mer. *Genes. 26.*

Voyez, mes freres, *quantum Christus dilexit Ecclesiam tradens seipsum pro ea, vt illam sanctificaret, mundans illam lauacro aquæ in verbo, vt exhiberet ipse sibi gloriosam Ecclesiam non habentem maculam neque rugam, sed vt sit sancta & immaculata*. *Ephes. 5.*

En fin voicy nostre vray & vnique Phœnix,

qui se consomme sur le bucher de la Croix, baigné des aromates de son sang, *mourant pour nostre iustification, afin de resusciter pour nostre glorification*, le tout, *ad consummationem corporis sui, quod est Ecclesia.*

VII. La septiesme & derniere parole fut celle-cy, *Pater in manus tuas commendo spiritum meum.* Or il prie, non tant pour besoin qu'il eust de recōmander son ame és mains de son Pere, *que pour nous donner exemple de faire comme luy :* Car dit vn Pere de l'Eglise, *toute action de nostre Seigneur tend à nostre instruction.*

O! le beau formulaire qu'il nous prescrit icy, & qui merite d'estre obserué de nous ponctuellement, *Pater*, mot qui adoucit les aigreurs de la mort, sçachant que nous exhalons l'ame entre les mains, non d'vn Dieu impitoyable & cruel, mais d'vn Pere debonnaire, *qui veut que tous se sauuent, si leur malice n'obstacle son desir.*

In manus tuas, cheres & gratieuses mains qui nous ont donné l'estre, *Domine manus tuæ fecerunt me, & plasmauerunt me, opera manuum tuarum ne despicias :* si les Peintres ou les Sculpteurs sont si soigneux de la conseruation de leurs ouurages qu'ils ont élaborez auec peine & industrie, combien plus curieux sera Dieu de conseruer le sien qui luy couste tant de sang, *Domine in manibus tuis sortes nostræ* ; il est en vous, grand Potier, de nous faire vases ou d'honneur, ou d'ignominie.

Commendo spiritum meum, saincte, salutaire, excellente resignation, que tu es agreable à

Dieu, principalement au pas de la mort: tu es cette gracieuse Abigaïl, qui empesche les iustes vengeances du celeste Dauid, de se descocher sur le terrestre Nabal, qui est le pecheur.

Bien-heureux ce seruiteur, mes freres, qui sera trouué *veillant, priant, & la lampe à la main quand le Seigneur viendra*: Bien-heureux celuy qui *mourra en luy*, c'est à dire parfaitement resigné à sa volonté. 1. Reg. 25. Luc. 12. Matth. 25.

Que ne pouuons-nous dire auec le grand Apostre, *Siue viuamus, siue moriamur Domini sumus*, nous le pourrons, *si abnegantes impietatem, & sæcularia desideria piè & iustè viuamus in hoc sæculo expectantes beatam spem, & aduentum gloriæ magni Dei*. Tit. 2.

Ruminez bien aujourd'huy, ie vous en prie, ces sept paroles de nostre Seigneur, & allez en paix.

MERCREDY SAINCT.

Mort de noſtre Seigneur.

HOMELIE XXXVII.

Luc. 23.
Ioan. 19.
Matth. 27.

Hæc *dicens inclinato capite tradidit Spiritum, emiſit Spiritum, expirauit,* 1. nous contemplerons cette inclination de chef, 2. nous vous monſtrerons comme noſtre Seigneur eſt mort d'Amour, 3. comment ſa beniſte ame deſcendit aux Lymbes, 4. nous remarquerons entre mille autres, trois ſignalées vertus, qui reluiſent en I E S V S *crucifié.*

I.

Leuit. 1.

Apoc. 5.

L'Agneau Paſchal deuoit eſtre ſoigneuſement examiné par les Iſraëlites, iuſques à ſes moindres parcelles: ainſi deuons-nous faire de noſtre Seigneur en Croix, *Vray Agneau occis & immolé pour nos pechez,* remarquans curieuſement iuſques à ſes plus petits deportemens; ce qui vous apprendra à porter vn grand reſpect, & auoir vne grande attention à toutes les ceremonies Eccleſiaſtiques, notamment à celle du ſainct Sacrifice de la Meſſe, où le Preſtre qui y repreſente la perſonne de noſtre Seigneur, ne fait aucun geſte ſans beaucoup de myſtere.

I'aduance ce mot, à propos de cette inclination de teſte que fit I E S V S en mourant, qui preste vn large champ d'imaginations à tous les spirituels. Sauueur du monde, toutes vos actions ont tousiours esté des abaissemens & inclinations; en vostre Incarnation, n'auez-vous pas baissé la teste, qui est vostre Diuinité, pour joindre *sa lumiere à nostre limon*, dit sainct Augustin; pource, disoit le Prophete, *Inclina cœlos tuos, & descende*; l'Eglise chante, *qui propter nos descendit de cœlis, & incarnatus est*.

Ce n'est plus Rebeca qui descend de son chameau pour aller au rencontre d'Isaac; mais bien le vray Isaac qui descend *de cœlo sancto suo, & de potentatibus*, pour venir espouser nostre humaine nature dans vne pauure estable, & sur le lict d'vne creche. Genes. 24.

Ce n'est plus Esther qui s'abaisse sous la gaule d'or d'Assuere, mais bien le grand Assuere qui s'incline *sous la verge de fer* des miseres humaines. Ephes. 2.

En ce mystere de l'Incarnation il a incliné sa Diuinité; mais icy par vn profond degré d'humilité il incline son humanité *iusques à la mort, & la mort de la Croix*.

Si vous auez iamais veu des pauots ou des lys chargez de rosée ou de pluye, ou leur tige cassée, pendillée, languissante & appanchée contre terre leurs fleurs, vous auez veu nostre *Lys des vallées* se voulant endormir du pauot letargique de la mort, qui courbe sa teste aggrauée, non plus *guttis noctium*: mais des grumeaux de son propre sang.

O cher Espoux! c'est bien iusques à ce dernir souffle que, *non habes vbi caput tuum reclines*, Cant. 3.

trouueray-je point icy quelque cœur pour mettre en forme d'oreiller entre son menton & sa poitrine, pour soustenir cette pauure teste panchante? Helas! s'il eust voulu la reposer sur sa Croix, cela eust fait entrer plus auant les espines de sa couronne, si sur ses bras cela eust aggraué la douleur des mains cloüées: il n'a lieu plus doux & commode que son propre estomach.

Qui me donnera, cher Amant, que vous reposiez sur le mien, *comme vn bouquet de myrrhe?* non ie ne redoute point, ny les picqueures de vos espines, ny les navremens de vos clouds, *Pone te vt signaculum super cor meum.*

Il incline sa teste, ô Atlas! qui gemissez sous le faix, non du Ciel, mais bien de l'enfer de mes iniquitez, lesquelles, *sicut onus graue grauatæ sunt super eum.*

Il incline sa teste, mais ne voyez-vous pas, que celuy qui s'appelle *source d'eau viue rejalissant à la vie eternelle,* descend pour remonter, s'abbaisse pour s'esleuer? car *quis est qui ascendet, nisi qui descendit in inferiores partes terræ?* ce qui confirme cette verité, *omnis qui se humiliat exaltabitur.*

Ioan. 4.
Ephes. 4.

Mais ne iugez-vous pas encores qu'il *incline* son benist *Chef* pour nous donner le baiser de paix, & nous faire vn signe de reconciliation? regardez-le la teste penchante, & les bras ouuerts pour nous embrasser:

Cernitis vt pronum flectat caput, vt pia pendat
Brachia, & ingratas vocet ad sua munera gentes,
Scilicet amplexus non rejecturus amicos.

Il incline son Chef, Domine inclina anrem tuam mihi,

& exaudi verba mea, mirifica misericordias tuas : ne recognoissez-vous pas à ce geste, que c'est pour entheriner nos requestes qu'il nous fait ce signe, demandons donc librement, puis que nous le voyons si disposé à accorder nos iustes supplications.

Il baisse en fin son Chef, *Tanquam paries inclinatus, & maceries depulsa; sa vertu ou vigueur vitale le laisse, & la lumiere de ses yeux s'eclypse,* sillée du noir bandeau de l'aueugle mort. *Psal. 61.*

Emittit spiritum & creantur, & renouatur facies terræ, en la creation l'Esprit du Seigneur estoit sur la face de l'abysme, & en la recreation l'Esprit de nostre Seigneur s'en va dans les plus creux cachots des Lymbes desbroüiller le chaos infernal, & en separer les enfans de lumiere d'auec ceux de tenebres : *Ce beau Soleil d'Orient alla illuminer ceux qui estoient assis en tenebres, & en l'ombre de la mort, pour diriger leurs pieds en la vie de paix.* **II.** *Genes. 1.* *Luc. 1.*

Apprenons d'icy, mes freres, à visiter les saincts lieux les plus vils & miserables, les hospitaux, les cachots, les prisons, à l'imitation de nostre Astre, qui porte esgalement sa splendeur sur la boüe que sur les roses, & qui ne desdaigne d'esclairer les sombres cauernes de l'Enfer.

Allons cueillir les perles du merite dans le fumier des pauuretez : taschons d'exercer la charité dans les prisons, comme l'or se rencontre dans les cauernes souterraines : nous ne laisserons de puiser des eaux bien claires, quoy que les puits soient creux & enfoncez.

Venez, ô sainct Agneau ! ô nostre Pasque desirable ! venez par la saincte Communion, & prenez la peine de descendre dans les cauernes de nostre interieur, & dás les abysmes de nos cœurs, *& là rompez les liens de nos iniquitez, & nous vous sacrifierons des hosties de loüange.* Rendez, mon ame, qui par le desreglement des passions est vn vray cahos, vn Paradis par vostre chere presence.

Psal. 115.

O! la grand' ioye qui saisit ces bons Peres detenus en ces geolles sepulchrales, & enseuelis en ces noires ombres, quand ils virent entrer le *Desiré de toutes gens,* telles que des forçats, qui reçoiuent la liberté, que des malades qui recouurent la santé, que des affligez qui sortent d'vne longue peine.

Agg. 2.

Ce fut lors pour eux vn iour de bonne nouuelle, lors, *Exultationes Dei in gutture eorum:* nostre protoplaste Adam pouuoit dire voyant approcher *la redemption,* voicy le vray arbre de vie : Eue, voicy la semence qui doit escraser le serpent : Abel, voicy l'Agneau *occis dés le commencement du monde* : Noé, voicy mon arche : Abraham, voicy l'vn des trois que i'adoray en vnité : Isaac, voicy le mouton enfesté & entesté d'espines, qui a esté pour toy offert en sacrifice : Iacob, voicy mon eschelle mystique : Ioseph, voicy ma gerbe : Moyse, mon buisson, ma verge, la vraye manne : Iosué, le Soleil retrogradát : Debora, voicy ma palme : Gedeon, ma toison : Iephte, mon holocauste humain : Samson, mon Lyon *fort & doux* : Dauid, voila ce Christ que i'ay tant chanté : Isaye, voicy la verge florissante de la ra[ci]ne de Iessé : Ieremie, celuy *qui a porté vos langueurs* : Ezechiel, voicy celuy qui seul a passé par la porte d'Orient : Daniel, c'est icy *la pierre destachée de la montagne sans mains* : Tous les Prophetes

4. Reg. 7.

Luc. 21.

Gen. 2.

Gen. 6.

Gen. 22.

Gen. 28.
Gen. 37.
Exod. 33.
Iudith. 6.

Isaye 53.

Ierem. 53.
Ezech. 44.
Dan. 2.

d'vne voix, voicy celuy que nous auons predit: sainct Iean Baptiste nouuellement descendu en ce Lymbe, voicy l'Agneau de Dieu, dont ie vous ay annoncé la proche venuë: & tous ensemble, *Cantabant Domino canticum nouum, laus eius in Ecclesia sanctorum, lætabitur Israël in eo qui fecit cum*: se verifia lors cette Prophetie d'Isaye, *Populus qui sedebat in tenebris vidit lucem magnam, &c.* Isa. 9.

La ioye des vns fut la terreur des Demons & des damnez, qui comme des hyboux malencontreux, hurlans à l'apparoir de cette splendeur inusitée que rayonnoit l'ame de nostre benist Sauueur, tremblerent d'effroy, & redouterent de se voir depossedez de ces hydeuses geolles, pour estre releguez en quelque plus horrible Enfer.

Quelle confusion à Sathan ce Roy des orgueilleux, de se voir ainsi escorné? quel desespoir à la mort, de se voir ainsi abbatuë, quelle fureur à l'Enfer, de se voir ainsi despoüiller & saccager? Admirez icy la puissance de la Croix, mes cheres ames, qui a *enleué les gonds d'airain & fracassé les portes de fer* de ces cachots espouuentables, faisant sortir maints Ionas du sein de cette affreuse Ioan. 4. baleine.

Et bondir plusieurs Daniels de cette fosse aux Dan. 2. Lyons, les retirant de ce lac sans eau.

Quelle rage estoit-ce aux damnez de voir tant de Peres enleuez *auec Iesus dans les amb. la gloire*, 1. Thess. 4. estant pour eux releguez aux eternelles flammes, à des supplices sans fin.

Ce n'est point icy ce fabuleux Neptune, auquel *Fudit equum tellus magno percussa Tridenti.*

Ny ce Cadmus imaginaire, qui fit naiſtre des hommes par les dents d'vn dragon : Mais c'eſt noſtre Seigneur, qui auec le ſceptre de ſa Croix croule les Enfers, & briſant la teſte du grand Dragon, arrache de ſa gueule vn monde de Patriarches.

Exod. 14.

En fin c'eſt noſtre vray Moyſe, qui auec la verge de ſa Croix fend la Mer rouge, & en ſauuant Iſraël, & le deliurant de la terre d'Egypte, & de la maiſon de ſeruitude, y noye & ſuffocque Pharao, & tout ſon exercite.

Mais las ! tandis que ie ſuis pas à pas les piſtes de cette Ame glorieuſe, & que ie m'adjoints apres tant de Saincts, au char de ſon triomphe, pour la conſiderer, *Expoliantem principatus, & po-*

Coloſſ. 2.

teſtates, & traducentem confidenter palam, & triumphantem in illis in ſemetipſa : Ie ne m'aduiſe pas comme ſainct Pierre ſur Thabor, que poſſedé de cet eſclat de ſa gloire, ie laiſſe à conſiderer le plus haut poinct de ſa charité, qui fut, *quando animam ſuam poſuit pro ouibus ſuis*, & quand fut ce détachement, ſinon à ſa mort, puis que la mort n'eſt autre choſe que la ſeparatiõ de l'ame & du corps. Las ! comment pourrons-nous ramener noſtre veuë de cette ioye, & ce dueil de cette ſplendeur, à ces tenebres, & qui ne deſtourneroit ſes yeux d'vn ſpectacle ſi triſte ? quel enfant bien né peut contempler à paupieres ſeiches ſon pere treſpaſſant, qui peut ſans creue-cœur dire, ou entendre cette agonie.

Vous ſoyez beny à iamais, ô ! noſtre Eſpoux, qui auez pour nous meſlangé vos douleurs auec des douceurs, pour nous en faciliter la conſideration & la priſe.

Vous estimez à l'aduenture, mes freres, que ie vous doiue monstrer selon la doctrine de l'Apostre que nostre Seigneur est mort, & *de la mort de* Philip. 2. *la Croix*: mais ie demande pardon à ce grand Docteur des Gentils, si i'ose luy dire que nostre Seigneur est bien mort en la Croix, mais non ja de la mort de la Croix.

Cette proposition qui vous estonne, & qui d'abord semble heurter nostre saincte Foy sera mitigée par vne deuote contemplation de S. Bernard, & encores de S. Bonauenture, qui tiennent que N. S. est mort d'Amour en la Croix, non par la vehemence des tourmens, mais par l'excés de son ardante charité, qui enleua son ame de son corps.

Ce qui sera aisé à vous persuader, si vous considerez, que parlant humainement il deuoit mourir à la moindre de ses douleurs precedétes: Suer le sang, endurer vne destresse incomparable, & vn mortel serre-cœur, tant de milliers de coups de pied, de poing, de baston, tant d'espines dans son cerueau, dont la moindre estoit capable de le tuer: de plus cinq mille quatre cens coups de foüets: tant de despoüillemens & de deschiremens estoient-ils pas bastans de l'accabler, si sa diuinité n'eust fait subsister son humanité, la rendant capable d'endurer des supplices inimaginables. Si d'ailleurs vous conferez ces peines auec celles qui luy furent augmentées en la Croix, luy perçant les pieds & les mains, bien que sensibles douleurs, parlant humainement, elles ne le pouuoiét faire mourir. Et de fait les larrons attachez de pareille maniere, ne moururent que par brisement & suffocation: qui donc peut avoir causé la mort à nostre Seigneur, sinon son Amour: Amour qui a esté la mort de la mort: Et certes il n'estoit pas raisonnable, que *celuy qui n'auoit iamais peché mourust d'autre façon*, cette bourrelle & impiteuse meurtriere qui tuë les hommes estant indigne de mettre ses mains sacrileges sur l'Autheur de la vie, non qu'il ne soit reellement mort, contre l'erreur de quelques heretiques anciens, mais son ame a esté destachée de son corps par la violence de son Amour: De maniere que nous pourrions bien chanter de luy ce que ce Poëte ancien d'Hercule,

Quem non mille feræ, quem non stheneleius hostis,
Non potuit Iuno vincere, vicit Amor.

Genef. 32. Ce mesme Amour, qui luittant auec luy dans le Ciel, comme l'Ange auec Iacob, l'auoit porté de là haut icy bas, & comme arraché du sein du Pere pour s'enclorre au sein de sa Mere, vnissant sa Diuinité à nostre fresle humanité: c'est ce mesme Amour qui destache maintenant cette belle ame de ce beau corps, la Diuinité ne laissant d'associer, & celuy-cy sur la Croix, & celle-là dans les Lymbes.

Va belle ame, va libre des agonies que tu souffrois resserrée dans ce corps si languissant, bien que la diuision de ces deux pieces si parfaites & collées d'vne si estroitte vnion, jointes par vne harmonie si consonante, soit dure pour vn coup; si est-ce que les douleurs de ce corps affligé & martyrisé cesseront par l'absence de cet Esprit, qui ne le viuifioit que pour le faire mourir de mille maux.

Va belle ame, ayant trauersé le feu & l'eau de tant d'angoisses dans le refrigere de l'indecence: va, non pas jouyr (car tu as tousiours jouy de la claire visiō de la Diuinité, dés l'instant de la creation:) mais au moins te reposer *de tes trauaux* dans le sein bien-heureux de ton Pere, *Exeat spiritus tuus, & reuertatur in terram suam, & pereant omnes cogitationes inimicorum tuorum.* Apoc. 14.

Va donc pour deliberer la mort, remporter les despoüilles de l'Enfer, va luy faire rendre sa proye, va braue Dauid terrasser le Goliath infernal, va genereux & fort Samson fracasser les portes de Gaza, va croulant les pilliers de ces cachots, & en mourant fay mourir ces Philistins. Iud. 16.

I'aduoüe que la separation de cette ame & de ce corps fut d'autant plus sensible que leur harmonie & conjoncture estoit estroitte: mais, ô! cōbien fut dure la separatiō de la Mere & de ce Fils, ames pieuses, ie le vous laisse à peser plustost que d'abandonner cette expression à la foiblesse de mon stil: il estoit plus l'ame de l'ame de cette Mere, que son ame n'estoit l'ame de son corps. Helas! comment viuoit-elle voyant mourir sa vie, si nous ne voulons dire comme sainct Augustin, parlant de la mort de son cher Alipius, qu'elle estoit morte en son fils viuant en elle, ayant partagé ensemble, & la vie & la mort, la Mere prenant la moitié de la mort en son fils, & le fils la moitié de la vie en sa mere: Laissons ces subtilitez, & disons mieux, qu'elle estoit seulement viue aux douleurs & morte à toute liesse; elle pouuoit bien dire, *Siccine separas amara mors?*

La contemplation de ce poinct de la mort de

Disc. serm.
61. de têp.
noſtre Seigneur luy eſt bien ſi agreable, que nous liſons d'vne deuote matrone, qui mourant au trauail d'enfant obtint entiere remiſſion de ſes pechez, pour auoir eſté affectionnée à mediter ce paſſage de noſtre Sauueur.

Id. ſerm.
49.
Et d'vn bon frere lay de l'Ordre du glorieux ſainct Dominique, qui alla droit au Ciel en mourant ſans aller au Purgatoire, pour auoir ſouuent & auec ferueur en ſa vie recité cette petite Oraiſon, *O bone Ieſu per amaritudinem paſſionis, quam ſuſtinuiſti in cruce, & maximè quando anima tua egreſſa eſt de corpore tuo, miſerere animæ meæ in egreſſu ſuo* : ayez pareille deuotion, mes beniſts freres, ſi vous deſirez pareille grace.

IV.
2. Cor. 5.
Marc. 14.
Voila donc la *terreſtre maiſon de noſtre Seigneur diſſoute, le temple de ſon corps abbatu*, ſelon ſa prediction : nous auons veu cette ſeparation, cette inclination, le triomphe de ſon ame, reſte maintenant à le contempler mort en Croix : Hauſſe donques tes yeux, ô mon ame ! & conſidere entre vn monde de vertus qui reluiſent en ce tien Eſpoux crucifié trois principales, qui ſont comme trois
2. Reg. 18. clouds qui l'attachent à ce dur bois, qui ſont côme les trois lances de noſtre bel Abſalon.

Pſal. 115.
La premiere eſt l'humilité : car vous ſçauez, que *humiliauit ſemetipſum* : mais las ! *in exceſſu ſuo humiliatus eſt nimis* : auſſi eſt-il appellé par le Prophete, *humiliatus à Deo & percuſſus*.

Iſa. 53.

Voyez-vous cette humilité en l'appanchement de ſon col ? diriez-vous pas qu'il eſt comme en diſpoſition de baiſer la terre, pour la reconcilier auec le Ciel, & donner la paix aux terreſtres pecheurs.

O pauure Publicain! qui n'ose, ce semble, tourner la face vers le Ciel: mais voyez-vous ce Seigneur, qui d'enhaut, *Prospicit super filios hominum.*

O! que cette action nous doit profondement grauer cette leçon, *subditi estote omni creaturæ propter Christum,* & nous enseigner, que seulement, *humiles Spiritu saluabit.* 1. Petr. 2.

Et c'est cette humilité qui l'a exalté, *propter quod & Deus exaltauit illum, dextera Domini exaltauit eum, corda superborum propria virtute,* c'est à dire par l'humilité, *calcauit.* Phil. 2.

La deuxiesme vertu que ie considere est vne parfaite obedience, aussi l'Apostre apres, *humiliauit semetipsum,* adjouste *factus obediës:* & de faict sainct Bernard à ce ployement du col de nostre Seigneur, remarque qu'il est mort par obedience, comme submettant son col au joug de la volonté de son Pere, à guise d'vn innocent Isaac, sous le glaiue d'Abraham. Genes. 22.

Et ne voyez-vous pas que la contenance du vray obeyssant est d'auoir la teste basse, comme s'il disoit auec Dauid, *Imposuisti homines super capita nostra.*

Ces mots, *Emisit, tradidit,* tesmoignent bien qu'il obeyssoit en mourant à vn commandement superieur: comme quand il est escrit, *Emitte Agnum dominatorem terræ, mitte quem missurus es Domine.* Genes. 8.

La Colombe sort de l'Arche obeyssant à Noé, & cette ame benitte de nostre sainct Espoux, sort de l'Arche de son corps au mandement du celeste Pere.

La troisiefme vertu que ie contemple, c'est la patience qui paroist icy entierement monstrueuse & prodigieuse : car iamais roc n'endura tant de vagues, but tant de traicts, enclume tant de coups, palme vn si grand faix, nauire tant d'orages, que N. S. a souffert de tourmens, mais touliours il a *possedé son ame en patience*, & comme, *gaudet patientia duris*, aussi, comme vn Daulphin, il a nagé fortement emmy ces tempestes.

Iamais douleur ne fut semblable à la sienne, iamais Iob ne l'égala, aussi verrons-nous que tout luy sera rendu au double.

Ces mots de Passion & de Patience, se trouuent vniformes en luy, ô combien il est vray qu'*il est patient, & grandement misericordieux! il est nostre patience, & la patience des pauures ne perira point à la fin*.

Adoramus te Christe, & benedicimus tibi, quia per sanctam crucem tuam redemisti mundum, qui passus es pro nobis, Domine miserere nobis. Vn bon Cheualier souloit dire anciennement cette Oraison, y adjoustant tous les iours cinq Pater, & autãt d'Aue, en l'honneur des cinq playes de nostre Seigneur, & il merita, en vision, de gouster du sang de ces precieuses playes, que nostre Seigneur luy participa : ô le sainct & salutaire objet que de IESVS en Croix.

Ramassez de cette Homelie, mes freres, pourquoy nostre Seigneur inclina sa teste : 2. sa descente aux Lymbes : 3. qu'il est mort d'amour : 4. attachez-vous à la Croix auec luy, par ces trois belles vertus d'humilité, d'obeyssance, & de patience.

Marginalia:
Luc. 21.
Iob 24.
Psal. 87. & 70.
Psal. 9.
Discip. in prompt. exemp. ver. Passio.

IEVDY SAINCT.

Prodiges.

HOMELIE XXXVIII.

TEnebræ factæ sunt super vniuer- *Matth. 27.*
sam terram, &c. Entre les signes *Marc. 15.*
prodigieux qui se firent à la mort *Luc. 23.*
de nostre Seigneur, i'en ay consideré huict principaux, que ie vous vay déduire l'vn apres l'autre. Oyez auec estonnement.

Et certes il estoit plus que raisonnable, mes I.
freres tres-aymez, que celuy qui par tant de marques s'estoit signalé à sa naissance, releuant la bassesse d'vne estable, par le chant des Anges, l'apparition d'vne estoille, l'adoration des Roys, la cessation des Oracles, le trouble d'Herodes, & de Hierusalem, redoublast en mourant ces prodiges, car comment ne compatiroient les membres à leur Chef, & la nature vniuerselle à l'extinction de son Autheur?

Voila donc le Soleil *d'Orient*, s'eclypsant, & la mort luy sillant les yeux, que le monde semble vouloir retourner en son premier Chaos, auquel *tenebræ erant super faciem abyssi.* *Genes. 1.*
O Seigneur! nous recognoissons à ce traict, que vrayement vous estes *la lumiere du*

monde : que vous estes l'œil du Soleil, & que le Soleil que nous voyons n'est que comme vne Lune, qui n'a de la splendeur, que par participation de la vostre.

Quand le Chef d'vne famille meurt, toute la maison est revestuë de deüil, se faut-il estonner si l'vniuers, au trespas de son facteur, se charge d'vne robbe noire.

Nostre Seigneur en naissant dit comme à la creation, *Fiat lux*, & voila vn Astre nouueau en campagne ; mourant, *Posuit tenebras latibulum suum, & in tenebris strauit lectulum suum*.

Genes. 1.

Autrefois les tenebres palpables ne couuroient que l'Egypte, maintenant que tout le monde participe aux abominations des Egyptiens, se faut-il estonner s'il est emmantelé de la mesme cappe?

Exod. 10.

O que les tenebres d'infidelité qui couuroient lors le College Apostolique, estoient encores plus palpables! il semble que la lumiere de la foy fust restreinte dans le seul cœur de la saincte Vierge, *dont la lampe ne fut iamais esteinte en cette nuict*, & d'horreur & d'erreur.

II.

Le 2. prodige fut l'obscurcissement du Soleil, qui est comme la cause, dont le precedent n'est que l'effect : *Sol cognouit occasum suum : Posuit tenebras, & facta est nox*. Icy s'accomplit cette Prophetie d'Amos: *Et erit in die illa, occidet Sol in meridie, & tenebrescere faciam terram in die luminis*.

Psal. 103.

Amos 8.

L'eclypse fut tant extraordinaire, que le grand Areopagite en augura, ou la consommation du monde, ou la souffrance de son Autheur, & emmy les aueuglemens où il estoit lors plongé, il ne laiſſa de rencontrer la verité en cette derniere conjecture, qui donna depuis le branſle plus puiſſant à ſa conuerſion.

Maintenant que le monde iuge Dieu, le Soleil ſert de ſigne; & quand Dieu viendra iuger le monde, *Erunt ſigna in Sole*, & pour conuier à Penitence, il ſe *couurira d'vn cilice*. *Luc.* 21. *Apoc.* 6.

Autrefois il s'arreſta du temps de Ioſué, & retrograda és iours d'Ezechias, mais en cette occurrence il change ſa lumiere en obſcurité, *Sol obſcuratus eſt*. *Ioſ.* 10. 1. *Par.* 4.

Et velum Templi ſciſſum eſt. Troiſieſme prodige, par où nous ſommes enſeignez de l'ouuerture des Propheties, qui lors fut faite en ce poinct, ce Liure ſeellé de ſept ſeaux fut deſcacheté par l'Agneau occis. III. *Apoc.* 5.

Caïphe, grand Pontife du Temple, auoit deſchiré par vne feinte douleur, & par vne vraye rage, ſes veſtemens, & voicy le Temple, tout inſenſible, qui teſmoigne de la ſenſibilité, deſchirant ſon voile à la mort de ſon Seigneur.

O rideau! dont la diuiſion nous marque la violente ſeparation de l'ame & du corps de noſtre tres-cher & tres-beniſt Sauueur.

Il eſt vray, *que tout arriuoit en figure aux Iuifs*, mais maintenant que ce voile eſt rompu, le Sainct des Saincts ſe void manifeſtement, non plus *par miroir & enigme*, mais clairement & ſenſiblement. 1. *Cor.* 10. 1. *Cor.* 13.

Mais dites-moy, ne contemplez-vous pas à plain ſa diuinité à trauers le voile deſchiré de cette humanité? Et quoy! attendez-vous que les ſoldats repentis vous crient, *Verè Filius Dei* erat iste! *Verè tu es Deus faciens mirabilia, tu es Deus solus: Venite & videte prodigia quæ fecit Dominus super terram.*

IV. *Et terra mota est.* Quatriesme prodige, duquel nous pouuons bien dire,

Eccleg. 5.
Daphni tuum Pœnos etiam ingenuisse leones
Interitum montesque feri syluæque loquuntur.

Ou d'vn chant plus venerable, *A facie Domini mota est terra. Vidit & commota est terra, mouebuntur omnia fundamenta terræ. Fundamenta montium conturbata sunt.*

Serons-nous plus lourds & stupides, que ce massif & grossier element? O que nous auons le cœur plus que terrestre, s'il ne sent de l'emotion à vn si piteux spectacle.

Exod. 19. Quand Dieu donnoit son ancienne loy à Moyse, sur Sina, cette montaigne estoit toute tremblante, fumante, coulante, replie de feux & d'esclairs, *Terra mota est, etenim Cæli distillauerunt à facie Dei Sinai.* Et en faisant sa nouuelle alliance *Æneid. 4.* en son sang, sur le Caluaire, *Totum tremefecit Olympum, summoque vlularunt vertice Nymphæ.*

Les Ministres d'vn trespas si tragique, transis d'effroy à ce croulement, redoutans le sort d'Abiron, & de *descendre en Enfer tous viuans,* eussent volontiers dit comme les reprouuez *Nu. 16.* diront aux dernieres assises, *Montaignes tombez sur nous,* mais la peur leur suffoquoit les paroles en la bouche.

Et petræ scissæ sunt. Ce fut le cinquiesme prodige, la consideration duquel est, à mon aduis, capable de fendre les cœurs plus obstinez, sinon qu'ils soient plus durs que les pierres mesmes.

Prions Dieu, mes freres, qu'il nous oste *ces cœurs* *Ezech. 11.* *empierrez, & qu'il les rende mols comme la chair*, non *36.* pas sensuels, mais tendres & flexibles.

Quoy? vne pierre au desert touchée d'vne ver- *Exod. 17.* ge, a bien donné des eaux: & quand bien nos *Num. 20.* cœurs seroient de pierre, touchez de la verge de *Deut. 8.* nostre Seigneur, en Croix, rouleront-ils point de compatissantes larmes? Celuy *qui conuertit petram in stagna aquarum, & rupem in fontes aquarum*, ainsi pitoyablement traitté, tirera-il point quelque goutte de nos yeux? Sa Croix sera-elle point vn *marteau assez fort, pour froisser la dureté de nos* *Ierem. 23.* poitrines?

Le diamant, la plus dure de toutes les pierres, s'amolit par le sang, & celuy de nostre Espoux flechira-il point l'obstination de nostre courage?

Les pierres se fendent d'extréme froid, ou de grande ardeur, comme on void aux fournaises: si la chaleur de la saincte deuotion ne fond nos cœurs, au moins que ne se fendent-ils par la glace qui les enuironne.

Les Simulachres d'Egypte se briserent jadis à *Isa. 19.* l'arriuée du Sauueur, aujourd'huy les pierres se brisent à son deceds, & les idoles de nos pechez, & la dureté de nos cœurs, demeurent tousiours en leur mauuais entier.

Pourquoy ne nous fendons-nous en sanglots, puis qu'aujourd'huy la pierre de Daniel se desta- *Dan. 2.* che de la montaigne.

Ce Poëte, qui parlant des pierres de Deucalion, *Ouid. 1.* disoit: *Vnde homines nati durum genus*, a naifue- *Meta.* ment depeint nostre peu de ressentiment.

Cependant les assistans de cet horrible spectacle, voyans ainsi cracqueter les pierres, qui s'entrechoquoient & fracassoient, *De medio petrarum dabant voces.* Et outre les repentirs & frappemens de poitrine, poussoient des accents piteux & lamentables.

Ouy, & le ressentiment a penetré iusques aux morts, *Et in mortuis fecit mirabilia, & mortui laudauerunt eum,* parce que *monumenta aperta sunt, & multa corpora Sanctorum surrexerunt.* Sixiesme & espouuentable prodige, leurs sepulchres n'ont pas esté *domus illorum in æternum;* mais au contraire, *Narrauerunt in sepulchris misericordiam suam.*

Et iuste prodige, car puisque la mort estoit vaincuë par la mort de nostre Seigneur, il a esté bien à propos, que donnant la mort à sa vie, il donnast la vie à nostre mort, pour se declarer Maistre de la mort & de la vie, *Dominus mortificat & vinificat, deducit ad inferos & reducit.*

Ie m'asseure que ce prodige vous estonne, mes bien-aymez, quand vous vous representez plusieurs personnages cachez sous la lame, depuis tant d'années, rodans par les ruës de la ville de Hierusalem, retournans à leurs maisons, & seruans d'espouuentail à tous ceux qui les auoient cogneus.

Mais quand d'autre part vous jettez l'œil sur l'histoire de Ionas, du mort resuscité par Helisee, du Lazare, de l'enfant de la Vefue, de la fille du Prince resuscitée par nostre Seigneur, durant sa vie, & principalement à cet article de nostre creance, de la resurrection des morts;

vous

vous cessez d'admirer, sçachans que rien n'est impossible à celuy que nous croyons Tout-puissant. *Luc.* 1.

Et ne recognoissons-nous pas spirituellement ce prodige en ces saincts iours ? Combien pensez-vous qu'il y a d'ames en cet Auditoire, par la Penitence & Confession resuscitées de la mort du peché, à la vie de la grace ?

Et qui ont volontiers ouuert les sepulchres de leurs consciences, pour en pousser leurs vieux pechez, manifestans leurs secrettes playes, pour estre medicamentez, *Inueterauerunt ossa eorum, putruerant & corruptæ fuerant cicatrices eorum à facie insipientiæ illorum.*

Quel sera le miserable qui en vn temps si solemnel ne fera bondir de son cœur toutes les ordures que le long dilayement de sa conuersion y a accumulées, qui ne voudra nettoyer sa maison, & preparer son interieur pour y receuoir le vray Agneau Paschal ? ô mes freres, *præparate corda vestra, & ponite eam virtute eius, effundite illa coram illo, reuelate Domino vias vestras & non dabit in æternum fluctuationem vobis.*

Faut-il qu'vn homme, dont la condition sent VII. bien fort à la desbauche outre les erreurs du Paganisme qui l'aueugloient, nous face vne hôteuse leçon de conuersion & de repentance ? Le Centurion Capitaine Romain & Payen voyant tant de signes monstrueux changea son courage de Lyon en la voix d'vn Agneau, disant, *verè filius Dei erat iste*, & ie mets ce prodige causé par les autres pour le huictiesme : & certes en iceluy comme en vn abregé, tous les precedents semblent se rencontrer. Il estoit en tenebres estant gentil &

Ff

Idolatre, *& sol iustitiæ non illucebat.* Le voile se fendit lors que la veuë de la foy luy fut donnée d'enhaut du *Pere des lumieres*, luy faisant voir la diuinité en l'humanité patissante, la terre trembla, car *la crainte & la tremeur luy suruint*, & il est escrit, *viso terræ motu timuit valde.* Les pierres se fendirent, quand son cœur fut touché de repentir : cœur plus empierré que les rochers du Caucase : les sepulchres s'ouurirent quand il poussa de sa bouche des paroles de foy, luy duquel auparauant, *os abundabat malitia ; cuius guttur erat sepulchrum patens : cuius os non erat rectum cum Deo, nec fidelis erat in testamento eius.*

Psal. 34.

Somme voulez-vous vn plus grand miracle que la conuersion d'vn soldat, d'vn homme carnacier, & sanguinaire : S. Augustin va admirant auec estonnement celle de deux soldats conuertis par vn bon Hermite, comme vne chose tres-singuliere.

De plus, c'estoit vn Capitaine qui comme vn premier mobile traina beaucoup d'orbes apres soy : aussi le texte ne manque pas de dire, *& qui cum eo erant percutiebant pectora sua* : priez Dieu, mes freres, qu'il vous donne des bons Chefs tant au spirituel qu'au temporel : car leur exemple est de grande energie pour vostre bien.

Percutiebant pectora sua, O que sera-ce au grand iour du iugement vniuersel, *quando erit fletus & stridor dentium.* Lors que les pecheurs, & les Iuifs, *videbunt in quem confixerunt.* Helas ! soyons des Publicans de bonne heure, *frappans nos poitrines & preuenant ce iour d'Ire en confession.*

Luc. 18.

Psal. 94.

VIII. Le huictiesme & dernier des prodiges sur lesquels ie vous ay promis de parler, est la veüe renduë au cruel Longis, qui eut bien ce felon courage que de percer le costé & le cœur de nostre pauure Iesus apres sa mort. O Dieu ce coup de lance meritoit l'employ de maintes Homelies, tant le sujet en est plantureux & fertile: mais sans m'arrester à cette chere & precieuse playe, centre de son amour & de nostre bien, contemplons seulement comme d'icelle, *exiuit sanguis & aqua*, & que cette liqueur ayant coulé par la lance de Longis iusques sur vn œil qu'il auoit perdu (car la plus grande part des interpretes tiennent qu'il n'estoit pas entierement aueugle) il reçoit soudain la lumiere en cet œil par ce diuin collyre.

O poisson de Tobie rosty au feu de vostre Amour, est-ce ainsi que vous poussez de vos entrailles, non ja du fiel, car helas! vous n'en eustes iamais, mais du miel pour redonner la veüe aux aueugles, & illuminer les yeux comme le miel de Ionathas. *Tob. 8.*

2. Reg. 14.

Bon IESVS, il semble qu'il y aye de l'aduantage à vous outrager, puisque vous consolez ceux qui vous affligent, & qu'il y aye peu d'acquest à vous seruir, puisque vous remplissez d'amertume vostre mere, Amante entierement déconfortée au pied de vostre Croix: *non est qui consoletur eam ex omnibus charis eius*: du moins tres-aymable Espoux, donnez-moy cette lumiere qui me face cognoistre clairement que toutes les fois que ie vous offence, *ie vous crucifie derechef*, & vous creue le cœur. *Hebr. 6.*

Sainct Agneau, c'est donc ainsi que vous reuestez ceux qui vous tondent, & repaissez ceux qui vous tirent; faites-moy cette grace que par la sacrée communion où est vrayement & vostre chair, & ce sang, & cette eau sortie de vostre costé, ma veuë soit puissamment illuminée, pour me conduire emmy les tenebres de ce siecle maling.

Ioan. 9. Que ce soit là ma nageoire de Siloé, où i'aille, ie me laue, & ie voye.

Genes. 2. Exiuit sanguis & aqua; cela nous represente l'vnion de Dieu auec son peuple faite en l'Eglise sortie comme vne seconde Eue du costé de ce second Adam.

Apoc. 5. Et nous fait encore entendre comme l'eau du Baptesme laue nos ames en vertu du sang de l'Agneau, qui nous a rachetez de toute tribu, langue, & nation.

Allez bien repensant à ces huict prodiges que ie vous viens de descrire, 1. aux tenebres, 2. au Soleil obscurcy, 3. au voile deschiré, 4. au tres-agreable, 5. aux pierres fenduës, 6. aux morts resuscitez, 7. à la conuersion du Centurion, 8. à l'illumination de Longis; & de tout cela composez-en cette salutaire *crainte de Dieu, qui est le commencement de sagesse.*

VENDREDY SAINCT.

Sepulture de nostre Seigneur, & compassion de nostre Dame.

HOMELIE XXXIX.

VEnit Ioseph ab Arimathia ; venit & Nicodemus, &c. En fin nous voicy arriuez, mes tres-chers freres, à la funeste Catastrophe de cette sanglante tragedie, dont nous vous auons representé les deplorables actes pendant le cours de cette penitente Quarantaine. *Math. 27. Marc. 15. Luc. 23. Ioan. 19.*

Hic finis Priami fatorum, hic exitus illum Sorte tulit. — *Aen. 2.*

Aujourd'huy fut exercé sur nostre Seigneur tout ce que nous vous auons cy-deuant deduit, les discours precedents sont autant de prologues de cettui-cy, auquel tandis que nous laissons aux autres à renouueller les indicibles douleurs de nostre sanglant Espoux, nous coucherons soûs la lame celuy *qui pour ses oüailles a donné son ame*, *Ioan. 10.* la mort dans le tombeau donnant le repos à celuy qui pour nous sauuer ne s'est en sa vie donné aucun repos, *sed amodo requiescet à laboribus suis.* Nous partagerons ce long discours en deux parties : en la premiere traitterons de la Sepulture de nostre Seigneur, en la 2. de la compassion de nostre Dame ; en la 1. partie nous examinerons ces

Ff iij

quatre poincts; le 1. la deposition de la croix, le 2. l'enseuelissement, le 3. le Sepulchre, le 4. la garde du tombeau. Voyons.

I. Ioseph d'Arimathie disciple secret de N. S. pour la crainte qu'il auoit des Iuifs, voyant tant de prodiges arriuez en sa mort, chassant de son ame les nuages des respects humains, leue hardiment l'estendart de la Croix, *& petiit audacter à Pilato corpus Iesu* : ainsi quelquesfois par vn contre-coup admirable la timidité enfante la resolution. *Audaces facit ipse timor*, & cet autre, *Audaces faciunt extrema pericli.*

Et labor ingenium miseris dabit & sua quemque.
Aduigilare sibi iussit fortuna premendo.

En fin à force de chasser, les feres sortent des bois, & souuent la tribulation de la terre fait

Psal. 118. recherher le salut du ciel, *vexatio dat intellectum, tribulatio & angustia inuenerunt me, & lex tua meditatio mea est, intellectum da mihi & viuam.*

Ainsi voyons-nous que souuent les pecheurs ou les Errans qui ont longuement tergiuersé & differé leur conuersion pendant leur vie, pres-

Psal. 87. sez des terreurs de la mort & de l'enfer, se conuertissent à Dieu leuans le masque des vains respects du monde qui les retenoient dans le train du peché ou de l'heresie.

Mais remarquez icy, mes freres, & mes sœurs, combien ce nom de Ioseph est de bon augure & chery de nostre Seigneur.

Il est figuré tres-naïuement par vn Ioseph en l'ancienne alliance, innocent, enuié, vendu par ses freres, emprisonné, Sauueur de l'Egypte, ravalé, relevé, chaste, debonnaire, aymable, beau, voire & ce nom de Ioseph n'a-il pas quelque consonance auec celuy de IESVS : que de conformitez auec nostre Seigneur.

En la nouuelle alliance il s'est mis comme en depost entre les mains de deux Iosephs, & au commencement & à la fin de sa vie : au commencement voyez comme Ioseph le iuste son pere nourricier le porte en ses bras en Egypte, tantost le rapporte en Galilée; heureux d'estre chargé de ce bien-aymé faix, & voyez maintenant nostre cher IESVS bien que *multum mutatus ab illo*, tout mort & ensanglanté entre les bras du bon Ioseph d'Arimathie.

O si sainct Simeon s'estimoit tant heureux de l'auoir receu *in vlnas suas*. *Luc. 2.*

Si vne des plus precieuses delices de la saincte Vierge estoit de le tenir en son enfance *comme vn bouquet de myrrhe* collé sur son chaste sein, luy donnant à succer ces *mammelles* pleines d'vn laict diuin ou plustost d'vne celeste manne. *Cant. 1. Cant. 6.*

Combien est excellente & releuée vostre condition, ô Prestres, qui auez en vos mains le mesme priuilege de la saincte Vierge, de S. Simeon, & des deux Iosephs : c'est cette prerogatiue qui vous rend venerables par tout, pourueu que par des contaminations vous ne vous rendiez point indignes d'vn si sainct ministere qui non seulement vous esgale, mais esleue par dessus tous les Anges.

Apprenez de ces Saincts personnages Ioseph & Nicodeme, auec combien grande reuerence

Ff iiij

vous devez manier la tres-saincte Eucharistie, qui est ce mesme Corps, mais viuant, mais glorieux, mais accompagné de son ame & de son inseparable diuinité. Ils prennent humblement congé de la S. Vierge: ainsi quand vous approcherez du sainct Autel, demandez-luy sa speciale assistance, afin que vostre Sacrifice soit conduit comme il conuient.

Ils ne se portent pas comme des temeraires Ozas & Ozias, à toucher cette Arche sacrée, & cet encensoir de la Croix, qui exhaloit vers le Ciel vne odeur de si grande suauité, que l'eternel Pere pouuoit bien dire auec Isaac, *Odor filij mei, sicut odor agri pleni*, mais auec vn tres-profond respect; tandis que l'vn soustient le sacré Corps de nostre Redempteur auec des grands linges, l'autre destache les clouds, & puis ils le descendent tout doucement en bas.

Isa. 6. Ce qui me fait souuenir de ce Seraphin d'Isaye, qui prit vn charbon sur le sainct Autel auec des pincettes d'or, charbon figure du Corps du Sauueur, *Psal. 17.* *auec lequel s'embrasent les cœurs amortis*, & qui contient ce feu que nostre Seigneur est venu lancer en terre.

L'Eglise chante de la S. Croix, *Beata cuius brachiis saecli pependit precium*; cela se peut aussi dire des bras de Ioseph & Nicodeme, qui en cette *1. Cor. 6.* disposition portoient *le grād prix de nostre rachapt*.

Cant. 8. O! sainct Espoux, *mettez-vous comme vn seau sur mon cœur, comme vn cachet sur mon bras*, afin que ie vous ayme & vous serue, & que mes actions correspondent à mon amour.

Exod. 19. Voicy donc que Ioseph, comme vn autre Moyse

descend du haut de Sina de la Croix rapportant les tables de la loy de charité escrites du doigt de Dieu sur vne pierre percée à iour, & qu'elle est cette pierre sinon IESVS, qui pouuoit dire auec Iob remply de playes, *manus domini tetigit me, pierre viue, angulaire & fondamentale, quoy que reprouuée* par les Iuifs: pierre percée à iour, car ne voyez-vous pas que ses mains, ses pieds & son cœur sont trauersez de part en part.

Matth. 21.
Marc. 2.
Luc. 20.
Act. 4.

Ce n'est plus vne vision de Iacob dormeur, qui apperceut Dieu sur vne eschelle, puisque nous voyons maintenant nostre Dieu descendant de la Croix par l'eschelle que Ioseph y auoit dressée.

Genes. 38.

Eschelle qui est cette chaisne d'or, & cette Galaxie par où les anciens Gentils s'imaginoient que la diuinité descendoit du Ciel en terre.

Voyez-vous nostre grand Astre rouler en bas, & duquel on peut dire, *cadentia sydera cœlo*, ou d'vn accent plus venerable, *stellæ cadunt de cœlo*, belle *lumiere du monde*, sillée ou voilée du sommeil de la mort, *suadentque cadentia sydera somnos*.

Ces bons personnages cueillent en fin ce fruict de vie, qui *seul nous peut donner l'immortalité*, mais fruict si meur, si rôty aux rays de son amour extreme, si battu & meurtry, que destaché de son tronc il se laisse tomber: helas! mes freres, mais où le cœur me saigne quand i'y pense, *horresco referens*, ie suis contraint de le vous dire, dans le sein de sa saincte Mere qui l'attédoit les bras ouuerts au pied de la Croix. *Fruict autrefois si doux à son Palais, las! combien est-il deuenu amer à sa bouche & conuerty en acrimonie!*

Cant. 2.
Amos 6.

O! que le bois de la Croix a rendu les eaux de

Mara ou de Marie, non douces comme jadis, mais ameres, *sitiebat anima eius ad Deum fontem viuum*, & voyla qu'elle rencontre *mortem in olla*.

Voyla que *sous vn arbre comme nostre premiere mere fut seduite & corrompuë*, nostre seconde mere est aussi sous vn arbre non violée, mais violentée & griefuement affligée, celle-là vid le fruict prohibé, beau à voir & doux au goust, & celle-cy void le fruict recommandé, hydeux à voir, *non erat ei aspectus*, & tres-amer à sauourer.

O quel changemēt! autrefois en son Incarnation il estoit descendu en son sein, maintenant elle le void mort entre ses bras, *ainsi sa harpe est changée en pleur & sa voix en lamentation*.

Semblable à vne gemissante tourtereile qui roule de piteux accents voyant son pere massacré.

Mais reseruons cette contēplation pour nostre seconde pose, & considerons seulement *en cette deposition du tabernacle* (car S. Pierre parle ainsi de son corps) cōbien N. S. est obeissant, voyez commēt il se laisse manier au gré de ceux qui luy veulent rēdre ce pieux office que de l'enseuelir, quād serons-nous si tres-parfaictement mortifiez que nous soyons ainsi maniables & souples comme le corps inanimé de nostre Maistre! ô tres-obeyssant IESVS, non seulement mourant en la Croix, vous vous estes rendu obeyssant à vostre Eternel Pere, mais mesmes apres vostre trespas, vous n'auez point voulu estre destaché de ce bois infame sans l'expresse licence de Pilate: ô qui me donnera que ie vous obeysse en tout, *& propter verba labiorum tuorum custodiam vias duras*.

Si autrefois le Soleil s'est arresté à la parole de

Cant. 8.

Genes. 3.

Isaye 53.

Iob 30.

2. *Petr.* 1.

de nostre Seigneur. 475

Iosué, voicy pas le Soleil *d'Orient qui obeyt à la voix des hommes?*

Ce precieux corps estant deposé entre les bras de la saincte Mere, il fut question de l'enseuelir.

Tunc complexa sui corpus miserabile nati,
Atque Deos atque astra vocat crudelia Mater.   *Virgil.*

Pensez auec combien de regret elle se voyoit *Eclog. 5.* oster de deuant les yeux celuy qui en estoit l'vnique flambeau : ô que ce bel Astre se couchoit trop tost pour elle, mais il se va cacher, comme feignent les Poëtes au temps de Tyeste, pour ne voir sa mere tant adolorée.

Regarde bien, ô Mere affligée, si ce corps des- *Genes. 37.* chiré, & ensanglanté, *est la Tunique de ton fils Ioseph que la beste farouche* de la rage des Iuifs a ainsi deschiré, las ! elle le void *defiguré comme vn lepreux, playé depuis la plante des pieds iusques à la sommité du Chef.* Si elle n'eust veu la suitte de ses tourmens, il luy eust esté mescognoissable.

A cet enseuelissement Ioseph fournit les suaires & Nicodeme les parfums, exprés, ie dy les suaires, & parce qu'il est ainsi couché dans le Texte de sainct Iean, *ligauerunt corpus Iesu linteis cum aromatibus* & afin que vous sçachiez que no- *Ioan. 19.* stre Seigneur fut enseuely en deux grands draps couchez l'vn sur l'autre, desquels vn entier & le plus proche de son sacré corps est maintenant à Turin, estant le grand & inestimable thresor de la Serenissime maison de Sauoye, & l'autre est partagé en deux, dont vne part est à Bezançon, & l'autre se conserue à Compiegne en Picardie : ce que ie vous dy afin de cõfondre cette supposition que calomnieusement voudroient imposer les aduersaires de nostre creance, qui ne font *que blasphemer ce qu'ils ignorent*, & ne se plaisent qu'à contredire mal à propos les plus sainctes & venerables reliques.

Ie diray encores pour vostre consolation que i'ay seruy bien qu'indigne, auec d'autres Prelats, selon la ceremonie vsitée à l'ostension de ce rare thresor à Turin par deux fois, & fus cōmandé de prescher sur vn si beau sujet deuant leurs Altesses Serenissimes: mais pour dire le vray, il me fut impossible de voir ny parler sans transport d'vn si excellent reliquaire, où nostre Seigneur a imprimé sa figure auec le pinceau de son corps teint en son propre sang, ce qui soit dit pour sa gloire & vostre edification, car ie sçay que vous estes deuots à ce sainct gage de son amour, qui a felicité ces contrées par tant de siecles, reposant en la ville de Chambery, qui nous est si proche; de sorte que, & en ce Diocese & aux circonuoisins la feste s'en celebre le lendemain de l'inuention de la saincte Croix auec beaucoup de deuotion.

O que nos cœurs ne peuuent-ils seruir de dignes suaires pour enclorre ce corps precieux, & ils seront tels, mes freres, si par vne penitence salutaire, *comme par vne aspersion d'hyssope nous les mūdifions & blanchissans comme la neige*, pour approcher en cet estat de la sacrée Communion.

Psal. 30.

Nous y adioustons les vnguens des parfums de la myrrhe & de l'aloës, si *nous repensons à nos ans passez en l'amertume de nos ames*, si en mortifiant nos corps nous *brisons nos cœurs par la contrition & componction*.

Isa. 30.

Ce sera lors que nos ames reuestuës des beaux atours de la grace exhaleront vne odeur qui embaumera le Ciel & la terre, *odor vestimentorum erit super omnia aromata*, & elles seront *sicut areolæ aromatum consitæ à pigmentariis*.

Ce n'estoit donc pas assez à nostre Espoux d'auoir esté en sa naissance enueloppé en de petits drapelets, si encor à la fin de ses iours il ne se fust reclus en des linceuls mortuaires, apres auoir versé tout son sang pour nous par vne charité incomparable.

III. Enseuely, cette benitte troupe qui accompagnoit la saincte Vierge au pied de la Croix, le porte auec vn arroy funeraire en vn iardin proche du Caluaire, *où y auoit vn tombeau neuf*, dit le Texte, *taillé dans le roc, où iamais aucun mort n'auoit esté mis*. O que mon cœur ne peut-il seruir de pareil Mausolée, helas! il est bien de pierre pour sa dure insensibilité, mais non ja de pierre taillée auec le marteau de la Penitence, qui est *malleus conterens petras*. Il est bien creux, mais par la vanité & inanité, non par humilité; au demeurant il n'est pas neuf, c'est à dire, il n'est pas *reuestu de l'homme nouueau, mais bien du vieil Adam*, Ephes. 4. chargé de vieilles & mauuaises habitudes, las! que de morts, ie veux dire combien de pechez mortels y ont pourry, combien de mortelles affections l'ont infecté: quand sera-ce, ô mon bon Dieu! que ce sepulchre de mon cœur amollira sa dureté? quand sera-ce qu'il s'ouurira pour vomir par vne confession salutaire toutes ses corruptions: *Inueterauerunt ossa mea, putruerunt & corruptæ sunt cicatrices meæ à facie insipientiæ meæ*

Quand sera-ce que ce cœur *qui doit estre vostre temple*, se verra purifié des contaminations des Egyptiens, qui sont les pechez, *quelle conuention peut estre du temple de Dieu auec les Idoles*, ce sera lors qu'il vous plaira le refondre & resoudre pour vostre amour changeant en or sa scorie, ou plustost le recreer de nouueau. *Cor mundum crea in me Deus*; lors il sera vn sepulchre neuf par vne nouuelle vie, *& vne saincte renouation d'esprit*. Il sera de pierre par vne resolution ferme & propos arresté de ne retourner iamais au peché, blanc de candeur, vuide d'iniquité, & net de toute ordure.

2. Cor. 6.
Isa. 11.
Psal. 59.
Ephes. 4.

Vous remarquerez encore auec moy, mes freres tres-chers, comme nostre Seigneur, non content en sa vie d'auoir vescu auec vne si extréme pauureté, *qu'il n'auoit, ny maison, ny retraite, ny où reposer son Chef*, a voulu encor apres sa mort conseruer cette saincte vertu de pauureté, estant enterré par aumosnes & en vn tombeau emprunté, plus pauure en cela que ces anciens Gaulois qui persecutez & dechassez par les Romains disoient, *terra in qua viuamus deesse potest, in qua moriamur non potest*, puis qu'il n'auoit pas seulement six ou sept pieds de terre pour coucher son corps, auoit *bien que la terre soit au Seigneur & sa plenitude*.

Luc. 9.
Psal. 23.

On lit de ce fameux Capitaine Epaminondas qu'il mourut tant pauure qu'il fallut l'enterrer aux despens du public: en cette extremité fut reduit nostre Seigneur, à tout cela, *vt eius inopia nos diuites essemus*.

Voila donc nostre Sauueur couché & caché dans ce roc taillé dans cette cauerne creuse exhalant des odeurs de mille vertus, & tous rayonnant des esclats de son amour : il me souuient d'auoir autrefois leu en Pline, que dans les grottes qui sont jouxte la mer Erythrée se trouue certaine pierre qui esclairée des rayons du Soleil rend à l'emboucheure de ces antres les mesmes couleurs qui se voyent en l'Irie; mais dites-moy, cette pierre precieuse & angulaire qui est maintenant en depost dans vn antre, n'est-ce pas celuy-là mesme, dont il est escrit, *& iris in capite eius.* O qui pourroit exprimer les perfections merueilleuses qui residoient en ce precieux depost, *en cette arche de sanctification.* *Apoc.* 10.

Psal. 131.

De nostre part, mes bien-aymez, que contribuerons-nous à ces honneurs funeraires, sinon des fleurs & des fruicts sur cette saincte tombe, que ces fleurs soient nos desirs, ces fruicts nos bonnes œuures, que les ruisseaux soient nos larmes pour les arroser & baigner, les Zephirs nos souspirs : parsemons-là de violettes d'humilité, de roses de charité, de lys de pauureté : *car c'est entre les lys que se paist,* & repose nostre cher Espoux, ce sont les *fleurs & les fruicts propres pour t'appuyer en la langueur de son Amour.* *Cant.* 2.

De plus, selon l'enseignement du bon Tobie, *apportons pain & vin sur la Sepulture de ce iuste,* principalement puis qu'il est *Prestre eternellement selon l'ordre de Melchisedech,* qui offroit pain & vin : & comment cela ? ce sera par la frequente communion, receuant souuent *ce pain vif descendu du Ciel,* qui est la plus excellente oblation que nous puissions faire, puis que, *manger la chair du Sauueur & boire son sang est faire commemoration de luy & annoncer sa mort.* *Tob.* 5.

Psal. 109.

Ioan. 2.

Pour boucler ce poinct de son Sepulchre,

vous notterez, que *aduoluit Ioseph saxum magnum ad ostium monumenti.* Sur quoy les Spirituels nous enseignent, si nous voulons conseruer en nos cœurs, ou le precieux corps de nostre Seigneur est receu, par la saincte Communion, *ou la grace du sainct Esprit habitant en nous*, de boucher bien nos sens, afin de ne donner par iceux aucune entrée au monde en nostre interieur : car c'est *par ces fenestres que le larron glisse* dans nos cœurs, pour y piller & enleuer toutes nos richesses spirituelles.

_{Vincent. Bruno.de la Pa.med.51.}

_{Rom. 8. Iere. 6.}

Serrons ainsi la porte de nostre cœur auec la pierre d'vn ferme propos, & resoluë determinatiō de ne permettre iamais *que le peché y regne*, car c'est le moyen d'y retenir nostre Seigneur & de nous estreindre indissolublement à son amour.

_{Rom. 6.}

Imitans les abeilles, qui pour forclorre les frelons, les araignees & les serpens de l'entrée de leurs ruches, mettent aux embouchenres vne herbe forte & amere qui s'appelle Ruë, laquelle par sa senteur fait fuyr tous ces malings animaux friands de leur miel & ennemis de leur mesnagerie : aussi mettons à la porte de nos cœurs la saincte mortification & penitence, si nous voulons y conseruer la grace, qui est plus *suaue qu'vn rayon de miel distillant*, & empescher que Sathan ne l'en chasse en y logeant le peché.

_{Cant. 4.}

Nostre Seigneur estant reclus dans le monument : voyla que Pilate à la sollicitation des Iuifs ordonne qu'il soit seellé, & ordonne des gardes pour y veiller, en *lectulum Salomonis, sexaginta fortes ambiunt* : mais en vain, car *frustra jacitur rete ante oculos pennatorum.* Celuy qui a peu, comme vn rayon solaire trauerser le crystal de la virginité de

de nostre Seigneur. 481

de sa mere sans le briser, celuy qui a marché sur les eaux, celuy qui s'est rendu inuisible, celuy à qui rien n'est impossible, celuy qui par son pouuoir transcendant & extraordinaire ploye les creatures comme il veut, celuy qui passera dans peu de iours des portes closes, qui trapassera en son Ascension glorieuse toutes les spheres des Cieux sans les ouurir ny dilater : pensez-vous qu'il ne trauerse pas bien vne pierre?

C'est icy le volume sigillé que l'Agneau seul peut ouurir imperceptiblement. *Apoc. 5.*

La porte d'Ezechiel par où le Seigneur peut entrer & sortir sans estre ouuert.

Notez cependant comme les Iuifs enuieux de la gloire de N.S. *tota die cogitant malitiam in corde suo, & lingua earum concinnat dolos*, rendans selon leur propre terme *leur seconde erreur pire que leur premiere*, car au lieu de se conuertir par la force de tant d'horribles prodiges aduenus en la mort de nostre Seigneur, qui touchoient les Gentils mesmes de repentance, *ils commencent à resister au sainct* *Act. 6.* *Esprit*, à se bander & reuolter contre leur propre science & experience, *declinans leurs yeux pour ne* *Dan. 13.* *voir la verité* : mais comme des Mages malings taschans d'obscurcir ce Soleil qui s'estoit autant fait cognoistre par son eclypse que par sa splendeur.

Ils veulent *extingere scintillam*, cachée dans les cendres de la mort, mais qui resuscitée excitera *2. Reg. 14.* vn embrasement qui enflammera tout l'vniuers.

En vain veulent-ils *cacher la cité sise sur la montagne & voiler le Soleil d'Orient*, car c'est s'opposer à celuy *qui fecit de tenebris lumen splendescere*, lequel *Matth.*

Gg

sçait *confundere omnes iniqua agentes superuacuè.*

Cet Aſtre ſçait creuer, reſoudre & diſſiper les nuages qui obſtaclent & rebouchent ſes rays.

Ce Samſon ſçaura bien enleuer ces portes & mettre en route ces Philiſtins l'aſſiegeās : ô Pilate, *Pone ſeram cohibe, ſed quis cuſtodiet ipſos cuſtodes?* Les pourroit-il pas s'il vouloit *faire perir auec Choré*, ou les renuerſer auec vne ſeule parole, ou les aueugler, ou les perdre? Les pourroit-il pas eſcraſer en roulant ce roc ſur eux comme jadis ce robuſte Iouuenceau croulant les pilliers de la ſale & accablant ſes ennemis?

Il n'eſt point beſoin de force, il ne veut employer que ſon addreſſe, il ſe rendra imperceptible à leurs yeux, *& trenſiens per medium illorum ibit.*

Au demeurant qui pourra, dit le Sage, apperceuoir *viam colubri ſuper petram.*

Voicy noſtre Daniel dans vn lac ou foſſe, dont la porte eſt ſeellée, & qui peut dire, *poſuerunt me in lacu inferiori, in tenebroſis & in vmbra mortis*, encores, *eſtimatus ſum cum deſcendentibus in lacum*, mais il dira bien-toſt apres, *non derelinques animam meam in inferno, nec dabis ſanctum tuum videre corruptionem, notas mihi feciſti vias vitæ.*

Voicy l'Eſpoux qui prend ces qualitez de ſon Eſpouſe, *Hortus concluſus, fons ſignatus.* Mais cette fontaine toute ſeellée ne lairra de rejallir iuſques au Ciel, & ce jardin clos, fera ſes emiſſions au Paradis.

Miſerables Iuifs, qui par vos artificieux ſtratagemes voulez ternir *ce nom qui eſt par deſſus tout nom, ce grand nom auquel tout genoüil flechit.*

Mais il arriuera que voſtre oppoſition le rendra plus fameux comme celuy d'Eroſtrate.

de nostre Seigneur.

Pharao pour exterminer la race des Iuifs commanda aux sages-femmes d'Egypte de faire mourir tous les masles dés leur naissance, mais il ne peut iamais venir à chef de son malheureux dessein. Ainsi les Iuifs pour estouffer le Christianisme en son origine taschoient d'empescher la resurrection de nostre Seigneur, car c'est le plus sublime poinct de nostre foy. *Si Christus non resurrexit inanis est fides nostra, mais qui habitat in cœlis irrisit eos & dissipauit consilia eorum. Scimus Christum surrexisse à mortuis verè, credendum est magis soli Mariæ veraci quam Iudæorum turbæ fallaci.*

Exod. 1.

Tandis que ces satellites gardoient d'vne part ce sepulchre auec vne intention sinistre & peruerse, contemplez de l'autre, pieuses ames, les Anges à grosses trouppes qui se rangent *iouxte ce tabernacle de Cedar où repose le bon Pasteur*, autant dolens & affligez qu'ils estoient allaigres à sa naissance proche de sa creiche, lors qu'ils remplissoient l'air de leur harmonie, ils ploroient volontiers,

Cant. 1.

—— *mais leurs yeux creux & vuides,*
De larmes & de pleurs se rencontrent steriles.

Aussi voyez-les tousiours veillans comme ce dragon feinct qui gardoit les pommes d'or en Hesperie.

Doutez-vous que plusieurs Cherubins ne gardassent ce Paradis Terrestre auec des glaiues de feu, puis que dans ce renclos estoit enclos le vray fruict de vie.

Genes. 3.

Similiter & mulieres sedebant contra sepulchrum, dit nostre texte, ô qu'elles sont bien figurées par ces femmes qui estoient destinées à la garde du tabernacle.

Luc. 23.

Exod. 38.

Gg ij

Cependant il se fait tard, *nox atra cauâ circumuolat vmbrâ. Et sol decedens crescentes duplicat vmbras.* Dure contrainte de partir pour la saincte Mere & les Maries qui l'accōpagnoient, lesquelles eussent volontiers *fiché là leur pauillon,* & campé auprés ce tombeau, y eslisans *leur demeure perpetuelle,* pareilles aux fourmis des Troglodytes que l'ō ne peut chasser qu'à force d'auprés les thresors

Isa. 22.

Psal. 83.

O! que leurs corps sont violemment arrachez & par vne auulsion vehemente de ce Sepulchre, où estoit le centre de l'amour de leurs cœurs, *qui les separera de la charité de Christ?* comment quitteront-elles *celuy qu'elles tiennent,* & qui les tient vnies à soy si fermement, *que la mort n'est point si puissante que leur dilection est forte.*

Rom. 8.
Cant. 7.

Cant. 1.

Neantmoins pour ne scandaliser l'autruy, ne faire murmurer le monde & garder la bien-seance conuenable à des Vierges bien nées & à des femmes de vertu & d'honneur, elles se retirent doucement de corps en Hierusalem, laissant toutes leurs cœurs aux pieds du doux IESVS en cette tombe. Ainsi elles nous enseignent à laisser quelquefois Dieu pour Dieu, à intermettre des actions exterieures de deuotion pour ne donner occasion de iuger temerairement à ceux qui ont plus de soin de reprēdre que de bien faire, à euiter non seulement le mal, mais mesme tout soupçon.

Femmes deuotes apprenez encore d'icy à n'estre tant long-temps à l'Eglise, principalement les iours ouuriers, que vous interessiez en cela le gouuernement de vostre mesnage, & donniez occasion de mescontentement à vos maris.

La deuotion ne consiste pas à rouler tant de

chappellets & en multitude de menus suffrages, mais à bien viure selon Dieu, chacun selon sa vacation, *satagite vt per bona opera certam vestram vo-* 2. Petr. 1. *cationem faciatis.* Ne voyez-vous pas que les saulteurs se tirent en arriere pour bondir plus loing, quitter la pierre pour œuurer & faire son labeur, c'est comme le seruiteur qui cesse de parler à son maistre pour executer ce qu'il luy commande.

Apprenez encor vn autre secret, qui est à vous retirer en Hierusalem, c'est à dire vision de paix, ie veux dire dans la trāquilité de vostre ame pour mediter vtilement la sainéte Passion de nostre Seigneur, là vous tirerez du miel de la pierre & de l'huile du caillou, par ce moyen vous colligerez *de spinis vuas, & de tribulis ficus,* c'est en ce parfait recueillement que nous pourrons dire auec l'Espouse, *fasciculus myrrhæ dilectus meus mihi inter vbera mea commorabitur.*

Et ce repos & recueillement nous conuie tout à propos à nous recueillir & reposer vn peu, prenans vn petit d'haleine pour parfournir nostre longue carriere, tandis que de cœur nostre Chœur entonnera, *O crux aue spes vnica.*

SECONDE PARTIE.

ATant, mes freres esplorez, auons-nous terminé les souffrances de nostre cher IESVS par sa sepulture, ayans couché sous la lame son corps priué de son ame, son insensibilité le met hormais à l'abry de la rage des Iuifs ses forcenez aduersaires, *rassasiez de ses maux* & assouuis par sa mort. Mais las ! le grand helas ! où finissent les douleurs du fils, commencent celles de la mere, laquelle retirée en Hierusalem & recluse dans son solitaire cabinet est assaillie d'vne si grande multitude d'ennemis, que tout ce que les Poëtes representent és regrets d'Hecube ne sont que des crayōs informes des essétielles douleurs qui luy rongent le cœur, renaissant à mesure qu'il se deuore, comme le foye de l'esclaue du Caucase. Ie laisse à vos pensées à ruminer & ses souspirs & ses larmes, & les accents piteux qu'elle roula tant que son fils fut dans le sepulchre: qui ne voit icy la porte d'vne large digression que m'interdit la briefueté que i'affecte en ces pages? Or ie vay en cette seconde carriere & derniere poincte vous representer, 1. la compassion à l'ombre de quelques figures anciennes, 2. nous considererons les causes de son extreme douleur, 3. sa constance, 4. son amour. Ie vien.

Comme ceux qui ne pouuans affronter le Soleil de droicte veuë, se seruent de l'ombre d'vn crespe pour rabattre la viuacité de ses rays & l'esclat de sa trop brillante clarté pour en faciliter l'apprehension de leurs yeux: ainsi ne pouuant soustenir dignement l'expression de cette excessiue douleur qui accable la Mere de nostre Redempteur, i'ay pensé d'en emprunter les lineamens de quelques figures que nous fournit l'ancienne alliance disproportionnée, mais qui par leur inesgalité nous feront admirer l'excés auquel nous ne pouuons atteindre.

Mais ie crains d'ailleurs, qu'au lieu que ce sont les ombres qui releuét la peinture, ie ne rauale plustost & applatisse le pourtraict de cette compassion que ie desire vous representer par les ombres des figures que ie vous appreste & apporte : certes on peut bien confronter sans esgaler, & prou de choses entrent en conference, qui sont fort esloignées en comparaison, & souuent en la representation du moins on ayde à se sousleuer au plus.

Si Sara mere d'Isaac eust esté aduertie qu'A- Gen. 2. braham son mary alloit immoler son vnique Isaac, la seule consolation de son ame & le ris de son cœur, ô Dieu de quel desespoir eust-elle esté outrée! quels cris, quel hurlement eust-elle lancé vers le ciel? mais Abraham sçachant quelle est la violence d'vne mere à qui on enleue sa progeniture se leue à la minuict lors qu'elle estoit plus profondement endormie,

Tempora quo permagna quies mortalibus ægris, Aen. 2. *Incipit & dono cœli gratissima serpit.*

Il luy cele son dessein, voire le cache à son fils, *pour ne le troubler des terreurs de la mort:* heureuse en son desastre cette mere de ce que moins elle en auoit de cognoissance. Mais que dirons-nous de Marie qui deuant ses propres yeux a veu mal traicter & en fin massacrer son propre enfant, qui luy a veu porter le bois sur lequel il deuoit estre sacrifié au mont de Caluaire, qui luy a veu ployer le col sous le couteau rigoureux de la seuere iustice de son Eternel Pere, qui a veu non subroger vn mouton en sa place, mais estre luy mesme *l'Agneau immaculé immolé pour les pechez du monde?* elle ne dormoit pas, mais elle veilloit, ce n'estoit pas au milieu de la nuict, mais en plain iour, non en secret, mais en public.

Regardez-moy ces meres indiscrettes du siecle, *qui ayment souuent mieux sacrifier leurs enfans aux demons qu'à Dieu*, ie veux dire les pousser aux vanitez de la terre & aux pompes du monde, que de les voir attachez par vne Ecclesiastique ou religieuse vacation au seruice des Autels : quelles forceneries ne commettent-elles quelquefois pour les destourner de si genereux desseings, elles deschireront leurs cheueux, selon la description qu'en fait sainct Hierosme, plomberont leurs poictrines de coups, n'auront la bouche ouuerte qu'aux sanglots, aux plaintes & aux reproches, elles conjureront par les mammelles que leurs enfans ont succées pour les faire tourner en arriere, & *abandonner le fort qu'ils auoient empoigné*. Il me souuient de l'Amante forcenée du grand Poëte,

Luc. 9.

Æneid. 4.   *Mene fugis per ego has lachrymas, &c.*

Que si l'Amour naturel a tant de pouuoir que de faire souuent preualoir la chair & le sang sur l'esprit & postposer le culte du ciel au vain contentement de la terre, ces meres idolatres de l'ayse de leurs enfans ne pouuans se resoudre à leur voir embrasser les sainctes austeritez de la croix pour y mourir auec nostre Seigneur d'vne mort vrayement ciuile ; que ferons-nous de Marie qui a veu son cher enfant souffrir & embrasser volontiers des tourmens ausquels toutes les imaginables austeritez ne sont aucunement conferables. *Pro peccatis suæ gentis vidit Iesum in tormentis & flagellis subditum.* Dites-moy ne sont-ce pas icy de grandes disproportions ? neantmoins sur les fureurs de ces meres inconsiderées iugez des transses de la prudente & affectionnée mere de nostre doux Redempteur.

Rebeca enceinte de ces deux iumeaux tant dispathique que desia leur incompatibilité com- *Gen. 25.* mençant dés le ventre de leur mere, luy donnoient par leur debat intestin de violentes tranchées & conuulsions, pressée de ces excessiues douleurs elle disoit en l'amertume de son ame, *si sic mihi futurum erat, quid necesse fuit concipere?* Vrayement ces paroles estoient *de precipitation*, car il semble qu'elles soyent peu recognoissantes du benefice de la fertilité que Dieu luy auoit octroyée à l'instante priere d'Isaac: mais ne les pourrions-nous point en quelque sens plus doux appliquer à nostre saincte Vierge, qui liberée des douleurs en l'enfantement de nostre Sauueur, sentit en sa mort de si estranges pointes, qu'elle estoit vrayement, comme la nomme l'Eglise, *mere douloureuse*, ayant produit *l'homme* *Isa. 53.* *des douleurs.*

Cette mesme Rebeca encourageant son fils Iacob à receuoir par surprise la benediction de son pere, qui craignoit sa finesse descouuerte d'encourir plustost la malediction, luy disoit, *sit in me maledictio ista fili mi.* O si nostre saincte *Gen. 27.* Vierge eust peu aussi bien souffrir mille morts pour deliurer son cher fils comme elle pouuoit iustement dire, *opprobria exprobrantium tibi ceciderunt super me*, que volontiers elle se fust exposée à toutes sortes de supplices.

Vous sçauez comme la vraye mere disputant

de son enfant deuant Salomon, ayma mieux le perdre entierement que de le voir partager deuant ses yeux : mais cette cession la fit recognoistre, & son fruit luy fut rendu sain & sauf; que n'eust fait nostre saincte Vierge pour ne voir cette dure diuision de l'ame & du corps de son fils ; mais toutes ses resignations n'empescherent point l'execution de la rigoureuse iustice de l'Eternel Salomon, *& selon la multitude de ses desolations la consolation ne fut point donnée à son ame* ; ains son ame fut donnée en proye à toute sorte de douleurs & d'ennuis.

3. Reg. 3.

Psal. 93.

Agar seruante d'Abraham chassée de la maison de son maistre s'en va dans le desert, où accablée de faim & de pauureté, n'ayant plus de quoy se nourrir ny son enfant, elle se resout à la mort : mais ne pouuant supporter sans vn extreme creue-cœur de voir expirer son fils, elle le laisse en vne part & s'en va de l'autre, disant, *Ie ne le verray pas mourant* : nostre chere Marie n'a pas eu en sa misere ce priuilege, car elle a veu par vn spectacle continuel les mortelles langueurs de son fils, *Stabat iuxta crucem*, dit le texte sainct, & l'Eglise chante, *Vidit suum dulcem natum morientem desolatum dum emisit spiritum* : de sorte qu'en vain, mes tres-chers, refueilleterions nous toutes les vieilles panchartes *pour trouuer vne douleur semblable à la sienne*, ce sont des crayons desnuez des viues couleurs de ses poignantes douleurs.

Gen. 22.

Ie les laisse donc pour venir aux causes qui

l'ont renduë tant excessiue par de là toute humaine ou imaginable destresse : la premiere fut la delicate complexion de cette douce Vierge, qui la rendoit de tant plus sensible à cette fiere douleur, car si à peine eust-elle peu voir tuër ou patir la moindre petite bestelette, si les souffrances du plus vil animalet luy eussent fait pitié : mais dites-moy ie vous prie auec quel contre-cœur elle a peu voir souffrir tant de maux à son tendre enfant.

―――― *Qui possit lachrymis æquare dolores.*

La 2. cause fut la singularité de sa maternité, car outre que le part & l'integrité Virginale qui iamais ne s'estoient trouué ensemble se rencontrerent en elle, d'abondant elle estoit comme pere & mere de nostre Seigneur, ayant subministré le plus pur sang de son cœur pour la formation de son corps sans aucune operation d'homme, de sorte qu'elle l'aymoit doublement & fortement d'amour paternel & tendrement d'amour maternel, & ce fut là le *glaiue* de *Simeon tranchant des deux parts qui diuisa son esprit & son ame, trauersant son cœur, ses moëlles & ses cartillages.* Luc. 2.

La 3. cause qui rengregea sa douleur fut sa grande vnion & sympathie auec nostre Seigneur, qui estoit vrayement *l'os de ses os, la chair de sa chair, & le sang de son sang*, ce qui les rendoit si conformes & vnis, que le bien ou le mal de l'vn passoit & se transfondoit incontinent en l'autre, & comme l'eclypse du Soleil rend soudain la Lune sombre qui ne luit que de la splendeur empruntée de cet astre, ainsi estoit-il de ces astres iumeaux.

Ne voyez-vous pas quand vn œil plore que l'autre verse soudain des larmes, estimez-vous ce Fils & cette Mere moins symbolisans que deux yeux?

Fruicts iumeaux, dont la meurtrisseure de l'vn se transporte soudain à l'autre.

Aucunement semblable à ces enfans iumeaux dont parle Pline, qui collez par l'estomach symbolisoient en toutes leurs actions, comme si vne seule ame eust animé ces deux corps.

La 4. cause de l'extreme douleur de la saincte Vierge est le lieu de sa playe, qui estoit au cœur, centre de la vie, & source de tous les sentimens, ne sçauez-vous pas que les naurures sont de tant plus acres & poignantes qu'elles sont en des lieux plus delicats? & y auoit-il rien au monde de plus tendre que le cœur pitoyable de nostre beniste Vierge? pource à iuste raison les Saincts Peres Hierosme & Bernard, l'ont-ils nommée plus que Martyre, d'autant que les autres Martyrs ne souffroient qu'en leur corps, & elle a souffert au cœur; eux en leur chair qu'ils mesprisoient, elle en nostre Seigneur qu'elle aymoit vniquement, & par dessus toutes choses.

Hier. ser. de Assump. Bern. ser. de ver. Apost.

La cinquiesme cause, qui est, comme ie pense, le periode de son extreme douleur, est que les autres souffrances sont comme particulieres, mais la sienne a esté vniuerselle, car elle souffroit en nostre Seigneur, qui estoit son tout, de sorte qu'elle estoit toute confite en angoisse *depuis la*

plante des pieds iusques au sommet de la teste. De Pſal. 123.
corps elle ſouffroit en la paſſion de ſon Fils, de
cœur par la compaſſion qui l'affligeoit à outrance, de ſorte *que les eaux de deſtreſſe entroient iuſ-*
ques en ſon ame, en tremblant ſon corps, & ſi *Dieu*
n'euſt touſiours eſté auec elle, peut-eſtre qu'elle en euſt
eſté abſorbée, & que ſon eſprit n'euſt peu trauerſer ces
eaux intolerables.

Cui comparabo te virgo, diray-je auec le lamentable Prophete, *vel qui aſsimilabo te, magna eſt ve-* Thren. 2.
lut mare contritio tua ; digne comparaiſon : car
comme Dieu appella en la creation du monde
la congregation des eaux ſalées *Maria*, auſſi en la
recreation le ramas de toutes douleurs s'appelle
Maria; & ce nom de Marie ſonne-il pas *mer ame-* Pſal. 76.
re; & ſelon les lettres il vient *à mari: Domine à ma-*
ri via tua & ſemita tua in aquis multis.

Et comme c'eſt le Soleil, diſent les Phyſiciens,
qui rend la mer amere; auſſi n'eſt-ce pas l'eclypſe
du *Soleil d'Orient qui remplit* d'amertume le cœur
de la ſaincte Vierge ?

En la mer il n'y a aucune goutte d'eau qui ne
ſoit amere, & il n'y a recoin tant au corps qu'en
l'ame de Marie qui ne ſoit comblé, voire ſur-
comblé de douleur : pour celuy ſemblent appar-
tenir, & voyez comment fort bien les paroles
de cette Veſue affligée, que communément on
luy applique, *Nolite vocare me Noëmi, id eſt pul-*
chram, ſed vocate me Mara, id eſt amaram, quia ama- Ruth. 1.
ritudine valdè repleuit me Omnipotens : où vous remarquerez que ce mot *valdè*, marque le plus haut
periode d'vne extréme douleur.

O Dieu, à quel faiſte logerons-nous ſa constance d'auoir peu voir les afflictions & en fin le massacre de son tres-cher fils, & que son cœur ne se soit esclatté en mille pieces, ô cœur le plus fort & le plus genereux de tous les cœurs humains, ô beau & incomparable cœur, plus clair & net que le diamant & aussi plus ferme, puisque mesme le sang de l'Agneau immolé ne t'a peu amollir ny ployer à aucune action impatiente & irresignee.

O cœur de fer tout rouge de feu du sainct Amour, tu es de la trempe de celuy d'Elisée qui contre la nature va surnageant les eaux des detresses.

O cœur de corail rouge, de charité, petrifié de fermeté, qui neantmoins nages sur l'eau salée de la mer des tribulations.

Exod. 16. Cœur pareil à la manne, tu te liquefies au Soleil du sainct Amour, mais tu te durcis & encroustes au feu des afflictions.

Tu ressemble au nid de l'Alcyon, qui fabriqué sur les eaux, n'en peut estre ny penetré, ny submergé, estant bien serré & enduict, & tousjours en équilibre.

Exod. 3. Venez icy, mes cheres ames, *voir cette grande vision du buisson, qui brusle sans se consommer* : Nostre Vierge, vray buisson ardant, est dans les flammes des desplaisirs, sans se dissoudre en aucun excez de paroles, tousiours conforme au vouloir de la diuine prouidence.

O qu'elle est voirement vn Buisson plein d'espines, & de qui on peut dire ce mot du Prophete, *Exech. 30.* *Sicut parturiens dolebit Pelusion* : car elle enduroit de violentes tranchées sous cette espineuse Croix, comme si elle eust enfanté ou vn buisson, ou vn herisson, voyant N.S. ainsi chargé d'espines en sa teste.

On dit que le bois de figuier sauuage, tout au rebours des autres bois, va au fond de l'eau estant sec, mais il reuient au dessus plus il est imbu d'eau : les cœurs vulgaires, penetrez des eaux des tribulations, ont de coustume de se couler au fond de quelque lascheté & descouragement, mais celuy de nostre saincte Vierge au milieu de ses plus grandes oppressions a tousiours esleué son esprit en Dieu, lequel *non dedit in commotionem pedes suos.* *Psal.* 65.

Le poisson viuant se tient volontiers au fond de l'eau, mais le mort vient au dessus, ceux qui viuent en delices, si tost que les eaux des afflictions les angoissent, *descendunt in profundum quasi lapis*, mais ceux qui sont bien *mortifiez de corps, sont viuifiez d'esprit*, & surnagent toutes difficultez, se conformans à la volonté diuine, *Mutant fortitudinem, assumunt pennas vt aquilæ, volant & non deficiunt.* *Cant.* 3.

Pareils à l'encens, plus ils sont bruslez, plus ils exhalent & esleuent leur odeur, *Icti sunt, sacti sunt, tentati sunt, & Christi bonus odor facti sunt.*

Et qui luy a, ie vous prie, Inspiré vne telle constance, sinon son extréme amour de Dieu, comblé de toute sa perfection : cet amour en elle *a esté plus fort que la mort* de son fils. IV.

Cant. 3.

Quand Abraham eut ce commandement de Dieu, d'immoler son fils, imaginez-vous comme l'amour naturel & surnaturel entreluittoient *Genes.* 22.

en son ame, mais cettuy-cy preuault & l'auteros, l'amour diuin surmonte l'eros, l'amour humain: ainsi en arriue-il dans le cœur de Marie, l'amour humain l'accabloit de detresse en la mort de son fils vnique, mais le diuin la r'animoit & rauigotoit, luy faisant dire, *Sicut fuerit voluntas in Cœlo*

1. Marc. 3. *sic fiat.*

Que si l'Eternel Pere *proprio Filio suo non pepercit, sed pro omnibus nobis tradidit illum, & si sic*

Ioan. 3. *dilexit mundum vt Filium suum vnigenitum daret pro nobis*: Doutons-nous que cette saincte Mere n'aye en cela imité le Pere Eternel, quand elle luy offrit ce cher Fils au Temple en sa presentation, n'estoit-ce pas afin qu'il en fist selon son bon plaisir? elle estoit tellement transformée en Dieu, qu'elle estoit vn mesme esprit auec luy, selon ce que dit l'Apostre, *Qui adhæret Deo, vnus spiritus est.*

O, que son amour estoit pur! puis qu'elle toleroit si patiemment de perdre toutes ses consolations, aymant autant Dieu en la priuation, qu'en la jouyssance de la conuersation de son doux enfant.

L'histoire Romaine loüe vn Curtius, qui sacrifia sa vie pour son pays; & quelle loüange donnerons-nous à Marie, qui souffre l'immolation de son enfant, qui estoit la vie de sa vie, pour nostre redemption.

L'histoire sacrée exalte le zele des femmes d'Israel, qui baillerent librement tous leurs joyaux pour la construction & ornement du Tabernacle; & que dirons-nous de la charité de Marie,

Num. 13. qui a jetté dans le Gazophilace, & les deux deniers

niers des deux natures de son fils, & donné franchement la perle Euangelique, de prix inestimable, pour la fabrique de l'Eglise, que nostre Seigneur *a lauée* & *engendrée en son sang.* Or sus, mon ame, *quid tibi est in Cœlo, & quid voluisti super terram* : Veux-tu pas *renoncer à tout*, puisque la saincte Vierge a bien quitté Dieu, pour Dieu mesmes.

Marc. 12.
Matth. 13.

Luc. 14.

O Amour extréme, de IESVS & de Marie, vers le genre humain, celle-cy pour nous donne celuy-là, & celuy-là pour nous se prodigue soy mesme : ô qui me donnera pour reciproquer vn si sainct Amour, que ie meure spirituellement à tous pechez & imperfections, à moy-mesme, & à ma volonté propre, entre *Iesus* & *Marie*. *Sancta Mater istud agas, Crucifixi fige plagas, cordi meo valide*, que ne puis-je *dormire inter medios istos Cleros, & in pace in idipsum dormire & requiescere.*

Psal. 67.
Psal. 4.

Et quel pensez-vous, mes freres, estre le grand fruict de la passion de N. S. sinon *de l'aymer, comme il nous a premierement aymez* ; comme la charité est la cime de la perfectiō, aussi est-ce le grand effect de la passion, que de nous guinder à ce faire, & comment nous y guinder, sinon par vn continuel souuenir d'vn si grand bien-faict ?

O que mon discours n'a-il la vertu de l'eau forte, pour grauer sur vos cœurs, quand ils seroient de bronze, ou d'acier, l'ineffaçable figure de IESVS crucifié.

Quàm non Imber edax, non Aquilo impotens Possit diruere.

Que ne peux-ie si bien cacheter vos cœurs de

Hh

ce sceau sacré, qu'ils fussent imperceptibles de toute autre impression, & clos à toute autre affection.

Si est-ce cela que ie me suis efforcé de tout mon pouuoir, de buriner en vos ames, auec le ciseau de ma langue, durant tout le cours de cette Quarantaine, ayant esté mon dessein de vous grauer *sur le cœur & le bras*, la passion du fils de la compassion de la mere.

Cant. 1.

Vous sçauez que la terre sigillée, est medecinale contre le venim des serpents, si vos cœurs, quoy que terrestres, estoient sigillez de ce perpetuel souuenir, ils ne seroient iamais infectez du poison du peché.

l. 2. apum c. 25. & Discip. in Prompt. ex.

Thomas de Chant-pré, Autheur fort deuot, rapporte d'vn certain esclaue Chrestien, qui seruoit vn Payen fort cruel, lequel voyant ce pauure seruiteur se mortifier continuellement, & faire vne dure penitence, luy demanda pourquoy il se maltraittoit ainsi, parce, luy respondit l'autre, que ie porte dans le cœur le souuenir de la Croix & passion de mon Sauueur; le Maistre incredule & barbare, ie verray, dit-il, tout maintenant, il le fait tuer, & ouurir, chose admirable; son cœur estant partagé, vne des pieces fut trouuée seruir de sceau à l'autre, & en l'vne la Croix estoit en relief, & en l'autre grauée, *Tunc credidit ipse, & domus eius tota.* N'estoit-ce pas là vn vase d'honneur, & vne vraye terre sigillée?

Ioan. 4.

Vous sçauez comme le Martyr S. Ignace, contemporain des Apostres & Disciple de la saincte Vierge, fut trouué, apres sa mort, le cœur tout graué du nom & de la Croix de IESVS,

de nostre Seigneur. 499

C'estoit ce grand Sainct, qui auoit pour Oraison jaculatoire ordinaire, *Amor meus Crucifixus:* ô que ne pouuons-nous dire apres luy, *Mon amour est crucifié,* ou *le Crucifié est mon amour:* ou auec le grand Apostre, *Quod autem viuo in carne, in fide viuo filij Dei, qui dilexit me, & dedit semet-ipsum pro me.* Galat.

Vous irez donc recueillant de la premiere partie de cette longue Homelie, mes tres-aymez, 1. quelle fut la deposition de la Croix, 2. quel l'enseuelissement, 3. quel le tombeau de nostre Seigneur, 4. quelle fut la garde de son sepulchre: de la 2. vous retiendrez 1. les figures, qui vous crayonnent la compassion de la S. Vierge, 2. les causes de son extréme douleur, 3. sa constance, 4. son amour.

Et de toute la passion, en general, vous apprendrez à *compatir, si vous voulez corregner; à souf-* Rom. 8. *frir, si vous voulez estre glorifiez; à commourir, si vous voulez viure eternellement auec Iesus,* disant auec l'Apostre, *Ie suis mort pour viure à Dieu, Ie suis attaché auec Christ en la Croix; non, ie ne vis plus moy, mais Iesus Christ vit en moy,* lequel soit 2. Tim. 2. entierement, fidellement, & vniquement seruy, Gal. 2. adoré, & aymé de nos cœurs, & viuant, & mourant, & tousiours, & aux siecles des siecles. Amen.

Hh ij

DIMANCHE DE PASQVES.

Le Triomphe de la Croix, en la Resurrection du Sauueur.

HOMELIE XL.

Pſal. 95.

DICITE *in Gentibus quia Dominus regnauit à ligno.* Aujourd'huy nous erigerons vn Trophée à *ce bon combat que noſtre Seigneur a combatu*, & que nous vous auons deduit pendant toute cette Quarantaine, il ne ſera autre que cette meſme Croix, auec laquelle il a terraſſé la mort, vaincu l'Enfer, & debellé le monde: ie m'en vay vous narrer, 1. ſes merueilles, 2. ſes biens, 3. ſa victoire, 4. ſon Triomphe: belle matiere pour ce iour ſi ſolemnel. Entendez, ie vous ſupplie.

I. Sainct Iuſtin Martyr, au Dialogue contre Tryphon, ſe plaint de la malice des Iuifs, qui pour éuiter le coup fatal & inéuitable, que leur lançoit au front cette Prophetie de Dauid, que nous auons priſe pour Theme, ils l'auoient tronçonné, & rayé ces mots *à ligno*, qui ſe trouuent en l'ancien original Hebrieu : Et quel eſt ce bois de la Royauté du Seigneur, ſi non la saincte Croix, signe de son Empire, mais Empire des cœurs.

C'est aujourd'huy que nous pouuons encores chanter, mais auec autant de liesse que ces iours passez auec detresse;

Impleta sunt quæ concinit
Dauid fideli carmine,
Dicens in nationibus
Regnauit à ligno Deus.

Et aussi entonner auec la mesme Eglise, *Qui salutem humani generis in ligno Crucis constituit, vt vnde mors oriebatur, inde vita resurgeret, & qui in ligno vincebat, in ligno quoque vinceretur, per Christum Dominum nostrum.* Admirable conduite de Dieu, qui a voulu que la reparation fust proportionnée à la cheute, & que l'arbre de la Croix effaçast la faute commise en la manducation du fruict de l'arbre defendu.

O que sainct Iean Damascene a tres-bien dit, *Que de toutes les choses merueilleuses, la Croix estoit la plus merueilleuse*: car tous les anciens prodiges semblent recueillis en elle, non comme en vn Epitome, ou abregé, mais comme les fleuues dans le vaste sein de l'Ocean.

Genes. 2.
l. 4. c. 13 f. Orthod.

Car si l'eternel Verbe a par sa parole *& son souffle*, de rien formé toutes choses en la creation, il a en expirant sa vie en la croix, reformé tout en la recreation.

Genes. 2.

Diray-je que la croix a sauué le monde du deluge de l'erreur, comme jadis l'arche de Noé, les restes du genre humain, des absorptions de l'vniuersel cataclysme?

Gen. 9.

L'ancienne arche d'alliance contenoit dedans

Hebr. 9.

foy la manne, la verge de Moyſe, & les tables percées, où la loy eſtoit eſcrite, ou pluſtoſt grauée du propre doigt de Dieu: La croix, par laquelle noſtre alliance & reconciliation a eſté moyennée auec l'eternel Pere, a toutes les veritez de ces ombres, car elle a contenu en ſes bras la manne de l'humanité de noſtre Seigneur, cette verge *de la racine de Ieſſé*, & celuy qui eſt appellé *pierre viue*, percé de toutes parts, d'eſpines, de foüets, & de clouds, qui eſcriuent ſur ſon corps la loy de la ſaincte charité.

Iſa. 11.

Cette arche eſtoit au Propitiatoire, & par la croix noſtre Seigneur s'eſt fait propitiation pour nos pechez.

Exod. 31.
1. Ioan. 2.

Là ſe rendoient des oracles de rigueur, icy de miſericorde: là il eſt dit, *que le Seigneur eſtoit preſent*, auſſi eſt-il icy.

Exod. 15.
17. 40.
Leuit. 16.
2. Reg. 21.
Exod. 4. 7.

La verge de Moyſe, ouuriere de tant de merueilles, n'en opera iamais tant que la Croix; le nōbre en eſt definy en l'Eſcriture, mais celles de la Croix ſont infinies: elle faiſoit des tenebres, celle-cy les chaſſe; celle-là changeoit les eaux en ſang, celle-cy le ſang de rigueur en eau douce de clemence; celle-là excitoit des playes, celle cy les guerit; celle-là ruinoit l'Egypte, cette-cy deſtruit le peché; celle-là eſtoit *vne gaule de fer* pour Pharao, & celle-cy orne les couronnes des Princes Chreſtiens; celle-là tira Iſraël de ſeruitude, celle-cy nos ames de l'eſclauage de Sathan; celle-là frappant vne pierre en tira de l'eau, & celle-cy tire des larmes des cœurs plus endurcis; celle-là fit paſſer Iſraël par la mer rouge, & celle-cy nous meine en la terre promiſe à trauers la mer rouge de la passion du Fils de Dieu.

Si la verge d'Aaron fut merueilleuse en sa fleur, qui n'admirera dauantage la Croix, *de la racine de laquelle sort la fleur de Iessé?* *Num. 17.*

Elle est cette gaule de Ionathas, au bout de laquelle on taste vn rayon de miel qui ouure les yeux, faisant voir la Diuinité en l'humanité des figures du Sauueur. *Isa. 11.* *2. Reg. 14.*

Elle est cette verge bigarée de Iacob, à l'aspect de laquelle nous pouuons empraindre en nos ames les couleurs de toutes les perfections. *Gen. 30.*

Elle est cette verge de fumée, qui exhale vers le Ciel tres-soifue & acceptable odeur, & l'autre sur qui brusle le vray Thimiame. *Cant. 3.*

Elle est le buisson où nostre Seigneur brusle d'amour. *Exod. 3.*

Elle est l'eschelle mystique de Iacob, sur laquelle *Dieu est appuyé*, & ce baston que les Mathematiciens appellent de Iacob; auec quoy se mesure le Ciel & la terre, *Stetit Dominus & mensuratus est terram*, auec la Croix se voyent les immesurables dimensions, *de la longueur, largeur, sublimité & profondeur de la charité de Iesus-Christ.* *Gen. 28.* *Ephes. 3.*

Elle est le baston d'Elisée, auec lequel la nature humaine a esté resuscitée de la mort du peché. *4. Reg. 4.*

Voire, & le baston de la cognée de ce Prophete, qui attire à soy les cœurs de fer du profond des eaux voluptueuses. *4. Reg. 6.*

Elle est ce bois qui adoucit les eaux ameres de Marath: car quelle aduersité nostre ne disparoist & ne s'aneantit, conferée auec la Croix de nostre Seigneur. *Exod. 15.*

Elle est la lettre Tau, signe de nostre esletion *Ezech. 9.*

Hh iiij

& qui destournant la Iustice, attire sur nous la misericorde du Ciel.

Iud. 15. Elle est la machoire d'asne du fort Sanson, auec laquelle nous pouuons terrasser les pechez de nos ennemis.

Num. 21.
Ioan. 3. Elle est ce serpent de bronze, qui nous guerit de leurs pointures.

Exod. 13.
Sap. 18. Elle est la colomne de feu, qui nous guide emmy les tenebres de ce siecle.

Iud. 16. Elle est cette colomne, sous laquelle en la coulant, nostre Seigneur comme vn autre Sanson s'est accablé en mourant, & a écrasé ses ennemis & les nostres.

Vous sçauez l'inscription des colomnes d'Hercule, *non plus vltra*, nous la pourrions bien donner pour Epigraphe à la saincte Croix: car en elle *Ephes. 3.* consiste *la sureminente charité de nostre Seigneur*, laquelle à mon aduis ne pouuoit aller plus outre: *car il n'y a point de plus grande charité que de donner sa vie pour ses amis*: Aussi S. Paul parlant de cet excez, ne peut l'exprimer plus energiquement *Phil. 2.* qu'en disant, *vsque ad mortem, mortem autem crucis*.

Aussi me semble-il que c'est le plus signalé *Psal. 110.* memorial des merueilles du Seigneur, & duquel nous *Psal. 118.* deuons dire, *In æternum non obliuiscar iustificationes tuas, quia in ipsis viuificasti me.*

II. Que si apres ces merueilles nous jettons les yeux sur les thresors & richesses encloses en la saincte Croix, nous trouuerons qu'elle est en verité, ce que la corne d'abondance n'estoit que fabuleusement en l'imagination des Poëtes.

Psa. 21. 28.
77. 91. Elle est vne corne de Licorne, *filij vnicornis*, qui chasse le venim & guerit en blessant.

Elle est cet arbre de Nabucadnezar, sur lequel se perchent tous les oyseaux du Ciel, & sous qui s'abrient tous les animaux de la terre, & qui estend ses rameaux iusques à l'vn & l'autre Pole, pointant sa cime dedans les Cieux: car la Croix ayant esté Euangelisée aux quatre confins de l'vniuers, chacun s'est pris à elle auec empressement.

Les ames pieuses sont montées en ce palmier, & en ont cueilly les fruicts, se sont reposées sous son ombre, & ont trouué ses fruicts tres-sauoureux. *Cant. 7. Cant. 2.*

C'est ainsi que nostre Seigneur s'appelle vraye vigne, de laquelle nous sommes les pampres. O mes freres! que nous nous pouuons guinder à de grandes hauteurs, nous attachant à ce sainct bois, vray soustien de nostre foiblesse. *Ioan. 15.*

Cet arbre est encor plus fecond que celuy de l'Apocalypse, qui porte ses fruicts douze fois l'an; car cettuy-cy fructifie à tous moments, depuis qu'il a esté arrosé du sang fecond de Dieu, pource l'Eglise chante, *Crux fidelis inter omnes arbor vna nobilis, nulla sylua talem profert flore fronde germine*: & derechef, *Arbor decora & fulgida, ornata Regis purpura, &c.* *Apoc. 22.*

Le fruict de l'arbre de vie qui estoit au Paradis Terrestre, n'auoit que le pouuoir de conseruer cette vie temporelle que nous roulons çà bas: mais la Croix conserue pour l'eternité ceux qui goustent de son fruict, elle *contient la manne cachée*. *Gen. 2. S. Da. l. 4. c. 12. fid. orth.*

C'est par elle, comme Ephraim & Manassé, que nous obtenons toute benediction. *Gen. 48.*

Elle est la *clef de Dauid*; voure mesme, & la porte du Ciel, où qui veut aller apres nostre Seigneur, *Isa. 22.*

se doit charger de sa Croix.

C'est l'azyle de nos calamitez, *Miseris commune in rebus asylum, Augens piis iustitiam, reisque donans veniam.*

C'est vne table de sauueté apres le naufrage de nos pechez, & vne anchre emmy les tempestes des tentations qui nous assaillent, *Ecce crucem Domini fugite partes aduersæ.*

Psal. 44.
Psal. 17.

C'est le carquois & la trousse où nostre Seigneur reserue *ses flesches ardātes d'amour qu'il lance puissamment aux cœurs de ses ennemis.* Contemplez-le en Croix, & voyez comme *ignis à facie eius exardescit, & carbones succenduntur ab eo.*

Tous les biens en somme que le Ciel verse sur la terre, influent par ce canal de la Croix, en laquelle N. S. a merité nostre rachapt, nostre reconciliation & nostre gloire.

III.
Philip. 2.

S'estant rendu obeyssant iusques à mourir en ce bois; se faut-il estonner si en iceluy il a remporté cette signalée & principale victoire de l'enfer & du monde, puis qu'il est escrit, *vir obediens loquetur victorias.*

Prou. 21.

Que l'histoire ne vante plus ces espouuentables machines d'Archimedes, auec lesquelles il foudroyoit toute l'armée Romaine; car sa Croix a bien terrassé d'autres puissances.

En la creation du monde, Dieu n'a operé qu'auec ses doigts, *opera digitorum tuorum sunt cœli:* mais en celle de la recreation ou redemption, *Fecit potentiam in brachio suo.*

Gent. 48.

Ie te donne vne part speciale, outre celle que tu auras auec tes freres, disoit Iacob en mourant à Ioseph, *qui est vne despoüille que i'ay remportée sur l'Amorean* en mon glaiue & en mon arc : Et quelle est cette part que N.S. nous legue, mes bien-aymez, luy qui est nostre part eternelle, la portion de nostre heritage & de nostre calice, sinon sa gloire qu'il nous a acquise par les douleurs qu'il a souffertes en la Croix, qui est son arc & son glaiue? *Psal. 15.*

C'est ce glaiue flamboyant auec lequel se conserue le Paradis terrestre de la vraye Eglise, qui forclost de son enceinte *tous les ennemis de la Croix.* *Genes. 3.*

Glaiue qui est la terreur & l'espouuentail des demons, qui fuyent & tremblent deuant ce signe, auquel *vicit Leo de Tribu Iuda.*

Cette fonde & ce baston de Dauid terrasse tous les Goliats. *1. Reg. 17.*

Auec elle nostre Sanson a non seulement enleué les gonds des portes de Gaza, mais fracassé *les portes de fer, & les bares d'airain qui estoient aux enfers.* *Iud. 16.* *Psal. 106.*

Les esprits malings fremirent à l'ouuerture de ces cachots, & redoutoient quelque plus rigoureux supplice, se voyans terrassez dans leurs propres cachots, *Irruit super eos formido, & pauor in magnitudine brachij Dei* : sur quoy dit Origene, *Quid timent dæmones? quid tremunt? sine dubio crucem Christi, in quâ triumphati sunt, in quâ exuti sunt principatus eorum, & potestates.* *Exod. 11.* *Hom. 6. in Exod.*

C'est la massuë de nostre Hercule Alexicacque, auec laquelle il a dompté tous les monstres infernaux.

Si Moyse, les mains estenduës en forme de Croix, a peu vaincre Amalech; mais que ne pourra surmonter nostre Seigneur estant en cette forme, luittant auec la Mort & Sathan ? *Exod. 17.*

Le Dragon picquant mortellement l'Elephant est écrasé par la cheute de ce gros animal; ainsi la mort en tuant nostre Seigneur est demeurée accablée elle-mesme, pource l'Eglise chante en ce iour solemnel, *qui mortem nostram moriendo destruxit, & vitam resurgendo reparauit.*

Cant. 4.

De sorte que nous pouuons à bon droict comparer la saincte Croix à la *Tour de Dauid, de laquelle pendent mille boucliers, & toute l'armure des plus forts.*

Isa. 22.

Et à ce *Pau d'Isaye planté en lieu fidele, où est suspendu toute la gloire de l'Eglise, & les diuers vases de son honneur.*

Car à vray dire, la Croix est l'arcenal d'où se tirent les armes, qui nous acquierent les plus glorieuses victoires.

IV.

Et ces victoires sont suiuies d'indubitables triomphes, comme nous le voyons aujourd'huy en la triomphante Resurrection de nostre Seigneur, en suite de la victoire acquise par sa Croix.

Psal. 56.
Psal. 46.

Sus donc, *Exurge gloria mea, exurge psalterium & cythara, exurge diluculo: Psallite Regi nostro, psallite sapienter.*

Exod. 15.

Quand l'Arche triomphante eut passé la mer rouge, Moyse entonna ce beau Cantique, *Cantemus Domino, gloriose enim magnificatus est, equum & ascensorem deiecit in mari, &c.* Nous auons bien plus de suject de le chanter, maintenant que l'arche de l'humanité de nostre Seigneur a trauersé la mer amere & rouge de sa Passion sanglante, pour ne retomber iamais en pareils accessoires,

Rom. 6.

Christus resurgens ex mortuis, iam non moritur, &c.

Psal. 67.

Disons encores auec Dauid, *Exurgat Deus, & dissipentur inimici eius, & fugiant qui oderunt eum à facie eius*.

Icy nous pourrions chanter auec l'Eglise, *Pange lingua gloriosi prælium certaminis, & super crucis trophæum dic triumphum nobilem, qualiter redemptor orbis, immolatus vicerit.*

C'est aujourd'huy qu'il est vrayement exalté sur la terre, & que Dieu l'a exalté luy donnant vn nom par dessus tout nom, en le clarifiant deuant tout le monde. *Philip. 2.*

Aujourd'huy sa corne est exaltée en gloire : aujourd'huy s'entonne ce beau verset, *Attollite portas principes vestras, &c.* aujourd'huy aussi bien qu'à sa naissance, ie ne doute point que les Anges ne resonnent ce motet, *Gloria in excelsis Deo, & in terra pax hominibus bonæ voluntatis* : car apparoissant à ces Apostres, la salutation qu'il leur donnera, sera, *Pax vobis*. *Psal. 111. Psal. 23. Luc. 2. Luc. 14.*

Sa principauté par le bois, qui en sa passion estoit sur son espaule, maintenant est en sa main, *nam in manu eius, & potestas & imperium*. *Isaye 22.*

La Croix luy est changée en sceptre, & en gaule d'or d'Assuere, deuant quoy nos ames, comme les humbles Esthers se doiuent incliner. *Esth. 5.*

C'est le throsne de nostre nouueau Salomon, & le lieu, *vbi pascit, vbi cubat in meridie*. *3. Reg. 10. Cant. 1.*

C'est le char flambant de charité, sur lequel nostre Elie est transporté à vne vie meilleure. *4. Reg. 2.*

Char glorieux & triomphant, attelé de quatre cheuaux, comme celuy du Soleil chez le plus ingenieux des Poëtes, qui sont les quatre douaires du corps resuscité. *Ouid. 2. Metam.*

La Croix est ores changée en arc triomphant, graué des victoires de nostre Sauueur : Arc plus admirable & diuersifié que celuy de l'Iris, signe de paix & reconciliation: que s'il est dit de celuy-cy, *arcum meum ponam in nubibus cœli*; il est aussi escrit de la Croix, *tunc apparebit signum, filij hominum in cœlo*.

<small>Gen. 9.</small>

<small>Ioseph. l. 15. cap. 11.</small> Les anciens Trophées où s'appendoient les armes des vaincus, estoient faits en forme de Croix; presage qu'en fin la Croix deuoit estre le trophée des trophées.

Au grand iour des dernieres assises, quand nostre Seigneur viendra iuger le monde, & triompher de ses ennemis, les relegant aux flammes eternelles, & conduisant triomphamment ses amis au Ciel, resuscitez en corps & en ame, qui ne sçait que l'estendard de la saincte Croix sera porté par vn Archange, comme vne enseigne de gloire, qui sera appenduë au Temple de l'eternité.

C'est aux pieds de cette Croix, & de l'Agneau immolé en icelle, que non plus les vingt & quatre Vieillards seulement, mais tous les bien-heureux en general deposeront leurs couronnes, chantans, *que l'Agneau qui a esté occis est seul digne de receuoir honneur, gloire & loüange*.

<small>Apoc. 5.</small>

Et ne voyons-nous pas qu'en ce monde mesme, la Croix jadis si ignominieuse, est paruenuë à tel comble de reuerence, que les plus grands Monarques tiennent à grand ornement d'en enfaister la sommité de leurs couronnes?

<small>1. Reg. 21.</small> Elle est ce coutelas de Goliath, & cet instrument de mort que nostre Dauid a consacrée au Tabernacle & voulu estre erigé dans les Eglises, pour memoire perpetuelle de sa victoire triom-

phante. O que nous serions heureux si nous attachans à cette Croix, nous pouuions *combattre vn bon combat*, pour accompagner apres nostre Espoux en son triomphe.

Lequel peut bien dire comme Iacob, *voila qu'auec ce baston i'ay passé le Iourdain, & ie reuiens auec deux troupes*, estant enuironné & des Anges, & des ames des Peres qu'il auoit retirées des cachots sousterrains. *Gen. 32.*

Peres, qui ont tous en ce triomphe *des palmes en leurs mains*, branches tirées de ce grand Palmier de la Croix, *exalté non en Cades*, mais sur le Caluaire. *Apoc. 7. Exod. 24.*

Mais remarquez comme N. S. aujourd'huy à l'imitation de cet arbre, par sa Resurrection se releue contre le faix de la mort, qui l'auoit voulu accabler.

Il reuient du tombeau & du Lymbe, chargé de ces despoüilles excellentes, que les Romains appelloient *Opimes*: car il n'est rien de conserable au rachapt des ames, *Da mihi animas, cætera tolle tibi*, disoit le Roy de Sodome à Abraham. *Genes. 11.*

Chantons donc à nostre Seigneur regnant & triomphant par le bois, cela mesme qu'Israël à Iudith, *Tu gloria Hierusalem, tu lætitia Israël, tu honorificentia populi nostri, quia fecisti viriliter*: car c'est maintenant que ce mot est accomply, *Ero mors tua, ô mors, ero morsus tuus, ô inferne*. *Iud. 15.*

Et quelles victoires, & quels triomphes ne deuons-nous esperer par le moyen de la saincte Croix, puis que ce fut en ce *signe*, que le grand Constantin, signalé bien-faicteur de l'Eglise, emporta tant de Palmes, & contre le Tyran Maxence, & contre tous les ennemis du nom Chrestien.

En nostre siecle, les deuots tiennent que cette signalée victoire de Lepante, gaignée sur le Turc par cette armée nauale conduite par Dom Iean d'Austriche, fut remportée en vertu de l'estendard de la Croix, beny par le bon Pape Pie V. Ainsi *fecit Dominus nobiscum signum in bonum, & viderunt qui oderunt nos, & confusi sunt, quoniam Deus adiuuit nos, & consolatus est nos.*

Psal. 85.

Disons donc auec l'Apostre, *Mihi absit gloriari, nisi in cruce Domini nostri Iesu Christi, per quem mihi mundus crucifixus est, & ego mundo.*

Galat. 6.

Et retenons de cette Homelie, 1. les merueilles, 2. les biens, 3. la victoire, & 4. le triomphe de la saincte Croix en la Resurrection du Sauueur de nos ames, *ipsi in gloria in sæcula.* Amen.

LVNDY

LVNDY DE PASQVES.

Du souuenir de la Passion de noſtre Seigneur.

HOMELIE XLI.

Vi ſunt hi ſermones, quos conferris ad inuicem? Et l'Euangile & l'Epiſtre de ce iour ne reſonnent que le reſſouuenir de la paſſion de noſtre Seigneur; celuy-là dit, *Tradiderunt eum in damnationem mortis, crucifixerunt eum*: celle-cy, *occiderunt eum ſuſpendentes in ligno*; ce qui m'inuite d'autant plus volontiers à vous entretenir de ce beau ſujet que ie deſirerois cette chere ſouuenance eſtre eternellement grauée en vos cœurs, pource vous vay-je deduire, 1. combien elle eſt agreable à noſtre Seigneur, 2. qui ſemble l'oublier s'enquerant de ſes trauaux, comme s'ils eſtoient eclypſez de ſa memoire, leur diſant, *quæ?* 3. ie vous feray voir comme ce ſouuenir eſclaire l'entendement, & 4. eſchauffe la volonté.

Luc. 24.
Act. 10.

Dieu qui s'appelle *jaloux* en ſa Loy, mes tres-chers freres, comme il veut eſtre ſouuerainement aymé, auſſi veut-il que ſes bien-faits tant ſignalez ſoient recogneuts par nous d'vne ſinguliere gratitude: car *la terre*, dit vn ancien *ne produiſant rien de pire que l'ingrat*, auſſi eſt-il en abo-

Ii

mination deuant la face de Dieu.

Voyez comme le Decalogue est preambulé de la deliurance d'Egypte, pour exciter Israël à payer cette grace par l'obseruance de ces preceptes: certes vn des principaux esguillons de l'Amour est le bien-fait, & qui n'en est picqué est vrayement stupide & insensible, les personnes genereuses porteroient aussi-tost vn charbon ardant en leur sein sans sentiment, que de receuoir vne faueur sans ressentiment.

Exod. 20.

L'Agneau Paschal, la manne reserrée & la verge, & tant de tas de tesmoignages, qu'estoit-ce sinon des memoriaux continuels que Dieu vouloit, pour se souuenir à perpetuité de ses bienfaits plus signalez?

L'ingrat, dit Seneca, est celuy qui ne se met en deuoir de recognoistre vne courtoisie, le plus ingrat celuy qui la mesprise, le tres-ingrat celuy qui l'oublie: car l'oubly est ce vent chaud, qui tarit les fontaines, & gaste tous les fruicts, c'est de quoy Dieu se plaint, *Populus meus oblitus est mei diebus innumeris.*

Exod. 10.
Ierem. 5.
Psal. 118.

Vice que le Roy Psalmiste redoutoit tant, quãd il disoit, *in æternum non obliuiscar iustificationes tuas, quia in ipsis viuificasti me, si non memineró tui Hierusalem, adhæreat lingua mea faucibus meis:* Ieremie, *Memoria memor ero.*

Psal. 83.

Thre. 3.

N'est-ce pas vn trait d'amy de cautionner corps pour corps en vne prison, notãment quand il est question d'vn grand crime, pour lequel il y va de la vie? Est-ce vne grace digne d'oubly, ô mes cheres ames! considerez l'ardant Amour de IESVS, qui a plegé & payé pour nous, nous *rache-*

tant en son sang, pource vous diray-je auec l'Ec- *Eccles. 29.*
clesiastique, *Gratiam fideiussoris tui ne obliuiscaris,* 40.
dedit enim pro te animam suam.

Representez-vous que nostre cher Ioseph *Genes.*
vous die comme à l'eschanson de Pharao: Souuenez-vous de mon innocence affligée; ou auec Ieremie, *Recordare paupertatis meæ absynthis, fellis.* *Thr. 3.*

Et pour tesmoignage de nostre amoureux souuenir, disons auec la saincte Espouse, *fasciculus myrrhæ dilectus meus mihi inter vbera mea commorabitur*: car comme le bouquet sur le sein estant tousiours deuant les yeux, & exposé à l'odorat, ne peut eschapper de la memoire; ainsi les souffrances de nostre Espoux ne doiuent iamais s'escarter de nostre souuenir: mais est-ce le perpetuel l'objet de nos plus sainctes pensées.

A ce dessein, vous voyez que N. S. a laissé en son Eglise le *Iuge* sacrifice de son corps & de son *Dan. 8.* sang, reiteré à tous les momens par tout le rond 11. 12. de la terre, declarant *que toutes les fois qu'on l'offriroit seroit faire commemoration de luy*, aussi est-ce *1. Cor. 11.* sacrifice incruent le memorial reel de sa tressaincte passion.

L'Eglise son Espouse, pour raffraischir perpetuellement cette memoire consacre-elle pas tous les Vendredys au souuenir de cette sanglante tragedie.

Et le signe de la Croix, que nous inserons en toutes nos œuures, & auquel se font toutes les benedictions, qu'est-ce sinon renouueller à tous propos cette precieuse souuenance?

Les Egyptiens estoient si soigneux de se souuenir de la mort, que mesme en leurs festins ils produisoient vn squelette: Nostre Seigneur ajoüt à pareil air la memoire de sa mort au *sacré banquet de son corps*, il la cherit tant, qu'il la met emmy ses plus precieuses delices.

Il se transfigure, mais de quoy l'entretenement de Moyse & Elisée, sinon *de l'excés de son decez?* voyez-vous comment il destrempe les douceurs de sa gloire auec les douleurs de sa mort?

Luc. 9.

Les deux Disciples de nostre Texte se vont entretenant de sa passion, & le voila soudain au milieu d'eux: voulez-vous auoir nostre Seigneur emmy vos conuersations, parlez souuent de sa saincte passion, entretenez-vous de quelques poincts que vous aurez retenus des Sermons de ce Caresme.

II.

N'oubliez iamais ce qu'il semble que nostre Seigneur oublie: car accostant ces Disciples, qui respondoient, *s'il estoit seul pelerin en Hierusalem, ignorans les douleurs de Iesus de Nazareth*, il leur replique, *quelles?* est-il possible, ô doux Sauueur! que vous, *sur le dos duquel ont fabriqué les pecheurs*, ayez si tost mis en oubly tant de peines? est-il possible que la memoire eternelle de Dieu, à qui toutes choses sont presentes, aye si tost oublié de si recentes souffrances? O excés d'amour & de misericorde!

Psal. 128.

Courage pecheur, *retourne de ta mauuaise voye, gemis ton iniquité & soudain Dieu ne se souuiendra plus de tes offences*: car il les iettera au profond de la mer de son sang.

Ierem. 36.
Ezech. 18.

Pour nous faire du bien, *il nous escrit en ses mains: belles mains faites au tour, pleines d'hyacinthes*, qui pleuuent tous les iours sur nous la manne de mil

Isa. 49.
Cant. 4.

les liberalitez : mais pour nous punir elles sont *Pſal. 102.*
fort retenuës & reſeruées: *car il eſt patient retribu-*
teur, longanime, & grandement miſericordieux.

Comme il oublie en noſtre texte ſon crucifiement corporel, il eſt encores plus oublieux de ſon ſpirituel, qui ſe fait par nos pechez, lors que de bon cœur nous nous en repentons. On peut bien dire de luy plus iuſtement que Ceſar, *qu'il ſe ſouuienne de tout, excepté des offenſes.*

Noſtre hiſtoire remarque pour vn mot inſigne du Roy Louys XI. quand pardonnant à ceux qui luy auoient eſté contraires auant ſon aduenement à la couronne, il leur dit, *qu'vn Roy de France ne deuoit venger les injures d'vn Duc d'Orleans*: & nous voyons icy que noſtre Seigneur apres la gloire de ſa Reſurrection, met en oubly les maux qu'il auoit ſoufferts en la Croix.

O heureux l'eſtat de la Beatitude, qui comme vn clair Soleil, diſſipe en vn clin d'œil tous les nuages des trauerſes paſſées, *quæ prima tranſierunt, non erit amplius, neque luctus, neq; labor, neque vllus dolor.*

Qu'eſt-ce, dit noſtre Seigneur, helas! ô noſtre bon Maiſtre! ne vous ſouuenez-vous plus de cinq mille quatre cens coups de foüets, de tant d'autres coups & meurtriſſeures, de tant d'eſpines qui vous traperçoient la teſte, de vos mains & pieds que les clouds perçoient, & de tant d'autres douleurs innumerables qui vous aſſailloient, il n'y a que trois iours ? il a oublié tout cela, & eſtimera toutes ces peines bien employées, pouruen qu'il te ſauue, ô chere ame!

O vray Iacob! vous priſez peu vos trauaux, *Gen. 29.*
pour la grandeur de voſtre amour.

David paruenu à la Royauté ne songe plus aux hazards, ny Agatocles à ses fatigues estant venu à l'Empire.

Ne sçauez-vous pas, mes amis, que les voluptez & les austeritez passées sont de mesme escot, quant à leur estre, sinon que celles-cy laissent vn bon goust, les autres vn fascheux desboire, & vn amer repentit? oyez les damnez & les cris, *quid nobis profuit superbia, & diuitiarum iactantia, &c. nos insensati vitam illorum æstimabamus insaniam, &c.*

Au contraire, c'est vn grand contentement de penser aux maux passez, *quod fuit durum pati meminisse dulce.* Le pilotte raconte volontiers les tempestes qu'il a eschapées, & le soldat les perilleuses rencontres où il s'est trouué.

O que les Martyrs trouuent legers les supplices qu'ils ont soufferts pour la Confession du nõ de Iesus-Christ, se voyant recompensez d'vne gloire qui passe de bien loing leur merite, *Le feu & l'eau de leurs tribulations a esté moment anée* : mais leur refrigere est eternel, leur salaire est grãd par trop, & ils sont trop honorez & reconfortez, cet instant de souffrance leur a apporté vne couronne immortelle de gloire.

Psal. 138.
2. Petr. 1.

Bien-heureuses les penitences & austeritez, disoit le B. Pierre d'Alcantara, à la B. Mere Terese, luy apparoissant apres sa mort, qui conduisent à vn tel repos, puisque *la substance mesme de la propre vie donnée pour l'amour de Dieu, semble estre peu de chose.*

Cant. 8.

Ames deuotieuses, qui auez suiuy ce Caresme N. S. auec la croix des abstinéces, & autres mortifications, mais dites-moy, n'estes-vous pas maintenant autant participantes de la consolation de sa Resurrection, *que vous auez esté compagnes de sa Passion ?* Que dis-je, mais vous ne vous souuenez plus, ie m'asseure, de ces petites penitences passées, estes-vous pas toutes prestes à recommencer, & à renouueller *l'esprit de vostre ferueur, ou la ferueur de vostre esprit ?* Dites-vous pas auec Dauid, *Nunc cœpi, ne regardant pas au passé, mais visant aux choses anterieures ?* Pour Dieu *ne arbitremini vos comprehendisse* : car outre que ce seroit vne grande presomption, ce seroit la ruine totale de vostre deuotion.

2. Cor. 1.

Ephes. 4.

Psal. 76.

Phil. 3.

Imitons nostre Seigneur, qui a bien pratiqué cette reigle des biens-faicts, d'oublier les baillez, iamais les receus : car comme il oublie les douleurs souffertes pour nous, nous ne deuons iamais les perdre de souuenance, & si nous oublions ce que nous aurons fait pour son seruice, n'ayans pas peur qu'il le mette en oubly, puis qu'il promet de se rendre comptable iusques à vn verre d'eau froide, donné en son nom.

Le souuenir de ce grand benefice de nostre Redemption, outre qu'il seruira de tesmoignage de nostre gratitude, il illuminera en outre nos entendemens de spirituelles clartez, car c'est le propre de Dieu de cumuler ses faueurs en ceux qui se monstrent recognoissans : Voila les Disciples de nostre Texte, qui s'entrenans de sa Passion, en sont instruits amplement par nostre Seigneur, & soudain, *Aperti sunt oculi corum.*

III.

Voila le rayon de miel qui donne la veuë à Ionathas.

1. Reg. 14.

Tob. 7. Le fiel des douleurs de ce poisson euentré qui illumine Tobie.

Ioan. 2. Diriez-vous pas que comme jadis auec la boüe il donna la veuë à l'Aueugle-né, aussi qu'il ouure les yeux à ces Disciples ; auec la boüe de ses improperes & ignominies.

Act. 8. L'Eunuque de la Royne de Candace, alloit lisant la Prophetie de cette Passion, & sur cela S. Philippes l'aborde, luy enseigne *Iesus crucifié*, il voit, il croit, il est baptisé.

C'est là l'vnique flambeau qui nous peut esclairer emmy l'obscurité de nos erreurs, nostre Seigneur en la croix est la vraye *lumiere du monde*, la cire est son humanité, le feu sa diuinité.

En cet estat il est cette chandelle Euangelique, mise non sous le boisseau, *mais sur le chandelier,*
Matt. 5. *afin d'esclairer par toute la maison du monde*, selon l'intelligence mystique de Theophile, Patriarche d'Antioche, de S. Augustin, & de S. Clement Alexandrin.

Theoph. comment. in Euang.
Aug. l. 5. de haeres. Cle.
5. strom. 3.

C'est nostre Phare inextinguible, & tres-asseuré, qui nous monstre le port de salut emmy les orages de cette tempestueuse vie.

Matth. 25. C'est la lampe des Vierges sages, pleine du sang huilleux du Sauueur, & flambante de son amour, auec laquelle on ne peut manquer de s'introduire aux nopces de l'Agneau.

Apoc. 21. Et n'est-ce pas cet *Agneau occis dés le commencement du monde, qui est la lampe de la supernelle Hierusalem ?*

Leuit. 6. Croyez-moy, mes bien-aymez, c'est là ce feu que Dieu prend plaisir de voir continuellement briller en nostre entendement, & brusler en no-

de nostre Seigneur. 521

stre volonté, & que nous deuons attiser soigneusement en nos cœurs auec le bois de ses souffrances.

Sainct Gualbert fondateur du Religieux ordre de Vald'ombre estant prest de tuer vn de ses ennemis, qu'il rencontra par les chemins, & conjuré de pardonner pour l'amour de IESVS crucifié, dont l'image se rencontra heureusement, & sur le lieu fut tellement esclairé comme vn autre sainct Paul, de cette diuine splendeur, que non seulement il pardonna, mais se conuertit entierement, & mena depuis vne vie fort saincte, & exemplaire, n'estant pas seulement illustré pour ce souuenir, mais aussi embrasé de charité qui est ce qui nous reste à deduire.

IV. Quand les rays Solaires sont ramassez dans le creux d'vn miroir ardant, il en est & illuminé & rendu bruslant tout ensemble : ainsi quand le souuenir de la Passion est vne fois graué en vne ame, soudain les lumieres de l'entendement passent en ardeurs de volonté, cette cognoissance appelle vne recognoissance, & cette veuë engendre aussi tost l'affection.

Exod. 3 Moyse voyant le buisson ardant, *Vadam & videbo*, dit-il, voyez-vous comme son desir est pressé d'vne vision si belle : qu'est nostre Seigneur en Croix, sinon vn buisson ? en voulez-vous voir les espines ? regardez son chef, le feu, regardez tout son corps baigné dans son sang, qui est vne flamme liquide : & quel cœur ne sera esmeu à reciproquer vne telle charité ?

Sainct François baignoit communément vn Crucifix qu'il portoit de ses larmes, parce que le feu de son cœur luy faisoit distiller cette humeur par les yeux.

Saincte Brigide ne pensoit ny ne parloit iamais de cette Passion, sans tesmoigner par le descoulement de ses yeux, que son cœur estoit surfondu d'amour.

S. Anton. 3. part. hist. ti. 84. c. 11.

Saincte Catherine de Gennes en deuenoit toute en feu, Saincte vrayement Seraphique.

Le B. frere Gilles, des premiers compagnons de sainct François, pasmoit au seul aspect d'vn Crucifix.

Saincte Marie d'Ogniés tomboit en extase & rauissement à la premiere pensée qui luy venoit de la Passion de nostre Seigneur.

Sur. in eius vita.

I'ay leu autrefois qu'vn deuot Pelerin de la terre saincte, estát venu au Caluaire, conceut vne telle douleur de la Passion de nostre doux Saueur, qu'il en mourut sur la place, & estant ouuert, on luy trouua le cœur esclatté en deux pieces, sur lesquelles estoient grauées ces paroles, *Iesus est mon Amour*, ce beau cœur estoit vne fournaise d'amour qui en fin creuant, auoit euaporé cette belle ame, l'esleuant dans les Cieux.

Iulian. de Lig. de non le. p.1. c. 30.

Et qu'est ie vous prie, nostre Seigneur en croix, sinon vn *charbon ardant*, qui peut non seulement *purifier nos levres*, mais encores toutes nos ames polluës, *& mettre le feu par toute la terre*, feu interieur, duquel dit vn Prophete, *Ab excelso misit ignem in ossibus meis*.

Isaye 6.

Tit. 1.

Que si la sanglante chemise de Cæsar fut capable d'émouuoir toute Rome,

Si le rouge anime les taureaux, & les élephans, animaux lourds & grossiers.

Si Tamberlan animoit ses soldats au carnage & au sang, desployant ses estendarts d'escarlate : & comment ne serons-nous excitez à vne saincte vengeance de nos pechez, & à vn puissant amour de Dieu, voyans nostre Espoux tout ensanglanté, pour moyenner nostre Redemption ? embrasons-nous donc d'vne sacrée feruueur, maintenant que *fulget crucis mysterium*.

Ie vous dy ce qu'autrefois Dieu à Iosué, *Que iamais ce volume*, de Iesus crucifié, *ne s'escarte de vostre veuë, mais meditez-y iour & nuict, ainsi vous dirigerez vos voyes au Ciel.* Iof. 1.

Bien qu'il *nous soit vn Espoux de sang*, & qu'il requiere la circoncision de nos cœurs, & que nous leur retranchions tant d'affections de la chair & du sang, si est-ce que nous le deuons vniquement aymer, *puis qu'il nous a le premier tant aymez, que de prodiguer sa vie pour nous*. Exod. 4.
Gal. 2.

Sus, embrassons donc la croix auec le Crucifié, & le suiuons ainsi par tout, auec vn grand courage, ne le perdons iamais de veuë, que sa mort soit nostre Nort, sa croix nostre couche nuptiale, sur laquelle nous reposions auec luy, & commourions par compassion, nostre Paradis est d'estre auec luy où qu'il soit : aymons-le autant parmy les douleurs, qu'emmy les douceurs, autant Crucifié, que glorifié, sur le Caluaire, que sur le Thabor, autant emmy les espines de sa Passion, que parmy les roses de sa Resurrection, emmy les clouds & les coups, qu'emmy les palmes & les triomphes, autant mort que vif, autant sur terre & sous terre, que regnant sur les Cieux : la cour de nos cœurs soit ou sera ce Roy de nos desirs, nostre Enfer ou il ne sera pas, comme il s'est fait entierement tout nostre; soyons vniquement tous siens, & tenons pour maxime que nostre amour & nostre fidelité paroistront bien plus esclatamment, si nous le cherissons en sa croix, que si nous le seruions mercenairement, pour acquerir sa gloire.

A tant vous colligerez de cette Homelie, 1. que le souuenir de la Passion est tres-agreable à nostre Seigneur, 2. qui semble l'oublier, 3. qu'il esclaire l'entendement, & 4. eschauffe la volonté.

MARDY DE PASQVES.

Des playes de noſtre Seigneur.

HOMELIE XLII.

VIDETE *manus meas & pedes meos*, Luc. v. *& palpate.* Par où ſçaurions-nous mieux terminer cette matiere interminée, & clorre ce ſujet infiny de la paſſion de noſtre Seigneur, que par ces cinq ouuertures & glorieuſes marques *de ſon bon combat, de ſa victoire, & de ſon triomphe*, ce feront *les ſceaux de l'Agneau*, auec leſquels nous cacheterons noſtre ouurage : L'Euangile de ce iour m'y inuite, ſur lequel ie vous traitteray, 1. de la neceſſité de la paſſion, ſur ces mots, *Sic oportebat Chriſtum pati*, 2. comme ſa guerre mortelle a eſté noſtre paix ſur ceux-cy, *Pax vobis*, 3. nous conſidererons en general ſes cinq playes, & 4. nous nous repoſerons en celle de ſon ſacré coſté, en laquelle, comme à leur centre, aboutiſſent toutes les lignes de la circonference de nos affections plus pieuſes.

Les Theologiens diſtinguent communement I. la neceſſité en abſoluë & de conuenance, celle-là eſt comme neceſſité neceſſitante, & ſans laquelle vne choſe ne peut en aucune autre maniere eſtre accomplie, celle-cy eſt comme vne neceſſité de telle bien-ſeance, qu'vne choſe ne peut-estre si bien faite, que par tel ou tel moyen. Or que Dieu n'eust mille & mille moyens pour sauuer le monde, & reparer la faute d'Adam, il ne se peut nier sans blesser sa toute-puissance, *Celuy qui a fait les Cieux*, & tout l'vniuers *en son entendement*, qui l'a tiré des cachots inuisibles du non estre, le pouuoit bien recréer d'vne parole, comme il l'auoit creée, *car il dit, & tout fut fait*, de sorte que vous entendez la necessité de sa passion, n'estre pas de la premiere sorte, ouy bien de la seconde, comme estant le moyen le plus conuenable & plus conforme à l'extremité de son amour, pource il est escrit, *Sic Deus dilexit mundum, &c.* où ce mot *sic*, par vne reticence expressiue & tacite expression, marque l'excez de l'eternelle charité: ainsi en nostre Texte lisons-nous, *Sic oportebat Christum pati*, & cet *oportebat* se doit entendre de cette seconde necessité, comme l'*oportuit* de l'Euangile d'hier, *Nonne hæc oportuit pati Chistum, & ita intrare in gloriam suam.*

Psal. 135.
Psal. 148.
Ioan. 3.
2. Cor. 5.

Cette amoureusement necessaire souffrance de nostre sanglant Espoux, pressera-elle point nos cœurs à reciproquer par de sainctes affections, vne si prodigieuse prodigalité de tout son sang? *Nonne charitas Christi vrget nos?*

O mes cheres ames *vous estes racheptées d'vn grand prix, voulez-vous donc pas glorifier Dieu, en le portant en vostre corps, & en vostre cœur?* & comment *le porter, sinon par la mortification de Iesus Chr.* que vous imiterez: Souuenez-vous *que vous n'auez point esté rachetez au sang des boucs & des veaux, mais par celuy de l'Agneau sans macule.*

1. Cor. 6.
2. Cor. 4.
Hebr. 9.

Nihil nobis nasci profuit, dit l'Eglise par l'organe de S. Gregoire, *nisi redimi profuisset. O mira circa nos divinæ pietatis dignatio! ô inestimabilis dilectio charitatis, vt servum redimeres filium tradidisti! ô certe necessarium Adæ peccatum, quod Christi morte deletum est! ô felix culpa quæ talem ac tantum meruit habere redemptorem.*

Themistocle disoit autrefois, *perierem nisi perijssem*: mais nous pouuons dire bien plus iustement, *perieramus nisi Christus perijsset*: Si Acab ne fust mort tout Israël estoit ruiné; si Codrus les Atheniens; si Curtius ne se fust precipité dans l'abysme, Rome estoit engloutie, & elle deuenoit Toscane, si Horace seul ne fust opposé à tous les Toscans: Ainsi le monde alloit perissant dans les abysmes de l'erreur & de l'Enfer, si nostre Seigneur par sa mort temporelle ne l'eust retiré de l'eternelle. 3. *Reg.* 22.

Son sang a esté la rançon de nostre esclauage, & son *effusion la remission de nos pechez*. Merueilleuse conduite de la diuine prouidence, qui sçait par vn particulier alambic quintessencier le bien du mal, & tirer de la maladie la santé, de l'infamie la gloire, & de la mort la vie, *O inuestigabiles viæ Domini*. *Hebr.* 9.

Telles sont les routes des Iustes, qui pour viure là haut, se mortifient çà bas, & renoncent aux biens transitoires, pour acquerir les immortels, *Qui hayssent leurs propres ames, pour les esleuer à l'eternité*, qui se font vne guerre exterieure, pour acquerir la paix interieure: car comme le Psalmiste dit, *Que son amertume estoit en la paix*, aussi pensoit-il à contre-sens, que sa paix estoit en l'amertume. *Ioan.* 12.

II.

Et c'est cette paix que N. Seigneur nous a acquise par l'amertume & la guerre de ses excessiues douleurs: *O Iesus crucifié!* vous estes vn vray arc en Ciel, *signe de l'alliance de Dieu, auec les hommes,* vous estes *la vraye Arche d'alliance.*

Genef. 9.

Pfal. 17.

Ipse est pax nostra qui fecit vtraque vnum, c'est luy *qui a incliné le Ciel en terre,* joignant la lumiere de sa diuinité, au limon de nostre mortalité, annexant ces deux anneaux du Verbe & de la chair, pour en faire vne enchaisneure, & vn enlassement, de l'homme auec Dieu, se faisant homme Dieu, & cela par vne vnion si estroitte, qu'elle passe iusques à la communicatiõ des idiomes; il a voulu estre homme, pour pouuoir patir, & comme Dieu il a donné vn merite infiny à ses souffrances, pour reparer l'infinité de nos pechez.

Ces deux pieces qui composent vn *Iesus Christ* sont fort bien figurées par ces deux Tourterelles, animaux symboles de paix, qui estoient offertes pour la purgation des lepreux, dont l'vne estoit immolée, l'autre laissée en liberté, celle-là denotant le mal, & le chassant; celle-cy redonnant la santé: ainsi l'humanité mourante de N. S. par son merite vny à son immortelle diuinité, nous a purgez de la mezelerie du peché, & redonné la santé, saincteté & sanctification à nos ames: *Mors & vita duello conflixere mirando, dux vitæ mortuus, Regnat viuus.*

Le mot de paix, vient de celuy de paction, & la passion de N. S. n'a-elle pas esté, & nostre paction, & nostre paix, & nostre reconciliation, auec l'eternel Pere: *Agnus redemit oues, Christus*
innocens

innocens Patri reconciliauit peccatores.

O cœurs pleins de rancune & de haine, cœurs diuisez & partagez en inimitiez, voulez-vous pas vous reünir & rejoindre auec le ciment & la cole fine de ce sang precieux, lequel, comme parle vn ancien Pere, *In se reconcilauit ima summis.*

Serez-vous pires que l'infidelle Pilate, & le cruel Herodes, qui se r'appatrierent au sang de cet Agneau?

Ceux qui escriuent l'histoire des Indes, r'apportent, qu'il s'y treuue vn certain fruict, fait à peu prés comme vn artichault, qui fendu auec vn cousteau, pousse vne gomme si tenace, que si vous rejoignez les deux pieces separées, elles se reprennent si fort, qu'à peine peut-on recognoistre qu'elles ayent esté taillées; estimez-vous que le sang du Sauueur soit vne resine moins forte, pour reünir des cœurs que le fer mesme auroit diuisez.

Ils disent plus, que si vous laissez le cousteau au milieu, cette humeur est si penetrante qu'elle ronge le fer, comme l'eau forte, voire le dissoult, pour se recoller à son autre partie: Quand bien ton ennemy, ô mon frere, t'auroit laissé le fer à la playe, & outragé si cruellement que l'offence criant iustice, semblast impardonnable, si neantmoins à ces Pasques par la saincte Communion ton cœur a esté bien imbu & penetré de ce sang precieux du Redempteur, ie ne puis croire que tu ne pardonnes librement le tort qui t'a esté fait, comme tu desires que Dieu te *remette tes debtes.*

Mercure, comme content les Poëtes, reconcilia deux serpents auec son Caducée : quand les pecheurs seroient enuenimez comme serpents, est-il possible que le bois de la Croix ne les reconcilie & auec Dieu & auec le prochain.

Et vous remarquerez qu'en ce Caducée les serpents entortillez sont accompagnez de cornes d'abondance, pour nous apprendre que de la paix & reconciliation, prouient l'abondance des biens & des contentemens, *Habitabit populus meus in Tabernaculis fiduciæ, in abundantia pacis, in requie opulenta : fructus Iustitiæ pax, ideo orietur in diebus illis Iustitia, & abundantia pacis : Fiat pax in virtute tua, & abundantia in turribus tuis.*

Ce n'est donc pas sans grande raison, qu'entre les autres qualitez que le Prophete Euangelique donne à N. S. il l'appelle *Prince de paix*, puisque son œuure principal a esté d'apporter la paix au monde, aussi voyez-vous pas qu'à sa naissance les Anges annoncent *la paix en terre, aux hommes de bonne volonté* : Il est appellé *plusque Salomon*, qui signifie Roy pacifique, & est Prestre eternellement, selon l'ordre de Melchisedech, Roy de Salen, c'est à dire de paix.

Isaye appelle son Royaume, *vn Empire de paix sans fin*, regnant en la maison de Dauid son pere, selon la chair, il deuoit tenir son siege en Hierusalem, qui signifie *vision de paix*, & il le tient en son Eglise, qui est vne autre Syon, de laquelle nous pouuons chanter, *Lauda Hierusalem Dominum, lauda Deum tuum Syon : quoniam confortauit seras portarum tuarum, & posuit fines tuos pacem.*

Cette mention de portes me fait souuenir, que celles du Temple de Salomon estoient de bois d'Oliuier, symbole de paix; & ne voyez-vous pas qu'en la passion N. S. ouure les portes de ses bras, ou de ses playes, pour nous introduire dans le Temple de Paix de son cœur, voire mesme de son corps, qu'il appelle Temple, *Soluite Templum hoc.*

C'est par cette paix qu'il a rachepté nos ames, *Redimet in pace animam meam*, mais paix sanglante pour luy, car *redemit nos in sanguine suo, ex omni tribu & lingua, & populo, & natione*: doncques *in pace in idipsum, dormiamus & requiescamus*: qui sera, nous attachant à la Croix auec luy, ne viuant plus en nous, mais en luy, & par luy. Galat. 2.

Venite & videte quæ fecit prodigia super terram, arcum conteret & confringet arma, & scuta comburet igni: vacate & videte, quod ego sim solus, exaltabor in gentibus, & exaltabor in terra: Entendez-vous bien en cette Prophetie, que par sa passion, qu'il appelle exaltation (comme en l'Euangile, *Cum exaltatus fuero à terra,*) il a chassé la guerre, & r'amené la paix.

En nostre Texte, voyez-le qui comme la Colombe r'apporte le rameau de paix apres le deluge de son sang, disant à ses Apostres, *Pax vobis*, & adjoustant vne autre fois, *Pacem meam do vobis, pacem relinquo vobis, non quomodo mundus dat ego do vobis*, il veut dire, que sa paix est solide, *Pax multa diligentibus legem suam*; non pareille à celle du monde, qui n'a paix qu'en l'apparence, tousiours en guerre & en trouble dedans, dont le ris n'est que superficiel, où l'on dit, *Paix, paix, où n'y a point de paix*: car quel repos peut auoir celuy que le peché rend ennemy de Dieu? Gen. 8.

Ioan. 14.

Psal. 118.

K k

Levit. 3. 4.
Num. 6. 7.

C'est donc en la passion de nostre Sauueur que se voyent accomplis tous les sacrifices des hosties pacifiques, dont il est fait si frequente mention és liures de Moyse.

Cant. 8.

C'est elle qui a rendu l'Eglise, *vineam pacifici*, & qui a engendré en elle *mille pacificos*, qui sont les saincts Martyrs, qui ont trouué *la paix & le repos de leurs ames*, dans les souffrances & la patience.

Matth. 11.

1. Reg. 10.

Si sagittæ intra te sint, disoit Ionathas à Dauid, *Pax tibi est*; ainsi auons-nous la paix par les playes de nostre Seigneur, *Quia sagittæ meæ infixæ sunt illi*, sçauoir les fleches de nos pechez; car *vulneratus est propter peccata nostra*.

Ayez bon courage en vos tribulations, trescheres ames, puisque vous voyez qu'apres la guerre vient la paix, apres l'oracle le calme, apres l'Hyuer & la pluye le beau temps.

Escoutez vostre Espoux qui vous crie, *Iam hyems transijt, imber abijt, & recessit, surge, propera columba mea, & veni, in foraminibus petræ*, ce sont ses playes, *in caverna maceriæ*, celles de son costé amoureux, c'est ce qui me reste à vous deduire.

III.

Zach. 13.

O doux Espoux! *quæ sunt plagæ istæ in medio manuum tuarum? & dicet his, plagatus sum in domo eorum, qui diligebant me*: Il appelle amis ses propres bourreaux, quel excez de bonté, & quelle consolation pour *les pecheurs qui le crucifient derechef*, lesquels, bien que pareils à des Iudas, il ne laisse d'appeller amis.

Hebr. 6.

Isa. 49.

Oyez encore comme chez Isaye, il appelle les playes de ses mains des memoriaux & descriptions de ses misericordes: *Ecce in manibus meis descripsi te*: O debonnaire Redempteur! non content de m'auoir creé auec vos mains, *Manus tuæ fecerunt me, & plasmauerunt me*; vous auez aussi voulu porter en vos mains les marques de ma recreation: soit benie à iamais vne telle misericorde, *& copieuse redemption*.

Ce sont donc là en ces cinq playes, les cinq sicles de nostre rachapt. *Leuit. 27.*

Les cinq pierres de nostre Pasteur Dauid, auec lesquelles il a terrassé le monde, *Hæc est victoria quæ vincit mundum*.

Les cinq portiques de la Piscine probatique de son sang, où sont gueries toutes nos langueurs.

De ces cinq canaux sourd vne liqueur sacrée, qui remedie à tous les defauts vicieux de nos cinq sens naturels.

O que ces mains, ces pieds, & ce costé, sont de honteux reproches à la desordination de mes passions, œuures, pensées & paroles.

O playes! tesmoignages de son combat, mais glorieux vestiges de sa triomphante victoire, il n'a point voulu en perdre les traces par la gloire de sa Resurrection, ces cicatrices estans les marques de sa valeur & de son courage.

Ainsi apres la Resurrection des corps, ceux des Martyrs seront d'autant plus lumineux qu'ils auront esté desfigurez en leur martyre.

Ce fut la meditation de ces sainctes playes qui rédit si éminens en pieté S. François, S. Catherine de Siéne, & tant d'autres Saincts, qui les ont porté grauées en leurs corps, ou en leurs cœurs, vrais vaisseaux d'élite, marquez au coing du Maistre.

K k iij

C'est-elle qui dissipe toutes les des-honnestes tentations. Vne ieune fille pressée des titillations de la chair, & proche de sa ruine, par l'inspection des playes de N. S. fut entierement deliurée de cette maligne obsession, comme aussi vne Religieuse retenuë en son deuoir, par la veuë de ces sanglantes marques.

Discip. in promp. exē. ver. Passio.

IV. Mais que dirons-nous, mes tres-chers freres, de la plus insigne de toutes, qui est celle de son sacré costé, certes il y auroit en elle vn sujet si ample à tant d'Homelies, que si nous nous y voulions estendre, ce seroit plustost commencer que finir cette Passion.

Il nous suffira de nous enclorre dans le cœur amoureux de nostre cher IESVS, par cette large porte, car il est escrit, que *lancea latus eius aperuit*, pour exprimer l'énorme ouuerture de cette playe, doncques *introite portas eius, in confessione atria eius in Hymnus.*

Psal. 99.

Que cette playe nous serue de l'aneau de Gyges, pour nous rendre inuisibles, ou du moins pour nous mettre hors des prises de nos inuisibles ennemis, & de bouclier, *aduersus spiritualia nequitiæ in cœlestibus.*

Que ce soit l'aneau de nos spirituelles espousailles, auec lequel nous conseruions nostre pureté, integrité, fidelité, *Protegamur in velamento alarum suarum, sub vmbra alarum suarum speremus, Scapulis enim suis, obumbrabit nobis, & sub pennis eius sperabimus.*

Abscondet nos in abscondito faciei suæ: (& où est cette cachette deuāt sa face, sinon cette playe de sa poitrine) *à conturbatione hominum,* & lors, *mortui trimus*, & *vita nostra abscondita cum Christo in Deo.*

Enfermons-nous en cette arche, pour nous sauuer du deluge de perdition, qui inonde le siecle en toutes nos tétations: ayons recours à ce refuge asseuré, *hæc requies mea in sæculum sæculi, hic habitabo quoniam elegi eam.* Là nous trouuerons *spem à turbine, vmbraculum in æstu*: là nous habiterons *in adiutorio altissimi, &c. & in tabernaculo Dei, &c.* dans les tabernacles de Cedar, dãs les peaux de Salomõ. *Genes.* 7. *Isa.* 25. *Cant.* 1.

Là nous rencontrerons vne boutique garnie de tous les medicamens propres à extirper nos maux. Vn Religieux trouuant mauuais le pain de son Monastere, nostre Seigneur le luy rendit tres-amoureux, le trempant au sang qui distilloit de cette playe sacrée. *Discip. ubi supra.*

Et ayant vn iour en vision fait ostention de cette saincte playe à vn Apostat, il reprit soudain l'habit de son Ordre, & y fit iusques à la fin de ses iours vne tres-austere & exemplaire penitence.

O! si toutes nos tribulations estoient trempées dans ce sang, elles seroient soudain temperées: Communiez souuent, mes tres-doux freres, & vous baignez abondamment dans ce corps & ce sang precieux du Sauueur, & vous verrez que les ardeurs de la chair s'esteindront, les côuoitises diminueront, les amertumes s'adouciront, les inquietudes se dissiperont, les courroux s'accoiseront, les passions se modereront, *& omnia adiicientur vobis.*

Faittes vostre nid & vostre retraitte en cette playe tres-aimable, & vous serez à l'abry de tous orages & inconueniens, ô le lieu asseuré pour

K k iiij

Isa. 51. y deposer nostre salut, *Respiciamus ad Petram vnde excisi sumus.*

Le B. Elzear Comte d'Arian en Prouence, auoit tellement esleu son domicile, & choisi sa continuelle demeure en ce sacré costé de N. S. qu'il conseilloit à tous ceux qui le cerchoient de l'aller trouuer là; ailleurs qu'on pourroit rencontrer son corps, mais en ce seul lieu son cœur & ses pensées. O! que n'ay-ie assez de deuotion pour vous pouuoir dire le mesme, mes freres, voicy que cette carriere de nostre Quarátaine se parfournissant aujourd'huy, ie me vay retirer & reposer vn peu dás la solitude, ou plustost solicitude de mon estude, & de l'exercice plus actif de ma charge Pastorale; que ie ne peux-je laisser mon cœur en cette playe bien-heureuse de nostre Espoux, afin que vous m'y peussiez rencontrer toutes les fois que vous le viendrez prier, saluer & adorer en cette Eglise. Pour Dieu impetrez-moy cette grace par vos oraisons: car mes desirs seroient bien tels; mais ma misere empesche que mes effets ne symbolisent à mes affections.

Tant y-a que ie me suis essayé tant que i'ay peu auec le bastõ de la saincte Croix de resusciter vos ames à la vie de la grace, qui consiste en la charité de Dieu, & ie me promets de l'immense bonté de N. S. que i'auray peut-estre plus heureusement rencontré que Giezy auec celuy d'Helisée: car ie croy qu'à ces sainctes Pasques, par le moyen de la saincte Confession & Communion, *plurimi mortui rursum viuunt.*

3. Reg. 4.

Les os de *nostre Seigneur qui ont esté nombrez* auront bien eu le pouuoir de ceux de ce Prophete, dont l'attouchement redonna la vie à vn mort jetté en son sepulchre, *omnia ossa nostra dicent, Domine quis similis tibi*, *ossa arida audierunt vocem Domini*.

Que si la voix de Dieu proferée par l'Archange doit faire au dernier iour releuer les corps : cette mesme voix annoncée par les Predicateurs aura-elle pas bien le pouuoir de faire réueiller & reueler les esprits, *ipsi reuelabunt condensa, & in templo Domini omnes dicent gloriam*. 1. Thes. 4.

Ie peux bien dire auec Iacob, *ecce in baculo isto transiui Iordanum, & cum duabus turmis regredior*, puis qu'ayant passé le sein de cette Quarantaine auec l'estédart de la Croix, ie me suis veu ces iours passez heureusement entouré au sainct Autel de grand nombre d'hommes & de femmes, receuant de ma main la sacrée Communion, dequoy nostre Seigneur soit loüé & benist, *il nous doit bien estre Dieu*, puis qu'il nous donne à manger ce pain des Anges. Gen. 32. Gen. 28.

Depuis sept ans qu'il y a que ie suis à vostre seruice, mes tres-honorez freres; ie suis bien content, & prou satisfait de ce qu'en ce Caresme vous m'auez donné la plorante Lia, vous voyant souuent compatir & larmoyer au recit des ameres douleurs de nostre Redempteur : cela me fait esperer de la misericorde de nostre Seigneur, que si ie cōtinuë fidelement à son sainct seruice, il me pourra donner Rachel, me prestant le moyen de vous induire à plus grāde perfection : Certes ie reste grādement edifié de vous, de vostre attention, de vostre assiduité, & de vostre condescendance aux instructions de salut : quelqu'autre vous remerciroit Gen. 29.

de vostre frequéce en cet Auditoire; mais la sainćte liberté, auec laquelle vous permettez que ie vous parle, me fait vous dire qu'en cela vous n'auez fait que vostre deuoir, de prester l'oreille à la parole de Dieu, comme aussi ie n'ay fait que le mien de la vous annoncer, puis qu'il a pleu à N. Seigneur m'en rendre distributeur, & m'en donner la force: il soit beny du tout, & du vouloir & du parfaire: au bout du conte, *ie suis seruiteur inutile*, & Dieu vueille que ces Predications ne me soient point vn iour imputées à condamnation, d'auoir dit, non pas tant bien, mais tant de bien, & de l'auoir si mal pratiqué: Priez la misericordieuse bonté de Iesus, qu'ayant *presché aux autres, ie ne sois moy-mesme reprouué, neque enim existimo me comprehendisse*.

1. Cor. 9.

I'ay semé des regrets, & vous les auez arrosé de vos larmes, mais, *neque qui plantat est aliquid, neque qui rigat, sed qui incrementum dat Deus*: Dieu vueille, qu'à la bonne semence de l'Euangile, ie n'aye sursemé l'yuroye du mauuais exemple: mais soutenenez-vous selon le precepte du grand Maistre, à *faire ce que ie vous dy*, & ne prendre garde à mes defauts, desquels priez N. S. qu'il me deliure; i'espere cela de vostre pitié & pieté, & c'est l'unique recompense que ie requiers de vostre charité.

Matt. 23.

Cependant, ie me tiendray comme Appelles derriere le tableau que ie vous ay exposé, non cóme luy pour entendre vos iugemens (car bien que, *nunc iudicium sit mundi*, & que chacun, voire les plus infirmes s'ingerent de iuger des Prescheurs, sans faire leur profit de la diuine parole: neantmoins, *mihi pro minimo est si à vobis iudicer*, aut

de nostre Seigneur. 519

ab humano die, qui meipsum iudicat Deus est, gloriam enim meam non quæro, est qui quæret & iudicet :) mais bien pour attendre & considerer vos déportemens, & le bien que pourront faire mes exhortations, pour la reformation de vos mœurs.

Ie voiy bien que *flores apparuerunt in terra nostra*, voire que, *vox turturis audita est in terra nostra:* mais i'escoute, *si tempus putationis aduenit*, & puis, *si flores fructus paturiunt, si ficus proferunt grossos suos*.

O mon IESVS, nous auons par vostre grace fendu la terre de ces cœurs, cultiué ces ames, ensemencé leurs desirs de bons documens, vous les auez arrosé de vostre sang: hé! ne permettez pas qu'vne fascheuse gelée d'indeuotion les moissonne en boutõ, & en bourre, ains faites-les esclorre par la douce chaleur de vostre Amour, & meurir les fruicts de leurs œuures par les rais de vostre charité.

A la creation, les plantes ne pousserent ny germerent qu'apres auoir esté abbreuuées de pluye, tout nostre labeur sera vain, si vostre grace, comme vne celeste pluye & rosée, ne fait germer en ces ames les semences & racines de salut, *salutare tuum expectabo Domine*. *Genes.* 2

Veni Auster, surge Aquilo, persla hortum nostrum, & fluent aromata illius. Venez vent chaud de la saincte Charité, venez Aquilon de la mortification, venez halenées du sainct Esprit, espanchez-vous sur le parterre de cette petite ville, & respãdez aux lieux circonuoisins les soüef-fleurantes odeurs de son exemple, faittes dire encores vne fois que, *à Nazareth potest aliquid boni venire*, & que souuent les meilleurs parfums sont dans les plus petites boëttes, & les minieres d'or és contrées plus steriles, les pierreries és plages plus desertes.

Il seroit hors de propos, & à l'aduenture ridicule que ie prisse icy de vous ces ceremonieux congez que l'on est en coustume d'epiloguer à la closture de ces courses quadragesimales, estant toute l'année continuellement bandé à cet exercice à tous les iours predicables, comme vous sçauez, mon Adieu seroit plustost vn bon iour.

Bien, me sera-il permis de vous recommander icy trois choses, la 1. que vous leuiez les yeux & les mains au Ciel, pour l'exaltation de la saincte Eglise Catholique, & conseruation de nostre S. Pere le Pape Paul V. la 2. que vous priez Dieu pour la Paix de la France, en ce temps si calamiteux, & aussi pour la prosperité de nostre Tresdebonnaire & Tres-Chrestien Roy Louys XIII. de la Royne son Espouse, & de la Royne sa Mere : car tel est le conseil du grand Apostre, qui dit ainsi au ieune Euesque Timothée, *Obsecro primum fieri obsecrationes pro Regibus, & omnibus qui in sublimitate sunt, vt tranquillam, & quietam vitam agamus, in omni pietate & castitate.*

1. Timot. 2.

La troisiesme est, que vous continuyez, comme par la grace de Dieu vous auez sainctement commencé, à frequenter les saincts Sacremens de la Confession & Communion : car en cela consiste l'essence de la vraye pieté : Souuenez-vous que la couronne est au perseuerer, que ce n'est pas assez d'vn principe sans acheuer, celuy estant *indigne du Ciel, qui met la main au soc & regarde en arriere :* pour Dieu, *qui vtuntur hoc mundo sint tanquam non vtentes, præterit enim figura huius mundi:*

Viuez & faites comme vous voudriez auoir fait & vescu au poinct de vostre mort.

Retirez-vous en cette paix que nostre Seigneur vous donne aujourd'huy, tres-chers Citoyens de Belley, repensans, 1. à la necessité de la passion, 2. qu'elle est cause de nostre Paix & reconciliation auec Dieu, 3. soyez fort deuots aux playes sacrées du bon IESVS, 4. & principalement à celle de son sainct costé, par laquelle il nous donne & ouure son cœur, & nous introduit au cellier de son Amour.

Enfin, ie cacheteray tous ses discours par deux beaux mots de sainct Paul, que ie desirerois estre profondement grauez en vos cœurs. Le premier, *la Charité de Iesus Christ nous presse, car il est mort pour tous; afin que ceux qui viuent ne viuent plus à eux-mesmes, mais à celuy qui pour eux est mort & resuscité.* Le second: *mais qui nous separera iamais de la Charité de Iesus Christ sera la tribulation? ou l'angoisse? ou la faim? ou la nudité? ou le peril? ou la persecution? ou le glaiue? Non, nous surmonterons tout cela, par celuy qui nous a tant aymez; car ie suis certain, que ny la mort, ny la vie, ny les Anges, ny les Principautez, ny les Vertus, ny le present, ny le futur, ny la violence, ny la grandeur, ny la profondité, ny aucune autre creature nous pourra separer de la Charité de Dieu, qui est en Iesus Christ nostre Seigneur:* Auquel auec Pere & le sainct Esprit, soit honneur & gloire, maintenant & tousiours, & és siecles des siecles. Ainsi soit-il.

2. Cor. 5.

Rom. 8.

FIN.

Approbation des Docteurs.

Nous soussignez Docteurs en la saincte Faculté de Theologie en l'Vniuersité de Paris, certifions auoir leu les Homelies sur la Passion de nostre Seigneur, de Messire Iean Pierre Camus, Euesque & Seigneur de Belley : esquelles n'auons rien treuué qui ne soit conforme à la foy de la saincte Eglise Catholique, Apostolique & Romaine. Fait à Paris ce 14. Nouembre, 1616.

F. E. CORRADIN, Gardien des Cordeliers de Paris.

F. P. LE FRANC, Docteur Regent.

www.ingramcontent.com/pod-product-compliance
Lightning Source LLC
Chambersburg PA
CBHW071411230426
43669CB00010B/1519